地方志人物傳記資料叢刊·西北卷

人名索引

王冠　張愛芳　鄭偉　編

國家圖書館出版社

圖書在版編目(CIP)數據

地方志人物傳記資料叢刊·西北卷人名索引/王冠,張愛芳,鄭偉編.—北京:國家圖書館出版社,2013.10
ISBN 978-7-5013-4860-2

Ⅰ.①地… Ⅱ.①王… ②張… ③鄭… Ⅲ.①歷史人物—列傳—西北地方 ②姓名—索引—西北地方 Ⅳ.①K820.8 ②K82-63

中國版本圖書館 CIP 數據核字(2012)第 202667 號

ISBN 978-7-5013-4860-2

9 787501 348602 >

書　　名	地方志人物傳記資料叢刊·西北卷人名索引
著　　者	王　冠　張愛芳　鄭　偉　編
責任編輯	張愛芳　陳利輝
出　　版	國家圖書館出版社(100034 北京市西城區文津街 7 號) (原書目文獻出版社,北京圖書館出版社)
發　　行	010-66114536　66126153　66151313　66175620 66121706(傳真),66126156(門市部)
E-mail	btsfxb@ nlc. gov. cn(郵購)
Website	www.nlcpress.com→投稿中心
經　　銷	新華書店
印　　刷	北京華藝齋古籍印務有限公司
開　　本	787×1092 毫米　1/16
印　　張	41.125
版　　次	2013 年 10 月第 1 版　2013 年 10 月第 1 次印刷
書　　號	ISBN 978-7-5013-4860-2
定　　價	450.00 圓

凡　例

　　本索引是爲我社二〇〇一年出版的《地方志人物傳記資料叢刊·西北卷》而編輯的人物姓名筆畫索引。

　　一、本索引所收限於傳記資料較爲詳細的人物，如名宦、宦蹟、鄉賢、文學、藝術、方技、流寓、仙釋等類，以及藝文中的墓誌、碑銘、傳誄等。

　　二、烈女、孝友、義行中的人物，酌情收錄。

　　三、各表、志，如職官表、選舉志中的人物，事蹟較詳者予以收錄；事蹟記載簡短者，未收錄。

　　四、僧人法名前的"釋"字，皆予去除。

　　五、原書中人物姓名使用俗體字者，本索引一律改爲現行的規範字；異體字者如："寧""甯"、"修""脩"、"群""羣"、"升""昇"、"稟""稟"、"游""遊"、"岩""巖"、"杰""傑"、"峰""峯"等，均據原書錄入，未做統一。

　　六、有些人物的姓名，或因輾轉抄刻而致誤，如"史開先"誤爲"史開元"，"江孔洙"誤爲"江孔誅"等；或因避帝王之諱而更改，如"橋玄"改爲"橋元"，"玄奘"改爲"元奘"等，經考證查對無誤者，一律予以回改。

　　七、本索引姓名後的數字，前者表示册數，後者表示頁碼。如"丁人文 13·591 下"，表明"丁人文"在第 13 册第 591 頁下欄。

　　八、本索引按筆畫順序排列，如遇同筆畫者，則按橫、豎、撇、點、折順序依次排列。

目　　錄

凡例 ………………………… （1）

字頭筆畫索引 …………………… （1）

一畫 ………………………… （1）

二畫 ………………………… （1）

三畫 ………………………… （3）

四畫 ………………………… （6）

五畫 ………………………… （69）

六畫 ………………………… （88）

七畫 ………………………… （110）

八畫 ………………………… （193）

九畫 ………………………… （223）

十畫 ………………………… （268）

十一畫 ……………………… （337）

十二畫 ……………………… （422）

十三畫 ……………………… （457）

十四畫 ……………………… （497）

十五畫 ……………………… （530）

十六畫 ……………………… （568）

十七畫 ……………………… （584）

十八畫 ……………………… （585）

十九畫 ……………………… （603）

二十畫 ……………………… （614）

二十一畫 …………………… （619）

二十二畫 …………………… （621）

二十三畫 …………………… （622）

二十四畫 …………………… （622）

二十五畫 …………………… （622）

二十九畫 …………………… （622）

字頭筆畫索引

一畫

一 ……… (1)
乙 ……… (1)

二畫

二 ……… (1)
丁 ……… (1)
卜 ……… (2)
八 ……… (3)
九 ……… (3)
刁 ……… (3)
了 ……… (3)

三畫

三 ……… (3)
干 ……… (3)
于 ……… (3)
士 ……… (5)
大 ……… (5)
兀 ……… (5)
才 ……… (5)
万 ……… (5)
弋 ……… (5)
上 ……… (5)
山 ……… (6)
千 ……… (6)
乞 ……… (6)
及 ……… (6)
弓 ……… (6)
也 ……… (6)
女 ……… (6)

四畫

王 ……… (6)
井 ……… (57)
元 ……… (57)
云 ……… (58)
木 ……… (58)
五 ……… (58)
支 ……… (58)
不 ……… (58)
太 ……… (58)
尤 ……… (58)
巨 ……… (59)
扎 ……… (59)
戈 ……… (59)
牙 ……… (59)
少 ……… (59)
中 ……… (59)
内 ……… (59)
牛 ……… (59)
毛 ……… (61)
仁 ……… (62)
仇 ……… (63)
介 ……… (63)
公 ……… (63)
月 ……… (63)
丹 ……… (63)
勾 ……… (64)
卞 ……… (64)
文 ……… (64)
亢 ……… (65)
方 ……… (65)

火 ……… (67)
斗 ……… (67)
尹 ……… (67)
巴 ……… (68)
孔 ……… (68)
毋 ……… (69)
水 ……… (69)
幻 ……… (69)

五畫

玉 ……… (69)
正 ……… (69)
甘 ……… (69)
世 ……… (70)
艾 ……… (70)
古 ……… (70)
本 ……… (70)
左 ……… (71)
石 ……… (71)
布 ……… (74)
平 ……… (74)
扒 ……… (74)
北 ……… (74)
申 ……… (74)
田 ……… (75)
由 ……… (79)
史 ……… (79)
只 ……… (82)
叱 ……… (82)
冉 ……… (82)
四 ……… (82)
失 ……… (82)

禾 ……… (82)
代 ……… (82)
白 ……… (82)
仝 ……… (86)
令 ……… (86)
仒 ……… (86)
句 ……… (86)
卯 ……… (86)
包 ……… (87)
主 ……… (87)
玄 ……… (87)
氾 ……… (87)
必 ……… (87)
永 ……… (87)
司 ……… (87)
出 ……… (88)
召 ……… (88)
皮 ……… (88)
台 ……… (88)
母 ……… (88)

六畫

匡 ……… (88)
邦 ……… (88)
邢 ……… (89)
圭 ……… (89)
吉 ……… (89)
老 ……… (90)
西 ……… (90)
百 ……… (90)
而 ……… (90)
成 ……… (90)

托 ……… (91)	池……… (105)	岑……… (173)	青……… (195)
至 ……… (92)	汝……… (106)	告……… (173)	長……… (196)
吐 ……… (92)	宇……… (106)	禿……… (173)	亞……… (196)
曲 ……… (92)	安……… (107)	秀……… (173)	耶……… (196)
同 ……… (92)	祁……… (108)	邱……… (173)	茂……… (196)
因 ……… (92)	聿……… (109)	何……… (174)	苗……… (196)
年 ……… (92)	阮……… (109)	伯……… (178)	英……… (197)
朱 ……… (92)	那……… (110)	佟……… (178)	苛……… (197)
先 ……… (98)	朵……… (110)	佛……… (178)	苟……… (197)
竹 ……… (98)	如……… (110)	余……… (179)	苑……… (198)
伍 ……… (98)	牟……… (110)	佘……… (180)	范……… (198)
伏 ……… (98)	丞……… (110)	坐……… (180)	茅……… (201)
延 ……… (98)		谷……… (180)	林……… (201)
仲 ……… (98)	**七畫**	邸……… (180)	來……… (202)
件 ……… (98)		兔……… (180)	松……… (203)
任 ……… (98)	弄……… (110)	狄……… (180)	杭……… (203)
仰……… (103)	赤……… (110)	辛……… (181)	東……… (203)
自……… (103)	志……… (110)	冷……… (183)	郁……… (203)
伊……… (103)	邯……… (110)	汪……… (183)	奇……… (203)
向……… (103)	芮……… (110)	沐……… (185)	抹……… (204)
后……… (103)	花……… (111)	沙……… (185)	拓……… (204)
行……… (103)	克……… (111)	沃……… (185)	拉……… (204)
甪……… (103)	杜……… (111)	沈……… (185)	郅……… (204)
全……… (104)	巫……… (116)	沁……… (187)	叔……… (204)
兆……… (104)	李……… (116)	完……… (187)	肯……… (204)
朵……… (104)	車……… (161)	宋……… (187)	虎……… (204)
多……… (104)	束……… (161)	宏……… (191)	尚……… (204)
色……… (104)	豆……… (161)	冶……… (191)	昆……… (205)
衣……… (104)	夾……… (162)	君……… (191)	門……… (205)
亦……… (104)	扶……… (162)	阿……… (191)	明……… (205)
忙……… (104)	折……… (162)	陀……… (192)	易……… (205)
羊……… (104)	步……… (163)	妙……… (192)	昂……… (206)
米……… (104)	貝……… (163)	姒……… (192)	典……… (206)
次……… (104)	呂……… (163)	邵……… (192)	固……… (206)
江……… (104)	吳……… (166)	忍……… (193)	忠……… (206)
汲……… (105)	邑……… (173)		呼……… (206)
氾……… (105)	別……… (173)	**八畫**	帖……… (206)
	岐……… (173)	武……… (193)	

2

岫 ……… （206）
和 ……… （206）
季 ……… （207）
竺 ……… （207）
秉 ……… （207）
侍 ……… （207）
岳 ……… （207）
帛 ……… （208）
征 ……… （208）
舍 ……… （208）
金 ……… （208）
念 ……… （210）
周 ……… （210）
郇 ……… （217）
忽 ……… （217）
咎 ……… （217）
性 ……… （217）
怡 ……… （217）
炎 ……… （217）
法 ……… （217）
沐 ……… （218）
河 ……… （218）
沮 ……… （218）
況 ……… （218）
宗 ……… （218）
定 ……… （218）
宜 ……… （218）
官 ……… （218）
空 ……… （219）
郎 ……… （219）
房 ……… （219）
祈 ……… （219）
屈 ……… （219）
迦 ……… （221）
承 ……… （221）
孟 ……… （221）

九畫

契 ……… （223）
春 ……… （223）
封 ……… （223）
垣 ……… （223）
郝 ……… （224）
荆 ……… （225）
荀 ……… （225）
胡 ……… （225）
茹 ……… （230）
南 ……… （230）
柯 ……… （231）
查 ……… （231）
相 ……… （231）
柏 ……… （232）
柳 ……… （232）
庫 ……… （233）
咸 ……… （233）
按 ……… （233）
貞 ……… （233）
是 ……… （233）
冒 ……… （233）
映 ……… （234）
星 ……… （234）
曷 ……… （234）
毗 ……… （234）
思 ……… （234）
韋 ……… （234）
哈 ……… （236）
骨 ……… （236）
拜 ……… （236）
郤 ……… （237）
香 ……… （237）
种 ……… （237）
秋 ……… （238）
科 ……… （238）

段 ……… （238）
保 ……… （241）
侶 ……… （241）
皇 ……… （241）
泉 ……… （242）
禹 ……… （242）
侯 ……… （242）
帥 ……… （245）
俞 ……… （245）
郗 ……… （246）
郤 ……… （246）
怱 ……… （246）
昝 ……… （246）
計 ……… （246）
亮 ……… （246）
度 ……… （246）
施 ……… （247）
音 ……… （247）
恒 ……… （247）
姜 ……… （247）
首 ……… （249）
炳 ……… （249）
涂 ……… （249）
洪 ……… （249）
洛 ……… （250）
宣 ……… （250）
扁 ……… （250）
祖 ……… （250）
神 ……… （250）
祝 ……… （250）
陡 ……… （251）
胥 ……… （251）
陛 ……… （251）
姚 ……… （251）
紇 ……… （254）
約 ……… （254）
紀 ……… （254）

十畫

秦 ……… （268）
泰 ……… （270）
敖 ……… （270）
班 ……… （270）
素 ……… （271）
袁 ……… （271）
都 ……… （274）
耆 ……… （274）
耿 ……… （274）
華 ……… （276）
莽 ……… （276）
莫 ……… （276）
莊 ……… （277）
真 ……… （277）
桂 ……… （277）
桓 ……… （277）
栢 ……… （277）
條 ……… （277）
校 ……… （277）
索 ……… （277）
連 ……… （278）
哥 ……… （278）
栗 ……… （278）
夏 ……… （278）
破 ……… （279）
原 ……… （279）
殊 ……… （280）
致 ……… （280）
晉 ……… （280）
柴 ……… （281）
党 ……… （281）
時 ……… （283）
畢 ……… （283）
晁 ……… （284）

馬 ……… （255）

晏……… (284)	海……… (314)	睢……… (349)	涼……… (362)
員……… (284)	涂……… (315)	野……… (349)	淡……… (362)
恩……… (285)	浮……… (315)	問……… (349)	梁……… (362)
特……… (285)	家……… (315)	晦……… (349)	寇……… (367)
秘……… (285)	宮……… (315)	鄂……… (349)	寂……… (368)
俺……… (285)	容……… (315)	婁……… (350)	宿……… (368)
俱……… (285)	書……… (315)	國……… (350)	扈……… (369)
候……… (285)	展……… (315)	唉……… (350)	逯……… (369)
倭……… (285)	陸……… (315)	崔……… (350)	尉……… (369)
倪……… (285)	陳……… (316)	崇……… (353)	屠……… (369)
倫……… (285)	陰……… (328)	移……… (353)	將……… (369)
射……… (286)	陶……… (328)	符……… (353)	張……… (369)
師……… (286)	姬……… (329)	第……… (354)	強……… (420)
徒……… (286)	通……… (329)	敏……… (354)	隋……… (421)
徐……… (286)	桑……… (330)	偃……… (355)	陽……… (421)
殷……… (292)	孫……… (330)	偓……… (355)	隗……… (421)
奚……… (292)	納……… (337)	脫……… (355)	隆……… (421)
倉……… (292)	紐……… (337)	魚……… (355)	習……… (421)
翁……… (293)		象……… (355)	貫……… (421)
脩……… (293)	**十一畫**	猛……… (355)	紹……… (421)
脂……… (293)		祭……… (355)	巢……… (421)
烏……… (293)	堵……… (337)	訥……… (355)	
卿……… (293)	執……… (337)	許……… (355)	**十二畫**
留……… (293)	基……… (337)	麻……… (358)	
記……… (293)	聊……… (337)	庚……… (358)	習……… (422)
衰……… (293)	著……… (337)	康……… (358)	琫……… (422)
高……… (293)	勒……… (337)	鹿……… (361)	琦……… (422)
郭……… (301)	黃……… (337)	章……… (361)	塔……… (422)
席……… (311)	梅……… (342)	商……… (361)	項……… (422)
庫……… (311)	麥……… (342)	望……… (361)	超……… (422)
唐……… (311)	曹……… (343)	牽……… (361)	賁……… (422)
悟……… (314)	堅……… (347)	惟……… (361)	博……… (422)
朔……… (314)	戚……… (347)	剪……… (361)	喜……… (422)
剡……… (314)	盛……… (347)	烽……… (362)	彭……… (422)
郯……… (314)	雪……… (348)	清……… (362)	達……… (424)
浦……… (314)	處……… (348)	凌……… (362)	壺……… (424)
酒……… (314)	堂……… (348)	淨……… (362)	葉……… (424)
	常……… (348)		萬……… (426)

葛⋯⋯⋯（427）　舒⋯⋯⋯（444）　蓋⋯⋯⋯（457）　解⋯⋯⋯（494）
董⋯⋯⋯（428）　欽⋯⋯⋯（445）　靳⋯⋯⋯（457）　廉⋯⋯⋯（495）
敬⋯⋯⋯（431）　鈕⋯⋯⋯（445）　夢⋯⋯⋯（458）　新⋯⋯⋯（495）
朝⋯⋯⋯（431）　禽⋯⋯⋯（445）　蒼⋯⋯⋯（458）　雍⋯⋯⋯（495）
辜⋯⋯⋯（431）　勝⋯⋯⋯（445）　蒲⋯⋯⋯（458）　慎⋯⋯⋯（496）
椏⋯⋯⋯（431）　鄔⋯⋯⋯（445）　蒙⋯⋯⋯（459）　義⋯⋯⋯（496）
椎⋯⋯⋯（431）　然⋯⋯⋯（445）　幹⋯⋯⋯（459）　溥⋯⋯⋯（496）
惠⋯⋯⋯（432）　鄒⋯⋯⋯（445）　禁⋯⋯⋯（459）　源⋯⋯⋯（496）
覃⋯⋯⋯（432）　哀⋯⋯⋯（446）　楚⋯⋯⋯（459）　塗⋯⋯⋯（496）
粟⋯⋯⋯（432）　斌⋯⋯⋯（446）　楊⋯⋯⋯（460）　實⋯⋯⋯（496）
雲⋯⋯⋯（432）　童⋯⋯⋯（446）　甄⋯⋯⋯（483）　褚⋯⋯⋯（496）
揚⋯⋯⋯（433）　善⋯⋯⋯（446）　賈⋯⋯⋯（483）　福⋯⋯⋯（497）
雅⋯⋯⋯（433）　普⋯⋯⋯（446）　雷⋯⋯⋯（486）　際⋯⋯⋯（497）
紫⋯⋯⋯（433）　道⋯⋯⋯（446）　頓⋯⋯⋯（490）　經⋯⋯⋯（497）
掌⋯⋯⋯（433）　曾⋯⋯⋯（447）　裘⋯⋯⋯（491）
間⋯⋯⋯（433）　勞⋯⋯⋯（447）　訾⋯⋯⋯（491）　**十四畫**
閔⋯⋯⋯（433）　馮⋯⋯⋯（447）　當⋯⋯⋯（491）
喇⋯⋯⋯（433）　湛⋯⋯⋯（451）　虞⋯⋯⋯（491）　瑪⋯⋯⋯（497）
喊⋯⋯⋯（433）　湯⋯⋯⋯（451）　睦⋯⋯⋯（491）　瑣⋯⋯⋯（497）
景⋯⋯⋯（433）　溫⋯⋯⋯（452）　睢⋯⋯⋯（491）　碧⋯⋯⋯（497）
跋⋯⋯⋯（434）　滑⋯⋯⋯（453）　暗⋯⋯⋯（491）　趙⋯⋯⋯（497）
單⋯⋯⋯（434）　淵⋯⋯⋯（453）　路⋯⋯⋯（491）　嘉⋯⋯⋯（513）
喻⋯⋯⋯（434）　游⋯⋯⋯（453）　農⋯⋯⋯（493）　赫⋯⋯⋯（513）
喀⋯⋯⋯（435）　渾⋯⋯⋯（453）　嵩⋯⋯⋯（493）　臺⋯⋯⋯（514）
買⋯⋯⋯（435）　寒⋯⋯⋯（453）　圓⋯⋯⋯（493）　綦⋯⋯⋯（514）
嵬⋯⋯⋯（435）　富⋯⋯⋯（453）　雉⋯⋯⋯（493）　慕⋯⋯⋯（514）
黑⋯⋯⋯（435）　甯⋯⋯⋯（454）　僅⋯⋯⋯（493）　蔣⋯⋯⋯（514）
無⋯⋯⋯（435）　補⋯⋯⋯（454）　傅⋯⋯⋯（493）　蔡⋯⋯⋯（516）
智⋯⋯⋯（435）　裕⋯⋯⋯（454）　牒⋯⋯⋯（493）　斡⋯⋯⋯（517）
程⋯⋯⋯（435）　費⋯⋯⋯（454）　傷⋯⋯⋯（493）　熙⋯⋯⋯（517）
喬⋯⋯⋯（438）　賀⋯⋯⋯（455）　鉗⋯⋯⋯（493）　蔚⋯⋯⋯（517）
傅⋯⋯⋯（439）　　　　　　　　　鉢⋯⋯⋯（493）　輔⋯⋯⋯（517）
焦⋯⋯⋯（443）　**十三畫**　　　會⋯⋯⋯（493）　爾⋯⋯⋯（517）
郾⋯⋯⋯（444）　　　　　　　　　愛⋯⋯⋯（493）　臧⋯⋯⋯（518）
粵⋯⋯⋯（444）　蚰⋯⋯⋯（457）　詹⋯⋯⋯（494）　裴⋯⋯⋯（518）
奧⋯⋯⋯（444）　瑚⋯⋯⋯（457）　鳩⋯⋯⋯（494）　暢⋯⋯⋯（519）
復⋯⋯⋯（444）　瑞⋯⋯⋯（457）　鮮⋯⋯⋯（494）　聞⋯⋯⋯（519）
　　　　　　　　　鄢⋯⋯⋯（457）　解⋯⋯⋯（494）　圖⋯⋯⋯（519）

管………(519)
毓………(520)
僕………(520)
僧………(520)
雒………(520)
廣………(520)
瘋………(520)
廖………(520)
端………(521)
齊………(521)
鄭………(522)
榮………(525)
漢………(526)
滿………(526)
漆………(526)
寬………(526)
察………(526)
寧………(527)
實………(527)
禡………(527)
隨………(527)
肅………(527)
熊………(527)
鄧………(528)
翟………(529)
緒………(530)
綺………(530)
綿………(530)

十五畫

慧………(530)
頡………(530)
鞏………(530)
摯………(531)
邁………(531)
樗………(531)
樓………(531)

樊………(531)
橄………(533)
歐………(533)
暴………(533)
噶………(533)
墨………(533)
黎………(533)
儀………(534)
德………(534)
衛………(534)
徹………(535)
虢………(535)
滕………(535)
魯………(535)
諸………(537)
論………(537)
談………(537)
摩………(537)
廣………(537)
慶………(537)
羯………(537)
潭………(537)
潤………(537)
潘………(537)
澄………(539)
憨………(539)
遲………(539)
樂………(539)
練………(539)
緱………(540)
劉………(540)

十六畫

靜………(568)
駱………(568)
燕………(568)
薛………(568)

薊………(572)
薄………(572)
蕭………(572)
薩………(575)
橋………(575)
樵………(575)
賴………(575)
霍………(575)
冀………(576)
盧………(576)
曇………(578)
穆………(579)
興………(579)
衡………(579)
錢………(579)
錫………(580)
鮑………(580)
獨………(581)
諤………(581)
廨………(581)
龍………(581)
嬴………(581)
營………(581)
憲………(581)
窺………(581)
闍………(581)
閻………(582)
彊………(584)

十七畫

璩………(584)
戴………(584)
鞠………(585)
藍………(585)

十八畫

韓………(585)

檀………(592)
轅………(592)
臨………(592)
矯………(592)
魏………(592)
儲………(596)
鍾………(596)
謝………(597)
謙………(599)
襄………(599)
應………(599)
鴻………(599)
濮………(599)
濟………(600)
蹇………(600)
彌………(600)
翼………(600)
縱………(600)
繆………(600)
聶………(600)
藥………(601)
醫………(601)
豐………(601)
叢………(601)
瞿………(601)
瞻………(601)
闔………(601)
闕………(601)
簡………(601)
雙………(601)
邊………(601)
歸………(602)
顏………(602)
額………(603)
璧………(603)
繞………(603)

十九畫

藺………（603）
蘇………（603）
麴………（607）
闞………（607）
關………（607）
嚴………（608）
羅………（610）
贊………（613）
簫………（613）
譚………（613）
譙………（613）
龐………（613）
懶………（614）
懷………（614）
瀛………（614）

竇………（614）

二十畫

壤………（614）
蘭………（615）
酆………（615）
黨………（615）
籍………（615）
覺………（615）
鐵………（615）
鐔………（615）
饒………（615）
夒………（615）
灌………（615）
寶………（615）
騫………（616）

竇………（616）
繼………（619）

二十一畫

權………（619）
酈………（620）
鐵………（620）
癲………（620）
顧………（620）
鶴………（621）
續………（621）

二十二畫

龕………（621）
龔………（621）
襲………（622）

二十三畫

顯………（622）
誾………（622）
麟………（622）
欒………（622）

二十四畫

觀………（622）
靈………（622）

二十五畫

蠻………（622）

二十九畫

驪………（622）

一畫

一

一行禪師　　　　3・216 下
一　炁　　　　　7・119 上

乙

乙弗郎　　　　　2・550 下
乙速孤神慶　　　5・45 下
　　　　　　　　5・101 上
乙乾歸　　　　　13・177 下
　　　　　　　　15・244 上
　　　　　　　　15・555 上

二畫

二

二　格　　　　　13・73 下

丁

丁人文　　　　　13・591 下
　　　　　　　　18・706 下
丁士孝　　　　　16・689 下
丁上之　　　　　10・361 下
丁少微　　　　　10・664 上
丁介禾　　　　　5・83 下
丁文約　　　　　1・607 上
丁文學　　　　　13・259 下
丁孔應　　　　　13・573 上
　　　　　　　　19・720 下
　　　　　　　　20・216 上
丁世才　　　　　13・659 下
丁世材　　　　　18・708 上
丁世通　　　　　10・377 下

丁世勛　　　　　6・594 上
　　　　　　　　6・651 上
丁世興　　　　　2・386 上
丁仕俊　　　　　6・595 上
丁永臣　　　　　18・138 下
丁弘道　　　　　9・87 上
丁吉士　　　　　20・218 下
丁有周　　　　　9・89 下
　　　　　　　　9・403 下
丁存義　　　　　19・191 上
丁成德　　　　　1・695 下
　　　　　　　　5・119 上
丁光斗　　　　　1・534 下
　　　　　　　　11・651 下
丁自明　　　　　13・458 上
丁兆松　　　　　1・499 上
丁守中　　　　　13・438 上
　　　　　　　　17・428 下
丁志渭　　　　　1・733 下
丁克成　　　　　13・158 上
丁　罕　　　　　20・266 下
　　　　　　　　20・288 上
丁長善　　　　　6・585 上
丁郁文　　　　　7・763 下
丁易東　　　　　7・751 上
丁　昂　　　　　14・360 上
丁秉乾　　　　　16・27 下
丁育桂　　　　　19・698 上
丁承祖　　　　　11・657 上
丁甫英　　　　　12・137 下
　　　　　　　　12・481 下
丁思記　　　　　1・711 下
　　　　　　　　8・495 下
丁　珣　　　　　12・11 上
丁　華　　　　　8・548 下
丁　晉　　　　　14・351 上
　　　　　　　　14・360 上

	14・533 上
	14・797 上
	15・177 下
丁　健	16・146 下
丁徐魁	7・681 上
丁逢壬	11・612 上
丁培元	1・675 下
丁惟清	13・136 上
	18・550 下
丁啓昌	13・614 下
丁啓瑞	1・721 上
	6・704 下
丁啓睿	10・392 上
	10・467 下
丁　超	16・33 上
丁朝奇	13・555 上
	15・701 下
	16・176 上
丁　棟	17・387 下
丁　閏	7・764 下
丁遇賢	1・607 上
	5・111 下
丁　皓	16・467 下
丁　焴	13・429 上
	18・95 下
	18・204 上
	18・293 上
	18・360 上
丁運開	8・650 下
丁　瑄	3・579 上
	3・720 下
丁蔭璧	8・269 下
丁　碧	7・74 下
丁毓藻	12・571 上
丁　僧	20・657 上
丁　廣	19・621 上
丁賢發	13・235 下

	20・371 上
丁　儀	15・661 上
	16・171 下
丁德隆	18・176 上
丁慶説	13・555 下
	16・176 上
丁　選	7・754 上
丁　緩	3・79 上
丁積祿	19・117 上
	19・258 下
丁錫奎	16・40 下
丁應松	3・280 上
丁應徵	12・137 下
丁　濬	13・89 上
	14・758 上
	15・68 上
丁　璿	6・578 下
丁　鵬	3・132 下
丁　蘭	2・704 上
	6・350 下
	6・407 上
丁　繼	17・389 上
丁繼文	13・410 上
丁體常	13・82 上
	16・19 下

卜

卜世清	11・36 下
卜光輔	18・462 上
卜東洲	11・686 下
卜祚光	10・412 下
	10・468 上
卜徒父	2・707 下
	3・775 下
卜　商	9・169 下
卜朝瑛	13・242 下

卜羲	12・168 上	于天良妻張氏	6・361 下
	12・662 上		6・449 上
卜謙	13・88 上	于天福	14・510 下
	14・757 上	于元隱	3・774 下
卜應奎	20・158 上		6・95 上
八		于仁	6・147 下
八十六	1・434 上	于化龍	3・378 下
八剌	8・595 上	于右任	7・700 下
九		于申	2・298 上
九方皋	4・173 下		2・367 上
刁		于立	13・443 下
刁光印	3・82 上	于永禧	8・364 上
刁廱	13・250 上		8・452 下
了		于光	13・87 上
了一道人	14・417 下		14・756 下
了然上人	7・625 下	于休烈	2・692 上
			3・254 下
			13・434 上
			18・10 上
三畫		于仲文	2・560 下
		于自樂	19・699 上
		于兆明	6・405 上
三		于志成	20・383 上
三泰	20・596 上	于志甯	2・232 上
三格	20・438 下		13・434 上
	20・596 上	于志寧	2・569 下
三無道人	2・720 下		3・253 上
			18・9 下
干		于邵	2・692 上
干后	4・650 上	于玼	13・105 上
干長華	1・389 下	于茂	13・53 上
	5・81 下	于果	9・65 上
		于明寶	13・68 上
于			14・761 上
		于知微	2・258 下
		于宗孔	7・418 上
于士恭	2・266 上	于宗謙	10・316 下

于承謨	7・276 上	于殿拔	13・551 上
	7・330 下		15・692 上
于俊英	16・702 上	于　霆	10・68 上
于宣敏	3・253 上	于　頓	2・593 上
于宣道	2・559 下	于　銓	13・225 上
	3・252 下	于鳳苞	10・316 上
于　敖	3・255 下	于榮祖	1・595 上
	13・391 上		5・756 下
于　烈	13・178 上	于　寬	2・628 上
	15・244 上	于　實	2・553 上
	15・556 上	于維琇	11・516 上
于　益	3・255 下	于　霈	3・181 下
于　梓	13・383 下		12・615 上
于　冕	13・673 下	于　儀	15・662 上
	17・426 上	于德芳	2・232 上
	18・15 上	于養龍	14・421 上
于國璽	1・647 上	于養鱗	2・702 上
于象謙	13・444 上		6・391 下
于惟一	13・61 下	于瑩藻	13・509 下
于淩霄	13・696 下		16・679 上
	17・107 下	于興雲	17・123 下
于　琮	2・608 上	于　學	3・275 下
	18・12 下	于　燦	17・120 上
于　提	15・245 上	于燦然	13・636 下
于開泰	1・523 下	于　濱	13・455 下
	4・517 上		19・699 上
于　智	18・541 下	于　翼	13・100 下
于翔漢	3・715 下	于翼龍	13・675 下
于道行	18・338 上		19・699 下
于　寰	3・166 上		20・14 下
	13・135 下		20・219 下
	18・541 下		20・279 下
于登瀛	16・21 上	于　謹	2・548 上
于　詩	7・152 下		3・251 下
于　義	2・557 上	于　璽	2・558 上
	3・252 上		10・495 上
于　蕭	3・255 下	于　續	1・649 上

4

	12・38 上
于　鑑	1・607 上
于顯龍	13・489 上

士

士孫天與	3・742 上
士孫張	2・676 上
	3・38 下
	6・309 下
士孫瑞	3・766 下
	4・168 上
	4・466 上
士孫奮	3・778 下
	4・175 下

大

大　休	16・201 下
大脚雷師	14・428 下
大量和尚	7・119 下
大智禪師	2・269 下
	2・270 上
大　愚	12・400 上
大　福	2・290 下
大慧禪師	11・500 上
大德禪師	2・290 上
	2・306 上
大機禪師	11・402 上

兀

| 兀尊德 | 3・140 下 |

才

才　寬	19・45 下
	19・302 下
	19・512 下
	19・574 上

万

| 万于菩提 | 18・568 上 |

弋

| 弋連珠 | 10・698 上 |

上

上官天鐸	10・317 下
上官公	6・489 下
	16・287 上
上官可觀	14・608 上
上官白圭	6・489 上
	6・531 上
上官有儀	1・478 下
	10・265 上
	10・366 下
	10・368 下
上官汝恢	10・262 下
	10・267 下
	10・366 下
上官志	10・368 下
上官希憲	10・263 下
	10・367 上
上官宏基	10・258 上
	10・364 下
上官坤	6・491 下
上官英偉	13・566 下
上官阜	6・501 上
上官桀	20・427 下
上官展	1・592 下
	5・730 上
上官從忠	10・316 下
上官章	1・517 上
	6・492 下
上官淑世	10・365 下
上官景吳	10・195 下

上官煜	6・488 下
	6・530 上
上官德興	10・263 下
上官應亨	6・492 下
上官應麟	10・365 下
上官鴻	13・83 下
上官懷仁	6・530 下
上官夔	1・517 下
	6・488 下
	6・530 上
上履祥	10・364 下

山

山子道	9・165 上
	10・75 下
	10・123 上
山晉濤	13・426 上
	18・482 下
山效質	3・347 上
	3・410 下
山圓	14・411 下
	16・648 上
山錦霞	10・669 上

千

千霈	1・356 下

乞

乞伏千年	18・537 上
乞伏乾歸	14・407 上
	15・171 上
乞伏國仁	14・407 上
	14・800 下
	15・170 下
乞伏軻彈	18・535 下
乞伏暮末	14・407 下
乞伏慧	15・250 下

	18・541 下
乞伏熾磐	14・407 下

及

及宦	20・618 下

弓

弓文煥	6・658 下
弓峻登	6・659 上
弓鉞	6・658 下
弓燿	6・659 上

也

也速迭兒	20・149 上

女

女奚烈幹	8・227 下
	9・401 上
女奚烈	8・9 下
女媧氏	13・264 上
	15・605 上

四畫

王

王一之	13・97 上
	14・475 上
	16・604 下
王一元	3・494 下
王一正	2・644 上
	6・91 下
	6・174 下
王一清	2・721 上
	3・107 下
王一魁	3・288 上
	6・584 上

王一誠	5・518 上		9・550 下
	5・615 下	王三成	1・620 上
	5・725 下	王三省	9・125 下
王一經	13・175 上		10・208 上
王一鳴	12・525 下		10・250 下
王一鳳	3・141 下	王三祝	13・351 上
	13・348 下		15・119 上
王一漢	10・108 上	王三華	13・216 上
王一德	12・685 上		18・616 上
王乙甲	10・69 上	王三娘	2・251 上
王二樹	8・512 上	王三聘	2・637 下
王人佐	5・649 上		3・481 下
	5・754 上	王三樂	8・114 上
王人瑄	10・264 下	王三錫	6・479 下
	10・365 下		10・539 上
王九牧	5・105 上		13・195 上
王九思	2・694 上		13・230 下
	3・332 上		13・632 上
	3・395 上		14・656 下
	6・173 下		16・331 下
王九真	9・165 上		18・62 上
王九峯	2・628 上		18・87 上
	3・332 下		18・134 下
	3・395 下		18・175 上
王九皋	3・371 下		18・270 下
王九卿	19・174 下		18・344 下
王九敘	3・395 下		18・348 下
	8・14 上		19・667 下
王九儀	2・641 下		20・134 下
	3・58 上	王于陛	9・666 下
王九疇	9・412 上		10・256 下
	10・494 上	王于豐	9・714 下
王九齡	10・315 下		10・265 下
王刁	10・663 下		10・365 下
王乃賁	11・303 上	王士宏	7・723 下
王乃憲	13・703 下	王士良	18・593 下
王又旦	9・27 上	王士享	8・122 下

王士昭	8・580 下	王大綸	5・719 下
	9・732 上	王大綏	13・377 下
王士俊	6・497 上	王大璋	1・579 下
王士彥	13・456 下	王大德	11・770 上
	19・698 下	王大緯	5・116 下
王士菜	1・506 上	王大勳	3・66 上
	9・573 下	王大謨	8・401 上
	10・674 下		8・480 下
	10・820 上	王大顯	12・164 上
王士毅	13・141 下		12・584 下
	19・246 上	王上林	1・601 上
王士龍	13・538 下		3・493 上
王士麟	7・118 上	王口賢	17・380 上
	7・178 下	王山木	3・334 上
	18・4 上		3・396 下
王士驥	4・771 下	王　川	3・138 上
王大才	12・168 上	王及甫	9・113 下
	12・662 上		9・507 下
	13・367 上		10・40 上
王大用	13・624 下		10・105 下
	14・519 上	王之士	2・685 下
	16・631 下		3・143 上
王大吉	5・19 上	王之圭	8・91 上
	5・48 下	王之臣	10・473 下
	5・110 上		12・648 上
王大成	18・709 下		17・91 下
王大受	9・713 下		20・381 下
王大桂	13・527 下	王之坊	13・186 上
王大烈	3・605 下	王之佐	3・579 下
王大倫	10・702 上		19・170 上
王大師	12・399 下	王之良	9・540 下
王大貴	13・527 上	王之良妻張氏	10・548 上
	20・371 上	王之林	10・429 上
王大道	12・144 下	王之忠	10・113 下
	12・630 上	王之佺	5・730 下
王大統	10・42 上	王之珍	9・731 下
王大節	10・191 上	王之垣	2・643 上

	3・213 上		5・699 下
	5・518 上	王之驥	3・338 上
	5・543 下		3・399 上
	5・615 上	王己正	3・214 下
	5・725 下	王子直	2・553 下
王之彥	10・515 上		13・116 上
王之屏	17・552 下		15・559 下
	17・643 下	王子明	13・648 下
王之紀	6・384 上		16・771 下
王之栩	3・462 下	王子華	9・140 下
王之純	5・758 下		9・730 下
王之球	11・313 上		10・40 下
王之冕	1・698 下		10・105 下
王之宷	9・534 下	王子善	13・257 下
	10・255 下	王子滿	3・538 下
王之朝	12・628 下	王子興	12・293 上
王之鼎	1・548 上	王天秀	11・28 下
	6・73 下	王天佑	19・233 上
	6・156 下	王天亮	6・313 上
王之傑	1・436 下		6・387 下
王之道	10・377 下	王天祐	13・437 下
王之曾	19・696 下		17・411 上
	20・161 下	王天紀	8・666 下
王之弼	5・507 上	王天秩	5・18 下
	5・606 上		5・48 上
	5・712 上		5・110 上
王之賈	3・141 下	王天章	12・159 下
王之翰	9・731 下	王天貴	19・723 下
王之輓	3・607 上	王天祺	8・510 上
王之勳	3・337 上		9・722 下
	3・398 下	王天璋	1・647 上
王之憲	8・108 上	王天鑑	13・68 下
王之璽	3・720 上		17・381 下
王之鯨	13・90 下	王天衢	10・369 上
	14・477 下	王　元	5・117 下
	14・585 上		13・468 上
王之鑰	5・470 下		18・657 上

王元士	7・418 上	王曰然	13・97 上
王元正	3・480 上	王曰慎	13・685 上
王元佐	13・541 上	王曰漢	7・472 下
王元茂	1・751 下	王　中	13・695 上
	12・32 上		14・521 下
王元英	13・625 下		14・798 下
	16・696 下		16・638 下
王元命	8・378 下	王中立	1・709 上
	8・481 下		13・127 上
王元亮	1・359 下	王中矩	9・718 下
王元峯	8・675 上	王中榘	10・543 上
王元卿	13・424 上	王中謙	13・502 下
	15・708 上		15・113 下
	18・419 下	王　午	13・555 下
王元捷	3・279 上		15・702 下
王元掄	13・158 下	王壬生	3・342 下
王元章	12・630 下		3・406 下
王元凱	2・628 上	王壬安	1・591 下
	3・479 下	王壬垣	6・137 上
王元德	13・400 上	王　仁	3・481 上
王元邈	13・116 上	王仁恭	13・405 下
王元勳	13・625 下		15・303 下
	16・696 下		15・630 下
王元灝	10・266 上		16・281 下
	10・365 下		19・657 下
王太岳	1・338 上		20・117 下
王　友	13・458 下		20・261 下
	20・636 上		20・284 下
王友生	10・167 上	王仁皎	2・259 上
王友善	14・358 上		8・73 下
	20・228 上		10・156 上
王曰可	3・276 下	王仁裕	13・304 下
王曰秀	19・698 上		14・376 上
王曰奉	12・552 下		15・309 上
王曰琇	13・678 上		15・353 下
王曰朝	8・512 上		15・638 下
王曰智	13・414 上		16・532 上

	18・400 上		14・754 下
	18・416 上		15・65 上
王仁福	19・505 上		19・429 下
王　化	9・18 下	王文昌	3・324 下
	9・129 上		3・373 下
	9・679 上	王文炘	1・467 上
	13・634 下		5・108 上
	17・120 上	王文威	8・662 上
王化岐	19・207 上	王文奎	7・40 上
王化昌	17・121 上		7・154 上
王化南	4・422 下	王文恪	9・723 上
	13・473 上	王文美	10・271 上
王化泰	8・403 上	王文炳	1・493 上
	8・488 下		9・563 上
王化遠	8・123 下		10・419 下
王化興	20・678 下	王文剛	20・382 上
王公素	2・324 下	王文進	8・666 上
王公儀	13・428 下	王文煥	14・777 上
	14・378 上		15・93 上
	15・215 下	王文超	10・422 上
	18・358 下		10・477 上
	18・400 下	王文雄	1・414 上
王公篤	2・229 下		12・321 上
王公願	10・363 上	王文幹	2・319 上
王月隆	1・642 上	王文義	2・237 下
王　丹	2・529 上		11・424 下
	8・58 下	王文煓	5・108 下
	16・280 上	王文蕙	1・589 下
王　文	6・561 下	王文燦	18・176 下
王文化	19・762 上	王文繡	14・572 上
王文秀	13・114 下	王文麟	15・217 上
王文灼	5・119 上	王方翼	4・598 上
王文郁	7・52 下		7・407 下
	7・160 上		13・142 上
	7・185 上		19・298 下
	13・85 上		19・572 上
	14・465 上		20・118 下

	20・418 下	王玉成	1・658 上
	20・433 上		7・681 上
王斗機	1・509 下	王玉廷	13・586 上
王斗聯	10・419 下	王玉汝	9・710 下
王心永	18・94 上	王玉柱	13・538 上
王心敬	1・444 上	王玉書	10・670 上
	3・336 上	王玉進	12・164 下
	3・398 上		12・586 上
王心廣	17・92 上	王玉清	13・679 下
王心學	13・324 下		19・765 上
	14・612 上	王玉琢	8・496 上
王以孚	11・221 上	王玉樞	16・691 下
王以旂	7・27 下	王玉禮	1・729 上
	13・59 下	王玉瓏	11・54 下
	19・43 下	王　邘	1・591 下
	19・301 上		3・342 上
	19・451 下		3・406 下
	19・665 上	王　正	3・768 上
	20・130 下		4・165 上
王以旌	9・36 下	王正元	1・612 下
王允中	13・327 下		10・698 上
	14・429 上		13・503 下
	15・170 下	王正邦	7・656 上
	18・614 下		13・540 上
	19・107 下	王正守	6・581 下
	19・256 上	王正孝	3・67 上
	19・266 下	王正志	7・46 下
王允亨	13・466 下		7・172 上
	18・656 上		11・115 下
王允迪	8・512 上	王正宗	12・525 上
王允奏	18・656 下	王正紀	12・161 上
王允保	1・663 上	王正發	11・608 下
王允恭	13・467 上	王正端	13・511 下
	18・668 上	王正興	5・383 下
王允得	3・67 上	王　功	3・66 上
王允憲	10・380 上		3・336 下
王予望	16・20 下		3・398 下

王世才	13・550 下		19・121 下
	15・690 下		19・176 上
王世正	17・125 下	王世德	7・59 下
王世平	6・667 上		11・605 上
王世印	12・665 上		13・513 上
王世充	3・218 上		14・513 上
王世安	3・599 下	王世積	7・545 下
	3・752 下	王世勳	14・396 下
王世英	10・539 上	王世舉	10・213 下
王世旺	13・621 上		10・363 上
	15・114 下	王世禧	10・691 下
王世昌	13・662 上	王世績	18・541 下
	16・38 下	王世顯	18・440 上
王世科	13・655 下	王古台	3・495 下
王世俊	13・486 上	王本固	13・61 下
	19・117 下		20・619 上
	19・173 上	王本貴	1・615 上
王世恩	5・518 下	王本預	17・443 上
	5・615 下	王本豫	7・721 上
	5・725 下	王可久	1・641 上
王世乾	3・413 上		3・605 上
王世國	7・76 上	王可臣	1・423 上
王世康	3・275 下	王可舉	1・636 下
	3・721 下		6・497 上
	4・441 上	王可簡	9・28 上
	4・494 下		9・551 下
王世強	18・535 下	王丕美	13・692 上
王世揚	13・61 下		19・258 下
王世欽	7・76 上		19・259 上
	7・512 上	王丕振	10・365 上
王世祿	5・735 下	王石潤	7・43 上
	17・125 下	王　平	1・422 下
王世魁	13・547 下		1・721 下
	15・686 下		1・731 下
王世宣	7・44 下		3・62 下
王世榮	7・153 上	王平章	16・333 上
	13・485 上	王占樸	1・648 上

王甲午	16・338 上		9・420 上
王田玉	12・294 下	王用賓	2・629 下
王由義	9・121 下	王印哲	20・45 下
	9・513 上	王印弼	1・550 上
	10・195 下		7・62 上
	10・245 上	王　立	5・476 下
王四服	9・658 下		5・696 上
	10・41 下		8・608 下
王四齡	8・770 下	王立邦	19・232 下
王　生	2・701 上	王立泰	13・368 上
王生吉	1・443 上	王必用	4・171 下
	19・477 上	王必昌	10・700 上
王生明	1・637 上	王必炶	4・683 上
	6・498 上		4・767 上
王生金	3・413 下	王　永	7・456 下
王生泰	18・424 下		19・701 下
王生雲	7・520 下	王永正	1・611 下
王生蘭	19・760 下	王永世	1・763 上
王仕俊	13・566 下		7・78 上
	17・419 下	王永臣	16・734 下
王　令	1・538 上	王永年	6・582 下
王令圖	13・117 下		6・638 下
	15・569 上		10・319 上
	16・466 下		12・294 下
	18・454 下	王永江	8・113 上
王　用	6・578 上	王永安	11・394 上
	10・35 上	王永茂	19・177 下
	10・496 下	王永昌	1・665 上
王用中	13・486 上		7・92 下
	19・118 下	王永忠	8・595 上
王用予	10・314 上	王永和	14・429 下
	10・316 上	王永命	8・549 上
	13・281 下		9・421 下
	14・659 下		18・186 上
	14・661 下		18・338 上
王用汝	7・67 下	王永春	5・616 上
王用傑	8・599 上		5・726 下

王永祚	7・77 下		15・694 下
	7・525 下		16・172 上
	12・144 下	王　邦	3・398 上
	12・629 上	王邦才	3・131 下
王永倉	8・509 下		9・408 上
王永祥	11・375 上	王邦光	8・16 下
王永盛	12・159 下	王邦杰	10・316 上
	13・663 下	王邦命	18・344 下
	16・42 上	王邦俊	6・497 下
王永清	3・341 上		7・762 上
	3・405 下		7・779 下
	13・540 下		11・239 下
	19・475 上	王邦哲	10・115 上
王永善	13・584 上	王邦瑞	10・496 下
	20・721 下		19・454 上
王永福	1・651 下	王邦憲	2・638 上
	3・345 下		3・552 上
	3・409 下	王　玑	4・471 下
	5・48 下	王式金	20・293 下
	5・110 下	王式鈺	13・349 上
	11・663 上		15・106 上
王永圖	2・670 上	王　吉	2・703 下
	3・340 下		3・715 上
	3・405 下		5・419 上
王永鳳	16・546 上		5・466 上
王永慶	13・501 下		5・696 上
王民牧	13・391 下		7・149 上
	16・360 下	王吉士	13・360 上
王民範	7・40 下		16・703 下
	7・189 下	王吉平	13・355 上
王民德	3・67 上	王吉吉	8・664 下
王弘毅	5・517 上	王吉安	1・696 下
	5・757 下	王吉甫	9・77 上
王加佐	12・66 上		9・113 下
王孕琦	1・632 下		9・398 上
王　弁	3・262 下		10・12 上
王幼貞	15・331 下		10・29 下

	10・105 上	王有福	10・168 下
王吉昌	1・638 下	王有德	13・479 下
	5・382 上		18・662 下
王吉相	1・520 上	王有慶	13・235 上
王吉第	1・582 下		19・517 上
王吉勝	9・693 下	王存兒	9・59 下
王老實	13・702 下	王存怡	7・86 上
	19・136 下	王存恪	1・765 上
	20・652 上		7・85 下
王　芝	1・591 下	王存德	19・224 上
	3・343 下	王存禮	13・306 下
	3・407 上		16・537 上
王　朴	9・114 上		18・204 上
	9・657 下		18・294 上
	10・30 上		18・362 下
王　臣	3・66 上		20・718 下
	8・377 下	王成玉	20・456 上
	8・481 上	王成科	1・660 上
	13・230 下	王成德	1・523 下
王在京	8・624 上		4・517 上
王在宥	10・258 上		13・564 下
王在陞	10・365 上		16・85 下
王在亶	10・261 上	王成龍	13・525 上
王在雍	11・36 上		19・542 上
王在臺	12・86 下	王成績	13・564 上
王有言	8・115 上	王光印	1・658 下
王有信	1・651 下	王光昌	12・161 下
	11・662 下	王光晟	13・346 上
王有莘	14・428 下		15・98 下
	19・760 上	王光培	8・87 下
王有造	3・139 下		10・495 下
王有家	1・645 上	王光增	10・377 下
	12・487 下	王光濟	11・229 下
王有喜	20・336 下	王同人	2・267 上
王有運	12・496 上	王同春	13・344 下
王有會	7・555 上		15・93 上
王有義	19・243 下	王先身	2・670 下

	3・341 上		10・264 上
	3・405 下		10・367 上
王　廷	15・221 上	王廷鳳	19・19 上
王廷用	3・132 上	王廷賓	8・617 下
	9・418 下		8・619 下
王廷臣	3・341 下		8・644 下
	3・406 上	王廷璁	9・427 下
	11・489 下		10・414 上
王廷佐	6・498 上		10・469 下
	18・730 下		10・680 上
王廷茂	13・588 上	王廷舉	1・646 下
王廷法	8・509 下	王廷瑷	11・47 下
王廷柱	12・168 下	王廷璧	10・370 上
王廷宣	13・194 上	王廷簡	11・354 下
	18・335 下	王廷贊	13・140 上
王廷華	13・524 下		13・219 下
	19・519 下		19・168 上
王廷桂	19・228 上	王廷議	7・385 下
王廷桓	10・323 下		17・284 上
王廷訐	8・278 上	王　休	3・772 上
王廷極	13・423 下	王伏金	2・668 上
	15・231 上	王　延	3・774 上
	15・707 下		4・535 下
	18・419 上		20・453 上
王廷詔	8・303 下		20・467 下
	16・34 上	王延德	20・481 上
王廷珏	16・541 下	王延齡	11・40 下
王廷瑞	3・414 上	王　仲	2・512 下
王廷聘	7・92 上	王仲才	12・138 下
	7・222 上		12・485 下
王廷楊	16・33 上	王仲元	13・500 下
王廷義	10・658 上		15・111 下
王廷瑤	13・391 上	王仲宣	10・315 下
	16・360 下	王仲都	4・601 上
王廷輔	1・478 下		6・500 上
	6・89 上	王仲揭	12・429 上
	6・176 上	王仲智	6・86 上

	6・172 上		3・412 下
王仲寶	13・42 下		12・496 上
	17・551 上	王 合	4・470 下
	17・642 下		4・515 下
	19・447 下	王兆祥	1・597 下
	20・296 下	王兆崙	1・675 下
	20・315 上	王兆魁	13・498 上
王 任	13・65 上		15・108 上
	16・476 下	王兆榮	3・139 上
王自公	8・512 下	王兆豐	10・273 下
王自強	13・503 下	王兆鰲	9・419 下
	15・115 下		10・361 下
王自策	6・169 下	王兆麟	13・650 上
王自凝	4・371 下	王 邲	3・341 下
	4・418 下		3・406 上
王 向	3・146 上	王 旭	3・779 下
王行果	3・35 下		4・580 上
王行威	2・242 上		5・16 上
王行運	12・496 上		5・47 上
王行實	9・69 上		5・101 下
	9・760 上		12・374 下
王行儉	1・399 下	王名世	10・312 下
	11・658 上	王名印	5・116 上
	12・184 上	王多才	12・159 上
	12・446 下	王多祐	5・114 上
王 舟	3・402 上	王多壽	19・174 上
王全臣	10・411 上	王 充	4・489 上
	10・467 下	王忙几仄	10・492 上
	13・130 上	王 州	16・45 上
	13・152 上	王 汲	13・440 下
	14・479 上	王汲初	11・116 下
	19・669 下	王 池	1・591 上
	20・137 下	王汝中	13・423 下
王全真	14・418 下	王汝舟	13・369 上
王全順	12・491 上	王汝安	5・249 下
王全義	1・592 上	王汝孝	13・58 下
	1・611 下		17・380 上

王汝明	13・355 下	王宇純	1・630 下
王汝金	13・326 下		8・505 上
	19・109 下	王守一	5・18 上
	19・137 下	王守中	13・139 上
	19・187 上		14・604 下
	19・204 下	王守官	14・520 下
王汝梅	1・499 下	王守奎	18・371 上
	1・547 上	王守竒	18・668 上
	7・30 上	王守恭	1・511 下
	8・310 下		10・532 下
	9・405 下	王守庫	4・518 上
	9・698 上	王守唐	13・115 上
	10・600 下		18・390 上
王汝萬	10・425 下	王守宮	13・628 上
王汝惠	8・273 下	王守琦	2・320 下
王汝揆	13・540 下	王守貴	13・441 上
王汝欽	10・316 上	王守蛟	13・641 下
	10・316 下		16・366 下
王汝爲	1・503 上	王守曾	18・41 下
	8・338 上	王守魁	18・370 上
	9・701 上	王守勳	13・626 上
	13・161 上		16・698 上
	19・458 上	王守禮	13・274 下
王汝粥	6・711 上		14・611 下
王汝銓	13・186 下	王宅中	7・756 下
	15・593 上	王　安	12・55 上
	16・148 下	王安國	13・431 下
王汝寧	4・587 上		18・72 下
王汝實	10・362 下		18・365 下
王汝德	11・17 下	王安甯	11・533 上
王汝霖	9・731 下	王安肇	12・496 上
	12・377 下	王安禮	7・92 下
	12・591 上		7・223 下
王汝翼	1・663 上	王艮一	1・657 上
	1・765 上	王阮亭	9・60 上
	11・5 下	王　如	3・217 下
王汝藩	13・632 下	王如林	1・561 下

王如宗	11・230 上		6・560 上
王如蘭	9・652 上	王志仁	13・368 上
王好元	1・739 上	王志沂	9・712 上
	12・498 上		10・687 下
王好信	16・220 上	王志信	12・408 上
王好善	7・91 上	王志剛	17・432 上
	7・92 上	王志道	6・374 下
	7・221 下	王志湉	9・576 上
王好謙	9・58 下		10・687 上
王 郊	2・300 上	王志福	10・536 下
王 羽	6・377 上		18・424 下
王丞雍	9・69 下	王志榮	12・495 下
王巡泰	1・440 下	王志賢	3・347 上
王 玖	18・421 上		3・410 上
王 玒	3・737 上	王志澄	5・112 上
王 圻	3・345 下	王志謙	14・416 上
	3・409 下		17・141 下
王 均	12・489 上	王志瀜	1・506 下
	13・205 下		9・579 下
	13・555 上		10・677 上
	14・384 上	王 芳	3・74 下
	15・699 上	王克己	7・723 下
	16・170 下	王克允	10・314 上
王均諒	13・244 下		10・315 下
	18・138 上	王克生	4・682 上
	18・344 上		4・767 上
王孝秀	12・497 下	王克修	13・487 上
王孝風	11・228 上		19・177 下
王孝傑	2・573 下	王克寬	7・118 上
	3・204 下		7・178 下
	13・37 上	王克儉	10・365 上
	18・546 上	王克禮	13・411 上
	19・317 下		15・654 下
	19・340 下		16・284 下
	20・433 下	王克勤	10・425 上
王孝禮	9・58 下	王克讓	5・111 下
王 志	2・623 上	王 材	6・665 下

王杏舒	3・281 上	王作綸	13・611 下
	6・136 下	王作樞	13・395 下
	6・481 上		20・380 下
王　甫	5・37 上	王作霖	5・124 上
王　郴	1・443 下		18・428 上
	3・334 下	王伯成	9・726 上
	3・397 下	王伯良	13・695 上
王　辰	11・374 下		14・521 下
王　扶	2・528 下		14・768 下
	3・498 上		15・81 下
王扶朱	13・323 下	王伯斛	13・559 上
	18・598 上		18・489 下
	18・654 上	王伯達	3・776 上
	18・769 下		4・534 上
王扶家	13・540 下	王伯敬	13・268 上
王扶鼎	10・365 下		14・488 下
王步陵	10・313 上		14・766 上
王步瀛	1・567 下		15・79 下
王見賓	7・28 下	王伯瑚	15・719 上
	13・592 下	王　位	3・757 下
	18・707 下		4・159 下
王时英	3・37 上	王　佖	13・388 上
王利用	12・504 下	王　伽	3・717 上
王　秀	3・36 上	王近仁	10・363 上
王秀棣	13・253 上	王希旦	13・397 上
	19・679 下		16・767 上
王　佐	10・168 下		16・792 上
	11・394 上	王希伊	1・357 下
	13・189 下		9・427 上
	13・201 下	王希厚	8・339 下
	14・533 下	王希舜	7・751 上
	18・39 下	王希曾	16・330 上
	19・437 上	王希學	13・626 下
王佐清	10・319 下		16・698 下
王作舟	10・469 下	王　兑	1・678 上
	12・265 下		3・401 上
王作洪	15・102 下	王含章	12・488 下

	12・491 上		9・747 上
王 甸	13・443 上		10・27 上
	18・25 上	王宏祚	2・659 上
王 夑	15・238 上		6・76 上
王 彤	5・275 上		6・158 下
王 言	6・389 上	王宏訓	3・137 下
	12・136 上	王宏善	13・480 下
	12・480 上		18・667 上
	13・467 下	王宏業	15・713 上
	18・114 下		18・486 上
	18・660 上	王宏撰	1・508 上
王 亨	10・183 下		9・548 上
	10・216 上		10・530 上
王 忲	3・716 下		10・544 下
王 忻	2・669 下	王宏毅	5・46 下
	3・342 上		5・124 上
	3・406 上		5・603 下
王羌特	13・399 上	王宏學	1・508 上
	16・219 上		9・715 上
王 炬	13・457 下	王宏贊	13・124 上
	19・693 下		18・259 下
王弟運	12・496 上	王 良	9・122 上
王沛膏	1・541 上		9・666 下
	7・764 上		10・496 下
王 沖	3・331 下		13・670 下
	3・395 上		17・421 下
王沖隱	3・83 上	王良臣	12・161 上
王 汭	13・127 上	王良志	3・345 上
	17・389 上		3・409 上
	18・40 上	王良健	10・211 上
王 完	6・488 上		10・246 上
	6・529 下	王良弼	9・88 上
王 宏	3・709 上		9・771 下
王宏典	13・511 上		11・8 下
王宏珏	19・117 下	王良輔	13・530 上
王宏度	1・432 上		16・542 上
王宏祖	9・539 下	王良儉	13・536 下

王君山	18・714 上		13・623 上
王君中	1・593 下		14・587 上
王君成	10・694 上	王者香	3・298 上
王君佐	13・664 下		19・28 上
	15・331 上	王者輔	1・649 上
	15・708 下		11・487 上
	18・426 下	王者賓	1・729 上
王君妻柏氏	2・235 下		3・737 上
王君妻祿氏	2・237 下		4・162 下
王君重	7・723 下	王取	3・138 上
王君奐	13・332 下	王若	10・369 下
	18・548 上	王若虛	7・749 上
	19・318 下	王茂麟	9・721 下
	19・325 上	王英	1・420 下
	19・350 下		7・44 下
王君萬	13・388 下		9・138 下
	14・466 上		10・67 下
	15・571 下		11・655 上
	19・428 下		11・677 上
王奉璋	8・502 下		13・342 上
王武	14・351 下		13・449 下
	19・437 上		13・534 上
王戎	11・484 上		15・660 下
王玫	7・762 上		16・550 下
王長	13・159 下		16・635 上
	16・299 上		18・422 下
王長年	1・459 上		19・686 上
	8・89 上		20・151 上
王長述	2・557 上	王直方	13・551 下
王邦	3・336 上		16・174 下
王坪	11・224 下	王直行	10・494 上
王者公	1・464 上	王直弼	5・106 下
	11・13 上	王林	12・554 上
王者臣	12・164 下		20・430 下
	12・591 下	王林桂	13・149 下
王者佐	5・520 下		13・541 上
	5・610 下		16・669 上

王林漢	1・735 下		15・671 上
王枝茂	10・69 下	王尚魁	3・346 下
王枝兒	16・551 下		3・410 上
	18・497 上	王尚義	1・631 下
王枚	18・114 下		8・499 下
王來泰	11・36 上	王尚賢	7・606 下
王來鳳	11・8 下	王尚德	2・710 上
王松	13・692 下		3・83 上
王松年	1・461 上	王尚毅	9・563 上
	8・72 上	王昌齡	16・277 上
	8・180 上	王門弼	13・304 下
王松榮	19・228 下		15・222 上
王柵	8・603 下		16・285 下
王杰	1・500 上		16・324 上
	8・303 下	王昇	4・662 上
	8・311 上		13・255 上
	8・334 下		20・718 下
	9・564 下	王昇善	5・502 下
	10・379 下		5・603 下
王述典	13・685 上		5・709 下
王東虎	10・169 上	王明	8・280 上
王東岱	12・90 上		13・421 下
王東魁	8・111 上		16・41 上
王雨	19・723 下	王明玉	1・611 下
王雨堂	19・759 下	王明理	13・637 上
王協一	10・318 下		19・540 上
王招棣	8・125 下	王明淵	1・707 下
王卓	12・653 下		8・338 上
王尚	10・495 下		9・706 上
	13・135 上	王明福	9・403 上
	18・536 上		10・393 上
王尚文	7・701 上		10・468 下
	11・226 下	王明德	13・363 上
王尚志	13・667 上		20・717 上
王尚序	13・667 上	王易簡	2・610 上
王尚庠	13・426 下		10・510 上
王尚概	13・413 下	王旻	7・650 下

王　典	20・382 上	王制業	10・37 上
王典章	7・679 下	王　和	3・346 下
王　忠	2・619 上		3・410 上
	2・623 下	王　季	3・731 下
	3・779 上		4・411 下
	4・176 下		4・645 上
	6・87 上		4・724 下
	6・173 上	王季寅	13・160 上
	8・619 上	王季鰲	18・712 上
	10・495 下	王　秉	12・161 下
王忠臣	8・502 上	王秉午	10・165 上
王忠志	1・754 下	王秉正	20・478 下
王忠良	11・434 下	王秉玕	7・215 上
王忠俊	11・769 下	王秉忠	9・780 上
王忠植	17・470 上	王秉居	1・620 下
王忠嗣	2・294 上		9・684 下
	8・61 上	王秉衷	11・757 上
	9・481 下	王秉乾	16・773 下
	10・611 下	王秉章	19・677 下
	13・38 上	王秉智	16・81 上
	13・143 上	王秉衡	13・630 下
	15・253 上		17・78 上
	15・561 下	王秉錞	7・92 下
	16・610 上		7・223 上
	18・548 上	王秉聰	12・550 下
	19・42 上	王秉彝	8・585 上
	19・341 上		8・596 上
	19・428 上	王秉韜	6・136 下
	19・572 上	王秉鑑	3・756 下
	19・658 上		4・472 卜
	20・118 下	王　岱	1・695 下
	20・263 上		12・333 上
	20・285 下		12・571 下
王忠顯	13・119 上	王　侃	12・490 上
	16・272 上	王侃如	10・365 上
	16・296 下	王　佹	13・250 下
王垂紀	5・375 上		19・572 下

	19・660 上	王府霞	7・83 下
	20・122 上		7・165 下
	20・265 上	王劾	7・56 上
	20・287 上	王庚	13・660 上
王佩	10・377 下		16・28 下
王佩珂	3・213 下	王庚年	1・701 下
王阜	8・359 上	王庚兒	1・701 下
	8・450 下	王育	2・543 上
	8・593 上		4・719 下
	9・390 上		4・758 下
王金	2・710 上	王育秀	1・557 下
	17・152 上	王性直	10・316 下
王金吾	1・688 下	王性善	14・660 下
	6・150 上	王炌	1・448 上
王金門	1・608 下	王炎如	8・278 下
	3・539 上	王法統	13・689 上
王金炳	3・606 上		19・27 上
王金榜	1・661 上	王沿	13・44 上
	7・724 上	王沼	13・634 上
	13・356 上	王治	1・453 下
	16・636 上	王治心	13・171 上
王金鐸	1・628 下		13・194 下
	10・529 上		14・698 上
王金鑑	12・483 上	王治平	13・415 上
王命	3・723 上	王治洽	16・704 下
	9・119 上	王治家	1・732 上
	9・522 下	王治純	10・117 上
	10・79 下	王治順	1・610 上
王命邵	10・313 上	王宗	13・560 下
	10・316 上	王宗文	13・645 下
王命相	19・116 上		14・707 上
王命監	3・484 下	王宗任	15・717 上
王受祉	16・329 上	王宗周	1・583 上
王念祖	10・71 上		3・73 下
王服遠	18・400 下	王宗哲	6・376 下
王服錦	10・72 下	王宗浩	12・646 上
王京	6・181 上	王宗堯	2・637 下

	7・74 上	王建業	12・495 下
	11・15 下	王建德	7・89 上
王宗智	9・404 下	王建囊	3・401 下
	10・597 下	王居仁	11・113 上
王宗源	11・114 上	王居恒	6・94 上
王宗維	4・770 下		6・177 下
王宗憲	11・702 上	王居陽	12・139 上
王宗鶴	13・631 上		12・486 上
	17・251 下	王居臺	1・627 下
王定國	13・122 上	王陔南	10・162 上
	18・415 上	王　承	2・542 下
王　官	1・613 上	王承之	9・711 上
王祈正	3・722 上	王承元	3・707 下
王祈禎	4・441 下		7・665 上
王　祇	18・485 下		7・742 上
王　建	3・179 上	王承衍	15・259 上
	8・1 下	王承美	7・53 上
	16・277 上		7・159 上
王建中	6・708 下	王承祖	2・662 下
	15・602 上		8・84 上
	18・499 下	王承烈	2・665 下
王建功	13・537 上		5・612 下
	17・738 上		5・720 下
王建邦	12・683 下		12・15 上
王建官	6・584 下		13・656 下
	6・639 上		15・680 下
王建侯	13・327 下	王承恩	7・34 下
	19・120 下		13・317 下
	19・256 上		20・639 下
	19・261 上	王承祥	6・72 上
王建屏	7・684 下		6・155 上
王建基	10・163 上		11・388 上
	13・682 上	王承惠	13・97 下
王建常	9・555 下		17・11 下
	10・261 下	王承裕	6・62 上
王建寅	10・419 下	王承福	3・81 下
王建極	6・393 下	王承霖	1・600 上

王孟顔	13・256 下		7・461 下
	19・36 上		7・575 下
王春	1・640 上		20・480 下
王春榆	13・521 下	王厚	13・45 上
王春選	1・709 上		16・598 上
	9・719 下		19・429 下
	10・536 下		20・615 上
王珏	1・588 下	王奎	13・158 下
	12・295 上		17・215 上
	13・383 上	王拱辰	8・619 下
王珂	10・419 下	王拱東	10・494 下
王珍	3・137 上	王拱極	8・617 下
	6・493 上		8・619 下
王政	3・751 上	王挺	13・151 上
	4・469 上	王毖	9・78 下
	10・377 下	王貞女	10・819 上
	13・245 下	王貞吉	12・490 上
	13・285 下	王貞蓮	2・404 上
	17・157 上	王昺	13・58 下
	17・177 下		20・618 下
	18・139 上	王映彩嗣母李氏	10・549 下
	18・268 下	王星垣	3・402 上
	18・345 下	王昱	12・566 下
王政仁	12・394 上	王昭遠	13・41 上
王政善	20・715 下		19・660 下
王政義	7・752 上		20・123 上
	7・776 上		20・266 上
	10・361 下		20・288 上
王南金	7・607 上	王思升	3・411 上
王相治	16・338 上	王思同	13・40 下
王相業	1・548 上		15・254 上
	7・59 上		15・562 上
王相儒	8・489 上	王思任	6・373 上
王柱	10・80 上	王思治	13・69 上
王軌	18・593 上		14・761 下
王威	7・34 上	王思宗	5・49 下
	7・193 下		5・119 上

王思恭	13・641 下		13・308 下
	16・771 上		17・418 下
王思賢	10・191 上		17・423 下
王思聰	7・618 上	王禹堂	1・691 上
	13・408 下		3・486 上
	15・577 上	王禹偁	9・58 上
	15・651 上		11・219 上
	16・146 下		11・252 上
	16・284 上		11・366 上
王思禮	18・550 上	王　俊	5・382 上
王　品	13・515 上		12・684 上
王秋娃	13・649 上		13・462 上
王　科	3・130 下		20・716 上
王重斗	13・584 上	王俊三	10・110 上
	20・722 上	王衍慶	1・732 上
王重英	19・243 下	王　勉	12・269 下
王重賓	12・266 上	王風水	19・720 上
王重儒	13・506 上		20・215 下
	16・681 下	王胤久	13・324 下
王重爵	6・479 下		14・612 上
王俠客	7・554 下	王　計	1・582 下
王　修	9・713 上		2・672 下
	10・508 下	王計有	3・73 上
王修夫	10・365 上	王　亮	13・65 下
王　保	7・56 下		14・475 下
	17・142 上		14・650 上
王保民	13・530 下	王庭杞	1・487 下
王保娃	6・706 上		9・673 上
王保澄	13・151 上	王庭華	1・474 下
	14・658 上		9・565 下
王　侶	8・436 上	王庭梓	13・176 上
	8・488 下	王庭棟	9・679 上
	9・722 上	王庭椿	9・677 上
王　信	5・115 下	王庭詩	9・536 下
	7・748 上	王庭譔	9・537 上
	12・135 下	王庭瓛妻馮氏	2・297 下
	12・479 上	王　迹	1・601 下

	3・496 上	王洪道	3・74 上
王 竑	13・268 上	王洗心	1・614 下
	14・488 下		10・37 上
	19・434 上	王洛兒	2・550 上
王 彦	3・66 上	王 宣	3・321 下
	3・74 上		3・371 下
	9・66 下		7・73 下
	9・392 下		10・377 下
	9・757 下		10・638 下
	18・387 上	王宣肇	1・645 下
王彦芹	12・161 上	王 祜	13・415 下
	12・553 上	王祖文	11・573 下
王彦昇	19・446 上	王 祚	10・257 下
王彦祥	3・724 下		10・364 下
王彦清	16・31 上		11・220 下
王彦葵	12・161 上	王祚丕	2・649 下
	12・550 上		5・521 上
王彦褒	7・679 上		5・620 下
王彦鼇	5・118 上		5・733 上
王恒心	3・334 上	王 昶	1・335 下
	3・396 下	王 郡	1・517 上
王恒泰	1・634 上		6・489 下
王恒晉	3・404 上		6・531 上
王恒震	3・404 下	王 屏	12・136 下
王 恂	1・476 下		12・481 上
	10・109 下	王 陞	7・588 上
王 炳	1・526 下	王陞位	19・243 上
	1・708 下	王紀師	19・688 下
	5・106 上	王紀堂	13・512 下
	8・380 下	王 喬	4・586 上
	9・712 下	王 琶	3・750 上
	10・703 下		9・123 上
王炳常	8・341 下		9・664 下
王炳勳	9・648 下		10・184 下
	13・246 上		10・247 上
王 洪	7・58 下	王 泰	1・767 上
	19・719 下		10・114 上

	13・347 上	王都中	13・310 上
	15・101 上		17・407 下
	20・210 上	王莽	6・488 上
王珪	3・243 下		6・529 上
	3・735 上		13・402 上
	4・579 下		15・291 上
	9・70 上		15・611 上
	9・394 上	王恭修	1・391 下
	10・3 上		9・423 下
	13・238 下	王真	2・623 上
	17・208 下	王真儒	8・451 上
	19・447 下	王栻	6・150 上
	20・296 上	王桂枝	6・530 下
	20・314 下	王栖曜	7・742 上
王珽	14・657 上	王連	3・710 上
王珩	9・138 下	王連珍	13・369 下
	10・67 下	王連陞	17・736 下
王珮珂	2・651 上	王配離	1・731 下
王珣	3・35 上		3・604 上
	3・346 上	王烈	1・528 下
	3・409 下		5・521 上
	13・114 上		5・620 下
	16・233 上		5・734 上
	16・479 上	王殊	8・617 上
	19・575 上	王振世	3・344 上
王班	10・360 下		3・408 下
王珧	13・181 下	王振江	1・497 上
王素	13・44 上		8・618 上
	13・124 下		8・621 上
	17・58 上		8・754 卜
	18・184 上	王振基	13・644 上
	18・334 下	王振國	6・395 下
王起甲	16・44 上	王振聲	10・380 下
王起維	7・91 上	王捄	11・373 下
	7・174 下	王哲	11・112 下
王起鵬	1・629 下	王哲平	19・763 上
	8・503 上	王致中	12・161 上

	12・550 上		17・244 下
	18・711 上	王　俟	13・370 下
王時英	10・242 下	王　俶	13・370 下
王時通	7・69 上		19・717 上
王時運	12・496 上		20・210 上
王時雍	9・411 下	王　健	2・648 上
	10・493 下		6・75 下
	11・222 下		6・158 上
	11・387 下	王健中	1・710 上
	13・182 上	王師古	8・619 上
	15・581 下	王師易	7・78 上
	18・463 上	王師道	8・485 下
王時熙	10・72 上	王師槩	1・705 上
王時舉	10・377 下	王師臨	3・736 下
王時薰	12・87 上	王　殷	13・101 上
王　晏	16・360 上		13・160 下
	16・536 上		17・549 下
王　恩	13・85 上		17・641 上
	13・103 下		19・446 上
	14・466 下	王　豹	13・551 上
	14・755 下		15・689 下
	19・429 上	王　脩	10・624 下
王唤成	9・707 上	王　卿	13・417 上
王　剛	13・577 下	王逢年	9・711 下
	13・584 下		10・678 上
	18・598 下	王逢辰	4・423 上
	18・652 下	王逢時	1・501 下
	18・769 上		8・312 上
王特恩	1・640 下		9・699 上
	4・323 下	王逢祿	13・175 下
	4・368 上	王　訓	1・494 上
	4・416 下		1・644 下
王　秩	8・585 上		2・292 上
	8・595 下		7・588 上
	8・716 下		9・685 上
王　秘	18・560 上		12・487 上
王　俸	13・287 下		19・719 上

王訓賢	7・459 上		19・511 上
王記子	12・498 下	王海瀾	13・507 下
王訒	8・623 上		16・685 下
王高齡	13・588 上	王澎	7・751 下
王勃	3・337 上	王浚	5・269 上
	3・398 下	王家才	1・735 上
王席珍	3・83 上	王家允	10・255 上
王效	13・251 上	王家民	10・365 上
	19・666 上	王家佐	6・74 下
	20・39 上		6・157 上
	20・132 上	王家相	13・372 上
	20・269 上		19・487 上
	20・290 下	王家彥	13・455 上
	20・365 下		19・697 上
王悟	13・669 上		20・164 上
	18・156 上	王家泰	11・343 上
	18・372 下	王家桂	7・720 上
王悅	2・552 下	王家棟	10・315 下
	3・134 下	王家祿	7・46 上
	9・67 下	王家瑞	19・697 上
	13・368 上		20・163 下
王悅智	5・735 下	王家幹	13・677 上
王益丙	10・532 下		19・763 下
王益謙	1・514 下		20・223 下
	8・486 上	王家楨	19・543 下
王浹	8・584 上	王家楫	1・452 上
	8・594 下		6・76 下
王浩	5・468 上		6・158 下
	5・597 下	王家愷	11・774 下
	5・698 上	王家禎	13・65 上
	13・114 下	王家賓	6・497 下
	13・562 上	王家駿	8・511 下
王浩治	10・696 下	王家禮	11・771 上
王海賓	8・97 下	王家璧	1・576 上
	9・481 下	王家驥	6・493 下
	10・611 下	王宴	13・390 上
	13・233 下	王宮用	8・12 下

王宮弼	18・734 下		13・282 上
王　宰	3・494 上		14・516 上
王　朗	20・380 下		19・436 下
王　宸	10・261 下	王　納	13・200 下
	12・136 下	王納策	9・408 上
王　祥	2・363 下		12・146 下
	13・306 下		12・217 上
	18・203 下	王納誨	2・624 上
	18・326 下		3・55 下
	18・367 上	王　紞	7・754 下
王　書	8・104 上	王春燕	6・717 下
王書馨	12・491 下	王　理	6・87 下
王　陶	2・610 下		6・173 下
王　恕	2・360 上		8・499 上
	2・361 上		9・114 下
	2・620 上		10・21 下
	6・60 下		20・210 上
	6・125 上	王　逢	3・537 上
	6・130 上	王　埰	1・453 上
	6・143 上		6・161 下
	6・551 下	王培英	13・612 下
	10・657 上	王培德	16・688 下
	13・409 下	王培勳	10・532 上
	15・318 下	王基泰	1・597 上
	16・123 上		6・179 上
	16・159 上	王基鞏	13・631 上
王能兒	8・125 下		17・335 上
王能愛	13・290 上	王乾元	3・600 上
	19・494 下		3・755 上
王孫蔚	2・663 下	王　梓	9・32 上
	3・210 下	王　盛	8・208 上
王孫謀	3・337 下		8・257 上
	3・399 上		9・134 下
王孫謙	13・704 上		9・520 下
	14・367 上		10・436 上
	19・160 上	王盛桂	9・704 下
王　純	11・238 上	王捷三	1・487 下

王授恩	5・315 上		18・372 下
	5・341 上	王國泰	7・68 下
王　彪	5・752 上		7・219 上
王處存	2・606 上		12・425 上
王　堂	3・709 下		13・467 上
	4・437 下		18・657 上
王　曼	13・697 上	王國華	13・146 上
王　冕	3・491 上		15・69 上
王　晙	13・37 上	王國訓	3・722 下
	19・445 下		4・442 上
王　國	3・550 下		4・495 上
王國正	1・467 上	王國瑛	13・91 上
	3・538 上		14・762 上
	13・467 下	王國棟	12・153 上
	18・660 上	王國揚	1・765 上
王國立	7・526 上		7・85 下
王國安	7・47 上		7・215 上
	7・171 上	王國鼎	1・553 下
	12・424 下		7・56 下
王國均	14・426 上		7・71 上
	18・667 下		7・494 上
王國佐	13・374 下	王國瑋	3・726 下
	19・499 下	王國楨	13・475 上
王國英	1・733 下	王國靖	13・468 上
	11・603 上		18・651 下
	12・424 上	王國賓	13・688 下
王國忠	3・606 下		14・630 上
	3・768 下	王國璋	10・691 下
	7・85 上	王國德	13・505 上
	7・209 下		16・677 下
王國相	12・67 上	王國器	13・517 上
王國柱	13・467 上	王國興	7・47 上
	18・135 上		7・171 下
	18・346 上		13・517 上
	18・656 下	王國璽	20・715 上
王國俊	13・563 上	王國麟	7・67 下
	18・154 下	王　崑	13・176 上

	18・390 下	王進忠	11・705 上
王崞	15・275 下	王進祥	13・543 上
	16・480 上	王進祿	10・424 上
	18・463 上	王進禮	11・307 上
王崇古	7・749 下	王進寶	12・320 上
	13・61 下		12・659 上
	19・452 上		13・281 上
	19・630 下		14・360 下
	19・665 下		14・501 下
	20・131 上		14・659 上
	20・268 下		14・661 上
	20・290 上		15・277 上
	20・365 上		15・583 上
王崇生	13・584 上		16・547 上
	20・718 下		19・202 上
王崇典	8・726 上		19・464 下
王崇教	8・623 下		20・625 上
	8・642 下	王皐門	12・55 下
王崇德	5・651 下	王得忠	13・565 上
王崇儒	12・344 下		18・154 下
	13・347 下		18・171 上
	15・106 上		18・373 上
	20・381 上	王得傑	17・297 下
王符	13・696 下	王得衆	10・363 上
	17・105 上	王得勝	9・677 下
	17・556 上		13・243 上
	17・684 上	王得義	13・657 下
	20・312 上		15・681 下
王敏善	20・715 下	王得穎	8・489 下
王偉	10・497 下	王從善	8・398 上
	13・398 上		8・499 下
	13・436 下		9・722 上
	16・765 下		16・233 上
王進收	4・323 上	王從諫	5・513 上
	4・366 上		5・609 上
	4・415 上		5・716 上
王進表	10・495 下		13・256 下

	18・615 上	王惟精	10・256 下
王從藎	11・393 上		10・364 下
王偓	3・179 上	王惟藩	3・333 下
王欲純	10・271 下		3・396 上
王象巳	18・663 下	王剪	11・1 上
王象天	11・10 下	王煥	15・648 下
王象箕	5・728 上	王清	6・91 下
王猛	6・372 上		6・173 下
	10・510 上	王清泰	19・208 上
王訥	8・606 上	王清漣	3・404 上
王訢	3・708 下	王渚	8・343 下
王訪	13・672 下	王渚恩	9・702 下
王訪士	13・633 上	王淩漢	10・192 上
王訪吾	3・138 上	王淩霄	10・539 下
王庶	13・434 下	王淑	10・74 下
	17・406 下	王淑士	3・279 下
	17・472 上	王淑允	7・721 下
王袞	10・543 上	王淑景	2・652 下
	10・568 上	王淑曾	13・97 下
王袞漢	17・167 下		14・475 下
王康	16・46 下		17・11 上
	20・467 下	王淑璟	3・555 下
王康朝	5・419 上	王淮	13・132 上
	5・468 上	王淳	8・587 下
	5・698 上		8・618 下
王堃	13・662 下		8・639 上
	16・38 下	王梁	15・99 上
王章	13・51 下	王寅	1・679 上
	13・66 上		10・494 下
	19・301 上		13・55 上
王商	2・521 下		13・457 上
王惟一	1・447 上		19・697 上
	3・138 下		20・164 上
	10・673 下		20・274 下
王惟貞	5・503 上	王寅清	3・412 上
王惟祐	3・344 下		13・507 上
	3・408 下		16・684 下

王寂光	14・424 上		8・108 下
王啓拙	10・377 下		16・272 下
王啓監	1・601 下		16・296 下
	3・496 下		18・339 下
王啓疆	4・372 上	王琮	6・372 下
王随	13・117 上		7・82 下
王隆	2・688 上		7・163 下
	5・12 上		13・489 上
	5・97 下	王琯	8・104 上
王隆道	11・679 上		8・512 下
王隆肇	12・496 上	王琬	8・658 上
王貫	10・492 下	王琛	3・346 下
王紳	3・407 下		3・410 上
王紹	2・593 下	王琚	5・418 上
王紹文	5・701 上		5・468 上
王紹先	2・642 上		5・597 下
	6・73 下		5・698 下
	6・156 下		9・71 上
王紹周	1・735 上	王堯民	12・136 下
	4・424 上		12・481 上
王紹烈	11・545 上	王堯臣	13・42 下
王琴	13・697 下	王堯弼	10・642 下
	16・220 下	王堯儒	13・214 下
	16・549 下	王越	1・752 下
王琪	13・367 上		7・32 下
	17・249 下		13・52 上
王琳	2・573 下		19・449 上
	13・568 上	王超	19・428 上
王琦	16・271 下	王喆	4・705 下
	16・296 上		4・773 下
	19・431 上		5・125 上
	20・213 下	王博文	13・42 上
王瑛	1・725 下		15・260 上
王琰	2・622 上		15・566 上
	3・330 下		16・466 上
	3・394 下	王博書	1・756 上
	6・559 下		11・597 下

王　喜	1・587 下	王朝珍	13・438 下
	11・429 下		17・430 下
王報春	1・478 上	王朝相	13・617 下
	10・260 上		14・522 上
王　達	4・174 下		16・630 下
王萬元	13・581 上	王朝貢	13・630 上
	20・707 上	王朝海	16・625 下
王萬邦	1・619 下	王朝棟	1・655 上
王萬成	13・138 下		11・710 下
	18・615 下		11・765 下
王萬年	12・428 上	王朝貴	20・478 下
	13・517 下	王朝富	11・774 下
	13・642 下	王朝弼	10・209 上
王萬全	1・656 下		10・251 上
王萬春	8・510 下	王朝遠	13・50 下
	9・724 上		19・45 上
王萬适	6・170 上		19・301 上
王萬祥	13・295 上	王朝雍	9・125 上
	14・705 上		9・531 上
王　敬	3・719 下		10・207 上
	8・585 上		10・250 上
	8・596 上	王朝輔	12・551 下
王敬之	13・673 下		13・327 上
	17・440 上		19・107 上
王敬相	13・460 上	王朝榮	13・623 下
	20・646 上	王朝溍	9・125 下
王敬美	12・77 下		10・184 下
王敬傲	3・81 上		10・208 上
王敬鑄	11・338 下		10・250 下
王　載	7・56 上	王朝滏	9・531 上
	7・127 上	王朝簡	1・613 下
王朝元	3・69 下	王朝璽	10・214 下
	15・220 上	王森文	12・651 上
王朝用	13・391 上	王　棟	1・688 下
	16・540 下	王棟宇	3・412 下
王朝臣	10・658 上	王　極	20・13 上
王朝泗	6・181 上		20・212 上

王　軫	13・104 上	王　暘	13・202 下
	13・109 下		17・386 上
王　惠	13・581 下	王　遇	9・65 上
王　雄	9・66 下		9・756 上
	9・757 下	王遇春	8・597 下
	13・295 上	王遇相	8・111 下
王雲虬	13・257 上	王遇德	1・640 上
王雲章	13・370 下	王　景	3・708 上
王雲鳳	13・54 下		13・40 下
王雲聲	1・460 下		15・255 上
	8・93 上		15・562 下
	12・136 下	王景美	9・717 下
	12・494 上		10・540 下
王雲鵬	13・235 下	王景康	9・700 下
	20・370 下	王景福	1・606 下
王揆一	13・424 下	王景曦	10・529 上
	16・44 下	王景繼	6・181 下
	18・420 下	王　晬	12・445 上
王　雅	16・194 下	王　貴	5・735 下
王　鼎	1・513 下		10・380 上
	8・485 上	王　勛	7・56 上
	9・409 下		11・238 下
	9・580 上	王　凱	7・24 上
	10・189 下		7・147 上
	10・360 下		7・748 下
王鼎三	19・477 下		13・41 下
王鼎臣	1・663 下		15・259 下
	7・90 上		15・565 下
王鼎安	3・738 上	王無名	13・661 下
	4・105 下		15・702 下
	4・201 上	王無逸	8・548 上
王開元	13・657 上		9・414 上
	15・678 上	王　智	13・678 下
王開生	3・337 下		20・45 下
	3・399 上		20・224 上
王開泰	11・345 下	王智平	19・764 下
王開基	7・78 上	王　烎	1・634 下

王喬棟	10・361 上		12・483 下
王策範	7・526 下	王敦善	13・462 上
王筆箴	8・504 上		20・716 上
王傅	3・479 下	王敦德	13・430 上
王順	3・73 下	王敦儒	20・335 下
	3・145 上	王斌	11・757 下
	6・396 上		13・260 下
	20・720 下	王旒	3・212 上
王傑	7・216 上	王憎	10・109 下
	8・360 下	王慨儒	18・94 上
	8・451 上	王善士	9・714 下
	9・16 上		10・543 上
	9・521 下	王善書	20・344 上
	11・113 下	王善綏	10・704 上
	13・277 上	王善緒	10・704 上
	14・486 上	王尊	3・235 上
	14・764 下		3・577 下
	15・76 上		3・716 上
王雋	10・494 下		4・439 下
王皓	3・716 下		4・493 下
王御春	10・365 下		6・371 下
王復	8・618 下		13・100 上
	19・43 上		13・108 下
王復古	13・671 下		17・263 上
	17・424 上		17・548 上
王舒泰	12・152 下		17・639 下
王欽	13・391 下		19・443 上
	16・361 上	王道	9・406 下
王鈞	13・686 下		10・190 下
	18・733 下		10・240 下
王舜民	11・336 下		10・061 下
王勝吉	12・293 下	王道一	1・672 下
王勝高	11・427 上		6・392 下
王詔	9・59 上	王道士	7・119 下
	11・119 上		7・180 上
王敦化	13・537 上	王道元	11・552 上
王敦直	12・136 下	王道平	4・771 下

王道立	8・453 上		18・292 上
	9・651 上		18・359 上
	10・102 下		19・433 下
王道成	13・274 上	王湧勳	8・340 上
	14・500 上		9・703 下
	14・777 上	王　甯	6・499 下
	15・91 下	王運來	1・656 上
王道行	5・701 下		12・66 上
	6・377 上	王裕杰	16・686 下
王道全	5・212 上	王裕琳	16・684 下
王道亨	10・74 下	王　祿	1・551 下
	13・267 下		3・382 上
	16・616 下		7・86 上
王道明	7・637 上		7・216 上
王道純	3・58 下	王祿寬	11・756 下
	8・379 下	王　弼	2・550 下
	8・479 下		13・297 下
	9・721 下		14・701 下
王道隆	20・719 上	王　登	10・497 下
王道蕩	19・176 下	王登雲	8・507 上
王道興	11・540 上	王登福	1・689 上
王　遂	2・595 下		6・152 下
王曾選	16・44 上	王登瀛	11・50 下
王　焯	2・666 上	王登寶	8・495 下
	6・78 下	王發祥	2・672 下
	6・160 下	王　統	18・535 上
王湛篤	12・165 上	王　勷	3・727 下
王　湘	3・276 上		10・496 下
王　渤	1・611 上	王　瑞	10・497 上
	11・308 下		13・259 下
王　湜	9・506 上	王瑞蓮	6・717 上
	10・40 上	王瑞麟	5・382 上
	10・105 下	王　瑀	13・642 上
王　淵	13・267 上	王　瑜	9・414 上
	14・528 上	王　瑄	7・150 下
	16・187 上		11・14 下
	17・441 下	王　塡	5・651 上

	5・758 上	王　搏	2・607 上
王遠謨	12・35 下	王　粲	2・704 上
王　聘	1・656 上	王業勳	7・93 上
	10・502 上	王　睦	9・400 下
	11・392 下	王　盟	13・33 下
	12・65 下		19・443 下
王聘賢	13・64 上	王　暉	10・663 下
	14・474 下	王照祥	20・383 下
	14・759 下	王嗣宗	5・268 下
	16・600 下		9・75 下
王　勤	7・87 上		13・179 下
	7・493 下		15・563 上
王蓮芳	10・73 下	王嗣美	9・665 上
王夢兆	3・413 下		10・254 下
王夢姜	7・525 下	王嗣運	10・307 下
王夢弼	10・380 上	王嗣業	8・398 上
	13・59 上		8・506 上
	16・46 下	王嗣齡	13・443 下
	19・451 下	王　錦	5・101 下
王夢説	13・536 上	王　桀	1・526 下
王夢熊	17・299 下	王　節	3・461 上
王夢龍	17・297 下	王節巍	5・758 下
王夢爵	11・537 上	王　傳	3・288 上
王　幹	1・607 上		9・126 上
王幹才	13・685 下		10・252 上
王　椿	9・65 下	王　鈺	6・401 上
王楚仁	13・249 上		19・37 上
王　楷	4・371 下	王　鉞	9・115 下
	4・418 下		10・22 下
王　楨	10・471 下		10・258 下
王　楫	6・479 下		13・625 下
	7・750 下		16・697 下
	9・513 下		19・574 上
	10・215 上		19・663 下
	10・245 上		20・39 上
	11・53 上		20・127 下
王槐慶	12・682 下	王鉞安	1・430 下

王　會	11・113 上		19・691 下
王會之	11・56 上		20・163 上
王會昌	1・486 上	王　義	7・701 上
	9・675 下		12・371 下
王會卿	10・377 下		13・60 上
王　愛	7・750 上		13・555 下
王愛蘭	11・53 上		15・703 下
王　詩	8・623 下	王義民	1・693 下
王誠義	1・557 上		11・7 上
	8・336 下	王義發	1・610 上
王　詢	6・93 下	王義樟	1・376 下
	6・177 上		8・19 下
	18・185 下		10・469 上
	18・264 上		12・408 下
	18・337 上	王　猷	13・318 下
王詢虞	8・621 下		20・649 下
王詢箕	9・692 上	王猷昌	7・606 下
王　禀	7・72 上	王　煒	1・523 下
	7・204 上	王　溥	1・515 下
王　裔	12・446 上		8・486 下
王　靖	13・407 下		13・297 下
	18・475 下		14・701 下
王　新	10・258 下	王源長	8・5 上
王新民	5・382 上	王源瀚	13・369 下
王新楨	8・763 下	王　準	7・66 上
王　雍	1・466 上		7・163 下
	10・362 下	王　溢	10・645 下
	11・12 上	王　溶	8・763 下
	18・519 上	王滔道	14・358 上
王慎品	13・490 上		20・228 上
王慎猷	5・724 下	王　福	3・345 上
王慎機	14・360 上		3・409 上
	14・361 下		17・410 上
	18・668 下	王福元	10・168 下
	19・132 下	王福申	10・165 下
	19・193 下	王福全	13・526 下
王　愷	13・454 下		19・521 上

王福信	8・509 上	王 瑤	1・461 上
王福興	10・168 下		8・71 下
王福鴻	1・562 上		8・179 上
王 禎	7・31 下		8・180 上
	7・150 下	王 嘉	2・522 下
	10・430 下		2・717 下
	10・436 上		3・106 下
王禔賢	19・175 下		3・145 上
王皷德	18・142 下		3・500 上
王殿士	13・549 下		6・280 上
	13・607 上		6・378 上
	15・688 下		8・122 上
王殿元	1・748 上		14・412 下
	12・168 下		15・296 上
	12・664 上		15・619 上
王殿倉	20・723 下	王嘉栴	7・636 上
王際甲	4・375 下	王嘉第	12・157 上
	4・420 下		12・378 上
王際有	5・701 上	王嘉猷	8・617 上
王際明	12・568 上	王嘉徵	3・768 上
王際泰	4・102 下	王嘉榮	3・757 上
王際時	11・768 上		4・159 上
王際龍	5・107 下	王嘉賓	12・685 上
王 遜	5・649 上	王嘉興	1・753 上
	11・496 上		11・488 上
	13・247 上	王嘉謀	20・381 上
	17・370 下	王綦溥	3・279 下
王遜卿	10・538 上	王聚奎	3・756 下
王遜雲	5・754 上		4・587 上
于 綎	3・401 上	王慕蕭	16・46 下
	10・365 下	王 熙	1・647 上
王 綱	20・219 上		12・381 下
王 綏	13・454 上		17・729 上
	19・691 上	王熙世	1・767 下
	20・162 上	王 楝	8・622 下
王 璉	5・620 下	王 榭	10・374 上
	5・751 下	王榜榮	10・312 上

王　榕	13・176 下	王銘彝	10・688 上
王　輔	7・119 上	王銀之	10・321 下
	7・308 上	王　鋐	3・331 上
	7・370 上		3・394 下
	9・115 上	王　貌	10・363 上
	9・520 上	王　鳳	6・479 上
	10・22 上	王鳳翔	1・703 下
	13・484 下		8・490 上
	13・697 上		9・690 上
	16・368 下		9・724 上
	19・204 下	王鳳瑞	13・652 上
王輔才	8・121 上	王鳳翥	8・619 下
王輔仁	12・664 上	王鳳鳴	1・532 上
王歷元	13・695 下	王鳳舞	8・503 上
	16・638 下	王鳳翼	12・90 上
王爾公	13・635 下	王鳳雛	1・516 下
	17・297 下	王　語	3・333 上
王爾藩	8・601 下		3・396 上
王　需	13・109 上		8・666 下
王睿修	10・365 下	王　廣	9・136 上
王對兒	9・707 上		10・32 下
王對對	8・126 上	王廣明	1・652 下
王鳴珂	18・465 下		11・531 上
王鳴謙	10・365 上	王　韶	2・559 上
王　圖	3・551 上		13・44 下
王管蘭	9・690 上		14・463 下
王毓春	8・508 下		15・266 下
王毓藻	6・705 上		15・571 上
王　槩	13・51 下		16・602 上
王　僕	13・697 下		20・614 下
王　徵	5・557 上	王　端	14・702 下
	5・610 上	王　榮	5・108 下
	5・733 上		7・78 上
王　銓	12・592 上		8・613 上
王銓相	13・590 上		17・24 上
王銘几	4・765 上	王榮誥	10・680 上
王　銘	9・37 上	王　漢	18・519 上

46

王漢周	19・542 上		19・108 下
王漢邊	1・591 下		19・186 下
	3・407 下	王　維	2・706 上
王滿業	8・670 下		3・144 上
王漸民	10・316 上	王維一	1・505 上
王漸達	10・316 下	王維戊	1・618 下
王漸徵	9・677 下		9・675 下
王　澔	13・640 下		10・315 上
	18・375 上	王維戌	10・315 下
王澔嵓	16・219 下	王維先	10・75 上
王　寬	6・389 上	王維圻	6・176 上
	10・493 上	王維忻	6・89 上
	13・149 上	王維定	10・690 下
王　賓	3・278 上	王維威	2・661 上
王賓肇	12・496 上		11・12 下
王寧堤	1・632 下	王維奠	17・17 上
王肇基	11・344 上	王維楨	9・709 上
	11・371 下		10・643 上
	13・536 下	王維新	1・757 上
	13・661 下		13・357 上
王肇陽	11・344 上		14・526 上
王肇榮	8・334 上		16・637 上
	9・653 上	王維經	19・262 上
王盡臣	4・374 上	王維寧	6・384 上
王　隨	9・77 下	王維綸	19・262 上
	15・261 上	王維賢	3・297 上
	15・566 下		13・58 下
王隨武	1・701 下	王維德	11・609 上
王隨運	12・496 上	王維翰	11・712 上
王　鼐	2・673 上		20・343 上
王犨環	19・537 下	王維藩	2・701 下
王　緒	9・713 上	王　綸	3・753 上
王　綝	4・677 下		4・469 上
	4・759 上		4・515 上
王　綱	6・402 下		13・411 上
	13・326 上		13・437 上
	15・686 下		14・701 下

	15・220 上		20・467 下
	15・652 下	王賢義妻劉氏	11・633 上
	16・123 下	王賢輔	11・604 上
	16・162 上	王　遷	9・130 下
王　綬	3・402 下	王遷木	3・340 下
	13・345 上		3・405 上
王　瑾	2・624 上	王　震	8・511 下
	4・658 下		12・647 上
	5・504 上		20・210 下
	5・604 下	王　霖	9・687 下
	5・710 下	王撫民	19・456 下
	8・507 下	王　播	3・471 上
王　璋	7・74 下		5・427 上
王　璇	13・63 上		6・133 上
王　駒	10・421 上	王　賜	15・586 上
	10・476 下	王賜印	3・214 下
王增印	12・147 下	王賜均	1・551 上
王增高	11・641 下		7・66 上
王增域	8・338 下		7・165 上
王增榮	18・489 下		13・159 上
王增謙	8・486 上		13・184 下
王　愨	13・294 上		14・657 下
	16・196 下		18・617 上
王　蕙	15・170 下	王賜科	18・105 上
王　橫	18・593 上	王賜鋤	12・157 上
王　樞	10・160 下	王賜福	7・82 下
	11・53 上	王　億	3・753 下
王　標	9・406 上		4・158 上
王　賢	2・670 上	王　儀	10・430 下
	3・342 上		19・303 上
	3・406 下	王　皚	13・344 下
	13・466 下		14・663 上
	13・668 上	王　皜	9・645 下
	18・226 上	王　質	14・702 下
	18・295 下		17・190 下
	18・376 下	王質夫	3・501 下
	18・659 下	王　德	9・392 上

	10・671 上	王慶遠	7・417 下
	13・388 下	王養大	8・269 上
	13・517 上	王養民	3・484 上
	16・532 下	王養教	6・88 上
王德生	1・626 上		6・174 上
	10・690 上	王遜	7・29 下
王德成	8・116 上	王蔚	2・509 下
王德宇	11・711 上		3・537 上
	11・765 下	王遵	2・525 下
王德林	11・539 下	王遵訓	13・71 上
王德修	11・30 下		14・762 下
王德華	16・767 上	王澍霖	8・334 上
王德隆	1・698 下	王潮海	13・276 上
王德新	1・740 下		14・530 下
王德溥	13・512 下	王潤	6・483 下
王德嘉	1・528 下		18・371 上
王德榜	13・80 下	王潤身	16・72 下
	16・667 下	王潤棠	16・21 下
王德毅	13・531 上	王澈	5・620 上
	16・770 下		5・729 下
王衛生	9・36 下		8・770 上
王徵	2・652 上	王澄	13・648 下
	5・515 下	王履中	13・646 下
王徹	19・718 上		13・669 下
	20・211 下		18・158 上
王銳	7・31 上	王履亨	8・603 上
	7・150 下	王履祚	10・365 下
	20・657 上	王履泰	12・161 上
王餘慶	7・44 下		12・553 上
	7・171 上	王履基	12・58 下
	12・407 下	王履清	2・295 上
王魯	3・607 下	王選	1・636 上
王諷	10・469 下		6・495 下
王誼	10・380 上		8・598 下
王褒	2・705 上		12・664 下
王慶雲	1・748 上	王豫	5・751 下
	12・553 下	王豫立	2・642 下

	5・513 下	王 樾	9・36 下
	5・609 上		11・686 下
	5・716 上	王樹松	13・415 上
王豫嘉	3・767 下	王樹堂	4・370 下
	4・516 下		4・417 下
王樂邦	19・702 上	王樹章	11・35 下
王樂春	5・342 下	王樹槐	20・318 下
王緝修	7・191 上	王樹德	13・541 上
王緝脩	7・41 下	王 樸	1・591 下
王緝顯	15・217 上		3・407 下
王總衡	2・653 下		7・58 下
王 璥	3・34 下		11・575 下
王 璟	10・106 上		11・577 下
王 璞	6・79 下		11・601 下
	6・161 上	王 橪	3・598 上
	7・222 下		3・743 下
	17・749 上	王 懋	2・629 上
王 璟	13・411 上	王輯瑞	1・477 上
王 璠	12・662 下	王勵精	3・141 下
	13・299 下		8・400 下
	16・196 下		8・479 上
	16・537 上	王奮揚	16・32 上
王 璔	11・253 上	王 叡	18・593 上
王擅魁	12・279 下	王曉霞	14・429 上
王擅魁後母丁氏	12・182 下		15・170 下
王薇垣	5・518 上	王 默	11・41 上
	5・725 下	王積仁	19・191 下
王 翰	8・194 上	王積善	4・769 下
	8・228 下	王積祿	10・168 下
	9・416 下	王 穆	12・107 上
	13・569 上		12・330 下
王翰文	1・615 上	王 勳	2・625 上
王翰京	7・68 下		8・98 上
	7・217 上	王勳華	1・763 上
王翰軒	7・92 下	王 篤	1・501 下
	7・222 下		8・335 上
王 頤	6・557 上		9・699 上

王篤本	13・424 下	王　儒	3・331 下
	16・44 下		3・395 上
	18・420 上		3・455 上
王　舉	10・363 上		5・354 上
王舉之	12・354 上		5・374 上
王　興	12・35 下		12・525 上
王興平	10・35 上	王儒綬	12・408 上
王興吉	12・385 下	王　翱	13・50 下
王興伉	11・433 下	王皞如	9・127 上
王興賢	13・196 上		10・254 下
	18・186 下	王　衡	4・470 上
	18・338 下	王　錫	16・697 下
王興鵬	11・680 上		19・19 下
王興麒	11・680 上		19・34 下
王學古	10・252 上	王錫三	13・648 上
王學伊	19・462 下		16・772 下
王學志	12・429 上	王錫五	1・759 下
王學忍	10・37 下		7・549 下
	10・112 下	王錫仁	13・561 下
王學周	1・752 上		15・719 上
	12・33 下	王錫田	13・664 上
王學泗	1・583 上		16・43 下
	3・74 下		16・331 下
王學信	11・704 上	王錫印	10・365 上
王學書	7・76 上	王錫年	1・492 下
王學理	11・42 上		9・681 上
王學詩	10・209 上		13・593 上
	19・724 上		18・708 下
王學潛	1・468 上	王錫命	9・28 上
王學謨	9・126 下		9・554 上
	9・665 上		10・699 上
	10・209 下	王錫桂	1・610 上
	10・252 下		1・640 上
	14・352 上	王錫桐	10・316 上
	14・687 下	王錫晉	13・176 上
	14・700 上	王錫書	18・391 上
王學覺	11・30 下	王錫琇	9・37 上

王錫衡	16・20 上		15・686 下
王錫麒	13・563 下	王憲曾	1・547 上
王錫齡	6・377 上	王隤	18・562 下
	13・171 下	王彝	2・626 上
王錦	2・630 下		3・331 上
	5・16 下		3・395 上
	5・47 上	王繪	3・144 上
	11・24 上		3・402 下
王錦章	13・484 上		7・35 下
王錄	13・473 下		7・151 上
	18・598 下		19・456 上
王錙	10・260 下		20・351 下
	10・364 上	王駿	8・339 下
王館	8・491 下		9・702 下
王凝	11・220 下	王環	12・111 下
王凝祉	8・398 下		18・454 上
	8・499 下	王璵	2・586 上
王龍山	13・342 下		5・387 上
	14・663 上		8・595 下
王龍肇	12・490 上	王璦	1・599 上
王燎	18・143 上		6・183 下
王澤	7・655 上	王聯軫	11・119 上
	13・112 下	王藎臣	4・419 下
	18・377 下	王檢	13・74 下
王澤春	4・341 下		14・763 下
王澤恩	13・439 下	王檀	2・609 上
王澤漢	18・80 上		9・74 上
王濂	9・646 上	王懋功次女	12・182 上
王憲	1・736 下	王懋修	13・430 上
	7・27 上		18・226 上
	8・563 下		18・296 上
	12・138 上		18・376 下
	13・56 上	王懋德	11・56 下
	13・297 上		13・676 上
	17・47 上		19・700 上
	19・450 下		20・220 下
王憲堯	13・548 下	王懋學	12・136 下

	12・481 上	王應朝	8・270 下
	14・612 上	王應楫	10・391 下
王　磯	7・457 下		10・467 上
王　擢	10・365 下	王應鳳	13・632 上
王　曙	9・78 上	王應選	5・651 上
王　龜	9・72 下		5・758 上
	9・395 下	王應臻	2・644 上
	10・11 上		3・340 上
王　徽	2・608 上		3・405 上
	10・635 下	王應舉	1・747 上
王鍾鳴	17・321 下		12・159 下
王鍾靈	13・619 下	王應龍	1・505 上
	15・106 上		9・729 下
	18・488 上	王應麒	13・697 下
王　爵	13・410 上		16・775 上
	15・319 下	王應鐘	13・360 上
	15・653 下		16・703 上
王　謨	6・374 下	王應麟	13・658 上
王　暮	13・72 上		15・683 上
	14・699 下	王　燦	3・67 上
王　謙	12・156 下	王鴻孝	13・618 下
	12・378 上		15・96 上
	15・320 下	王鴻飛	1・556 下
	18・478 下		8・336 上
王　襄	1・688 下		9・700 下
	6・150 上	王鴻緒	13・398 下
王襄明	1・458 下	王鴻薦	1・538 下
	8・84 上	王鴻翰	10・160 下
王應元	13・646 下	王鴻儒	8・454 上
王應昇	1・648 上	王　濟	9・411 下
	12・164 下		10・493 上
	12・586 下		16・40 下
王應佩	10・270 下	王濟民	15・223 下
王應房	1・740 下	王濟美	14・362 上
王應泰	12・27 下		19・134 上
王應乾	10・430 下	王濟善	7・755 上
王應隆	15・223 下	王　禮	8・622 下

王　翼	2・375 下		12・58 下
	6・559 下	王　簡	10・363 上
	13・422 下	王雙福	9・686 上
	19・176 上	王　鎮	13・234 上
王　鋆	7・166 上		13・369 上
王嚮明	3・483 上		20・351 下
王　瓊	7・403 上		20・707 上
	13・56 下	王鎮惡	9・64 下
	13・153 上		9・755 下
	17・148 上	王鎮墉	13・209 下
	17・166 上		20・291 下
	19・450 下	王鎮鏞	13・185 上
	19・664 下		15・591 下
	20・129 下		19・673 下
	20・268 下	王　鎬	13・205 上
	20・290 上		17・390 上
	20・437 上	王　謳	8・563 上
王釐士	8・451 下		9・131 下
	9・412 下	王　璧	1・638 下
王　矗	2・719 下	王隴德	9・490 上
	3・146 下		10・32 下
	3・534 下	王　瓚	16・536 下
王覲光	19・759 下	王　瓆	13・367 上
	20・231 下		17・249 下
王　藤	13・368 上	王攀桂	13・633 上
王　藩	3・344 下	王　璽	2・624 上
	3・409 上		3・340 下
王　豐	1・704 下		3・405 下
	9・690 上		3・479 下
王豐川母李氏	3・456 上		3・494 上
王豐年	7・669 下		7・28 上
王瞿曇	9・496 上		13・258 下
	10・623 上		19・756 上
王　瞻	13・388 下		20・228 下
	19・431 上	王黼清	16・682 上
王　鵠	7・274 下	王　羆	2・556 上
	7・330 上		3・164 下

	9・66 上	王　寵	8・623 下
	9・392 下		8・643 下
	10・2 下		8・722 下
王　曨	2・669 下	王寵三	10・110 下
	3・341 上	王繩武	3・601 下
	3・405 下	王繩祖	4・472 上
王　贊	10・638 上	王馨穀	13・204 上
王贊襄	10・666 下	王　蘭	13・613 下
	19・692 下	王蘭谷	11・52 下
王穩兒	10・271 下	王蘭兒	8・535 上
王　鏜	1・339 上		9・589 上
王　鏘	10・365 下		10・632 上
王　鏞	7・755 上	王懷堂	3・373 上
	10・497 上	王　獻	4・675 上
	11・684 下		4・759 下
王鏡清	13・506 上	王　耀	3・214 上
	16・681 上	王耀烈	15・680 下
王　鵬	8・618 下	王耀時	13・113 上
王鵬程	10・261 上		16・758 上
王　鯨	6・479 上	王耀德	8・765 下
王　譜	3・745 上	王　巍	6・150 下
	4・580 下	王　鏷	10・260 下
王　贇	13・282 上	王　夒	10・252 上
	19・435 上	王　瀾	7・755 下
王懷美	13・665 下	王　寶	9・15 下
	18・427 下	王寶元	9・514 上
王懷堂	3・324 上	王寶卿	10・111 下
王懷清	10・537 下	王寶善	20・343 下
	12・491 上	王寶賢	16・330 上
王懷道	1・710 上	王繼旦	7・85 下
王懷新	5・113 下		7・210 上
王懷熙	18・424 上	王繼志	19・227 下
王　瀚	1・642 下	王繼政	13・400 下
王瀚喆	4・424 下	王繼祐	2・662 下
王　瀛	3・402 下		11・10 上
	12・161 下	王繼祖	2・640 下
	12・550 下	王繼夏	13・170 下

	16・478 下
王繼烈	7・67 上
	7・214 上
王繼哲	20・213 上
王繼業	3・557 下
王繼勳	7・146 下
	13・245 上
	18・139 上
	18・345 上
王繼謨	7・213 下
王繼禮	13・306 下
	16・542 下
	18・140 下
	18・152 上
	18・171 下
	18・176 上
	18・209 上
	18・227 上
	18・297 上
	18・363 上
王繼蘭	1・596 上
	6・90 上
	6・177 上
王　驁	1・645 下
	12・629 下
王　權	3・66 上
	6・375 上
	13・300 下
	14・386 下
	16・20 下
王　鐸	12・652 上
	13・301 上
王　辯	8・400 下
	8・493 上
	9・474 上
	11・298 上
王　鶴	2・634 下
	3・56 下
王鶴飛	8・342 下
王鶴齡	12・592 上
王續宗	13・287 下
	17・244 下
王　鑒	13・428 上
	18・287 下
	18・356 下
王巖叟	13・164 下
	17・268 上
王體仁	12・490 上
王體正	6・140 上
王體乾	3・605 下
王體義	1・587 下
王　鑑	6・389 上
	8・11 下
	13・202 上
	17・388 下
王　鑠	13・422 上
	16・328 上
王　瓚	13・298 上
	13・368 上
	16・761 下
王　顯	7・44 下
	8・6 上
	9・58 下
王顯高	13・201 下
	17・382 下
王顯榮	7・215 下
王　麟	12・63 下
	13・616 上
	14・516 上
	14・771 下
	15・84 上
王麟定	9・682 上
王觀光	1・763 上
	14・427 上

王觀表	1・714 上	井逢源	10・704 上
	6・490 上	井書田	10・320 下
王　靈	13・427 下	井培天	10・365 下
	18・284 上	井道然	10・309 上
	18・355 上	井淵如	10・365 下
王　讓	10・501 上	井　蓮	9・711 下
王　灝	6・498 下		10・687 下
王　鑰	6・595 上	井　源	8・561 上
	6・659 下	井維凝	10・320 上
	10・257 下	井積倉	11・49 上
王　纘	3・54 上		元
王纘志	1・641 下		
	3・605 下	元仲景	18・539 上
王纘聖	3・715 下	元守全	2・615 下
王纘謀	8・491 下	元安禪師	3・773 上
王　驥	13・49 下	元　均	12・9 下
	19・300 上	元孝矩	11・512 下
	19・663 上	元　坦	3・165 下
	20・127 上	元　英	13・244 上
	20・267 下		18・256 下
	20・289 上		18・329 下
	20・364 下	元　冑	20・117 下
王驥衢	3・375 下		20・261 下
王　鸞	19・123 上	元　亮	6・372 下
王　䴉	10・496 下	元　偉	13・191 下
			15・249 上
井			18・60 上
			18・269 上
井　丹	3・770 下		18・347 上
	4・572 上	元　紹	18・538 下
井用汲	10・316 上	元瑛禪師	7・308 上
	10・316 下		7・370 上
井邦森	8・504 下	元□智	2・220 上
井長庚	1・626 上	元□智妻姬氏	2・220 下
	10・686 下	元復業	2・291 上
井東星	9・666 上	元　渾	18・538 下
	10・256 上	元　載	3・779 下
	10・364 下		

元義方	10・586 下		
元　寊	19・117 上		**支**
元　暢	14・413 上	支仲元	3・777 上
	15・173 下		4・175 上
	16・648 下		**不**
元　積	4・704 上	不忽木	20・420 下
	9・72 上	不　空	2・714 上
	9・395 下	不　窋	14・357 上
	10・4 上		**太**
	11・365 下		
元　褒	13・34 上	太子完	2・702 下
	17・548 下	太　王	4・411 上
	17・640 下	太公望	3・705 上
	19・445 上	太　布	10・492 上
元　諧	13・128 上	太白胡僧	4・601 下
	17・371 上	太　任	4・61 下
元　燮	9・65 上		4・426 下
	10・9 上	太　姒	4・61 下
	10・670 下		4・426 下
元　翹	18・141 下	太昊伏犧	16・521 上
元　燧	9・391 上	太　姜	4・61 上
元寶周	18・540 上		4・426 下
元　讓	6・572 下		6・574 下
	云	太師疵	2・702 上
云　敞	2・524 上	太穆皇后竇氏	4・62 下
	6・276 下		4・178 上
	木	太霞真人	9・172 上
木天師	7・308 上		**尤**
	7・370 上	尤世功	7・85 上
	五		7・212 下
五誠額	7・752 下	尤世威	7・84 下
	7・777 上		7・210 下
五繼勳	18・268 下	尤世祿	7・84 下
			7・211 上
		尤　成	6・383 上

尤　岱	7・76 上
尤　勉	7・46 上
尤　捷	7・76 下
尤勤修	13・430 下
尤翟文	7・84 下
	7・212 上
	7・575 下
尤養鯤	7・77 下
尤　翹	18・209 下
尤繼先	7・57 上
	7・212 下
	13・108 下
	19・456 下

巨

巨　海	13・553 上
	16・175 上
巨海明	15・699 下
巨　澎	20・675 上
巨　浚	13・553 下
	15・700 上
	16・175 上
巨　敏	13・691 上
	19・115 下
	19・190 下
巨啓芳	13・598 上
巨　敬	13・293 上
巨道凝	9・773 上
巨　源	13・418 下
	16・37 上
	16・173 上
巨　潭	13・419 上
	16・37 上
巨　濬	13・553 下
	15・700 上
巨鵬翚	12・489 下

扎

扎哈齊哩	20・472 上

戈

戈千仞	7・39 上
	7・152 下
戈鳳文	8・3 上

牙

牙八胡	5・465 下

少

少　公	9・138 上
	10・67 上
	10・195 上
少師疆	2・702 上

中

中虛和尚	14・420 下

内

内史廖	3・706 上

牛

牛一豸	1・530 下
	12・159 上
牛一麟	14・662 上
牛大信	7・723 下
牛中麒	6・596 下
牛化麟	7・546 下
	7・578 下
	10・536 下
牛　斗	9・124 上
	9・530 下
	10・184 下
	10・206 上

	10・249 下	牛　旺	13・621 上
牛玉林	19・498 上		15・114 下
牛四麟	7・720 上	牛知業	13・199 下
牛仙客	13・382 上	牛秉忠	7・70 上
	17・106 上	牛　佳	6・592 上
	18・549 上		6・653 下
	19・658 上	牛奎光	14・656 上
	20・118 上	牛映斗	7・720 下
	20・285 上	牛星炖	6・620 下
	20・362 下		6・653 下
牛半仙	14・420 上		13・397 上
	18・28 下		16・767 上
牛　弘	5・248 上	牛衍慶	6・617 上
牛存節	7・742 上		6・653 下
	9・74 上	牛　恒	6・591 下
	9・397 下		6・653 上
	10・11 上	牛　恂	5・758 下
牛光斗	7・720 下	牛　珽	11・227 下
	12・159 上	牛振聲	1・452 上
牛光襄	5・616 上		5・724 下
	5・726 上	牛師獎	20・453 下
牛兆祥	6・589 下	牛逢慶	6・653 下
	6・653 上	牛效坤	18・369 下
牛志和	7・702 上	牛問仁	12・55 下
牛　邦	13・134 上	牛國吉	11・573 下
	13・333 下	牛　彩	12・159 上
	16・620 下	牛象坤	10・364 下
	17・147 上	牛象燽	2・652 上
	17・165 上		5・733 下
牛作麟	13・298 下	牛涵純	10・426 下
	16・767 下	牛貫斗	19・506 上
牛希玉	13・624 上	牛　紳	12・102 上
牛　宏	5・275 上		12・205 下
	5・305 上	牛　琛	7・262 下
	13・381 下	牛萬林	13・527 上
	17・106 上	牛朝宗	13・371 下
	17・111 上	牛　揚	6・583 下

	6・637 上		14・369 上
牛　皓	13・306 下	牛樹楠	13・397 下
	18・203 下		16・769 上
	18・293 上	牛樹楨	13・648 上
	18・367 上	牛　勵	16・757 上
牛尊宗	7・721 下	牛　徽	3・610 下
牛運震	13・120 下		13・292 下
	15・281 上		17・106 上
	15・592 上	牛應元	2・644 上
	16・107 上		5・511 下
	16・147 下		5・553 下
	18・465 上		5・608 上
牛發祥	7・578 下		5・715 上
牛　瑜	13・397 下	牛應坤	19・243 上
	16・766 上	牛攀珍	17・142 上
牛　蓬	13・539 上	牛耀星	19・229 上
牛意仁	13・696 下	牛　鑑	13・476 上
	14・374 下	牛　巘	7・722 上
	17・106 上	牛榮宗	7・723 下
	17・143 上		
牛義清	10・530 上	**毛**	
牛　輝	7・723 上		
牛　蔚	12・504 下	毛一豸	13・90 下
	13・382 下		14・760 下
		毛一鳳	12・136 上
牛僧孺	2・706 上	毛一麟	13・68 下
	13・382 上		14・761 上
	17・106 下	毛人龍	1・601 下
牛維駪	11・225 上		3・492 下
牛輝如	13・648 下	毛九齡	3・607 下
	16・774 下	毛士輝	12・164 下
牛　嶠	17・106 下		12　586 上
牛養傑	3・736 下	毛　女	10・663 下
牛　薦	7・587 下	毛升漢	19・174 下
牛樹桃	13・299 上	毛　仁	14・426 下
	16・768 上		16・649 上
牛樹梅	13・298 下	毛丹鳳	8・598 下
	14・356 上		9・409 下

毛有信	12・58 下	毛　疏	13・540 下
毛有猷	5・701 下	毛　當	13・427 下
毛光孚	12・651 上		18・287 上
毛延齡	14・425 下		18・356 下
	17・445 下	毛　義	12・1 上
毛　秀	11・29 下		12・10 下
毛伯溫	13・60 上	毛鳳枝	1・580 上
毛　沖	3・772 上	毛鳳清	1・581 上
毛若虛	6・555 上	毛鳳儀	16・703 下
毛　奇	2・721 上	毛鳳翼	13・90 上
	3・499 上		14・760 上
毛昂霄	8・598 下	毛廣聰	11・604 上
毛　忠	13・321 上	毛榮川	19・21 下
	14・613 下	毛　漸	13・45 下
	15・84 下		16・600 上
	18・587 上	毛　綱	19・190 上
	18・587 下	毛　儀	3・602 下
	19・13 上		3・767 下
	19・512 下	毛德明	16・641 上
	20・477 上	毛鋒利	12・589 下
毛柏齡	19・258 下	毛　鼆	13・475 下
毛思義	19・454 上	毛　興	13・563 上
毛俊章	12・589 下		18・289 上
毛　泰	13・181 下		18・357 上
	16・477 上	毛興盛	5・737 下
毛　振	3・723 上	毛應詩	8・547 下
毛悅英	1・682 上	毛鴻達	3・412 上
毛　翀	14・358 上	毛鴻賓	6・67 上
	20・227 下	毛鴻顯	6・67 上
毛淩漢	1・648 上	毛鵬飛	17・739 下
	12・589 下	毛鵬展	20・717 上
毛琪麟	13・196 上	毛　瀚	6・481 下
	18・186 下	毛　齡	3・770 上
	18・339 上	毛　鸃	13・53 下
毛　邅	2・554 下		
	6・66 下	**仁**	
	6・151 上	仁杲	15・172 下

仁智禪師	17・68 下

仇

仇一清	11・39 上
仇才人	2・321 上
仇子長	18・284 上
仇文彬	3・279 上
仇文煥	1・597 下
	6・179 下
仇延社	11・19 上
仇汝弼	4・340 上
仇長齡	10・319 下
仇佺	11・23 上
	18・25 下
仇海東	10・314 下
仇敏	6・152 上
仇愍	11・23 上
仇傅香	13・672 上
仇道朗	2・246 上
仇富貴	10・271 下
仇傳香	17・424 下
	18・14 下
仇鉞	2・622 上
	13・383 上
	17・596 上
	17・698 下
	19・582 下
	19・584 上
	19・664 下
	20・129 上
仇廉	13・449 上
	19・685 上
	20・150 上
仇靖	13・427 下
	18・283 上
仇維	14・411 下
仇維祺	6・171 下

仇養蒙	2・647 上
	11・4 上
仇懭	11・23 上
仇儒傑	10・363 上
仇騰	9・755 下

介

介玉濤	13・174 下

公

公子池	2・509 下
	4・719 上
	4・757 上
公子高	4・724 上
公有威	2・529 上
公阿札木蘇	19・136 上
公孫武達	2・569 下
	3・204 上
	13・221 下
	19・298 下
公孫枝	3・705 下
公孫述	6・285 上
	16・295 上
公孫昆邪	19・481 上
公孫衍	9・429 下
公孫敖	13・432 下
	17・405 下
公孫賀	5・274 上
	13・432 下
	17・458 下
	19・481 下
公劉	5・247 下

月

月乃合	16・640 上

丹

丹達禮	13・70 上

	19・669 下		15・82 上
	20・137 上	文志遠	1・737 上
勾			12・494 下
		文芳	13・567 下
勾潤	14・615 上	文岐豐	8・271 上
卞		文希韓	10・601 上
		文尚秀	8・601 下
卞禮	9・415 上	文明	13・287 上
文		文典	7・118 下
			7・179 下
文三戒	13・561 上	文固陽	6・406 上
	15・718 上	文季	13・114 上
文及甫	9・76 下	文秉濂	5・422 下
	9・767 下	文侯國	7・46 上
文王	3・731 下	文彦茂	9・417 下
	4・411 下	文彦博	3・712 上
文天爵	7・617 上		4・636 下
文方	12・424 下		5・359 下
文世發	1・645 下		15・262 上
	12・491 上		15・602 上
文立賢	17・299 上		16・266 上
文必謙	14・382 上		16・482 下
文朴	18・597 下	文振	5・360 上
	18・659 下		5・380 下
	18・757 上		14・613 下
文在人	12・107 下	文海	3・612 上
	12・331 上	文球	10・391 下
文在中	5・360 上		10・467 上
	5・380 下	文理	13・523 下
文在茲	5・360 上		19・514 上
	5・380 下	文清	2・633 下
文光	10・468 上		5・17 下
文同	12・268 下		5・47 下
文汝箴母陳氏	16・734 上		5・104 上
文志貞	13・269 下		5・175 上
	14・492 下	文竑中	5・361 上
	14・768 下		5・381 下

文翔鳳	5 · 360 上		5 · 361 下
	5 · 380 下		5 · 381 上
文道泰	19 · 35 上	文　禮	7 · 429 上
文運熙	5 · 360 上	文瓊章	1 · 736 下
	5 · 380 下	文　獻	13 · 410 上
文運衡	5 · 360 下		15 · 320 下
	5 · 381 上		15 · 655 上
文　祺	19 · 223 下		18 · 478 下
文　瑞	1 · 412 上		

亢

文　聘	2 · 539 下	亢希騫	8 · 505 上
文　楠	13 · 216 下	亢英才	13 · 357 上
	18 · 617 上		14 · 526 上
文殿安	8 · 121 上	亢　玩	12 · 153 上
文經國	7 · 46 上		12 · 282 上
文　蔚	8 · 585 上	亢時霖	2 · 630 下
	8 · 595 下		3 · 137 上
	15 · 323 上	亢能敬	1 · 593 下
	15 · 659 上		5 · 754 上
文毓鳳	5 · 360 下	亢得才	12 · 498 上
	5 · 381 上	亢得富	12 · 498 上
文鳳鳴	10 · 160 上	亢　嵩	3 · 136 下
文　綏	13 · 74 下	亢觀著藏卜	14 · 418 上
文　霈	7 · 37 上		16 · 649 上
文輝祥	11 · 356 下		
文　德	5 · 124 下		

方

文養浩	3 · 552 下		
文翩鳳	5 · 361 上	方三清	7 · 554 下
	5 · 381 下	方士淦	20 · 483 上
文　樸	13 · 323 上	方大貴	1 · 734 上
文學洙	5 · 361 下		12 · 425 上
	5 · 381 下	方　山	14 · 362 上
文　銳	1 · 649 下		19 · 232 上
文　錦	1 · 638 下	方仁良	11 · 610 下
	5 · 383 上	方玉池	3 · 411 上
文應熊	5 · 414 下	方玉潤	1 · 396 下
文燦鼎	13 · 521 上	方世恩	3 · 604 下
文　濤	1 · 520 上	方世貴	11 · 663 上

方世讓	12·525 上	方隆銘	12·380 上
方本清	5·351 下	方紹程	13·631 下
	5·374 上	方萬朝	12·425 上
	11·336 下	方揚祖	13·400 上
方占鰲	8·763 上	方鼎魁	11·705 上
方　有	18·97 下	方鼎錄	1·371 下
方光斗	3·608 上	方　策	12·146 上
方廷桂	8·609 上		12·216 下
方仰歐	13·210 下		20·231 上
	19·676 上	方道南	11·518 上
方好善	13·694 下	方　祿	10·493 下
方孝孺	12·91 上	方登甲	12·376 上
方杞伯	12·383 上	方瑞林	12·376 下
方步月	1·663 下	方遠宜	7·273 下
方其正	11·637 下		7·329 上
	12·447 下	方傳獲	13·164 上
方若珽	14·760 上	方　靖	7·592 下
方若珽	13·90 下	方慎德	1·633 上
方昌魁	12·394 下	方嘉發	13·188 上
方怡哲	1·582 上		15·594 下
	11·425 下		18·415 上
方承保	5·374 下	方毓英	20·717 下
方承觀	20·423 上	方　賢	13·137 下
方孟英	13·145 下	方　震	12·270 下
方　桂	20·482 下	方儀矩	11·366 下
方振寰	12·147 上	方　燕	12·425 上
	12·218 上	方勳邦	11·599 下
方致中	20·722 下	方錫齡	12·395 上
方　悛	20·231 上	方聯聚	13·151 上
方培英	8·763 上		14·657 下
方國隆	1·735 下	方應恒	7·37 下
	12·197 下	方應節	5·421 下
方從吉	3·324 下		9·407 下
	3·373 下	方應賢	1·733 下
方　望	6·288 下		12·424 上
	15·601 上	方　豐	3·723 上
方清遠	11·422 上	方　變	12·293 上

方觀承	13・74 下		15・567 上
			17・58 上
火			17・267 下
火明黎	20・337 下	尹　恭	13・114 下
		尹振麟	8・603 上
斗		尹翁歸	3・709 上
斗孫澧	8・561 上		4・437 上
		尹培立	10・466 上
尹		尹崇珂	13・406 下
尹大簡	2・270 下		15・310 上
尹　正	13・403 下		15・639 下
	15・297 下	尹　煥	18・415 上
	15・622 上	尹　琭	15・216 上
尹　本	3・247 上		16・537 下
尹可升	13・415 上	尹　喜	2・716 上
尹　吉	20・685 下		3・533 上
尹光桂	9・647 下		3・611 上
尹廷弼	13・368 上		9・731 下
尹守正	16・216 下		14・411 下
尹守貞	13・300 上		16・201 上
尹作賓	12・161 上	尹　憎	13・300 上
尹　旻	7・27 下		16・217 上
尹　泗	13・131 下	尹尊師	2・257 上
	19・672 下	尹　焞	11・251 下
尹宗堯	4・171 上	尹　澢	13・144 下
尹　承	13・202 上		16・607 上
	17・388 下	尹　業	18・522 下
尹　貞	2・224 上	尹義莘	10・508 下
尹思正	16・217 上	尹　源	13・102 下
尹思任	13・684 下	尹　嘉	15・293 上
尹思貞	2・379 上		15・614 下
	3・44 下	尹聚財	13・666 上
	13・300 上		15・713 下
	15・307 上	尹　鳳	13・390 下
	15・635 下		16・545 上
尹　洙	13・102 上	尹　誥	13・469 上
	13・117 下	尹　縚	13・474 上

尹　賞	8・545 下		**孔**
	9・83 上		
	11・112 上	孔天柱	10・476 下
尹樂舜	12・31 下		110・421 下
尹　緯	13・403 下	孔天監	3・719 上
	15・296 下	孔化鳳	7・42 下
	15・620 上	孔文英	13・435 上
尹　憲	7・24 下		17・407 下
	7・184 上	孔文誧	6・638 下
	7・528 上	孔平仲	7・745 上
	19・572 下	孔成義	1・652 下
	20・122 上		11・532 上
尹鴻志	20・10 上	孔　光	3・38 下
尹繼善	1・308 下	孔伯江	3・607 上
	13・75 上	孔君貴	3・214 上
		孔　奇	3・766 下
	巴		4・465 下
巴　延	20・473 下	孔尚志	11・340 下
巴延布哈	20・454 上	孔季彥	10・509 下
巴延布哈德齊	20・476 下	孔昭珍	12・681 下
巴延布哈德濟	20・454 上	孔　修	7・152 上
巴延資中	20・454 下	孔　紀	10・436 下
巴克興	13・260 下	孔　脩	7・39 上
巴哈布	13・222 下	孔高明	1・443 上
巴彥善	12・332 上	孔紹安	2・705 下
巴哩珠阿勒坦	20・473 上	孔傑儒	10・425 下
巴哩珠阿勒坦德濟	20・469 下	孔道輔	13・128 上
巴個唐阿	6・638 下		17・373 上
巴勒巴	20・474 上	孔登元	13・368 下
巴喇珠	20・420 上	孔嗣孝	7・43 上
巴　祿	20・440 上	孔　戣	9・396 上
巴　圖	13・47 下		10・591 上
巴　錫	13・69 下	孔聞謤	7・750 下
	14・761 下	孔　僖	9・63 上
巴靈阿	20・449 下		9・390 上
	20・455 上		10・8 上
			10・189 上

孔鳳翥	11・225 上		20・230 下
孔廣晉	7・541 上		
孔廣運	13・520 上	**五畫**	
孔 奝	4・465 下		
孔 奮	2・529 下	**玉**	
	3・746 下		
	4・512 上	玉 況	2・531 上
	6・304 上	玉努斯	20・456 下
	6・387 上		20・477 下
	13・124 上	玉風真人	7・119 下
	13・134 上		7・252 上
	16・460 上		7・263 下
	18・58 下	玉素卜	20・593 下
	18・181 下	玉 潤	16・19 下
	18・253 上	玉 衡	3・374 上
	18・327 上		
	18・520 上	**正**	
孔 興	7・414 下	正永吉	13・165 上
孔興釪	10・467 下		17・269 下
孔興釬	10・411 下		
孔憲培	2・376 上	**甘**	
孔繼泂	7・36 下	甘文煊	12・203 下
孔繼傑	10・698 下		13・433 上
孔繼舜	10・702 上		17・405 下
孔繼學	10・689 下		20・428 上
孔繼禮	8・99 下	甘作霖	20・338 上
		甘其華	11・712 下
毋			11・756 上
毋邱興	13・215 上	甘 英	13・223 下
	18・526 下		19・314 下
			19・337 上
水			20・480 上
水 齋	11・231 上	甘來旬	1・381 下
		甘珠爾	17・150 上
幻			17・168 上
幻開禪師	19・761 下	甘時化	13・213 下
幻聞禪師	14・422 上	甘 純	10・497 上

甘惟燦	12・446 上	艾萬年	7・48 上
甘爲霖	9・405 下		7・194 下
	10・599 上		7・286 上
甘爾翼	13・188 上		7・343 下
	15・595 下	艾　詔	7・287 下
	18・464 下		7・344 下
甘學書	12・136 下	艾毓初	7・287 上
	12・480 下		7・344 上
甘　龍	2・508 下	艾　潮	7・74 上
世		艾　穆	3・502 下
			14・359 上
世　杰	10・468 下		14・361 下
	19・675 下		19・133 下
艾			20・652 下
		艾應甲	7・292 下
艾十奇	1・544 上		7・348 下
艾元老	8・584 下	艾豐午	7・309 上
	8・594 下		7・369 下
	8・713 下	**古**	
	9・401 下		
艾元復	7・293 上	古一忱	13・189 上
	7・349 上	古公亶父	3・731 下
艾元觀	7・294 下		5・247 下
	7・354 上	古延齡	3・283 上
艾如蘭	7・353 上	古　松	17・730 下
艾伯閎	7・721 下	古松山	12・489 上
艾希仁	7・299 上	古　秉	14・351 上
	7・358 上		14・798 下
艾希醇	7・293 上		15・178 下
	7・348 上	古　弼	13・32 下
艾長垣	7・290 上	古　澧	11・636 上
艾若薰	1・662 上	古　鑑	7・592 下
	7・289 下	**本**	
艾承業	1・543 下		
	7・298 上	本　澤	15・327 下
	7・357 下	本　寶	9・170 下
艾　瑛	3・749 下		

左

左士元	3・555 下
左大廷	12・294 下
左上元	2・652 下
左之宜	7・763 上
左天奇	11・768 上
左文龍	2・673 上
	3・66 上
左斗光	1・538 上
左 史	2・646 下
	3・552 下
左立功	12・103 下
	12・270 上
左成庫	1・765 下
	7・87 上
	7・495 上
左廷選	17・138 下
左延齡	13・394 上
左禿翁	6・496 上
左邱明	17・105 上
左 昌	18・524 下
左秉忠	13・218 下
左佩玹	2・647 上
	3・553 上
左佩琰	3・553 下
左育德	19・175 下
左宗棠	1・314 下
	13・79 上
	16・667 下
	17・110 上
	20・423 下
左承章	11・768 上
左柏桃	9・169 下
左 柱	17・430 下
左思明	2・637 下
	3・552 上

左重光	3・555 下
左 桂	13・439 上
左逢禮	12・148 上
左 旋	13・635 上
	17・276 上
左富八	17・754 上
左 鈺	13・52 下
	17・379 上
左壽崑	13・164 上
	20・373 下
左壽棠	13・168 上
	17・646 上
左 熙	3・552 上
左 輔	11・499 下
左 儒	2・508 上
左懋第	8・229 上
	9・410 下
左觀瀾	1・398 上
	12・72 下

石

石三復	6・479 下
石上珍	8・630 上
石天樞	1・463 下
	11・11 上
石天應	7・42 下
	7・414 下
石天巍	11・23 下
石友瑢	16・551 上
石友鎔	13・641 上
	16・361 下
石公集	9・165 下
	10・76 下
	10・123 上
石允珍	10・41 下
石 玉	14・350 下
石玉屏	11・544 上

71

石玉珩	8・93 下	石步吉	11・428 下
石可礪	12・146 下	石佐嶽	1・695 上
	12・216 下		11・39 下
石丕清	1・606 上	石作瑞	13・412 上
石生玉	1・498 下	石作蜀	13・265 上
	8・628 上		16・213 下
	8・772 上		16・522 上
	8・779 下	石　亨	8・76 下
	19・467 上	石君倚	3・144 下
石生福	8・628 上	石　玫	4・164 上
石　永	7・29 下		12・159 上
	13・61 上	石　玥	13・546 上
	19・246 上		15・684 下
	19・301 下	石長甲	17・182 上
石吉連	13・305 下	石長春	10・316 下
	15・651 上	石茂華	13・62 上
	18・417 下		19・303 上
石地哇	13・572 上		19・452 上
石在閭	1・463 上	石　昉	3・727 上
	11・10 下	石忠政	2・310 上
石存仲	13・595 下	石　岩	8・76 上
石光玉	7・61 下	石和鈞	1・473 上
石光岳	13・360 上	石秉乾	13・355 上
	16・704 上		16・618 下
石光賢	19・505 下	石宗玉	10・657 下
石廷棟	9・422 上	石宗瑛	1・736 上
石廷瑚	11・23 下		12・197 下
石廷慶	10・117 上	石　建	3・71 上
石全福	10・380 上	石貞乾	16・630 下
石全潤	9・675 下	石保興	7・25 上
石兆泰	1・654 下		7・147 下
	11・755 下		7・191 下
石兆德	13・510 下		7・528 上
	16・690 下	石　泉	16・628 上
石汝懋	11・46 上	石　恒	14・515 上
石攻玉	13・443 下	石　洪	3・179 下
	18・25 下	石　泰	3・775 上

	4・490 上		7・146 上
	4・536 上	石揚休	9・78 上
石 珩	10・469 上	石無用	12・292 下
	11・636 下	石智業	8・663 上
	12・407 下	石爲崑	11・23 下
石 株	8・585 上	石爲磋	1・732 下
	8・607 下	石善友	7・89 下
石 朗	1・452 下	石 奠	8・577 下
	6・83 下	石道立	8・641 上
	6・167 下	石 溫	3・715 上
石執中	13・267 下	石 甯	16・628 上
	14・488 下	石補天	13・361 上
	14・765 下	石 禄	10・638 下
	15・79 上	石夢麟	11・56 上
石 彪	7・576 上	石蔭梅	10・118 下
石國璽	13・289 下	石 輅	13・285 下
	19・494 上		17・157 上
石崇先	7・576 下		17・178 上
石崇德	13・494 上	石盞女魯歡	13・46 上
	14・512 上		17・59 下
	16・628 上	石 經	8・618 下
	19・513 上	石經講	10・316 上
石得玉	1・623 下	石 崖	2・653 上
	8・663 上		6・149 下
石得林	19・539 上	石鳳臺	3・708 下
石得贊	17・178 下		8・356 上
石 敘	9・413 下		9・420 上
石 清	14・771 上	石鳳儀	5・472 上
石 寅	20・455 下	石端甫	2・618 下
石 琦	15・576 上		8・75 下
	18・455 上	石演分	20・153 下
石萬正	1・654 下		20・468 下
	11・711 下	石維屏	1・732 下
石萬鍾	9・732 上	石 璜	16・367 下
石萬鎰	8・564 上	石 確	11・113 上
石朝選	10・25 上	石德林	3・77 下
石 雄	7・23 下		12・504 下

石德贊	13·630 上			20·476 下
石養源	7·686 上			
石　璞	10·615 下	**平**		
	10·623 下	平世增		4·338 下
石　瑤	13·343 上	平　瑞		20·425 下
	16·624 下	平　當		2·524 下
石樹松	16·691 下			6·336 上
石輯朝	10·314 上			6·407 下
石　奮	2·511 下	平　爌		10·81 下
	6·314 下			
	6·407 上	**扒**		
石奮揚	13·592 上	扒　沙		19·35 上
石　澤	13·645 上			
石鍾英	18·687 下	**北**		
石　應	16·604 下	北宮玉		18·560 上
石應岷	14·476 上			
石應譽	19·491 上	**申**		
石鴻基	10·166 下	申大振		13·167 上
石　磧	9·114 下			17·285 下
	10·22 上			19·228 上
石蘊玉	13·457 下	申大儒		13·692 下
	19·693 下			19·229 下
石蘊彩	19·234 上	申天魁		10·320 上
石蘊璧	19·26 下	申去疾		18·134 下
石韞玉	1·339 上			18·344 下
石韞璧	13·683 下	申兆魁		6·707 下
石　麒	13·564 上	申汝德		6·178 上
石懷珍	18·488 下	申如堉		12·648 下
石懷璋	17·15 下	申典常		1·520 下
石寶玉	3·334 上			13·123 上
	3·396 下			18·415 上
石寶金	5·197 上	申典贍		5·383 下
	5·201 上	申佩莪		10·316 上
石　巖	10·494 下	申　宗		3·774 上
				4·535 下
布		申宗德		8·490 上
布琳尼敦	20·454 上	申　春		6·70 下

	6・154 上		6・71 上
申　胥	19・236 下		6・154 下
申哲功	1・638 下	申懷珍	6・92 下
	5・361 下	申懷瑛	6・176 上
	5・383 上	申耀南	19・20 上
申師厚	18・550 下	申繼志	17・607 下
申　理	13・704 上		17・692 上
	19・230 上	申顯亭妻孫氏	5・415 下
申培元	1・589 上		
	6・389 下	**田**	
申培械	2・671 下	田卜易	8・120 下
	6・89 下	田九福	13・457 下
	6・177 上		19・503 上
申　偉	9・416 下		19・694 上
申屠剛	2・529 上		20・452 上
	3・744 下	田大有	13・126 下
	4・464 下	田大武	1・534 下
	4・511 下		11・655 上
	6・301 上		19・176 下
	6・378 上	田大植	17・736 下
	13・190 下	田大舉	17・120 下
	14・355 上	田大豐	10・72 上
	15・283 下	田千秋	4・676 下
	15・600 下		4・757 下
	16・275 上	田小有	10・536 下
	18・131 上	田子修	13・145 上
	18・341 下		14・651 下
申緬胥	19・228 上	田王孫	6・385 上
申　翰	13・194 上	田元佐	3・613 下
	18・134 上	田元愷	7・464 上
	18・175 上	田　中	14・351 下
	18・268 上		14・533 上
	18・344 下		14・797 下
申　徽	13・224 上		15・177 下
	19・316 下	田仁恭	13・372 上
	19・339 上		17・585 下
申　瓊	2・626 上		17・679 下

	19・484 下	田　式	8・4 上
田仁朗	7・408 下		9・67 下
	13・179 下		9・759 上
	15・256 上	田　臣	8・452 上
	15・563 下		9・413 上
	17・373 下	田有年	3・755 下
田仁琬	18・549 下		4・471 上
田仁會	2・572 下		4・516 上
	3・42 下	田而腴	2・653 下
	20・435 上		11・4 上
田月香	8・124 下	田而穟	11・21 上
田文耀	11・4 上	田成科	20・678 上
田　玉	13・452 下	田延年	2・518 下
	19・690 下	田　仲	3・287 上
	20・160 上	田名順	9・730 下
田　正	18・668 下	田守琮	15・577 上
田　功	11・343 上	田守節	15・577 上
田世享	17・621 上	田守璋	13・118 下
田世雄	13・124 下		15・577 上
	18・183 上		18・461 下
	18・333 下	田安興	9・66 下
田　古	8・641 上		9・758 上
田本沛	1・462 下	田　好	3・287 下
	11・9 上	田　牟	7・742 上
田本厚	10・113 上	田玖皋	9・692 上
田可良	1・660 上	田志深	13・607 下
田　丙	11・48 上	田志超	10・76 下
田占元	17・740 下	田克明	3・287 下
田生玉	6・667 上	田呈瑞	13・71 下
田生閣	8・670 下		14・763 上
田生璽	11・55 上	田見龍	12・492 上
田生蘭	13・612 上	田　邑	2・688 上
田仕貴	10・70 上	田秀芝	11・365 上
田立本	10・113 上	田秀實	13・371 上
田　弘	19・444 下	田　何	2・675 下
	19・484 下	田佐元	3・776 下
	19・548 上	田作霖	18・424 下

田伯明	2・586 上	田　耕	8・619 上
	5・517 下		8・639 下
	5・615 上	田耕野	20・483 上
	5・725 上	田華墺	12・13 上
田伯政	8・623 上	田　真	2・541 上
田　宏	7・117 下		3・212 上
	13・289 下		5・13 下
	14・372 上		5・43 上
	17・584 下		5・103 下
	17・697 上	田真人	2・719 上
田宏甸	3・286 上		11・25 上
田良祿	3・604 下	田　原	4・280 上
田　武	18・347 下	田　晉	9・84 下
田青珍	13・522 上	田時震	11・3 上
田若琬	11・11 下	田　蚡	2・512 下
田林茂	1・604 下		4・653 上
田東山	11・427 上	田　峻	19・494 下
田　叔	12・84 上	田　逢	13・557 下
田明錫	4・222 上	田逢年	15・711 上
田　季	12・103 上		18・426 上
	12・269 上	田衷符	6・373 下
田佳運	2・667 下	田　浡	11・48 上
	3・65 下	田　㳽	10・496 下
田　佩	10・496 上	田書和	12・148 上
田金彥	11・48 下	田　埰	6・552 上
田　京	19・448 下	田　崧	13・244 上
田育璧	17・735 上		18・255 上
田宗禮	20・351 下		18・328 下
田春茂	10・382 上	田崇禮	11・56 下
田春發	1・683 下	田崇璧	3・470 下
	5・737 上	田崇麟	10・363 下
田　荆	13・271 下	田　敏	13・247 下
	14・774 上		13・250 下
	15・87 下		19・660 上
田　畊	8・588 上	田　得	12・195 上
田保邦	11・342 上	田得久	19・701 上
田　美	6・482 下	田　章	7・40 下

田産璘	10・544 上	
田惟兗	13・158 上	
	17・214 上	
田紹武	20・123 上	
田紹斌	13・41 下	
	17・373 下	
	20・266 上	
	20・288 上	
田　瑛	6・482 下	
田達基	18・732 上	
田　雄	7・414 下	
田鼎銘	13・398 上	
田遇天	11・364 下	
田遇春	3・287 下	
田遇霈	3・288 上	
田遇霖	9・730 上	
田景泰	13・235 下	
	19・518 上	
田　創	13・527 上	
田　勝	2・513 下	
田遊巖	3・772 上	
	6・86 上	
田　愉	13・436 上	
	17・409 上	
田道人	14・600 下	
田焱林	11・49 上	
田游巖	2・699 下	
	4・598 下	
	6・171 下	
田　登	2・626 下	
	3・55 下	
田發甲	11・47 上	
田　會	20・45 下	
田　輝	9・446 上	
	10・32 上	
	10・112 下	
田際春	13・393 下	

田經臣	8・108 下	
田嘉種	1・441 上	
田壽增	13・156 上	
田　輔	18・138 下	
	18・344 下	
田種玉	1・527 上	
田毓采	13・619 下	
	15・105 下	
田　廣	3・212 上	
田　颯	13・95 上	
田　適	6・372 下	
田齊有	10・321 下	
田榮宗	12・153 上	
	12・282 下	
田榮曉	13・236 上	
	20・370 下	
田　蕙	8・362 上	
	8・451 下	
田　樞	6・390 下	
	6・450 下	
田　慮	20・431 上	
田德茂	17・610 下	
田德彰	12・665 上	
田德懋	13・372 上	
	17・585 下	
	17・707 下	
	19・524 上	
田餘琢	10・69 上	
田　慶	3・212 上	
田養心	3・141 下	
田養民	8・589 上	
	8・619 上	
田　潤	1・441 下	
田　選	13・98 上	
	14・476 上	
	14・646 上	
	14・651 上	

田　樂	13・62 下	史大奈	20・469 上
	13・695 上	史大勳	3・65 上
	14・648 下		11・224 上
	19・11 上		11・273 下
	20・620 上	史千倉	6・494 下
田　穆	11・52 下	史天祥	7・414 下
田錫齡	14・520 下	史天常	5・193 下
	16・697 上		5・248 下
田墾郎	18・730 下		5・280 上
田獲三	13・549 上	史天澤	13・292 上
田　龍	7・47 上		17・272 下
	7・171 下	史元儉	11・425 上
田澤霖	7・550 下	史友蘭	11・489 上
田聯第	1・705 上	史　丹	2・520 下
	9・690 下	史文光	16・299 下
田藍珍	17・126 上		17・284 上
田懋德	13・549 上	史文忻	19・607 下
田　闊	1・606 上	史文楷	9・406 上
	11・30 上	史　方	13・126 上
田　鍠	8・74 上		17・376 上
田　爵	10・73 上	史世宜	13・701 下
田　濟	3・750 下	史世儀	19・758 上
	4・280 下		20・226 下
田濟順	13・86 下	史可久	13・495 上
	14・469 下		14・780 上
	16・603 下	史可述	13・114 下
田歸道	2・574 下		16・757 下
	3・43 下	史　左	12・330 下
田騰霄	5・756 上	史永遵	6・668 下
由		史　芝	1・626 上
			10・687 上
由天性	11・16 上	史　臣	18・138 下
由　余	2・702 上		18・344 下
	3・706 上	史　廷	15・101 上
史		史廷勇	13・347 下
		史延聲	11・657 上
史大成	1・627 下	史仲成	17・427 上

史兆熊	1・527 下	史　紀	10・503 下
	5・702 下	史紀祥	1・641 上
	11・642 下		3・605 下
史　見	7・47 上	史　華	2・632 上
	7・171 下	史　桐	9・37 上
史希固	3・494 下	史振玉	13・676 下
史　序	2・709 下		19・763 下
史宏鏡	3・289 上		20・222 下
史　玨	13・499 上	史振魁	10・698 下
	15・109 下	史師朱	13・455 下
史　茂	1・505 下		19・697 上
史　苞	13・140 下		20・164 上
	19・164 上	史　釗	13・49 下
史東升	8・110 下		19・662 上
史東昌	8・598 上		20・125 上
	9・409 上		20・151 上
	13・203 下		20・267 上
史秉鐸	13・356 下		20・288 下
	16・636 下		20・364 上
史　采	11・514 下	史記事	2・642 下
史采風	6・402 上		8・70 上
史　周	8・597 上	史家梧	10・533 下
史庚果	6・403 上	史家榮	1・512 上
史宗禮	13・96 下	史　祥	7・49 下
史　昭	13・49 上		13・446 下
	19・300 上		19・607 下
	19・662 下		19・682 上
	20・126 下		20・145 上
	20・267 下	史　書	13・293 上
	20・289 上		13・383 上
	20・364 上		17・107 上
	20・617 上	史　畧	7・460 下
史　俊	1・627 上	史　崇	2・530 上
	10・547 上	史　敏	1・619 下
	10・697 下	史進爵	1・533 上
史帝輔	1・624 下		11・487 下
	8・275 下	史旌忠	13・624 下

	14・518 下	史　甯	13・135 上
	16・631 下	史登雋	13・198 上
史紹班	7・701 下		18・346 下
史　琳	13・51 下	史載民	2・648 下
史萬歲	2・557 下		8・110 上
	13・262 下	史　楠	8・122 下
	19・316 下	史傳遠	3・280 下
	19・339 上	史　義	19・662 上
史　敬	1・636 下		20・125 下
	6・496 上	史輔清	1・657 下
	13・571 下	史　銓	10・365 上
	19・686 上	史漢佐	8・343 上
	19・719 上	史　寧	18・540 下
	20・152 上	史　蕚	10・673 上
史敬奉	19・608 上	史　標	9・714 下
	19・659 上	史　遷	8・360 上
	20・120 上		8・451 上
	20・146 上		9・412 上
	20・263 下	史　衛	13・410 下
	20・273 上		15・658 下
	20・286 上		18・509 上
史　雲	19・607 下		18・518 上
	20・145 上	史　調	1・509 下
史揚善	10・316 下		9・715 上
史開先	13・572 上		10・530 下
	19・668 上		10・575 下
	19・719 下	史緯經	1・657 下
	20・135 下	史翰鼎	3・289 上
	20・215 上	史　勳	19・668 上
	20・278 下		20・135 上
史景玉	9・578 下	史憲忠	3・717 下
	10・531 下		4・257 上
史景運	10・317 上		6・133 上
史　策	4・775 上		13・40 上
史　欽	13・144 上	史聯及	13・357 下
史猶龍	10・578 上		16・702 上
史　評	12・12 下	史應杯	18・100 上

史　燦	11・115 上
史　濬	13・562 上
	15・720 下
史歸原	13・536 下
史闥廷	9・417 下
	10・393 上
	10・468 下
史　藻	10・676 下
史　嚴	20・145 下
史　鏞	13・449 上
	19・584 上
	19・664 上
	19・685 下
	20・128 上
	20・151 上
	20・268 上
	20・289 下
史懷清	1・674 上
史纂欽	1・657 下
史寶徵	10・677 下
史　繽	3・279 上
史繼經	19・697 下
史麟書	13・324 下

只

只好仁	13・145 下
	16・607 上

叱

叱羅協	13・178 上
	18・453 上

冉

冉九籌	1・675 下
冉宗元	6・372 上
冉振聲	1・631 上
冉湈鑒	4・222 下
冉　綸	1・643 下
冉應麟	14・368 上

四

四了和尚	6・500 下
四益麻汗	20・595 下
四飯缺	2・702 下

失

失利藏卜	14・417 上

禾

禾久括	11・44 下

代

代　淵	16・271 下
	16・295 下

白

白力耘	8・670 下
白乃貞	1・545 下
白三韜	8・620 上
	8・655 下
	8・739 上
白士琳	9・561 上
	10・270 上
	10・275 下
白士瑥	10・270 上
白士嘉	10・315 下
白大有	1・639 上
	4・166 下
白天爵	10・116 下
白元皓	13・636 下
	17・120 上
白比珩	7・460 上
白日可	7・394 上
白日昇	9・420 下

白　公	5・417 上	白廷英	1・741 上
	5・464 下		2・379 下
	5・696 上		12・153 上
白允治	19・231 下		12・282 下
白　玉	12・151 下	白廷彦	1・663 下
	12・273 下	白廷祿	7・394 下
白玉吉	3・413 下	白仲熊	7・91 下
白玉琢	8・671 上		7・175 上
白玉貴	1・763 下	白似鶴	7・395 上
白玉瓚	4・423 上	白行中	7・388 上
白世昌	7・469 上	白行順	7・387 下
白世采	7・118 上	白行簡	8・63 上
	7・179 上		8・169 下
白世卿	15・216 上		8・546 上
白世拳	7・74 上	白全義	1・659 上
	7・511 下	白企舉	8・622 下
白　本	13・616 下	白旭明	19・232 上
	16・630 上	白羊真人	10・663 下
白石麟	1・747 上	白如玉	8・620 上
白生祥	17・126 上		8・660 下
白生義	18・102 下	白好正	13・532 下
白　白	7・702 上	白　坎	14・655 下
白　用	5・194 上	白孝德	5・267 下
白册侯	19・174 上		20・469 上
白永建	10・115 上	白步成	7・521 上
白幼文	8・169 上	白秀瑩	17・136 上
白幼美	8・170 上	白我心	13・298 下
白西鳳	17・122 下	白作春	17・122 下
白有是	13・542 上	白　豸	12・136 上
白有耀	8・772 上		12・480 下
白成文	7・393 上	白含章	7・77 下
白成有	3・769 上	白宏覽	13・605 下
	4・170 下		19・189 上
白成傑	13・504 上	白　玠	1・546 上
白光先	10・377 下		13・655 下
白光輝	13・172 上	白長久	13・690 上
白廷佐	6・138 下	白其志	8・624 下

白奇策	10・365 上	白　起	3・738 下	
白　虎	13・546 上		4・571 上	
	15・663 下		14・354 上	
白尚友	7・70 上		17・109 下	
白明智	8・626 上	白　貢	15・669 上	
白明禮	1・497 上	白貢揚	13・413 上	
	8・620 下	白振清	1・634 上	
	8・664 下	白健翩	8・621 上	
白季可母陳氏	8・743 下	白海晏	9・690 下	
白季庚	8・74 下	白海宴	1・704 上	
	8・167 下	白　容	5・469 下	
白季庚妻陳氏	8・167 下	白純祖	12・73 上	
白季康	8・168 下	白盛文	12・20 上	
白季康妻薛氏	8・168 下	白　國	7・460 上	
白金林	4・423 上	白　敏	8・621 上	
白受貴	6・490 下	白敏中	5・266 上	
白宗益	1・663 上	白　偉	5・419 下	
白宗舜	7・393 下		13・680 上	
白官寶	13・610 上		20・15 下	
白　建	9・171 上	白　訥	6・480 上	
白居易	2・598 下	白惟勤	7・388 上	
	3・471 下	白煥彩	1・474 上	
	8・62 上		9・658 下	
	8・166 上		10・107 下	
	8・206 上	白清華	17・737 上	
	8・256 上	白淩雲	8・618 上	
	9・494 下		8・620 下	
	11・230 下		8・664 上	
白拱極	7・77 下	白　斑	8・566 下	
白　昭	13・703 上	白　琚	8・642 上	
白昭遠	2・651 上	白　賁	10・316 上	
	3・213 下	白　喜	3・539 下	
白思仁	10・494 下	白朝佐	18・726 下	
白重贊	13・101 上	白　棟	7・55 上	
白　勉	6・627 下		7・292 下	
白恒昌	1・600 上		7・348 下	
白炳章	11・41 下	白雲道人	14・417 上	

白雲翰	12・153 上	白　旗	3・738 下
白遇道	1・561 下	白精萃	19・723 下
	1・767 下	白　寬	13・376 下
	2・418 下		19・503 下
白景琅	10・496 下	白維新	11・424 上
白景雲	10・697 上	白　瑾	1・622 上
白爲章	17・384 上		8・657 下
白　勝	7・754 下	白　撒	13・92 下
白道玄	2・720 上		14・756 上
	5・527 下	白　輝	13・115 上
	5・653 上		16・234 下
	9・78 下	白德明	6・95 下
	9・769 上		11・25 下
白　滋	8・661 上	白　鋠	8・662 上
白補宸	1・546 上	白　鋭	1・617 下
白登岸	10・315 下		10・267 上
白　塘	1・662 下	白　鋐	7・750 上
白　榆	16・299 下	白　潔	1・737 上
白廉相	7・589 下		8・588 下
白　意	1・495 下		8・640 上
	8・619 下		12・495 上
	8・647 上	白潛成	8・594 上
白慎衡	7・77 下	白興順	10・168 下
白福泰	19・230 上	白龍祖師	11・402 上
白　璉	7・95 上	白聯陞	1・551 上
	7・494 上		7・66 下
白嘉兆	10・117 下		7・165 上
白壽宸	7・679 下	白　嶸	1・663 下
白輔宸	13・482 下		7・416 上
	14・614 下	白鍾麟	14・607 上
白爾心	7・40 下	白　鍠	8・166 下
	7・188 下	白應侯	19・177 下
白種岳	14・662 下	白應祥	19・521 上
白毓章	10・316 上	白應輝	3・322 上
白鳳翔	1・699 上		3・371 下
白鳳舞	10・117 下	白應舉	14・676 上
白鳳翠	12・153 上	白鴻友	8・620 下

白鴻儀	8・620 下	令狐赫	18・536 下	
白 濬	8・739 上	令狐熙	2・233 上	
白 璿	1・546 下		13・332 上	
白蘊華	1・763 上		19・324 上	
白 鎰	13・57 下		19・349 下	
白 璧	7・391 下	令狐爾安	1・659 下	
白 麒	8・624 上	令狐彰	2・588 上	
	8・644 上		11・27 上	
	8・735 上	令狐德棻	2・233 上	
白鯁妻薛氏	8・166 下		2・690 下	
白繼賢	10・112 下	令狐整	9・68 上	
白鰲宸	1・762 下		10・10 上	
白 鑑	17・738 下		11・112 上	
白麟書	13・623 下		13・331 下	
白 鸞	3・599 下		19・323 下	
	3・753 上		19・348 下	
	8・589 上	令狐鏓	10・241 下	
	8・619 上		10・360 下	
	8・640 下		10・792 上	
		令敷南	13・397 下	
仝			16・769 下	
仝 詁	3・346 下			
	3・410 上	**尒**		
仝維疇	3・413 下	尒朱天光	2・550 下	
仝調鼎	3・344 下	尒朱買珍	9・65 上	
	3・409 上	**句**		
仝騰霄	3・345 上	句 潤	13・688 上	
	3・409 下	**卯**		
令				
令士傑	13・540 上	卯中奎	18・371 下	
令狐一伸	8・598 上	卯在東	13・429 下	
令狐休	19・349 下		18・364 上	
令狐絿	2・328 下	卯孝子	18・368 上	
令狐楚	2・598 上	卯應辰	13・667 下	
	10・592 下		16・551 上	
令狐滈	2・609 上		18・296 上	

	18・367 下	**永**	
包		永　佑	8・602 下
包中廉	17・733 下		9・425 下
包文獻	16・689 下	永昌王健	18・537 上
包世祿	13・652 上	永瑞彪	3・292 上
包永成	20・216 下	永　銓	13・151 下
	20・279 上		14・658 上
包近忠	13・318 上	永濟尚師	20・230 上
包進忠	20・645 上	**司**	
包登俊	18・729 上		
包　節	14・360 下	司九經	19・721 下
包鳳起	10・392 上	司五教	12・100 下
	10・467 下		12・203 上
包廣勝	13・136 上	司　成	16・692 上
包　榮	13・556 上	司馬旦	9・400 下
	15・706 上		10・595 下
包　璽	19・166 上	司馬朴	7・24 下
包　瓚	12・331 上	司馬光	7・149 下
	12・615 上		9・58 上
主		司馬池	3・711 下
主父偃	19・571 下		9・76 下
	19・657 上		9・398 下
	20・116 下		10・12 上
	20・260 下	司馬里	6・478 下
	20・283 下	司馬肜	18・529 上
玄		司馬季主	2・703 上
玄宗第五孫女	2・282 下		3・77 上
玄　奘	2・713 上	司馬郊	9・483 下
	3・107 上		9・731 上
氾			10・510 上
氾　騰	13・330 下	司馬宗妻孫氏	2・309 上
必		司馬相如	2・703 上
必嚕匝納實哩	20・476 上		4・488 上
			6・322 上
			6・407 上
		司馬逸	18・546 下

司馬望	18・529 上	皮豹子	13・32 下
司馬順	14・359 下		15・555 上
	18・592 下		18・255 下
司馬詡	2・542 下		18・328 下
司馬遷	8・205 上	皮　陽	16・600 上
	8・254 下	皮　喜	13・244 上
	9・132 下		18・257 上
	9・431 上		18・329 下
	10・80 下		18・452 下
司馬德戡	3・779 上	皮　揚	18・521 下
	4・176 下		

台

司馬談	2・686 下		
	9・132 上	台　元	7・87 上
司馬樸	7・235 下		7・493 下
司馬勳	12・84 下	台清阿	13・242 下
司馬錯	2・509 上		15・595 下
	8・270 上		18・466 上
	9・429 上	台斐音	1・333 下

母

司馬駿	13・32 上		
	18・529 上	母　庚	18・488 下
司徒修	1・368 下	母　育	10・640 上
	5・211 下		
	11・637 上		

六畫

司敬民	16・41 上	
司殿英	1・714 下	
	6・491 上	

匡

司際虞	3・486 下	匡　智	2・718 下

出

			3・107 上
出連虔	18・536 上	匡　鄴	20・481 上

召

		匡翼之	19・462 上
			19・675 上

召公奭	3・705 上	

邦

皮

		邦春榮	10・169 上
皮日休	3・538 下		
皮昌魁	11・656 上		

邢

邢大信	5・520 下
	5・647 上
	5・751 下
邢子昂	9・390 上
邢可法	13・699 下
	15・711 下
	18・482 上
邢廷莢	5・108 下
邢自明	16・771 上
邢守節	3・414 下
邢守禮	5・618 下
	5・731 下
邢　亨	5・648 上
	5・752 下
邢君牙	3・707 下
	6・486 上
邢　玠	13・65 下
	14・475 下
	14・645 下
	14・650 上
邢秉恕	10・71 下
邢　炳	13・648 下
	16・772 上
邢振羽	9・406 上
邢　恩	12・136 上
	12・480 下
邢　彪	3・67 上
	6・138 下
邢　冕	3・728 下
邢崇坤	11・427 上
邢　琛	3・247 下
邢雲路	13・58 上
	14・759 上
邢掌新	9・678 下
邢景周	1・535 上

	11・657 下
邢維翰	10・118 上
邢　澍	13・430 上
	18・366 上
邢　顒	9・63 下
	10・8 上
邢　簡	2・625 下
邢　瑾	13・170 上
	16・474 下
邢　巒	12・85 上
	13・116 上
	15・245 下

圭

圭　峯	2・322 下
	3・452 下

吉

吉　人	3・55 上
	13・64 下
吉士瞻	2・545 上
	8・73 上
	8・480 下
吉允迪	12・152 下
	12・275 下
吉孔嘉	12・152 上
	12・275 上
吉永祚	4・643 下
吉光烈	1・588 上
	6・390 上
吉同鈞	8・356 下
吉　年	1・363 上
	9・648 下
吉兆元	10・703 上
吉志通	9・170 下
吉迎燕	8・343 上
吉　茂	2・678 下

	3・501 上		5・42 上
	5・41 下		5・97 下
	5・103 下		5・497 上
	5・601 上		5・601 下
	5・705 下		5・705 下
	6・58 上		6・69 上
	6・141 上		6・153 上
吉　旼	8・5 下	吉燦升	1・556 上
吉　祉	3・83 上		8・336 下
吉修孝	8・336 上	吉禮仁	6・400 下
	9・699 上	**老**	
吉　莘	13・700 下		
吉　挹	2・543 上	老　九	10・664 下
	8・97 上	老　子	2・716 上
	8・400 上		3・503 上
	8・479 上	**西**	
	9・447 上		
吉　時	2・626 下	西王母	14・411 上
	3・55 下		19・325 下
吉　陳	13・89 上		19・356 上
	19・432 上	西門珍	2・307 上
吉　盼	2・547 上	**百**	
	3・176 上		
	8・397 上	百里奚	3・705 上
	8・498 上	百嘉納	9・80 上
	9・448 上		9・770 上
吉　黄	5・118 下	**而**	
	6・153 上		
吉清海	8・339 下	而未提拉和加	20・595 下
	9・707 上	**成**	
吉　朝	13・395 下		
吉鳳翺	8・312 上	成人彦	1・614 上
	9・698 下		10・35 上
吉　維	8・278 上	成人傑	8・664 上
吉維前	1・624 下	成大琬	9・394 下
吉　翰	2・543 下		10・10 下
	5・13 上	成大猷	13・394 下

	17・48 下	成　是	10・497 下
成子文	13・535 上	成　适	13・663 下
	17・50 上	成真人	2・718 下
成子萬	1・623 下	成振聲	15・698 上
成　元	19・698 下	成　怵	8・664 上
成　公	2・697 下	成　淑	2・232 上
成公英	13・333 下	成　琰	9・665 下
	14・526 下	成　就	18・524 下
	15・72 下	成遠猷	13・394 下
成　文	19・454 上		13・644 下
成文斗	13・553 上		17・54 上
成文林	15・220 上	成維憲	10・316 下
成文埴	8・666 下	成　賢	13・570 上
成世祺	15・704 上		19・717 下
成邦柱	1・619 上		20・210 下
成有元	3・556 下	成樹勳	16・41 下
成光裕	13・237 上	成　儒	12・103 下
	19・469 下	成錦堂	1・477 下
成　全	16・330 上	成錦章	10・110 下
成兆南	13・418 上	成　鍔	7・607 下
	15・698 上	成鴻章	13・661 上
	16・169 下	成鴻緒	13・555 上
成汝玉	16・44 上		15・701 下
	16・332 上		16・175 下
成好德	10・183 上	成　藻	10・365 下
	10・189 下		
成　芳	10・365 下	**托**	
成　言	11・21 下	托克清阿	13・119 下
成其深	13・659 下		13・147 上
	16・34 下		13・162 上
成金魁	10・320 上		15・590 下
成周鳳	8・670 上		16・149 下
成府君	2・277 上		19・461 上
成宗道	3・82 下	托里哈雅	20・476 上
成定康	1・379 上	托里實克	20・475 上
成　珍	10・257 上	托歡和珍	20・469 下
	10・364 上		

至

至賢聖母　　　　17・142 上

吐

吐萬緒　　　　　20・117 下

曲

曲　珍　　　　　7・412 下
　　　　　　　　7・747 上
　　　　　　　　13・286 上
　　　　　　　　17・228 上
　　　　　　　　17・377 上
曲鳳諧　　　　　13・532 下
曲　端　　　　　7・25 下
　　　　　　　　13・239 上
　　　　　　　　13・290 下
　　　　　　　　15・268 下
　　　　　　　　15・572 下
　　　　　　　　16・266 下
　　　　　　　　17・267 上
　　　　　　　　17・590 下
　　　　　　　　17・680 上
　　　　　　　　19・486 上
　　　　　　　　20・369 上
曲賦章　　　　　13・517 下
曲　環　　　　　15・601 下

同

同及第　　　　　1・694 上
同功元　　　　　10・317 下
同永魁　　　　　10・693 下
同谷子　　　　　13・700 上
　　　　　　　　16・549 下
　　　　　　　　18・84 上
　　　　　　　　18・96 下
　　　　　　　　18・298 下
　　　　　　　　18・377 上
同　法　　　　　19・136 下
同建伸　　　　　8・673 上
同拱辰　　　　　1・493 下
　　　　　　　　9・687 下
同連甲　　　　　1・698 下
同　恕　　　　　2・682 下
　　　　　　　　3・54 上
同掞奎　　　　　1・487 上
同景曾　　　　　10・316 上
同　道　　　　　10・315 下
同爾瀛　　　　　10・698 上
同學聰　　　　　10・694 下
同寵光　　　　　8・668 下
同　鸚　　　　　8・6 上

因

因其志　　　　　5・5 上

年

年大銀　　　　　3・66 上
年景鶴　　　　　3・74 下
年　登　　　　　3・67 上

朱

朱一統　　　　　8・363 上
　　　　　　　　8・452 上
　　　　　　　　9・413 上
朱一蜚　　　　　3・181 下
　　　　　　　　3・280 上
朱一鳳　　　　　7・39 下
　　　　　　　　7・153 上
　　　　　　　　7・415 下
朱一點　　　　　7・737 上
　　　　　　　　7・752 下
朱九治　　　　　11・699 下
朱九霞　　　　　7・38 上

朱　三	14・429 下	朱化鳳	11・241 上
	20・725 下	朱公銘	2・620 上
朱士華	13・91 上		3・167 上
	14・762 下	朱文卿	3・323 下
	15・69 上		3・372 下
朱士傑	3・499 上	朱文傑	6・627 上
朱大湖	12・429 上	朱文煥	19・698 上
朱大源	1・368 下	朱文學	19・22 上
朱久括	1・465 上	朱文灝	8・601 下
朱之茂	1・644 上	朱斗南	11・592 上
	12・137 上	朱允治	11・749 下
	12・484 上	朱予昇	7・46 下
朱之俊	7・263 下	朱玉言	17・81 上
朱之瑞	7・645 上	朱正立	8・108 上
朱子仁	10・271 下	朱世祿	10・363 上
朱子節	13・430 上	朱世楷	13・163 下
	18・364 上	朱世爵	10・363 上
朱天成	13・558 下	朱本善	12・157 上
	18・489 上		12・378 上
朱元良	18・107 上	朱可衧	8・108 下
朱元裕	13・187 下	朱占魁	11・774 下
	13・219 下	朱生彩	10・701 下
	15・281 下	朱仙客	20・262 下
	15・594 下	朱令德	9・74 下
	18・415 上		9・765 下
朱元慶	1・376 上	朱　用	13・60 下
	9・649 上		17・381 上
朱元勳	1・656 上	朱用賢	13・672 下
朱五子	1・701 下	朱　永	7・32 上
朱友文	14・756 上		7・415 上
朱友恭	2・615 下	朱　有	14・415 上
	13・104 上	朱有聞	13・87 上
	17・267 上	朱存誠	1・647 上
朱升俊	18・710 上		12・374 下
朱　仁	13・677 下	朱成繡	13・590 上
	19・702 上	朱邪執宜	20・469 上
朱仁明	17・265 上	朱光正	3・724 上

朱光前	13・369 下	朱佐湯	7・416 上
朱光烈	20・337 下	朱作賓	17・740 上
朱光現	17・18 上	朱作繡	3・181 上
朱光棟	17・297 上	朱希召	5・49 下
朱吐光	3・490 上		5・104 下
朱廷相	9・780 下	朱希晦	18・153 上
朱廷楷	6・138 下		18・363 下
朱廷槃	11・686 上	朱含章	19・700 上
朱廷鉉	5・422 下		20・220 下
	6・610 下	朱　彤	10・497 上
	6・639 上	朱　沖	13・697 上
朱廷模	1・353 上		16・549 上
	7・667 上	朱宏量	13・673 上
朱廷鋐	3・373 下		17・425 上
朱廷璋	13・119 上	朱宏道	13・292 下
朱廷璟	2・663 上		17・296 上
	11・3 上	朱良棟	17・135 下
朱廷翰	13・312 下	朱君妻趙氏	2・316 下
	19・687 下	朱武英	19・692 上
	20・154 上		20・44 下
朱廷燎	3・757 下		20・164 下
	4・159 下	朱　玫	5・267 上
朱　价	5・49 上	朱　英	13・53 上
	5・102 上	朱英幟	1・458 上
朱兆元	11・392 上		8・83 下
朱多貴	13・483 下	朱奇略	20・228 下
朱圻	3・719 下	朱尚焴	2・619 下
朱孝誠	2・309 上	朱明顯	13・673 下
朱　芾	6・134 上	朱忠亮	13・40 上
	13・341 下		17・57 上
朱克先	1・643 下	朱迥澍	8・548 上
	12・428 下		9・414 上
朱克敏	13・349 上		9・646 下
	15・110 下	朱秉忠	12・407 下
朱呈璧	12・382 上	朱念祖	1・367 下
朱　秀	13・550 上	朱京美	13・565 上
	15・690 上	朱　官	10・494 上

朱　建	2・510 下	朱　炳	6・150 下
朱建中	17・19 上	朱祚長	13・623 上
朱建峯	11・543 上		14・518 下
朱承恩	1・377 下		14・587 上
	13・276 上	朱　珣	8・83 上
	14・502 上	朱桂楨	13・76 下
	14・779 上	朱　桐	19・469 下
	15・93 下	朱　梅	19・567 上
朱孟德	13・448 下		20・70 上
	20・149 下	朱振聲	13・684 下
朱　春	6・133 下	朱　晟	6・621 上
朱　革	3・242 上	朱　畛	1・734 上
朱　茹	9・405 下		12・424 下
	10・600 上	朱　恩	3・65 上
朱南英	13・255 下	朱家仁	19・435 上
朱　勃	3・744 下	朱家仕	13・282 下
	4・462 下		14・511 下
	4・661 上	朱　祥	7・47 下
	4・729 上		7・192 下
	5・467 上	朱務德	13・533 上
	5・697 上	朱珵瓚	13・120 下
朱奎光	13・227 上		16・106 下
朱　挺	8・112 上		16・147 上
朱映彩	17・23 上		16・233 下
朱　昭	7・72 上	朱　冕	13・282 下
	7・204 下		14・496 下
朱思仁	13・629 下		14・769 上
朱适然	12・57 下	朱國正	6・593 下
朱　笈	13・62 上	朱國棟	2・649 上
	10　616 下		11・3 上
	19・666 上	朱國瑞	11・598 上
	20・132 上	朱國楨	6・659 上
朱　亮	14・350 下	朱國壽	5・471 上
	14・797 上		5・700 上
	15・177 下		8・452 上
朱　庠	10・397 上	朱國璽	11・535 上
	10・472 上	朱　偉	3・279 上

朱得才	19・543 下		20・28 上
朱惟中	15・218 下	朱　鼎	13・570 上
朱清耀	1・476 上	朱開運	18・599 下
朱淩霄	17・301 下	朱閑聖	8・452 下
朱啓麟	12・138 上		9・418 下
	12・484 下		9・647 上
朱　隆	12・285 上		9・781 上
	13・341 上	朱　景	3・718 下
朱　紳	13・268 下	朱景雲	13・491 下
	14・492 上		19・352 上
	19・434 下	朱　貴	13・513 下
朱　琦	3・715 下	朱　勛	6・481 上
朱　超	13・187 上	朱買臣	2・703 下
	13・220 上	朱　傑	5・51 下
	15・598 下		5・112 上
	16・274 上	朱集才	12・195 上
	19・246 下	朱集俊	10・380 上
朱　博	2・521 上	朱　衰	6・581 上
	3・34 上		6・637 上
	3・175 上	朱　溫	9・69 上
	5・419 上		9・760 上
	5・466 下	朱運開	13・477 下
	5・696 下		18・661 下
	6・371 下	朱運豐	6・621 上
朱萬鐘	17・412 下		6・659 上
朱　敬	2・625 下	朱登科	12・495 上
	5・16 下	朱登湑	11・415 下
	5・47 上	朱　瑄	6・372 下
	5・109 下	朱　遠	2・235 上
朱敬聚	17・78 下	朱蔭宗	13・649 上
朱　雲	2・519 下		16・772 上
	3・347 下	朱蔭潤	6・375 下
	3・414 下	朱　軾	13・70 下
	6・335 上	朱　暉	1・648 下
	6・371 下		12・665 下
	6・407 下	朱照乘	13・158 下
朱雲章	19・781 上		17・215 下

朱照麟	13・642 上	朱　徵	17・380 下
朱新越	7・707 下	朱徵鍉	12・10 上
	7・708 上	朱誼㮌	2・651 上
朱新埥	15・285 上	朱慶瀾	7・700 下
	15・602 下	朱潤芳	13・189 下
朱新清	14・356 上	朱　璣	10・363 上
朱義清	9・718 下	朱樹滋	11・19 上
朱煌安	10・315 下	朱學孝	10・317 上
朱殿雄	13・525 上	朱學海	11・54 上
	19・519 上	朱學顏	20・152 上
朱嘉材	7・519 下	朱錫祺	6・137 下
朱壽昌	9・169 下	朱錦昌	14・657 下
	10・81 上	朱錦蔚	17・48 上
朱　輔	13・493 下	朱龍光	13・394 下
	14・510 上	朱澤遠	1・607 下
	14・776 上		5・112 上
	15・86 上	朱　濂	17・297 上
朱爾漢	13・146 下	朱　寰	13・112 上
	14・479 下		16・474 上
	14・657 上	朱聲亨	16・298 上
	15・69 下	朱聯鑣	11・339 上
朱　裳	13・112 上	朱　擢	2・639 下
	16・475 下		8・81 下
朱　銘	9・712 下	朱　繇	3・82 上
朱鳳來	13・525 下	朱　謙	8・610 下
	19・497 下	朱謙益	1・613 上
	19・518 上		11・343 上
朱鳳翔	13・225 上	朱應元	1・691 上
	19・343 下		3・499 下
朱　綸	11・49 下		13・212 下
朱　綬	12・136 上		20・672 上
	12・480 上	朱應豸	6・135 下
朱　璜	3・247 上	朱應昌	15・169 下
朱　棟	2・619 下	朱應㟝	10・72 下
朱　震	19・756 上	朱應龍	10・496 上
	20・229 上	朱應麟	8・609 上
朱　箴	15・324 下	朱蘊奇	2・643 下

	3・72 上	伍從教	6・483 上
朱鵬翼	11・537 上		16・481 上
朱　騰	2・552 下	伍　魁	12・615 下
朱懷卿	11・542 下	伍　箕	9・405 上
朱　寵	2・536 下		10・598 下
朱　繡	20・706 下		11・221 上
朱馨忠	10・81 下	伍彌泰	20・482 上
朱蘭亭	13・253 上		
	19・679 下	**伏**	
朱寶書	11・46 下	伏　生	14・394 上
朱寶鏞	10・159 上		14・413 下
朱顯忠	13・244 下	伏伯安	5・211 上
	16・473 上	伏　羲	16・213 上
	18・138 上	伏羲氏	13・263 上
	18・175 下		
	18・220 上	**延**	
	18・267 下	延　惠	12・408 下
	18・343 下	延　愷	9・649 下
		延論平	3・371 下
先		延　篤	10・2 下
先明顯	18・15 上		
先　葆	3・771 下	**仲**	
先　讜	10・491 上	仲　忽	9・75 下
		仲　雍	3・731 下
竹			4・411 下
竹　虔	3・81 上		
		仵	
伍		仵元勳	5・648 下
伍　太	7・74 下		5・753 下
伍方俊	11・679 上	仵　奇	6・498 上
伍孝興	3・67 上	仵秉廉	11・47 上
伍　性	9・405 上	仵從龍	9・23 下
	10・598 上	仵聯第	5・649 下
伍重華	13・397 下		5・754 下
	16・765 下		
伍　符	14・414 上	**任**	
伍　敏	8・603 上	任一元	3・213 下

任三鎮	7・764 上	任永福	13・511 下
任于嶠	7・763 上	任永銘	7・754 上
	7・779 下	任永樂	14・422 下
任士傑	7・260 上	任邦貴	20・674 下
任大用	9・718 上	任吉士	1・596 下
	10・532 上		6・90 下
任大成	8・674 下		6・178 下
任大仰	3・285 下	任老吾	6・394 下
	12・62 下	任在陞	1・538 下
任千秋	13・28 下	任　光	7・760 下
任之倫	5・381 下	任伍章	1・649 下
任之綸	5・361 上	任　延	7・760 下
任己任	1・665 下		13・134 上
	7・94 上		14・355 下
任天桂	6・137 上		15・284 下
任天培	17・121 下		16・275 下
任天慶	13・571 上		16・482 上
	19・718 下		18・520 上
	20・213 上	任　仰	8・621 上
任天錫	16・41 下	任仰伊	1・498 上
任天寵	13・107 上		8・756 上
任中麟	3・209 下		8・758 下
任公輔	14・382 下	任　安	2・703 下
任文忠	15・704 上		6・585 下
任文溥	6・136 下		13・226 上
任方門	10・537 上	任　孝	12・663 下
任玉瑄	8・659 上	任　扶	13・635 下
任正郁	10・420 上	任步霄	14・704 下
任正誼	10・427 上	任佐清	17・121 下
任世亨	5・361 上	任作儔	3・214 上
	5・383 上	任希祖	9・406 下
任世華	11・310 下		10・191 下
任丕基	19・233 下		10・241 上
任占鰲	11・705 上		10・360 下
任四狗	17・20 上	任希夔	13・545 下
任　永	19・764 下		15・324 上
任永陽	7・754 上		15・660 上

	16・542 下	任承允母師氏	16・96 下
	18・487 上	任承爵	13・245 上
任　孚	10・425 上		18・336 下
任含昉	5・727 下	任春芳	12・66 下
任良佐	4・518 下	任　珍	11・274 下
任良弼	13・384 上	任　柱	13・560 下
任姒神农氏母	4・61 上	任　奎	7・259 上
任奉先	7・39 上	任奎光	1・349 下
	7・152 上		11・636 下
任其昌	14・385 下		12・194 下
	16・23 上	任畏三	16・703 下
	16・65 上	任　重	14・516 下
任郁文	12・393 上	任重遠	3・298 下
任　奇	7・71 上		13・451 上
	7・494 上		20・156 下
任　郅	8・621 上	任重謀	1・654 下
任　尚	13・133 上		11・711 下
任　果	13・387 上		11・756 上
任明儒	8・658 上	任　信	20・150 上
任迪簡	2・593 上	任風厚	1・440 下
	7・23 上		3・212 上
	7・146 上	任祝壽妻田氏	17・760 上
任　和	7・639 下	任紀瑞	13・425 上
	7・654 上		16・44 下
	8・606 下		18・421 下
任季兒	9・584 上	任泰亨	7・386 下
任秉衡	13・566 下	任泰幹	1・633 下
任　侗	19・119 上	任桂昌	11・40 上
任　佩	2・634 下	任　晟	8・452 下
	3・285 下		9・418 上
任周攀	14・353 下		9・780 下
	20・353 下	任恩元	1・626 上
任性天	1・767 上	任　剛	12・273 下
任治國	13・666 下	任師顏	1・762 上
任　官	13・99 下		7・288 下
任居敬	3・213 上		7・345 下
任承允	16・87 上	任　宰	13・627 下

	14・523 下		16・547 下
	14・686 上	任景延	10・480 上
任國棟	17・738 上	任景榮	12・66 上
任　進	7・761 下	任景禧	13・608 下
任康世	8・229 上	任　貴	7・761 下
任　旐	18・479 上	任策勳	12・152 下
任清士	18・156 下		12・282 上
	18・373 上	任　傑	7・33 上
任清芳	12・64 下		8・621 下
任梁棟	17・122 下		13・234 上
任貫貫	6・394 下		19・455 下
任紹英	10・495 上		19・583 上
任紹桂	1・598 上	任舜臣	6・72 下
	6・181 下		6・155 下
任紹曾	2・653 下	任道克	12・37 上
	5・520 下	任道宏	7・592 下
	5・751 下	任曾益母劉氏	3・608 上
任　瑛	7・701 下	任　甯	7・274 上
任堯傅	13・411 下	任　祿	12・136 上
	15・656 上		12・481 上
	16・285 上	任登府	13・537 上
	16・326 下	任登科	11・758 上
任博文	8・608 上	任　瑀	13・343 下
任　喜	1・637 上		14・571 下
任喜元	10・539 下		17・15 上
任萬年	13・486 下	任　瑜	1・683 下
	19・119 上		5・737 上
	19・173 上	任　遠	13・430 上
任葆貞	1・498 下		18・142 下
	8・621 下		18・210 下
	9・691 下		18・298 上
任朝仕	12・284 下		18・364 下
任　棟	5・193 下	任　楓	7・679 下
任　棠	13・457 上	任　鈺	7・754 下
	13・698 下	任　旒	13・305 下
	15・293 上		15・659 下
	15・614 下	任　愷	19・692 下

任　福	2・649 上	任遵義	5・383 下
	3・718 下	任澄清	3・483 上
	4・257 下	任　瑤	3・212 上
	7・747 下	任　璣	2・664 下
	13・125 下		5・611 下
	13・233 下		5・719 下
	13・241 下	任樹楷	1・498 下
	15・262 下		8・621 下
	15・567 下		8・765 上
	17・374 下		9・691 下
	19・511 上	任　勵	3・54 下
	20・295 上	任　圜	6・59 下
	20・314 上		6・142 上
任福忠	16・685 上		7・761 上
任福顯	13・626 下		11・238 上
	16・698 下	任　舉	3・729 下
任　嘉	18・521 上		13・108 下
任嘉進	13・109 上		19・470 下
	17・279 上	任錫爵	11・31 上
任　熙	13・269 下	任憲伊	1・546 上
	14・770 上	任　顆	9・81 下
任鳴鳳	7・554 上		9・390 上
任　僖	15・82 下	任　聰	13・606 上
任　寧	7・329 下	任懋修	19・674 下
任盡忠	10・496 上	任襄揆	7・763 下
任熊飛	16・689 下	任應魁	9・730 下
任　綱	12・151 下	任　禮	13・50 上
任　綸	17・446 上		19・301 下
任　璜	2・639 上	任鎧平	9・410 上
	3・207 上	任藻廷	9・686 上
任增魁	3・539 上	任　鏡	3・214 下
任　墀	13・455 上	任　璟	9・84 上
任墀武	19・697 下		9・169 下
任輝先	18・401 上		10・80 下
任　盤	3・556 下	任　蘭	13・83 下
任慶雲	11・230 上		14・753 下
任養正	8・491 下	任耀先	10・69 上

任覺商　　　　　7・756 下
　　　　　　　　7・763 上
任繼尹　　　　　17・300 上
任繼業　　　　　12・127 上
任　顯　　　　　13・292 上
　　　　　　　　17・273 上
任麟現　　　　　10・532 上
任　纘　　　　　8・597 上

仰

仰九明　　　　　11・699 下
　　　　　　　　11・749 下
仰　山　　　　　6・138 下

自

自文德　　　　　20・351 下
自　性　　　　　3・503 下
自然子　　　　　14・423 下
　　　　　　　　18・84 上
　　　　　　　　18・377 下

伊

伊　尹　　　　　9・13 上
　　　　　　　　9・127 下
伊米陽阿　　　　13・232 下
伊克穆蘇　　　　20・474 上
伊拉齊　　　　　20・472 卜
伊陟　　　　　　9・127 下
伊埒圖巴爾　　　20・474 下
伊勒濟呼濟哈雅　20・473 下
伊爾特穆爾　　　20・470 下
伊薩克　　　　　20・594 上
伊蘇岱爾　　　　20・474 上

向

向日昇　　　　　8・231 上
　　　　　　　　8・601 上

向永鳳　　　　　13・119 上
　　　　　　　　15・276 下
　　　　　　　　18・425 上
向　尚　　　　　10・496 下
向明山　　　　　11・714 下
　　　　　　　　11・758 上
向　侃　　　　　13・107 下
向　春　　　　　6・376 下
向紀常　　　　　1・583 上
　　　　　　　　3・74 上
向　桑　　　　　16・75 上
向敏中　　　　　7・742 下
向　淮　　　　　9・427 上
　　　　　　　　10・413 下
　　　　　　　　10・469 上
向　榮　　　　　20・446 上
向　寶　　　　　13・289 下
　　　　　　　　17・588 下
　　　　　　　　17・697 下
　　　　　　　　19・486 上
　　　　　　　　20・369 上

后

后　安　　　　　13・530 上
后　能　　　　　13・389 下
　　　　　　　　16・544 下
后　鳳　　　　　13・530 上
后　稷　　　　　5・247 上
　　　　　　　　6・563 下

行

行步瀛　　　　　9・60 上

角

角里先生　　　　3・143 下
　　　　　　　　11・216 下

全

全　文	9・410 上
全仲遵	11・513 上
全　性	3・245 上

兆

兆　惠	20・442 下

朵

朵兒只班	20・210 上
朵兒赤	13・310 上
	17・473 下
	19・661 上
	20・123 下
朵爾只失結	13・318 上
	20・634 上
朵爾直班	11・252 上

多

多　通	20・454 下
多隆阿	1・410 下
多富文	17・124 下
多爾吉	13・579 上
多　齡	13・172 下

色

色楞格	13・70 上
	14・762 上
色綸	17・43 上

衣

衣璟如	12・90 上

亦

亦憐真班	13・448 下
	19・685 上

	20・149 下

忙

忙哥剌	2・617 上

羊

羊元之	11・512 上
羊角哀	9・169 下

米

米昌基	7・78 上
米昌齡	7・78 上
米宗憲	1・632 上
米貞頤	8・480 下
	9・722 下
米重玉	13・645 下
	14・706 下
米　逢	9・73 上
米萬鍾	13・440 下
米朝雲	6・627 上
	6・639 上
米殿策	15・111 下
米　輔	2・648 上
	3・208 下
米漢雯	8・490 下
米　襄	8・402 上
	8・482 下

次

次　曾	18・527 上

江

江士松	8・333 上
江大亨	11・544 上
江太平	13・575 上
	19・722 下
江中才	13・165 上

江中楫	13・123 上	江朝立	6・376 下
	18・513 下	江朝宗	12・225 上
江文遥	4・661 下	江　開	1・370 上
	5・597 上		11・118 下
江孔洙	19・756 上		11・750 下
	20・228 下	江景瑞	18・135 上
江孔學	20・215 上		18・175 上
	20・279 上		18・346 上
江　本	17・442 上	江爲式	6・639 下
	18・27 下		13・345 下
江　式	18・593 上		15・97 下
江休復	9・76 上	江　渤	13・367 上
	9・767 下	江湧潮	13・374 上
江守禮	14・777 上		19・498 下
	15・91 下	江滙川	1・341 上
江　英	3・580 上	江　潮	19・686 上
	3・727 下		20・151 上
江來宜	13・678 上	江履生	13・368 下
	19・764 上	江樹蕙	13・370 上
江　東	19・454 下	江　融	2・691 上
江昌燕	18・690 上		3・488 下
江　珏	9・405 上	江興功	12・384 上
	10・598 下	江應詔	13・311 上
江重倫	12・384 上		19・686 上
江　信	15・179 上		20・151 下
江起鶴	19・764 下	江　瓊	9・64 上
江振海	1・736 上		18・593 上
	12・196 下	江躍龍	14・571 下
江培基	12・375 下	**汲**	
江得符	13・345 下	汲　黯	3・708 下
	15・97 下	**汜**	
江　琦	13・71 上	汜　騰	19・322 上
	13・453 上		19・346 下
	19・688 上	**池**	
	20・155 上		
江　琯	13・631 下		
江朝斗	11・598 上	池生蛟	1・638 上

	5・282 上		7・406 下
池　枝	1・638 上	宇文彪	9・66 下
池　清	5・282 上	宇文得照	9・73 上
汝		宇文深	9・392 上
汝來鳳	13・657 上		10・671 上
汝迪先	16・83 上	宇文琬	2・274 下
汝南公主	2・224 下	宇文雄	13・277 上
宇		宇文貴	7・49 上
宇文士及	2・566 上		7・524 上
	18・543 下	宇文測	7・272 上
宇文之邵	13・192 上		7・328 下
	16・466 下		7・406 下
	18・133 上	宇文椿	3・711 上
	18・266 上	宇文毓	9・106 下
	18・342 上		10・16 下
宇文仲和	18・540 上		12・10 上
宇文邱	7・407 上	宇文廣	13・178 下
	7・669 上	宇文燈	6・620 下
宇文忻	2・558 下		6・665 下
	19・682 下	宇文賢	2・555 下
宇文昌齡	15・267 下	宇文慶	18・541 下
宇文貞	2・556 上	宇文遵	13・33 下
宇文泰	13・33 上		19・443 下
	17・548 上	宇文導	9・66 上
	17・640 上		9・392 上
	19・443 下		10・9 下
	19・572 上		10・671 上
	19・657 下		13・33 下
	20・117 上		13・178 下
	20・261 上		15・247 上
	20・284 上		15・559 上
宇文邕	9・106 下		16・463 下
	10・17 上	宇文融	2・584 下
宇文盛	7・272 下	宇文贇	9・107 上
	7・328 下		10・17 下
		宇文闡	10・17 下
		宇文覺	9・106 下

	10·16 下	安邦禮	3·290 上
宇文護	9·169 上	安吉	6·494 下
	10·80 下	安吐根	18·540 上
		安廷瑞	20·221 下
安		安廷煥	10·316 上
		安廷禮	13·654 上
安　三	20·479 上		16·171 下
安元英	10·315 上		
安五桂	1·616 下	安自海	17·748 下
	9·560 上	安汝止	16·329 下
	10·268 上	安守中	12·85 下
	10·272 上		13·535 下
	10·367 下	安守忠	7·24 下
安　仁	13·419 上		7·528 上
	16·37 下		13·207 下
安文蔚	13·664 下		19·660 下
	16·43 下		20·122 下
	16·332 下		20·265 下
	16·351 下		20·287 下
安玉堂	13·547 下	安守和	13·396 上
安世居	13·622 下	安如岡	9·772 上
安世賢	15·217 上	安如嵩	18·218 下
安世舉	13·620 下		18·337 下
	15·107 下	安志達	10·667 下
安　丙	12·117 下	安邱望之	2·697 下
	12·647 上		3·77 上
	16·468 下		4·701 下
	18·132 下	安含露	14·424 上
	18·342 下	安亨	9·87 下
	18·460 下	安附國	18·575 上
安　四	20·479 上	安郁	3·205 下
安令節	2·250 上	安明善	8·597 上
安永吉	13·421 上	安帖木兒	13·139 下
	14·385 上	安金藏	2·575 上
	16·39 上		3·64 上
安永恭	19·478 下		5·196 上
安尼恭	3·738 下	安宗學	20·211 下
安　民	3·75 上	安定邦	1·621 上

	9・689 下	安　甯	18・348 下
安思順	18・549 下	安蓀甲	13・396 上
安重霸	9・74 下	安福國	18・716 上
	9・765 下	安壽和	6・375 下
安修仁	18・574 下	安維峻	14・385 上
安　俊	13・43 上	安維嶽	13・662 上
	13・160 下		16・40 上
	17・267 上	安　蕃	13・192 下
	17・373 上		18・132 上
	19・448 下		18・266 下
安炳焜	16・330 下		18・342 下
安　娃	10・271 下	安德裕	15・256 上
安師雄	13・106 下	安慶豐	7・607 下
	17・147 下	安養矩	1・619 上
	17・165 下		10・269 上
安處善	13・660 下	安養哲	1・479 上
	15・229 上		9・557 上
	15・697 上		10・262 下
	16・172 上		10・366 下
安　國	7・33 下	安　璞	7・471 上
	7・460 下	安興貴	13・320 上
安　翊	6・479 上		18・574 下
安惟學	14・391 上	安　懋	13・409 下
安清魁	10・695 上	安鴻珍	1・660 下
安清翹	5・375 上	安　儼	9・15 上
安啓才	16・34 下		9・129 上
安期晟	13・546 上		9・507 上
	15・660 上	**祁**	
安敬忠	13・97 下		
	14・645 上	祁人傑	4・765 下
	14・646 上	祁三昇	1・449 上
	14・697 上		5・613 上
安　雄	20・46 上		5・721 上
安　鼎	18・37 下	祁正中	1・759 下
安　貴	6・483 上		7・550 上
安順理妻王氏	16・254 上	祁世澄	11・342 上
安　欽	16・330 下	祁永祥	20・720 下

祁永膺	17·170 上	祁肇周	13·681 上
祁有恒	20·721 上		20·650 下
祁光先	13·490 上	祁維藩	13·461 上
祁廷獻	16·337 上	祁　賢	13·317 上
祁仲豸	13·318 下		20·635 下
	20·643 上	祁輝祖	11·341 上
祁仲賢	13·638 下	祁　德	13·459 上
	19·525 上		20·638 下
祁兆文	19·493 下	祁興周	13·317 下
祁安期	13·141 下		20·642 上
祁伯豸	13·318 上	祁　鯨	6·581 上
	14·609 下	祁韻士	20·483 上
	20·643 上	祁繼祖	13·393 上
祁　兌	12·408 上		16·547 上
	13·532 上		
祁旺儀	16·701 上	**聿**	
祁秉忠	13·318 上	聿思敬	7·69 下
	19·202 上		7·383 下
	20·640 上		
祁建勳	16·338 上	**阮**	
祁　彥	13·68 下	阮文浩	8·271 下
	14·761 上	阮世良	13·561 上
	19·117 上		15·717 下
	19·258 下	阮自華	13·127 上
祁貢哥星吉	13·316 下		17·383 上
祁　栻	16·327 下	阮　孝	7·384 下
祁　恩	13·585 上	阮亨玥	11·611 下
	18·599 上	阮和咸	8·598 上
祁朝相	13·482 上	阮　彧	14·358 上
	14·613 上		19·610 上
祁　斌	13·691 下		19·757 上
	19·117 上		20·227 下
	19·258 下	阮　珞	10·466 上
祁登階	9·677 上	阮翁仲	13·144 上
祁嗣唐	13·296 上		16·601 上
	14·368 上	阮　傑	12·627 下
祁　嘉	19·305 上	阮　渾	9·64 上

阮　勤	5・465 下
	5・698 下
阮嘉言	13・160 上
	20・318 下
阮爾英	19・692 上
	20・164 下

那

那卜領占	14・418 下
	16・649 上
那彥成	1・311 下
	13・76 上
	20・421 下
那禮善	14・657 上

朵

朵兒赤	17・473 下
	19・661 上

如

如和尚	14・418 下
如　淳	3・249 上
	9・108 上
	10・38 下
如　湻	10・104 上
如　願	2・295 上

牟

牟永福	13・564 下
牟仲衡	13・516 上
牟安仁	13・114 上
牟我贈	13・345 上
	15・96 下
牟　倫	14・361 下
	19・133 上
牟國有	7・424 下
牟　雯	5・375 上

牟　瑾	16・704 下
牟　標	13・358 上
	16・674 上
牟繼祖	16・637 下

丞

丞　順	20・672 下

七畫

弄

弄　玉	2・716 上
	3・773 上

赤

赤及都	12・319 上
赤　丹	8・613 上
赤只兒瓦反	8・595 上
	9・402 上
赤松子	14・411 上
赤脚仙	5・654 上
	5・761 上
赤須子	2・716 下

志

志　寅	15・328 下
志　達	11・25 下
志　銳	19・677 上

邯

邯鄲商	18・524 上

芮

芮天寵	12・683 上
芮　伯	2・508 上
	9・121 上

	9・429 上	杜文焕		7・33 下
芮　种	13・181 下			7・195 下
	15・578 上			7・546 上
	16・146 下			13・252 上
芮　釗	13・50 下			19・667 下
	19・301 上			20・134 上
芮登瀛	1・639 下	杜文煒		20・217 上
芮　經	19・759 上	杜世芳		3・346 下
	20・231 上			3・410 上
芮　寧	19・306 上	杜世爵		2・637 上
芮　馨	12・663 下	杜本益		7・278 上

花

				7・294 下
				7・354 上
花天顯之妻蘇氏	10・550 下	杜可相		5・381 上
花延武	13・245 上	杜生麟		17・136 上
	18・199 上	杜立基		1・748 上
	18・336 上			12・164 下
		杜必殿		2・649 下

克

				4・771 上
克什圖	20・440 下	杜永和		1・597 下
克蒙額	1・412 下	杜弘埰		20・216 下
		杜弘基		20・217 上

杜

		杜幼文		2・544 上
杜一峕	8・623 下	杜邦棟		17・121 下
杜一岸	8・642 上	杜邦舉		2・650 上
杜　乂	2・543 上			11・6 上
杜三友	1・592 下	杜式方		2・604 下
杜三秦	3・539 上	杜　芊		8・588 下
杜士魁	13・522 下			8・640 上
杜之蔚	3・343 下	杜　臣		10・644 上
	3・407 上	杜光庭		2・719 上
杜夫人李氏	2・317 下	杜　同		20・38 下
杜天民	7・520 上	杜延年		2・517 下
杜元穎	2・604 上			6・330 下
杜元寶	2・548 上			7・272 上
杜友梅	6・400 上			7・328 上
杜　介	17・388 下			13・125 下

	17・370 上	杜　伯	2・507 上
杜仰陵	10・703 下	杜希伏	13・129 下
杜向榮	16・28 下		19・668 上
杜行方	2・316 上		20・43 下
杜爭暢	13・522 下		20・135 下
杜汝聰	7・284 上	杜希全	5・15 上
杜如晦	2・561 下		5・44 下
杜苻棠	13・637 下		5・100 下
	19・540 下		6・485 下
杜　芳	13・567 下		7・408 上
杜　杞	13・43 上		13・39 上
	17・374 上		20・120 下
杜　甫	2・706 上		20・264 上
	3・538 下		20・286 上
	3・771 下	杜希茂	7・56 上
	4・172 下		7・544 上
	8・512 下	杜希泉	19・572 下
	8・574 下	杜希望	2・583 上
	9・171 上		13・37 下
	10・594 下		16・264 下
	12・660 下		18・548 上
	14・355 下		20・614 下
	15・284 下	杜　亨	8・622 下
	15・601 下	杜　沖	2・715 下
	16・249 上		3・106 上
	16・276 下		3・533 上
	16・482 上	杜宏域	20・135 上
	18・82 下	杜宏械	7・546 上
	18・97 上	杜良忠	13・514 上
	18・379 上	杜良奎	7・359 上
	18・415 下	杜君妻朱氏	2・245 上
	18・509 下	杜武勳	7・69 上
	18・514 上		7・215 下
杜呈泗	20・158 上	杜長文	2・550 下
杜呈源	19・721 下	杜長青	8・650 下
	20・217 下	杜　坤	7・762 上
杜　佑	2・591 上	杜　亞	2・595 下

	18・549 上	杜　牧	7・354 上
杜茂虎	19・692 上		2・692 下
	20・164 下		8・607 上
杜　林	1・696 上	杜和春	13・296 上
	2・676 下	杜　佺	5・759 上
	3・767 上		6・588 上
	4・464 上		6・669 下
	6・300 上	杜　周	2・514 下
	6・385 下		6・330 下
	14・355 上		6・407 下
	15・282 下	杜宗凱	19・507 下
	15・599 下	杜宗智	10・496 上
	16・248 下	杜宗嶽	5・375 上
	16・274 下	杜官廉	11・646 下
	16・482 上		11・679 上
杜　松	7・33 上	杜　房	8・624 上
	7・195 下		8・647 上
	7・546 上	杜　建	3・217 下
	13・251 下	杜居陽	7・41 上
	19・667 下		7・189 下
	20・134 上		13・242 下
杜果暹	12・640 上		18・464 上
杜　呆	2・556 上	杜　契	2・717 下
	9・68 上	杜　珏	12・55 上
	12・646 上	杜　珍	3・493 下
	13・178 下		16・146 上
	15・249 下	杜映芹	10・695 上
	18・59 下	杜映旌	13・638 上
	18・259 上		19・492 下
	18・331 上		19・541 下
	18・453 下	杜映蘋	10・693 下
杜昌楷	13・633 下	杜思周	6・584 上
	17・335 上	杜俊章	3・725 下
杜明德	10・167 上		4・442 下
杜易簡	8・6 下	杜　衍	3・712 上
杜　幷	2・248 上		6・478 上
杜知言	7・294 下	杜　彥	5・192 上

	5・278 下		9・409 下
	7・49 下	杜　進	18・535 下
	7・145 上	杜　康	8・579 上
	7・182 下	杜塈憲	10・478 下
杜彥清	10・697 上	杜　悰	2・603 下
杜恒燦	2・696 上	杜　清	8・493 下
	6・83 下	杜　淹	2・690 下
	6・168 上		4・597 上
杜　宣	14・525 上	杜啓運	18・390 下
	14・769 下	杜習哲	1・626 下
	15・82 上		10・692 上
杜泰姬	12・139 下	杜紹勳	13・197 下
	12・506 下	杜　琳	11・513 下
杜　耽	14・359 下	杜　琦	7・576 下
杜　荷	2・571 上	杜　塄	4・339 上
杜　桐	7・33 下	杜董安	13・627 上
	7・195 上		16・699 下
	7・546 上	杜朝棟	13・638 上
	7・575 上		19・543 下
	13・251 下	杜　軫	5・1 上
	19・667 上		5・37 上
	20・134 上		5・466 上
杜振宜	13・138 下		5・597 上
	18・616 下		6・133 上
杜逢春	17・134 下	杜　惠	3・241 下
杜席珍	7・353 上	杜雲璋	1・757 上
杜　祥	19・719 上		11・713 下
	20・213 下		11・757 下
杜祥來	12・682 下	杜　棠	2・623 下
杜黃裳	2・590 下		6・70 下
	13・38 下		6・154 上
	19・658 下	杜　閑	6・478 上
	20・119 下	杜遇春	15・670 上
	20・263 下	杜　景	2・699 上
	20・286 上	杜景奎	13・652 上
杜國華	17・135 下	杜　順	2・322 上
杜國漸	8・598 下	杜　欽	2・524 下

	6・332 上		15・82 上
杜　鈞	13・484 上	杜榮峰	13・522 下
杜　斌	20・218 下	杜漢徽	3・51 上
杜　淵	6・558 上	杜　寬	2・689 上
杜　蔭	13・188 下	杜肇升	7・68 上
	14・698 上		7・215 下
	15・281 下		7・546 下
	18・465 上	杜維珍	13・423 上
	19・161 上	杜　綵	13・513 上
杜　薦	4・488 下		14・382 下
杜楚客	2・570 下		14・513 下
杜　業	2・524 上	杜　璀	8・5 上
杜　詩	13・64 上		13・179 上
杜　愷	7・61 下		15・562 上
	7・65 上		16・271 上
杜　慆	2・605 下		16・295 下
杜　溶	1・601 下	杜賁生	3・280 上
	3・497 上		3・581 上
杜　福	20・217 上	杜　樅	8・662 上
杜　預	2・541 下	杜　鄤	2・687 下
	13・32 上		4・488 下
	15・242 上		6・385 下
	15・553 下		13・28 下
	16・262 下		15・550 上
杜經魁	14・615 上		18・519 上
杜　偅	2・545 下	杜　暹	13・35 下
杜壽春	7・723 下		19・318 上
杜　蔭	16・107 下		19・341 上
杜　蔚	6・530 上		20・419 上
杜　槊	6・479 上		20・434 下
杜　銓	2・550 上	杜徳元	3・603 下
	3・163 下	杜　潤	13・460 上
杜齊榮妻彭氏	6・362 上		20・674 下
	6・447 下	杜　澄	7・765 上
杜　榮	13・269 上	杜審言	16・276 上
	14・492 下	杜審權	2・605 上
	14・769 上	杜　畿	2・539 下

杜薇之	1·362 下	杜篹	13·178 上
	7·37 下		13·191 上
杜樵	1·587 下		15·245 下
	6·313 下		15·557 上
	6·387 下		16·463 上
杜整	2·559 上		18·182 下
杜篤	2·688 上		18·257 下
	6·400 下		18·330 下
杜學曾	1·647 下	杜繼美	12·591 上
	12·161 下	杜儼	13·296 上
	12·550 下		16·539 上
杜錡	7·755 上	杜鶴齡	2·630 上
杜錫	2·542 下		6·88 上
杜錫元	14·352 上		6·174 下
杜錫斌	13·374 上	杜霽遠	13·127 上
	19·501 下		17·390 上
杜錦繡	1·664 下	杜巖	10·496 下
	7·91 下	杜體元	12·552 上
	7·174 下	杜讓	13·170 上
杜環	20·480 下		16·478 上
杜懋哲	13·176 上	杜讓能	2·607 下
杜膺選	13·371 下	杜驥	2·544 上
杜應奎	5·381 上	杜鸞	2·629 下
杜應強	5·360 下		3·137 下
	5·381 上		
杜鴻漸	18·549 上	**巫**	
杜濟	2·286 上	巫景咸	13·346 下
杜濟妻韋氏	2·298 上		15·101 上
杜濱	9·712 上		
	10·689 上	**李**	
杜顒	3·710 下	李一枝	15·720 上
杜藹春	20·685 下	李一桂	13·618 上
杜顕	4·668 下		14·518 上
杜騰鳳	12·146 下		16·630 下
	12·217 下	李一鳳	3·580 下
杜懷謙	10·663 下		3·727 下
杜懷寶	2·545 上	李一鰲	12·136 下

	12・483 下		10・41 下
李二德	11・679 下		10・107 下
李丁受	9・416 上	李士豐	8・771 下
李八百	12・308 上	李大本	13・554 下
李九江	13・360 下		15・701 上
	16・674 下		16・175 下
李九思	19・206 下	李大平	11・41 上
李九疇	3・492 上	李大年	10・123 下
李三才	2・641 上	李大受	11・40 下
	3・207 下	李大治	1・582 上
	19・543 上		11・419 上
李三孝	20・724 上	李大春	6・666 上
李三畏	6・87 上	李大亮	2・563 上
	6・172 下		5・498 下
李三益	3・289 下		5・602 上
李三陽	9・773 上		5・707 上
李三雲	6・91 下		11・112 上
	6・174 下		13・35 上
李三景	10・68 上		13・135 下
李三鄖	11・715 下		18・543 下
李士式	1・484 上	李大師	18・594 下
	9・669 上	李大紹	3・537 上
	10・314 上	李大策	1・661 下
李士英	11・45 下		7・723 下
李士奇	12・428 下	李大賓	13・704 上
李士祥	8・511 下	李大椿	7・679 下
李士達	2・641 上	李大德	9・677 下
	6・73 上	李大霔	6・180 上
	6・156 上	李大鯤	8・620 下
	13・478 下	李大鶴	6・314 上
	18・652 上	李才仁	2・239 上
李士雄	7・59 下	李上林	1・647 下
李士傑	14・472 上	李　及	3・712 下
李士塏	7・526 下		13・117 上
李士楷	8・504 下		15・258 下
李士選	13・490 上		15・565 下
李士璸	9・659 上	李之芳	2・583 上

李之杜	10・365 上	李天申	13・677 下
李之茂	7・39 上		19・764 上
	7・152 上		20・225 上
李之彦	1・660 下	李天成	9・719 下
	7・724 上		10・545 上
李之恪	1・583 上		11・42 上
	3・75 下		15・285 上
李之偉	1・641 下		15・602 上
	3・607 下	李天宇	12・138 上
李之蕚	9・763 下	李天秀	1・509 上
李之粹	11・116 下		2・376 下
李之儀	19・448 下		9・552 下
李之燮	12・164 下		10・569 上
李子芳	7・521 下	李天柱	12・505 下
李子和	7・50 上	李天保	10・319 下
	8・401 上	李天信	10・312 下
	8・493 上	李天俞	13・318 上
	10・617 上		20・642 下
李子敬	2・618 下	李天培	10・119 上
	6・90 下		12・161 下
	6・114 上		12・550 下
	6・173 上		13・664 上
李子雄	18・540 上	李天彪	10・319 上
李子甯	7・724 上	李天常	16・284 上
李子寧	1・661 上	李天敍	11・420 下
李子燮	1・474 上		12・137 下
	9・659 上		12・271 上
	10・116 上		12・481 下
李子藩	10・80 上	李天植	1・645 下
李子蘭	10・117 下		12・147 上
李子寶	7・724 上	李天揚	11・343 下
李子爌	1・474 上	李天煦	16・84 下
	10・27 上	李天榮	19・235 上
李王官	13・668 下	李天牖	2・670 下
	18・80 上		5・616 上
	18・377 下		5・727 上
李井模	7・679 下	李天德	11・420 上

李天潤	7・117 下		2・593 下
李天篤	5・700 上		3・49 上
	13・677 上	李元真	12・23 下
	19・763 下	李元浩	11・33 上
	20・223 下	李元通	2・566 上
李天鵬	10・320 上		3・141 上
李天鶴	10・320 上	李元紘	2・583 下
李　元	9・416 上		5・464 下
	9・658 上		5・697 上
	10・107 上		6・478 上
李元元	10・549 上	李元盛妻尹氏	16・246 上
李元吉	9・657 下	李元堃	3・414 上
	10・106 下	李元鼎	10・319 下
	13・109 上	李元弼	19・298 上
	20・61 下	李元會	10・319 下
	20・380 下	李元嘉	13・222 上
李元芳	15・652 下	李元諒	13・109 上
	16・162 上		17・110 上
李元英	13・219 上		17・279 上
李元直	3・82 下		18・585 上
李元林	10・169 上	李元樸	18・374 下
李元昊	14・410 上	李元濟母劉氏	2・409 下
李元昌	10・661 上	李太不花	5・468 下
李元昇	3・132 下	李太平	1・616 上
	3・280 下	李太明	10・118 下
李元忠	13・39 上	李太和	1・654 下
	19・341 下		11・711 下
李元春	1・480 下		11・756 上
	6・582 下	李友仁	16・686 下
	7・709 下	李友伏	13・580 上
	7・722 上	李友杜	12・383 上
	9・674 下	李友羕	10・545 上
李元春母張氏	2・383 上	李友梅	8・504 上
李元亮	10・589 下		9・724 下
李元音	6・376 上	李友棠	8・655 下
李元祚	1・458 下	李友普	19・112 下
李元素	2・315 上	李友擯	9・724 上

	10・546 上		7・172 上
李巨川	10・661 上	李化麟	8・263 下
李巨勳	13・623 下	李公璹	13・124 下
李瓦匠	13・400 下		18・183 上
李日芳	13・171 下		18・331 下
	13・204 上	李月太	1・630 下
	16・187 下		8・505 上
	17・383 下	李丹衷	3・605 下
李日昌	7・118 上	李　文	2・231 下
李日乾	19・375 上		4・224 下
李日榮	13・314 上		10・155 上
	19・688 上		13・316 下
	20・10 上		14・798 上
	20・155 上		15・178 上
李日棟	11・393 上		20・635 上
李中孚	10・425 下	李文中	13・59 上
李中科	13・558 上		17・380 上
	16・46 上	李文芝	13・202 下
李中敏	13・388 上		17・382 下
李中梁	10・319 下	李文臣	1・753 下
李中智	11・684 下		11・489 下
李中楷	1・424 上	李文同	9・60 上
	2・661 上	李文秀	2・668 下
	3・63 上		3・72 下
李中勳	17・142 上	李文林	15・218 下
李中學	18・724 下	李文明	13・429 下
李升榮	13・557 上		18・363 上
李　仁	10・365 下	李文典	11・24 上
李仁孝	7・124 上	李文厚	6・596 上
	14・410 下		6・653 下
李仁和	8・338 上	李文俊	11・715 下
李仁厚	10・544 上		11・759 上
李仁福	7・408 下	李文彥	1・623 上
李仁壽	1・766 下		8・673 下
李仁德	2・268 下	李文華	14・654 下
李化龍	7・48 上	李文海	20・383 下
	7・78 上	李文姬	12・139 下

	12・506 下		7・330 下
李文彬	7・529 上	李允則	13・45 下
李文盛	9・418 下		17・377 上
李文敏	1・530 下	李　玉	6・558 下
	12・387 下	李玉林	13・693 上
	12・403 下		19・307 下
	14・702 下	李玉珍	13・358 下
李文偉	16・677 上		16・706 上
李文章	19・542 上	李玉貞	6・717 下
李文煥	7・152 下	李玉華	7・701 下
	10・433 下	李玉章	14・368 上
	10・466 上	李玉節	16・683 上
	10・472 下	李玉臺	13・358 上
李文蛟	13・165 下		16・675 下
李文斌	15・99 下	李玉顯	1・711 上
李文焜	7・46 上	李　正	5・118 下
李文瑞	13・227 上	李正己	10・535 下
	14・652 下		18・583 下
李文煜	1・730 下	李正心	3・282 上
李文蔚	9・683 下		3・583 上
李文漢	3・324 上		7・526 下
	3・373 上		8・453 下
李文熊	10・478 上	李正芳	11・421 上
李文謙	18・550 下		20・381 下
李文燦	7・46 上	李正身	10・116 下
	13・300 上	李正明	4・373 上
	16・218 下		4・419 上
李文藝	1・653 上	李正洪	11・422 下
	11・541 上	李正通	1・730 上
李文瀚	1・366 上	李正儀	12・280 下
	4・341 上	李世民	6・564 上
李方來	13・187 下		18・543 下
	16・299 上	李世芳	13・60 上
李方達	12・23 下		19・454 下
李引之	5・469 下	李世英	7・527 上
李允光	19・243 上	李世松	13・572 上
李允芳	7・275 下		19・719 下

	20・215 上	李本隆	11・227 上
	20・278 下	李可成	13・536 上
李世昌	13・145 上	李可材	6・597 下
	14・651 下		6・658 下
李世垣	11・118 上	李可杏	10・42 上
李世相	13・114 下	李可受	8・607 上
	16・233 上	李可柱	7・77 下
李世耐	1・627 下		13・430 上
李世俊	13・463 下	李可珠	13・483 下
	20・722 下	李可從	3・498 下
李世泰	20・675 上	李可植	6・595 上
李世哲	13・238 上		6・658 下
李世清	12・683 上	李可棟	6・597 上
李世瑛	8・454 上		6・658 下
李世達	2・639 下	李可楨	6・658 下
	5・508 下	李可楫	6・663 下
	5・542 上	李可銘	8・116 上
	5・606 下	李丙炎	11・339 上
	5・713 上	李丙焱	2・423 下
李世傑	13・94 下	李丕玉	19・230 上
	14・584 下	李丕本	19・229 下
李世欽	11・119 上	李丕旦	13・192 上
李世運	13・681 下		18・260 上
李世勛	20・434 下		18・331 下
李世輔	9・77 下	李丕烈	13・633 下
	9・398 上		20・333 上
李世醇	11・527 下	李丕祿	8・120 下
李世鏌	17・282 下	李丕緒	9・77 下
李　本	10・258 下		9・399 下
	20・9 下		10・12 下
李本立	13・202 下		10・595 上
	17・385 上	李丕謙妻姬氏	8・744 上
李本固	8・362 上	李　石	8・490 上
	8・451 下	李石嶺	11・221 上
	14・428 下	李平西	16・704 上
李本健	11・227 上	李占第	1・741 下
李本盛	3・371 下		12・283 下

李　甲	3・600 上		13・387 下
	3・755 上		16・276 上
	6・496 下		16・526 下
李甲申	8・771 上	李白春	6・622 下
李甲聲	13・204 下		6・666 上
	17・384 上	李　令	17・11 下
李甲璧	13・431 上	李令問	6・70 上
	18・71 上		6・153 下
	18・214 上	李用中	9・126 下
	18・365 上		10・255 上
李史魚	9・80 上		10・364 上
李生枝	1・629 下		12・270 上
	8・503 上		13・88 下
李生垣	10・166 下		14・758 上
李生俊	1・692 上		15・67 下
李生華	1・590 下		20・707 上
	3・292 下	李用先	11・543 下
李生彬	6・170 下	李用清	1・334 上
李生章	19・243 下	李印渤	9・677 下
李生達	13・490 上	李　必	8・493 上
李生瑞	3・67 上	李必達	12・146 下
李生蓮	7・466 下		12・216 下
李生蓉	8・767 上	李必智	17・276 上
李生馥	8・121 上	李必敷	13・154 上
李仕銘	17・385 下	李必駱	9・430 下
李仕衛	9・75 下	李　永	9・417 下
李仕衡	2・613 上	李永仁	8・119 上
	9・766 下	李永年	10・319 上
	13・407 上		11・421 下
	15・310 上	李永奇	7・387 上
	15・640 上		7・702 上
李仙品	2・644 下	李永昌	13・68 上
	3・286 上		13・562 上
李仙風	3・288 上		15・720 下
李　白	11・230 下		16・188 上
	11・365 下		20・685 下
	12・660 下	李永和	1・628 上

李永祖	13・245 上		20・479 下
李永泰	8・503 下	李 芃	11・515 上
李永萌	20・689 下		13・121 下
李永清	8・662 下		15・253 下
李永善	20・721 下		16・271 下
李永甯	14・419 上	李 芝	10・32 上
李永熙	19・202 下		15・324 上
李永慶	18・717 上	李芝俊	12・629 下
李永賴	10・318 下	李芝馨	3・725 下
李永興	1・646 上	李芝蘭	11・714 上
李 弘	3・719 下		11・758 上
李幼良	18・543 上	李 朴	9・127 上
李邦本	10・74 下		9・534 上
李邦英	1・623 上		10・255 下
李邦華	8・621 上	李臣川	18・584 下
	8・671 上	李西華	11・220 上
李邦特	10・275 上	李 在	6・584 上
李邦棟	10・275 上		6・639 上
	13・511 上	李在淑	7・94 上
	14・513 下		7・259 下
李邦椅	7・93 下	李在巒	11・574 上
李邦瑞	2・618 下		11・589 下
	3・205 上	李百成	1・537 上
李邦楨	7・93 下		1・758 下
李邦鎮	7・395 上	李百笏	17・22 下
李式白	13・521 上	李百祿	10・533 上
李式祖	10・420 下	李有才	8・509 上
	10・476 上	李有長	6・496 下
李 圭	13・105 下	李有菜	1・334 下
	17・148 上	李有慶	8・341 下
	17・167 上	李存仁	10・111 上
李吉祥	20・382 上	李 成	6・489 上
李 耳	2・716 上	李成年	13・473 上
	3・503 上	李成英	19・243 上
	14・411 上	李成美	13・605 下
	19・326 上		19・189 上
	19・356 上	李成理	13・506 上

	16・682 上		20・119 上
李成梁	7・28 上	李光遠	9・566 上
李成蛟	13・343 下	李光寧	10・69 下
	17・15 上	李光輝	10・479 下
李成瑞	1・622 下	李光德	13・516 下
李成蹊	1・738 下	李光顏	13・465 上
	12・496 下	李吐馨	2・661 上
	13・532 下		3・538 上
李夷簡	2・592 上	李同	5・467 下
	9・397 上	李同梓	4・286 上
	10・491 下	李因篤	2・696 下
	10・671 下		11・21 上
李光甫	11・543 下		11・54 上
李光坤	13・411 下		11・553 上
	15・321 下	李屺瞻	1・767 上
	15・656 上	李先甲	20・60 上
	16・285 上	李廷玉	20・298 上
	16・326 下		20・315 下
李光信	2・651 上	李廷佐	1・597 上
李光祖	2・415 下		6・179 上
李光桂	12・153 上	李廷郁	19・701 上
	12・282 下	李廷相	11・543 上
李光宸	2・663 下	李廷柱	4・166 上
	6・77 下	李廷彦	13・418 上
	6・159 下		19・609 下
李光進	11・27 下		19・686 上
	13・465 上		20・151 下
李光啓	13・493 下	李廷桂	5・649 下
	14・510 上		5・754 下
	14・675 下		13・219 下
李光貴	12・153 上	李廷訓	13・289 下
李光裕	7・77 上		19・486 下
李光弼	11・27 上	李廷尉	11・656 下
	13・38 上	李廷琛	16・35 上
	13・116 下	李廷楨	13・546 上
	18・550 上	李廷楫	3・279 下
	19・658 下	李廷節	10・377 下

125

李廷魁	11・597 下	李自華	10・321 上
李廷鈺	9・654 下	李自發	14・498 下
李廷榜	15・178 下		16・618 上
李廷璋	14・651 下	李向春	12・329 下
李廷樞	13・205 下	李向清	18・726 下
	17・390 下	李向陽	13・61 下
	18・41 上		14・758 下
李廷儀	19・454 下	李向榮	13・633 下
李廷舉	20・456 下		13・688 下
	20・478 下		14・630 下
李廷簫	13・82 下		19・19 下
李廷獻	13・568 下		19・237 上
李　休	12・135 上		20・333 上
	12・477 下	李行言	5・467 上
李延康	11・219 上		5・597 上
李延實	13・266 下		5・697 上
	16・627 下	李行和	10・425 下
李延齡	10・275 上	李行簡	6・488 上
李虞仲	10・588 下		6・529 下
李仲元	12・385 上		9・112 下
李仲甫	2・717 上		9・504 上
李仲呂	18・583 上		10・20 下
李仲容	2・615 下	李　全	8・361 下
李仲翔	16・213 下		8・451 上
	16・458 下	李全義	15・704 上
李仲魁	13・522 上	李兆南	3・403 下
李仲馨	8・491 下	李兆乾	13・430 上
	9・723 下		18・364 下
李任天	6・708 上	李兆錦	13・188 下
李仿梧	13・368 上		15・595 下
李自正	13・660 上		18・465 下
	19・507 下	李兆龍	10・537 上
李自成	7・313 下	李　邠	8・583 下
	7・372 下	李名芳	6・92 上
	7・376 上		6・175 上
李自勉	5・315 上	李名和	1・733 下
	5・341 上	李　充	10・75 下

	10・123 上		16・622 上
	13・544 下	李安之	17・388 下
	15・303 下		18・39 下
	15・630 下	李安全	14・410 下
李　江	7・73 上	李安遠	7・50 上
李汝青	1・632 下		7・524 下
李汝華	19・44 下	李　字	12・52 上
李汝桐	10・530 下	李　祁	2・609 上
李汝益	7・74 上	李如玉	7・31 上
李汝梅	17・138 上		13・494 上
李汝鈞	10・668 下		14・654 上
李汝淵	1・691 下	李如圭	7・415 下
	8・99 上	李如沆	7・751 下
李汝瑚	13・540 上	李如松	13・63 下
李汝楠	10・530 下		19・667 上
李汝義	7・295 上		20・133 下
李汝榛	9・716 上	李如柏	13・251 下
	10・530 下		13・452 下
	10・548 上		19・667 上
李汝齊	3・288 上		20・133 下
李汝樗	10・531 上	李如桂	11・699 上
李汝鶴	1・389 上		11・749 下
李　宇	12・11 下		12・138 下
李守仁	11・749 上		12・486 上
李守文	13・617 下	李如栢	19・691 下
	14・517 下		20・38 下
	14・777 下		20・163 上
	15・92 上	李如梅	8・276 上
李守心	8・646 下	李如梓	7・69 下
李守忠	7・310 下	李如淮	12・164 下
	7・368 下	李如瑶	17・609 上
李守智	13・502 下		17・695 上
李守魁	13・361 下	李如綱	13・596 下
	14・661 下	李如璧	7・637 下
李　安	3・144 上	李如璐	7・39 下
	6・394 上		7・153 上
	13・338 上		16・606 上

127

李如蘭	1・706 上		9・408 上
	6・495 上	李芳澂	7・751 上
李好義	2・615 上	李　克	9・171 上
	12・656 下	李克正	8・771 上
	18・388 上		11・424 上
李玘	13・51 下	李克全	11・776 上
李玒	20・635 上	李克岑	10・73 上
李均	3・538 下	李克家	3・285 下
	10・467 下	李克睿	7・121 上
李孝同	2・233 上		7・524 上
李孝伯	15・243 下	李克燉妻洪氏	11・803 上
李孝恭	13・339 上	李　杜	7・47 上
	16・622 上		7・171 下
李孝真	9・68 上		18・348 下
	9・759 下	李　材	12・201 下
李孝儒	11・486 上	李　杞	8・10 上
	12・36 下	李　抗	18・593 下
	12・168 上	李步雲	7・359 上
	12・641 上		11・423 上
	12・663 上	李步瀛	10・314 下
李　坊	13・175 下	李肖白	16・84 上
	18・390 上	李肖筠	11・118 上
李志亨	14・415 下	李呈蘭	12・394 上
李志性	6・95 下	李岐瞻	13・632 下
李志道	6・171 下	李　秀	6・169 下
李志誠	11・552 下	李秀山	13・255 上
李芹友	19・172 下	李秀芳	1・614 上
李芬字	7・723 下		10・34 下
李　芳	1・645 上	李秀春	18・665 下
	1・756 下	李秀實	5・107 上
	7・73 上	李　佐	2・550 下
	11・758 上		11・220 下
	12・489 上		13・335 上
	13・672 下		16・646 下
	17・419 上	李　伸	2・631 下
李芳田	13・457 上		3・718 上
李芳春	8・509 上		6・71 下

	6・154 下	李　沛	20・212 上
	8・513 下	李　沖	13・193 上
	9・416 上		13・335 上
李作舟	13・564 下		15・624 下
	18・370 上		16・646 下
李作棟	5・616 下		18・348 上
	5・727 下		18・594 上
李作樞	13・473 上	李沖斗	3・289 下
李作霖	12・490 上	李沖漢	10・493 下
李作櫩	10・380 上		10・602 下
李伯尚	16・633 下	李　汾	2・706 下
李希曾	1・392 上	李　汶	13・65 上
	5・212 上		19・452 下
	6・481 下		20・132 上
	11・416 上	李　沈	13・139 下
李希雒	8・2 下	李　完	2・625 下
李　豸	9・408 上		5・726 上
李　孚	13・337 下		8・584 下
	16・647 下		8・605 下
李　含	16・639 下		8・712 下
李含英	6・618 下		9・401 下
	6・661 上		13・316 下
李含菁	19・223 下		20・637 上
	19・676 上	李宏名	5・354 上
李含德	1・614 下		5・374 上
李　亨	5・521 上	李宏柱	6・480 下
	5・733 下	李宏烈	9・25 上
	6・406 下	李宏檁	2・664 上
李亨特	20・482 下		6・76 下
李忻榮	12・135 上		6・131 下
	12・477 下		6・159 上
李　忱	13・111 下	李　良	11・113 下
	17・90 下	李良心	6・87 下
李　灼	13・662 下		6・173 下
	16・39 下	李良吉	13・681 下
李　沐	5・349 上		20・651 下
	5・373 上	李良臣	11・519 上

李良材	2・430 上		20・719 下
李良佐	13・180 上	李長發	10・124 上
李良柱	5・315 下	李長榮	11・41 上
	5・341 下	李長斄	2・670 下
李良祐	12・638 上		5・616 下
	18・454 下	李長興	10・274 上
李良梓	19・190 下	李坦之	13・123 上
李良清	8・772 上		15・597 下
李良植	8・620 上	李其訓	10・541 上
	8・654 上	李其諶	10・528 下
李良棟	12・446 上	李若拙	2・613 下
李良謨	17・752 下		17・267 上
李君妻王氏	2・233 下	李若星	13・65 下
	2・254 下	李若泰	8・112 下
李君妻張氏	2・372 上	李若橋	1・628 上
李君奎	17・753 上		10・529 下
李君萬	16・607 下	李　茂	3・604 上
李君羡	10・587 上		8・510 上
李君楫	10・536 上		13・699 上
李君愛	3・347 上	李茂川	9・60 上
	3・410 下	李茂木	10・36 下
李君奭	5・1 下	李茂先	7・41 上
	5・37 上		7・193 下
	5・75 上		12・168 下
李君顯	10・69 下		12・662 下
李　壯	19・433 上	李茂林	10・35 上
李妙成	3・775 上	李茂春	3・722 上
李　忍	2・644 上		12・151 下
	11・3 下		12・274 上
李奉朝	14・530 下		13・113 上
	14・655 下		13・165 下
李奉雲	8・581 上		16・758 上
李青丙	10・117 下	李茂貞	14・399 上
李　長	13・339 上	李茂盛	7・342 下
	16・616 上	李茂遠	7・624 下
李長久	19・723 下	李茂業	8・639 上
李長春	5・343 上	李茂賓	13・530 下

李茂錫	10・70 下		3・137 下
李　英	3・599 下		13・617 下
	6・183 下		14・518 上
	7・59 上		14・774 上
	7・77 下		15・87 上
	7・128 上	李東旭	3・487 上
	9・407 下	李東芳	11・227 上
	10・183 下	李東蔚	4・374 下
	10・189 下		4・420 上
	10・240 上	李協中	13・460 下
	12・151 下	李　郁	1・758 上
	12・273 下		3・604 下
	13・316 下		9・407 下
	13・460 上		12・67 下
	20・436 下	李　奈	13・458 下
	20・477 上	李抱玉	2・587 下
	20・634 下		3・706 下
	20・645 下		13・320 上
李　苞	13・357 下		16・265 上
	16・673 上		16・609 上
李　苾	3・754 上		18・545 下
李　林	13・579 下		18・581 下
李林隆	19・464 下		19・608 上
李枝秀	8・14 上		19・683 上
李枝榮	1・656 下		20・146 下
李來亨	7・356 下	李抱冬	10・378 上
李來南	1・486 上	李抱貞	13・320 上
	9・675 下	李抱經	3・414 下
李來鳳	12・330 上	李叔仁	13・337 上
	13・576 下		16・621 下
李　松	1・533 下		18・539 下
	11・487 下	李叔正	8・21 下
李　述	1・595 下		9・417 下
李述白	1・676 上	李叔彪	9・65 上
李述泌	13・362 下		9・391 下
	14・662 下		10・9 上
李　東	2・633 下		10・585 下

131

李　虎	13・404 上	李昌廮	8・605 上
	16・69 上	李昌齡	2・653 上
	16・216 下		7・78 上
	16・319 上		18・589 上
	16・348 下		18・599 上
	16・526 上		18・649 下
李　尚	15・553 下	李　昇	7・754 上
李尚先	7・89 上	李昇元	13・633 上
李尚隆	8・600 下	李　明	10・496 下
李尚賓	14・677 上		11・599 下
李尚隱	2・585 上	李明吾	6・180 下
李尚懷	5・115 下	李明強	13・580 下
李具才	13・657 下	李明揚	13・621 上
李具財	15・681 上		15・114 下
李　昊	9・403 上	李明潔	13・580 上
李　果	6・494 下	李　旻	9・87 下
李果珍	1・468 下		9・646 上
	11・311 下		9・771 下
李　杲	7・41 上		13・54 上
	7・193 下	李　迪	13・366 下
	7・721 上		20・330 下
	13・89 上	李　典	1・592 下
	13・120 上		5・616 下
	14・472 下		5・727 下
	14・760 上	李　固	12・134 上
	15・274 上		12・475 下
	16・106 下	李固言	10・594 上
	16・480 下	李　忠	7・93 下
李　昆	12・82 上		7・247 上
	12・320 上		10・495 下
	20・421 上		13・256 上
李　昌	6・135 上		18・613 下
	9・416 下	李忠才	3・604 上
	10・364 下	李忠臣	5・513 上
李昌崇	6・136 下		5・608 下
李昌連	13・638 上		5・732 下
	19・541 下	李忠孝	13・577 下

	19・722 下	李　欣	7・196 下
李忠信	5・618 上		13・191 下
	5・731 上		18・331 下
李忠華	13・231 上	李　金	20・212 上
李忠揚	1・736 上	李金祥	5・737 下
	12・196 下	李　郃	12・134 上
李迥秀	2・575 下		12・475 上
	9・713 上	李　采	2・645 下
李知柔	9・70 下	李爭艷	4・322 上
李　和	7・49 下		4・367 上
	7・406 下	李念慈	2・696 上
	7・524 上		5・611 下
	11・220 上		5・719 下
	15・246 上	李服義	6・594 上
	15・557 上		6・665 上
李和氣	1・710 下	李　周	3・36 上
	9・726 上		9・113 上
李和裕	13・682 上		9・504 下
李和羹	9・712 上		9・655 下
李季卿	2・580 下		10・21 上
李季榮	11・519 下		13・117 下
李秉乾	18・729 下		15・569 上
李秉常	7・123 上		18・455 上
	14・410 上	李忽蘭吉	13・389 下
李佳品	1・601 下	李　庚	10・677 下
	3・495 下	李　育	3・765 下
李　岳	12・588 上		5・193 上
李岳峻	10・160 上		5・274 上
李岳瑞	1・560 下		5・304 上
	4・764 上		5・339 上
李岳樟	10・427 上		6・566 上
李　岱	15・220 上		15・553 下
李偓妻韋氏	2・287 上	李　邢	10・189 上
李　佩	12・136 上	李　法	1・475 下
李佩炎	1・633 上		9・659 下
李佩銘	1・431 下		10・42 上
李　卑	7・56 下		10・108 上

	12・134 上	李建北	1・453 上
	12・475 上		6・162 上
李河清	6・150 下	李建善	17・300 下
李　泂	13・475 下	李建魁	13・558 下
李　泌	2・586 下		15・710 下
李治西	9・684 下		18・425 下
李治科	9・685 上	李建徽	7・669 上
李　宗	3・718 上		7・741 下
	6・557 下	李建灃	4・373 上
李宗成	7・701 上	李居一	1・521 下
李宗沆	1・539 下		4・321 下
李宗河	8・5 下		4・366 下
李宗笏	13・184 下		4・415 下
李宗敍	7・77 下	李居心	13・661 下
李宗棠	18・109 下		15・702 下
李宗閔	2・597 下	李居鷗	13・684 上
李宗楠	8・313 下	李　承	13・334 下
李宗經	13・363 上		15・624 上
李宗滿	11・612 上		16・615 下
李宗賓	19・674 下	李承尹	2・662 上
李宗樞	2・634 上		6・76 上
	11・1 下		6・158 下
李宗儒	13・680 上	李承引	8・398 下
	19・763 下		8・506 下
	20・223 下	李承北	10・428 下
	20・279 下	李承式	7・35 上
李宗燾	1・457 上	李承先	14・510 下
	3・486 下		15・92 下
李宗麟	11・604 上	李承宏	10・662 上
李定本	11・239 上	李承良	12・428 下
李定南	1・372 下	李承科	10・494 上
	11・338 上	李承恩	13・570 下
李定國	1・707 上		19・718 上
	8・772 下		20・211 下
李　房	8・5 上	李承弼	16・273 下
李建元	10・686 上		16・297 下
李建文	13・693 下	李承緯	18・714 下

李承澤	13・472 下	李南哥	13・316 上
李承顏	3・277 下		20・634 上
	11・115 下	李南暉	13・295 下
李承瀚	19・541 下		16・762 下
李　孟	12・135 下		16・793 下
	12・478 下	李　奈	20・637 上
李孟得	10・418 上	李柏齡	3・181 下
李孟章	17・478 上	李　軌	14・399 上
李孟羣	13・608 下		18・573 下
李孤整	19・316 下	李迺菜	19・493 上
李　秄	6・578 上	李迺馨	10・542 下
李　春	7・723 上	李　柬	13・336 上
	12・329 下		16・647 上
	13・145 上	李　威	13・112 上
	14・650 下	李頁姐	11・564 下
李春夫	1・610 下	李　厚	6・666 下
李春元	10・314 下	李挺雲	7・469 下
李春芳	3・462 上	李挺翰	13・501 下
	8・669 上	李貞古	12・135 下
	10・320 上		12・483 下
李春和	8・565 下	李貞固	10・319 上
李春華	19・229 上	李　昞	13・405 上
李春魁	8・509 下		16・216 下
李春源	1・615 下		16・526 下
李春榮	12・372 下	李冒寰	3・289 上
李　珏	8・8 上	李映江	17・138 上
李　珍	1・426 下	李映庚	17・138 上
	7・89 下	李映賢	17・138 上
	10・493 上	李星斗	12・592 下
李珍肎	3・408 上	李星瑞	11・647 上
李　政	12・103 上	李星曜	1・344 下
	12・269 下		9・423 上
李　革	8・193 上	李　昫	14・653 上
	8・227 下	李　昱	10・495 上
	8・618 下	李　泉	14・533 下
	9・401 下		20・635 上
李　荃	3・216 下	李　昹	13・458 下

李昭德	2・574 上		13・411 上
	3・43 上		15・607 下
李思沇	1・466 上		16・458 下
	11・11 下	李迥秀	5・501 上
	13・647 上		5・602 下
	16・771 下	李　俊	3・752 下
李思忠	18・155 上		4・318 上
	18・167 上		4・363 下
	18・218 上		4・413 下
	18・298 下		5・736 下
	18・372 上		13・427 下
李思珍	12・67 上		18・284 上
李思訓	8・439 下		18・355 上
李思高	12・152 下	李俊岳	16・46 上
李思敬	3・407 下	李　衍	7・742 下
李思順	1・655 下	李衍枝	9・547 下
	11・775 上	李俞棠	20・643 下
李思道	6・175 上	李　弇	13・334 上
李思誠	8・619 上		16・620 下
李思經	10・271 下	李　勉	2・587 上
李香遠	12・152 上		16・323 下
	12・275 上	李　亮	11・686 下
李秋和	8・770 下	李亮山	7・95 上
李科名	1・598 上		7・495 下
	6・181 上	李　庭	8・510 上
李　修	1・523 上		9・722 下
	3・602 上	李庭蔭	10・166 上
	3・766 下	李　彦	16・463 上
李修吉	10・26 上	李彦仙	13・310 上
李修珌	2・570 下		17・407 上
李　保	20・383 下		17・470 下
李保安	13・662 上		17・593 上
李保泰	17・125 上		17・682 上
李保清	1・594 上	李彦芳	6・70 上
	5・755 下		6・153 下
李　信	7・384 上	李彦温	11・8 上
	13・401 下	李彦魁	13・510 下

	16・691 上	李洪宗	9・771 下
李　恒	5・619 下		20・650 上
	5・729 上	李洪遠	13・579 上
	13・448 上		20・649 上
	19・608 下	李洪義	11・610 上
	19・684 上	李　客	10・68 下
	20・147 下	李祖蔭	10・164 上
李恒秀	20・479 上	李　神	12・9 下
李恒茂	6・74 上	李神儁	13・336 上
	6・157 上		16・647 上
李　恢	12・504 上	李　昶	2・622 上
李恢模	11・662 下		5・503 上
李　恂	3・277 上		5・604 上
	13・380 上		5・710 上
	13・418 上		13・181 下
	14・408 下		15・273 上
	16・319 上		15・578 上
	17・570 上		16・272 上
	17・674 上		16・296 上
	18・521 下	李飛雲	10・540 下
	18・536 下	李盈郊	20・9 下
	19・164 上	李勇章	12・286 下
	19・314 上	李　紀	6・578 下
	19・316 上		13・88 下
	19・336 下		16・604 上
	19・339 上	李紀潞	14・472 上
	20・417 下	李　泰	11・543 下
李　炳	10・69 上		13・398 下
	10・690 上	李泰元	10・318 下
	13・345 上	李泰葉	7・70 上
	15・96 下		7・251 下
李炳文	14・607 上	李　珪	9・115 上
李炳生	4・322 上		10・22 上
	4・367 上		10・495 下
	4・415 下	李　琪	2・585 下
李　洪	9・88 上		18・545 上
	9・403 上	李　珽	13・332 下

	19・325 上	李根忠	13・626 下
	19・350 下		16・699 上
李 珩	15・108 下	李 連	13・343 下
李 玹	13・266 下	李 原	7・89 下
李 素	1・374 下		8・617 下
	5・269 上	李原立	3・287 上
李素立	13・35 下	李原茂	3・289 下
李起岩	8・6 上	李原馨	3・289 上
李起德	8・502 下	李振玉	1・620 上
李 華	9・78 下		10・380 上
	13・565 上	李振邦	7・91 下
李華春	13・357 下		7・175 上
	16・701 下	李振西	13・647 上
李華國	13・567 下	李振奇	7・348 下
李華然	3・37 上	李振河	10・420 上
	9・412 下	李振聲	7・277 下
李 恭	7・73 上		7・287 上
	7・672 上		7・344 上
	7・672 下		7・365 下
	7・681 上		7・366 下
李 真	17・477 上	李振藻	13・395 上
李 桂	13・440 下		16・361 下
李桂芳	3・604 下	李致言	12・33 上
	19・492 下	李致和	1・652 下
李桂森	6・400 上		11・530 下
李桂馨	8・513 上	李 晉	13・667 下
	13・479 上		18・155 上
	18・657 下		18・166 上
李郴妻宇文氏	2・329 上		18・298 上
李栖筠	5・464 下		18・372 上
	5・697 上	李晉雲	11・313 上
李 栢	3・766 上	李 時	3・36 上
	4・587 上		13・570 下
	6・660 下		19・718 上
	12・293 上		20・211 上
李 桐	13・204 下	李時中	13・154 上
	17・384 上		17・162 上

	17・212 下		14・389 上
李時午	13・556 上		16・527 下
	16・338 下		16・609 下
李時正	12・12 下		16・640 上
李時吉	6・598 下		18・379 下
	6・658 下		19・395 上
李時芸	7・466 上		19・658 下
李時芳	6・592 上		20・119 下
	6・658 下		20・263 下
李時秀	12・12 下		20・286 上
李時茂	6・488 上	李　恩	10・496 下
	6・529 下		20・211 上
	6・592 下	李恩信	17・138 上
	6・658 下	李恩慶	13・350 上
李時奇	12・584 下	李　峴	2・584 上
李時奇	12・164 上		16・323 下
李時彦	12・164 上	李　特	14・405 上
	12・584 下	李倬漢	13・370 上
李時祥	11・6 上	李　臬	7・636 下
李時盛	2・671 下	李　息	13・27 下
	6・93 上		13・432 下
	6・176 下		17・405 上
	18・713 下		19・426 下
李時挈	12・151 下	李師中	3・712 下
李時雍	10・602 下		8・75 上
李時暢	9・20 下		13・117 下
李時漸	13・585 上		15・264 下
	18・653 上		15・569 下
李時學	12・274 上	李師白	3・538 下
李時馨	7・462 上	李師沆	13・647 上
李　晟	2・313 下		16・771 下
	3・240 下	李師孟	8・112 下
	3・707 上	李師唐	18・617 下
	6・486 上	李師雄	13・46 上
	7・741 下		16・598 下
	13・293 下	李師閔	12・164 下
	14・356 下		12・585 下

李師徵	8・637 上		12・630 上
李　釗	7・75 上	李　陵	13・401 下
李卿材	13・520 下		15・289 下
李逢亨	1・534 下		15・609 下
李逢庚	1・701 下		16・118 上
李逢春	13・346 下		16・151 下
	14・532 上		20・480 上
	15・102 上	李陰棠	8・765 上
李逢泰	1・493 上	李　恕	2・632 上
	9・563 下		11・1 下
李逢時	18・732 上	李翀南	18・665 上
李逢章	13・515 下	李孫孫	2・299 上
李　訓	10・428 上	李　紘	15・259 下
李衷燦	11・515 上	李　純	3・488 下
李高遷	3・742 上		6・383 下
	4・154 上	李純正	1・629 上
李　悌	6・582 上		10・529 上
	6・638 下	李純佑	7・124 上
李　益	13・320 下	李純和	13・151 上
	16・529 下	李純庚	10・427 下
	18・583 上	李純祐	14・410 下
李淳然	8・112 上	李紐紐	8・130 下
李　浦	7・413 上	李　紓	9・71 下
李　浩	7・452 上	李現光	13・454 上
	9・568 上		19・691 上
	13・85 上		20・162 上
	14・465 下	李現秀	13・454 上
	14・754 上		19・691 上
	15・65 上		20・162 上
	16・607 下	李　堧	1・571 下
李家豐	1・709 上	李　埨	6・90 下
	10・536 下		6・178 下
李家驪	10・539 下	李　培	12・648 下
李　祥	7・34 下	李培本	1・601 上
	13・525 上		1・691 上
	19・518 上		3・493 上
李祥雲	12・144 下	李培清	19・12 下

李培鋑	16·676 下	李眼娃	6·396 上
李培篤	17·48 下	李　勖	13·96 下
李執中	1·444 下	李　昮	14·472 上
	3·339 上		16·604 下
	6·638 下	李　晦	2·243 下
李　㣛	7·90 下	李　冕	13·60 下
	7·173 上		17·268 下
李菁莪	10·27 下	李國臣	7·23 下
李菁賢	10·533 上		18·583 上
李　著	3·745 上	李國英	17·20 下
	4·586 下	李國奇	7·46 上
	13·104 下	李國忠	7·680 下
李　萃	17·423 上	李國相	6·611 上
李　乾	13·359 下		6·639 上
	16·707 上	李國柱	1·708 下
李乾祐	3·42 上		13·240 上
李乾順	7·123 下		19·372 下
	14·410 下	李國貞	6·117 下
李　彬	13·49 上	李國亮	8·363 下
李　梧	10·192 上		8·452 下
李　梅	7·45 下	李國軒	13·174 上
	7·171 下		16·759 下
李　梓	12·98 下	李國祥	1·672 上
	12·445 下		4·680 上
李　堅	2·708 上		4·761 上
李帶雙	10·665 上		9·716 下
李　盛	3·55 下		10·540 上
李盛生	17·43 上	李國清	13·596 上
李盛英	7·77 下		14·613 下
李盛宗	10·69 下	李國琮	8·310 上
李　捷	10·364 下		9·695 下
李捷芳	15·661 上	李國瑞	7·67 上
李　彪	12·151 下		7·208 下
	12·273 下	李國瑾	7·214 上
	20·10 下	李國璋	7·67 上
李　堂	10·435 下		7·208 下
李　野	12·147 下	李國選	12·553 下

李國勳	3 · 66 上		14 · 471 下
李國璽	3 · 374 上		14 · 757 上
	13 · 461 下		15 · 67 下
李國麒	7 · 37 上	李進保	20 · 297 下
李國瀛	12 · 562 上		20 · 315 下
李崧	13 · 302 上	李進陞	13 · 575 上
	15 · 322 上	李得林	13 · 227 下
	15 · 657 上		14 · 655 上
李崙	3 · 206 上	李得春	6 · 579 上
李崇	2 · 627 下	李得第	1 · 640 下
李崇	12 · 85 上	李得御	10 · 28 上
	13 · 544 下	李得興	20 · 478 下
	15 · 629 上	李從教	9 · 118 上
	17 · 619 下		9 · 656 下
	17 · 727 下		10 · 24 上
李崇文	13 · 401 上	李從範	13 · 551 下
	19 · 399 上		15 · 697 下
李崇光	3 · 265 上		16 · 174 下
李崇洸	1 · 558 下	李從證	2 · 321 下
李崇祥	10 · 71 上		3 · 299 下
李崇道	10 · 317 下	李從曠	3 · 708 上
李崇義	9 · 70 上	李彩	13 · 573 下
	14 · 654 上		19 · 721 上
李崇實	13 · 369 上		20 · 10 下
李崇德	13 · 619 下	李彩章	6 · 404 下
	15 · 101 下	李象古	2 · 603 上
李過	7 · 356 下	李猗	12 · 665 上
李敏	13 · 404 下	李康	12 · 10 下
	16 · 321 下	李商隱	3 · 472 上
李敏盛	13 · 367 下	李惟憬	10 · 543 下
	14 · 356 上	李惟簡	3 · 707 下
	17 · 334 下		6 · 486 上
李偁	10 · 543 上	李煥	10 · 690 上
李進	5 · 621 上	李煥甲	12 · 490 下
	5 · 734 上	李煥章	13 · 625 上
	8 · 493 下		14 · 523 下
	13 · 88 上		16 · 632 上

李煥煥	17・133 上	李啓榮	10・533 下
李　清	2・627 上	李啓讓	10・532 下
	3・71 下	李　敢	13・401 下
李清和	13・456 下		16・522 下
	19・693 下	李　隆	11・16 上
李清泰	1・636 上	李隆勤	7・365 下
	6・495 上	李　參	13・44 上
李清瑞	17・732 上		13・117 下
李清鑑	17・733 上		15・264 下
李淇章	1・568 下		15・569 下
李　淈	13・97 下	李　絅	9・117 上
	14・476 下		10・23 下
李　淮	7・77 下	李終南	3・534 下
李　淳	20・648 上		20・335 上
李淳風	3・776 下	李紹晟	13・350 上
	4・174 下		15・111 上
	4・316 下	李紹勳	1・587 下
	4・412 上	李紹蓮	1・587 下
李深沈	1・753 下	李紹會	3・283 上
李　梁	5・421 上	李紹聞	1・587 下
李　涵	12・683 下	李紹韓	6・610 下
李涵素	3・288 下		6・637 下
李　寅	1・438 上	李　琪	13・332 下
	2・398 下		19・325 下
	4・763 上		19・351 上
	6・376 下	李　瑛	1・599 下
李　密	10・421 上		1・604 上
	13・405 下		6・85 上
李啓純	13・592 下		6・169 上
	18・708 上		6・184 上
李啓訥	1・511 上	李瑛忠	8・121 下
	9・717 下	李　琦	6・377 上
	10・540 下		7・576 上
	10・571 下	李　琢	13・388 下
李啓詔	1・511 上		19・396 下
	9・717 上	李　琰	5・17 上
	10・538 上		5・47 下

李琰之	16・633 上	李朝恩	10・36 下
李　琮	2・315 上	李朝陽	13・248 下
	14・614 上		17・415 下
李　琬	15・252 下	李朝棟	1・757 上
李　琛	12・161 上		11・714 下
李超群	20・318 上		11・758 下
李　博	3・287 下		13・393 上
李博文	5・504 上		13・542 下
李　喜	13・562 上	李朝順	13・556 下
李　彭	6・184 下		15・707 上
李彭年	9・71 上		16・337 上
	9・761 下	李朝綱	6・589 上
李　達	13・239 下		6・653 下
	19・372 上	李朝隱	2・578 下
	19・411 上		3・35 上
	20・481 上		6・59 上
李葉著	10・73 上		6・142 上
李萬化	18・186 上		9・71 上
	18・337 上		10・10 下
李萬倉	1・586 上	李　葵	3・768 下
李萬順	1・615 下	李　植	2・700 下
李　蕚	13・201 上		7・417 下
李　敬	1・660 上		13・145 上
李敬巨	3・749 下		14・651 上
	4・157 上	李　棟	7・642 上
李敬先	13・534 下		13・343 上
	17・50 上		14・501 上
李敬武	13・581 下		14・653 下
李敬義	10・36 上		17・423 上
李敬猷	12・25 下		20・217 下
李　朝	13・668 上	李棟材	12・31 上
	17・120 上	李棟榮	6・491 上
	18・79 下	李棲鳳	6・135 上
	18・305 下		13・322 上
	18・375 上	李棣通	13・132 下
李朝宗	12・161 下		19・671 上
	12・551 上	李　雄	14・406 上

李　雲	6・638 下		16・684 上
	19・699 下	李景貞	12・152 上
	20・219 上		12・275 上
李雲夷	6・582 下	李景晉	1・560 上
李　揚	17・389 上	李景萃	13・61 上
李　援	3・370 上		17・269 上
李　揆	13・406 上	李景盛	20・10 下
	16・217 上	李景畧	7・23 上
	16・323 下		7・146 上
	16・527 上		13・207 下
李　棠	5・724 下		18・582 下
李　鼎	10・320 上	李景隆	20・10 下
李鼎生	10・167 下	李景温	9・395 下
李開先	5・374 上		10・593 下
李開新	10・118 下	李景登	3・131 下
李　閑	13・198 上		12・86 下
	18・346 下	李景綱	4・764 上
李　晶	12・58 上	李景儉	2・594 下
	12・72 下	李景豫	16・704 下
李　暘	18・134 上	李景膺	13・666 上
李遇知	12・152 上		15・713 下
	12・179 上		18・486 上
	12・261 下	李景繁	6・134 上
	12・274 下	李景讓	10・593 下
李遇庚	9・671 上	李　貴	13・627 上
李遇春	13・205 上		16・700 上
	13・357 下	李貴昌	13・114 上
	13・589 上	李　嵐	15・218 下
	16・702 上		16・162 下
李　景	13・405 上	李　喬	8・601 下
	15・305 上	李喬岱	12・152 上
	15・632 上		12・274 下
	19・437 上	李喬崑	2・651 下
李景文	1・615 上		3・286 上
	6・373 上	李喬崙	2・642 下
	10・164 下		3・286 下
李景昉	13・507 上	李喬嶽	12・151 下

	12・274 上		15・293 下
李　筌	2・718 下		15・615 下
	3・146 上		16・153 上
李順興	2・717 下		16・280 下
	3・216 上		16・462 上
	9・171 下		16・557 上
李　傑	7・348 下		18・59 下
	8・310 上		18・86 上
	9・134 下		18・181 上
	10・640 上		18・254 下
李　皓	7・39 上		18・324 上
	7・152 下		18・328 下
李　復	3・52 下	李爲芝	9・537 下
	10・589 下	李爲濂	13・479 下
	13・546 下		18・667 上
	15・679 上	李舜臣	12・638 上
	16・600 上		12・647 下
李復圭	13・103 下	李　勝	12・135 上
李復亨	9・79 上		12・477 下
	9・401 上	李勝文	6・583 下
	10・13 上		6・638 下
李復發	13・141 下	李　敦	14・517 上
	19・246 上		17・20 上
李復聘	2・634 下	李敦文	13・643 下
	3・482 上	李　斌	19・175 下
李復興	13・662 上	李　憚	2・369 下
	15・703 上	李　善	3・750 上
李舒芳	6・582 上		3・752 上
	6・637 下		4・317 下
李舒馨	1・555 下		4・363 上
	4・765 上		4・413 上
李　鈞	7・416 下		6・562 上
	7・421 上		11・486 上
	13・89 上	李善初	1・557 上
	14・758 下		10・534 下
	15・68 下	李善輔	7・679 上
李　翕	13・364 下	李　道	13・409 下

146

	15・653 下	李運昇	10・164 上
	16・285 上	李運娃	8・495 上
李道人	16・72 下	李 榮	3・719 下
李道古	2・603 上	李裕堂	1・426 下
李道昌	13・148 下	李裕澤	13・147 上
	14・476 下	李 祿	7・74 上
	16・607 下		7・512 上
李道宗	13・250 上	李 尋	6・277 上
	20・261 下		6・385 上
	20・284 下	李 弻	10・494 下
李道裕	5・501 上		13・33 下
	5・602 下		13・404 上
	5・708 下		14・571 下
李道謙	2・353 上		15・248 上
	8・591 上		15・559 上
	9・170 下		16・616 下
李 遂	1・721 上		18・59 下
	6・703 下		19・443 下
李 曾	3・459 下	李 巽	3・316 上
李 焜	4・588 下		3・369 下
	13・218 上		7・672 下
	19・11 下	李絮飛	13・67 下
李 湯	2・609 上		14・760 下
李 溫	9・567 下	李 賀	13・388 上
李 渭	13・192 上		14・365 下
	18・260 上		16・530 上
	18・331 下	李 登	7・89 上
李 淵	6・563 下	李登起	10・74 上
	15・287 下	李登高	10・418 下
	15・606 上	李登第	3・279 上
李 湑	13・578 下		7・39 上
李湑風	4・361 下		7・153 上
李 湄	13・700 上		13・635 上
	18・73 上	李登舉	11・542 下
李寒姐	11・564 下	李登龍	7・77 上
李富祥	17・141 上		10・421 上
李 甯	13・342 下	李登瀛	1・512 下

147

	8·483 上	李夢傳	10·74 上
	9·571 下	李夢熊	10·320 上
	14·607 下	李夢麒	8·107 下
李發春	19·228 上	李夢蘭	1·408 下
李發榮	3·346 上		7·542 上
	3·409 下	李蓬峰	13·528 上
李發藻	8·14 下	李蓉鏡	13·418 上
李絳	8·1 上		15·697 下
	9·396 上		16·168 下
	10·589 上	李幹	13·700 下
李瑞	13·533 下		17·439 下
李瑞玉	8·120 上	李蔭桂	19·175 上
李瑞鳳	10·362 下	李蔭棠	1·623 下
李瑜	3·248 上		9·692 下
	11·534 上	李蓀	13·355 上
李瑗	7·471 上		16·618 下
李載義	2·602 下	李棟	12·525 下
李遠	13·404 下	李楷	1·643 下
	15·626 下		10·257 下
	16·321 上		12·428 上
	17·618 下		12·526 上
	17·726 下		16·477 上
	19·444 上	李楨	13·440 上
李塘	9·69 上		17·412 下
李蓁	10·658 下	李楫	10·657 上
	13·59 下	李楸	10·365 上
	17·380 下	李楹	13·631 上
李夢白	3·298 上		20·304 下
	13·483 下		20·333 上
李夢亨	10·494 下	李碘	6·391 下
李夢桂	7·67 上	李虞卿	12·638 上
	7·207 下	李粲	5·268 上
李夢陽	13·307 下	李粲然	9·710 上
	17·410 上	李業	9·71 上
	17·474 下		9·761 下
李夢蛟	10·677 下	李睍	14·410 下
李夢筆	17·47 下	李愚	10·319 上

李　煦	13・227 下	李愈棠	13・459 下
李　暄	7・708 上	李　會	11・489 上
李　暉	12・85 上		12・637 上
	12・267 上	李　誠	2・618 下
李照遠	12・57 上		6・133 下
李　暌	12・173 下		8・75 下
李畹九	19・700 下	李　詢	13・404 下
李嗣沅	16・684 上		15・628 下
李嗣宗	1・614 上		16・321 下
	10・35 下		17・619 下
李嗣真	6・372 上		17・727 上
李嗣業	2・582 下	李　鳶	9・507 下
	3・256 上		10・659 下
	13・260 上	李廮祥	7・76 下
	19・299 上	李裔芳	3・180 上
	20・435 上	李　靖	2・562 上
李嗣蕃	11・228 上		5・500 上
	11・307 下		5・539 下
李　嵩	3・248 上		5・708 上
李嵩喬	10・423 上		6・58 上
	10・478 上		6・141 上
李圓通	2・558 下		13・35 上
	5・497 上		18・546 上
	5・601 下		19・428 上
	5・706 上		20・613 下
	12・318 上	李靖芳	10・159 下
李　節	2・623 上	李新材	10・436 上
	6・60 下	李新基	18・716 下
	6・143 上	李新槐	12・552 上
李節修	13・590 上	李　歆	14・408 上
李　鉞	7・27 上		16・319 上
	13・56 上		16・642 下
	13・112 上		18・536 下
	16・474 下	李　慎	1・373 下
	19・450 下		9・77 上
李愈桂	18・664 下		13・82 上
李愈梅	7・587 下	李　愷	13・138 上

	18・614 上		14・757 上
李惏	13・457 上		15・67 上
	19・696 下	李殿元	13・495 下
	20・161 上		13・608 上
	20・274 下		15・98 下
李義	6・497 下	李殿甲	10・315 下
	9・63 下	李殿華	8・96 上
李義炎	9・397 上	李殿彪	1・707 下
李義歡	6・497 上		8・339 上
李煜	3・138 下		9・705 下
	12・66 下	李殿梁	19・477 上
李煜唐	13・564 下	李殿惠	13・167 上
	18・370 下		17・286 下
李煒	1・364 上	李殿雄	20・218 下
	1・455 上	李殿傑	10・537 下
	4・341 上	李殿魁	20・478 下
	10・690 上		20・675 上
李煥南	1・619 下	李殿圖	13・75 下
李煊	12・569 上	李殿榮	4・423 下
李資深	19・34 下	李際平	9・37 上
李溥	5・469 上	李際甲	10・318 下
	6・135 下	李際春	9・89 下
李源	14・699 下		9・404 上
李福	13・40 上		10・14 下
	19・543 下	李際榮	4・171 下
	19・572 下	李際豐	10・275 上
	19・659 上	李預	2・704 下
	20・120 下		3・143 下
李福元	10・37 上	李遜之	11・354 上
李福長	1・589 下	李綒	13・577 上
李福軒	7・580 上		19・723 上
李福殿	13・373 上	李璉	1・596 下
	19・497 上		6・178 上
李禎	12・496 下		16・618 上
	19・608 下	李瑤	8・361 下
李肅	11・513 下		8・451 上
	13・88 上		9・412 下

	13・145 上	李碩馥	18・155 下
	14・651 上		18・372 下
李嘉才	11・5 下	李　愿	2・601 上
李嘉彦	3・579 下		7・408 上
	13・67 下		13・387 下
	17・381 下		19・395 上
李嘉祿	3・723 下		19・658 下
李嘉賓	12・151 下		20・120 上
	12・274 上	李摘艷	4・376 上
李嘉謨	1・384 下		4・420 下
	7・526 上	李對庭	10・309 上
	8・20 下	李　暠	14・407 下
	12・333 上		16・215 下
李嘉績	1・387 上		16・318 上
李　壽	8・619 上		16・525 上
李壽芝	13・220 上		16・642 上
	19・169 下		19・298 下
李壽昌	11・114 上		19・316 上
李壽朋	3・712 下		19・338 下
李聚元	10・313 下	李鳴佩	3・282 下
李　蔡	13・401 下	李鳴鶴	17・17 上
	15・610 下		18・707 下
	16・151 下	李嶐新	12・139 上
	16・522 下		12・486 上
李　蔚	13・388 下	李毓英	1・458 上
李蔚坤	1・511 下		15・704 上
	9・718 上	李毓采	7・495 上
李蔚霖	1・531 上	李毓華	13・520 上
李　榕	10・545 下	李毓彩	7・87 上
李　輔	10・496 下	李　億	1・510 上
	13・335 上		9・717 上
	16・646 上		10・534 上
李輔世	3・372 下		10・570 上
李輔光	2・305 上		13・82 下
李　歷	12・134 上	李　銜	14・356 下
	12・476 上		18・379 上
李碩枝	10・68 下	李　槃	13・105 上

	17・553 上		16・621 上
	17・644 上	李　端	7・793 上
李銓吉	11・5 下		13・153 下
李銘漢	13・476 下		17・148 上
李鳳翀	17・752 上		17・166 上
李鳳集	11・651 下	李端甫	10・40 下
李鳳翔	18・102 下		10・105 下
李鳳樓	12・330 上	李端棻	14・362 上
李鳳儀	18・723 上		19・194 上
李　廣	2・703 上	李端榘	1・395 上
	3・143 下	李端檽	13・650 下
	3・215 上	李　適	2・691 上
	6・407 下	李適之	2・580 上
	7・271 下		13・38 上
	7・328 上	李齊物	3・711 上
	7・405 上	李齊運	2・595 上
	7・740 上		3・35 下
	13・401 下	李　愬	2・600 下
	15・288 下		13・293 下
	15・608 上		16・530 下
	16・117 上		19・395 下
	16・151 上	李燁然	8・451 下
	16・522 上		10・392 上
李廣玉	19・543 上	李　榮	10・541 下
李廣利	13・27 下		17・16 上
	19・313 上		19・721 下
	19・335 上		20・217 下
	20・427 上	李榮昇	17・753 上
李廣珠	13・374 上	李榮宗	7・751 上
	19・499 上	李榮華	10・658 上
李廣惠	20・686 上	李榮桂	4・340 下
李廣業	2・300 下	李榮基	1・599 上
李　韶	13・336 下		6・182 下
	15・245 上	李　漢	10・424 下
	15・556 下	李漢光	18・175 下
	15・625 上	李漢通	13・140 下
	16・463 上		19・165 上

李　滿	9・88 上	李綿社	17・425 上
李滿士	18・426 下	李綿祉	13・673 上
李滿堂	6・707 下		18・46 下
李　漁	14・361 下	李　綸	2・400 下
	19・133 下		3・492 下
	19・193 下		8・585 下
李　賓	13・181 下		8・596 下
	13・201 上		9・100 上
	15・579 上	李　瑾	13・337 上
	17・388 上		16・633 下
李　寧	14・663 上	李　璋	8・114 下
李實薰	6・138 下		13・55 下
李肇堂	6・707 上		15・275 上
李肇慶	10・469 上		15・580 上
李　禕	20・432 下		16・475 上
李盡心	11・16 下		18・462 下
李　鼐	9・114 下	李　頡	12・134 上
	10・21 下		12・475 上
李　綱	3・320 上	李　增	13・566 上
	3・348 上		17・418 上
	3・415 上	李增美	10・537 上
	5・211 上	李增廣	3・738 下
李維本	6・494 下		4・163 下
李維祐	6・479 下	李增榮	12・684 下
李維清	10・537 上		13・371 上
李維楨	7・750 上	李　蕙	12・489 下
	11・658 上	李　薐	13・337 上
	16・269 下		16・647 下
李維新	13・573 上	李蕎娃	8・536 上
	19・720 下	李樞煥	12・57 下
	20・13 上		12・331 上
李維禎	11・354 上		12・407 下
	13・63 上	李　樟	1・463 下
	16・476 上		11・12 下
李維綱	3・538 下	李敷義	9・763 下
李維興	20・216 下	李　賢	2・550 下
李維藩	12・589 上		13・404 上

	14・463 上	李 儉	3・725 上
	15・299 下		13・520 上
	15・625 下	李 儀	7・44 下
	16・321 上		7・171 上
	17・618 上	李 德	3・36 上
	17・726 上	李德成	3・298 下
	18・546 上	李德旺	14・410 下
	19・444 上	李德明	7・122 上
李賢甫	17・298 下		14・410 上
李 遷	5・351 下	李德性	12・648 上
	5・373 下	李德珍	10・541 上
李遷哲	11・496 下	李德孫	2・306 上
	11・512 下	李德清	1・616 上
	12・1 下	李德富	11・421 上
	12・23 下	李德潤	8・3 上
	12・167 下	李 徵	13・447 下
	12・641 上		19・683 下
李醇和	14・658 上		20・147 下
李 震	13・466 下	李 徹	7・49 下
	18・651 上		7・524 上
	19・53 上		13・446 上
	19・665 下		19・607 上
	20・131 下		19・682 上
	20・269 上		20・144 下
	20・290 上	李 盤	1・529 下
	20・365 下		12・280 下
李震尚	13・370 下	李 銳	13・273 下
李震緒	13・455 下		13・615 下
	19・696 下		14・516 上
	20・160 下		14・769 下
李 撫	8・617 上		15・84 上
李 輝	12・396 下	李 鋐	13・184 上
李輝武	3・582 下		15・279 下
李輝揚	12・58 上		15・585 上
李 賜	18・344 上	李魯孫	9・80 上
李 暹	2・622 上	李 諏	1・664 下
	3・54 下		7・92 上

	7·223 上	李濩韶	16·272 下
李諒祚	7·123 上	李燕林	13·217 上
	14·410 上		18·688 上
李　誼	3·136 下	李　翰	3·275 下
李　毅	13·247 上	李翰材	9·22 下
	17·370 下	李翰華	13·519 下
李　憬	1·441 上		17·77 上
李　憕	3·35 下	李　樾	11·22 上
	6·555 上	李樹汶	18·714 上
李養用	10·168 下	李樹棠	17·126 上
李養成	7·86 下	李樹楷	20·343 下
李養盛	13·683 下	李樹聲	3·736 下
	18·600 上	李　醋	13·221 下
	18·658 上	李　頻	6·611 上
李養梁	6·639 上	李　曇	13·673 上
李養棟	9·22 下		17·425 下
李養樑	6·584 下		18·46 下
李　遵	6·584 上	李　穆	9·23 上
	6·639 上		9·66 下
	13·336 上		9·758 上
	16·647 上		13·404 下
李遵度	3·289 上		15·301 下
李遵道	13·521 下		15·628 上
李遵項	7·124 下		16·321 下
	14·410 下		17·619 上
李潔芳	15·683 下		17·726 下
李　潤	6·180 上		19·444 下
李潤祿	13·682 下	李穆姜	12·139 下
李　澄	11·47 下		12·506 上
	13·671 下	李　勳	7·35 下
	17·422 下		7·458 上
李　緯	3·495 上	李　舉	13·414 上
	13·239 上	李　興	2·721 上
	17·266 下		11·27 下
李　璲	10·73 上	李興林	12·424 上
李　熹	13·32 上	李興隆	1·646 下
李　憙	18·529 上	李　學	10·269 上

	13・691 下		7・290 下
	19・116 下		7・346 上
李學孔	9・25 下	李錦芳	13・148 上
李學本	10・367 下		14・585 下
李學昉	8・770 下	李錦標	17・17 上
李學牧	13・572 下	李　錄	13・96 下
	19・720 上		14・473 上
	20・215 下		16・604 上
李學彥	1・629 下	李穎栗	8・70 上
	8・502 下	李穎發	16・673 上
李學曾	10・536 下	李龍章	1・646 上
李學詩	10・495 下		12・290 下
李學源	6・170 上	李　懌	2・693 上
李學經	1・632 上		4・707 下
	8・513 下	李熾昌	13・483 上
李學濂	9・650 下	李　澣	2・693 上
李　儒	2・624 上	李　澤	10・493 下
	5・504 上		12・567 上
	5・604 下	李　憲	5・37 下
	5・710 下		13・45 上
	9・58 上		13・293 下
李儒郊	13・77 上		16・598 上
李　翱	13・388 上		19・429 下
李　衡	8・599 下	李禧元	13・567 下
李　錫	2・623 上	李彝敏	7・408 下
李錫鉁	8・333 下	李彝超	7・524 上
	9・653 上	李彝興	7・524 下
李錫璋	1・629 上	李　璪	6・618 下
	10・529 下	李　環	6・667 下
李錫齡	1・453 下	李　璵	13・337 上
李　錦	2・683 下		15・299 上
	5・504 下		15・625 下
	5・556 下	李　壒	3・608 上
	5・604 下	李　聰	11・676 上
	5・710 下		11・684 上
	8・66 上		17・167 上
李錦江	1・662 上	李聯芳	1・535 下

		李應時	3·724 上
	9·666 上		13·182 上
	10·256 上	李應書	8·499 下
	11·533 上	李應涵	7·623 下
	11·646 下	李應紫	13·425 上
	13·240 上		16·44 下
	19·372 下		18·421 上
李　蓋	7·652 下	李應策	8·378 下
李　懋	1·583 上		8·401 下
	3·73 下		8·482 上
李懋中	3·279 下		9·721 上
李懋功	1·599 下	李應焯	13·623 下
	6·184 下	李應登	10·436 下
李懋學	13·487 上	李應瑚	1·586 下
	19·177 上	李應魁	7·392 上
李嶽喬	10·425 上	李應禎	9·747 下
李　翱	10·593 下	李應鋭	10·365 上
	16·529 下	李應選	8·96 下
李鍾青	13·539 下		9·410 上
李鍾麟	13·349 下	李應龍	10·319 下
	15·107 上		10·320 上
李　爵	13·144 下	李應謙	7·39 下
	14·650 下		7·153 下
李　謙	13·418 上	李　燦	1·611 上
	15·697 上		6·168 下
	16·168 上		8·265 上
李　膺	7·21 下		9·695 下
	7·182 下		11·270 下
李應元	12·525 下	李燦華	8·342 上
	14·656 上	李　燮	12·134 上
李應甲	4·424 下	李　鴻	6·488 上
李應孝	7·77 上		6·529 下
李應和	11·219 上	李鴻潤	12·290 下
李應奎	3·247 下	李　濤	1·620 上
	8·564 上		2·612 上
	9·132 上		9·35 下
李應貞	12·291 上		
李應染	10·314 下	李　濬	10·569 下

	15・257 上		10・321 上
李　濟	2・631 下	李彝興	7・121 上
	6・71 上	李　藻	19・674 上
	6・154 下	李攀福	10・70 上
	9・122 上	李　璽	1・636 下
	10・184 下		3・753 上
李禮成	13・338 上		4・157 下
	16・613 下	李璽中	6・496 上
李　翼	7・72 上	李鷗鳴	11・7 上
	7・160 下	李　關	11・52 下
李翼龍	10・544 上	李　鏜	13・89 上
李　檥	13・404 上		14・758 上
李　騏	13・398 下		15・178 上
李　鏊	13・298 下	李　鵬	13・181 下
	16・761 下		15・273 下
李　矗	13・104 上		15・579 上
李蘊芳	8・487 上		16・106 上
	13・472 上		16・147 上
李蘊華	7・351 下	李鵬程	7・385 下
李　豐	10・103 下	李鵬鳴	1・463 上
李豐有	11・74 下		11・10 上
李　顥	2・686 上	李騰芳	11・221 上
	3・489 上	李　譜	12・153 上
	11・28 上		12・282 下
李曜卿	2・292 下	李懷天	11・341 上
李　馥	8・108 上	李懷仁	13・339 上
	8・513 下		16・616 上
李馥蒸	8・379 下	李懷光	5・267 上
	8・398 下	李懷庚	1・485 上
李　簡	9・409 下		9・670 上
李雙樑	19・501 上		10・311 下
李　鎮	10・275 上		13・77 下
李鎮西	13・662 下		13・151 下
	16・38 上	李懷信	7・575 下
李鎮鼎	13・321 下		19・53 下
李　鎰	3・723 上	李懷珠	5・118 下
李隴西	9・568 上	李懷遠	9・70 下

	9·394 下	李耀先	4·423 下
	10·10 下	李耀宇	7·77 上
李懷蔭	1·598 下	李耀春	13·536 下
	6·182 上	李巍然	13·308 下
李懷讓	9·69 上		17·412 下
李燹	12·476 上		18·45 下
李瀚	18·660 上	李敩直	11·416 上
李瀛	6·136 上	李夒生	13·476 上
	13·163 上	李夒龍	9·727 上
	19·462 上	李灌	1·490 上
李瀛洲	12·496 上		9·21 下
李寶洇	17·284 上		9·682 下
李寵	13·228 上	李寶	13·334 下
	14·653 下		15·576 下
李襦禰	2·585 下		15·624 上
李繩武	10·70 上		16·611 下
	13·74 上		20·418 下
李馨	13·355 上	李寶善	1·435 上
	14·502 下	李繼	2·305 下
	16·618 下		3·137 下
李蘭	2·694 下	李繼元	13·675 下
	10·70 下		19·763 上
	10·641 上		20·222 上
	18·653 下	李繼志	7·67 上
李蘭林	19·177 上		7·208 上
李蘩	12·85 下	李繼芳	10·256 下
李獻	12·135 下	李繼長	10·113 上
	12·479 上	李繼虎	7·90 下
李獻可	13·181 上		7·173 上
	16·271 下	李繼明	6·661 上
	16·296 上	李繼和	13·41 上
李獻甫	3·36 上		17·550 上
李獻明	7·294 下		17·641 上
	7·354 上		19·446 下
李耀	13·454 上	李繼洛	16·20 下
	19·691 上	李繼祖	9·727 上
	20·161 下		10·398 上

	10·466 上		13·387 下
	10·475 上		19·396 上
	20·720 上		19·659 下
李繼捧	7·121 上		20·121 上
李繼隆	7·24 下	李體仁	1·395 下
	7·147 下	李穰	10·312 下
	7·409 下	李鑑	12·647 下
	7·528 上		14·350 下
	13·41 上		14·798 上
	19·446 上		15·178 上
	20·266 上	李襲志	11·498 上
	20·288 上		12·25 下
李繼運	10·117 下		12·168 上
李繼筠	7·121 上		12·641 上
李繼遷	7·121 上		13·493 上
	7·312 上		16·640 上
	7·368 上	李襲譽	9·69 下
	7·370 下		9·760 下
	14·410 上		12·26 上
李繼嶠	1·543 下		13·338 下
李權	2·550 下		18·545 下
李曇霄	7·122 上	李瓚	8·587 下
李躍龍	10·433 下		8·618 下
	11·702 下		8·639 上
	14·513 上	李顯	12·23 下
	19·436 上	李顯忠	7·387 上
李躍鱗	3·495 上		10·5 上
李儼	3·331 下		12·103 上
	3·395 上		12·269 上
	4·702 下	李顯宗	7·48 上
	4·772 下		10·274 下
李鶴	10·68 下	李麟	2·660 上
李續	9·72 下		4·679 上
李懿	9·88 下		4·760 下
	9·772 上		13·72 上
李聽	7·408 上		19·465 上
	13·40 上	李纓妻楊氏	2·330 上

李　瓛	13・390 上	車　斾	6・500 下
	19・397 下	車　益	2・369 上
	19・411 下	車萬庫	19・436 下
李　觀	2・368 下	車　敬	11・30 下
	3・501 下	車順軌	1・493 上
	13・39 上		9・687 上
李靈陽	2・719 下	車順愷	17・123 上
李艷美	7・154 下	車循南	13・649 上
李艷麗	10・166 下		16・772 下
李　鸑	14・651 下	車道通	13・610 下
李讓夷	13・388 上	車　霆	13・96 下
李　灝	13・225 上		13・104 下
李　驥	12・101 下		14・472 上
李　鑾	9・414 上		16・604 上
	9・773 下	車　輗	9・684 上
李鑾宣	20・482 下	車樹勳	1・620 下
李豔標	17・21 上		9・689 下
李　鸞	10・28 上	車　樸	9・680 上
		車　磻	8・603 上
車		車　濟	13・331 上
			15・65 上
車千秋	2・514 上		19・322 下
車子侯	3・773 下		19・347 上
	4・489 下		
	4・535 上	**束**	
車用錫	1・494 下		
	9・685 下	束士泰	9・647 下
車　朴	9・19 上	束時泰	8・599 下
	9・60 下		9・424 下
車任重	6・384 上	**豆**	
車步霄	9・683 下		
車彤輿	3・606 上	豆　克	12・95 下
車尚轍	9・679 下	豆　斌	13・290 上
車宗湯	9・684 上		19・495 上
車　昭	13・628 下		19・514 上
車　泰	9・707 下		20・441 上
	10・679 下	豆福魁	19・496 上
車　釗	9・141 下	豆盧永恩	13・191 下

	15・250 上	折必宏	7・118 上
	18・269 上		7・179 上
	18・347 上	折克行	7・51 下
豆盧恩	2・215 上		7・150 上
豆盧欽望	2・567 上		7・202 上
豆盧甯	10・671 下		7・235 下
豆盧勣	13・84 上		15・263 上
	14・463 上	折彥質	7・52 上
	20・117 下		7・203 上
豆盧遜	2・230 下	折逋葛支	18・550 下
豆盧寧	7・741 上	折逋游龍鉢	18・550 下
	9・67 下	折逋嘉施	18・550 下
	9・393 上	折海超	7・72 上
	9・758 下	折從阮	7・51 上
			7・146 下
夾			7・199 下
夾谷守中	15・272 上	折從依	7・146 下
	16・470 上	折惟昌	7・51 下
夾谷克誠	14・351 上		7・148 上
	15・178 下		7・200 下
扶		折惟忠	7・51 下
			7・148 上
扶　猛	11・533 下		7・201 上
扶　蘇	4・651 下	折惟信	7・72 上
	4・723 下	折鼎獨	7・117 下
折			7・162 上
			7・178 下
折中選	1・547 下	折御卿	7・51 上
折可適	7・52 上		7・200 上
	7・202 下	折御勳	7・51 上
	7・273 上		7・200 上
	7・329 上	折嗣祚	7・146 下
	13・43 下	折嗣倫	7・199 下
	14・755 下	折適阿喻丹	18・550 下
	17・376 上	折增修	1・545 下
	17・642 上	折德扆	7・51 上
	19・448 上		7・199 下

折繼世	7・51 下		13・103 上
	7・201 下		13・118 上
	7・411 下		15・570 下
折繼祖	7・51 下		17・58 下
	7・201 下	呂大章	3・371 下
折繼閔	7・51 下	呂大鈞	2・681 下
	7・149 下		3・142 上
	7・201 上		3・727 上
			6・133 下
步		呂大猷	2・669 上
步文政	6・488 下	呂大器	12・83 上
	6・530 上		13・66 上
		呂大臨	3・142 下
貝		呂之蔭	13・572 下
貝　降	20・420 下		19・720 上
	20・474 下		20・215 上
		呂子固	11・119 下
呂		呂王臣	1・703 上
呂乙卯	1・729 下		9・678 下
呂　乂	12・84 下	呂　元	13・580 上
呂九韶	10・497 下		17・77 上
呂士偉	18・185 上	呂公綽	13・117 下
呂大防	2・611 下		15・261 上
	3・136 上		15・566 下
	5・211 上	呂　功	8・269 上
	8・584 上	呂世齊	1・636 下
	8・594 上	呂本中	15・267 上
	9・78 下	呂　布	7・120 下
	9・82 下	呂平老	16・154 下
	10・595 下	呂　申	1・555 下
	15・265 上	呂由誠	17・377 上
呂大忠	2・611 上		18・43 下
	3・135 下	呂生陽	18・156 上
	9・76 下		18・373 上
	9・171 上	呂永吉	10・698 下
	9・768 上	呂永清	7・680 上
	10・492 上	呂圭璧	17・420 上

呂芝森	12・65 下	呂　尚	3・610 上
呂有發	11・440 上	呂　岩	3・534 上
呂成太	1・607 下	呂金蘭	11・428 下
呂　光	14・406 下	呂朋璧	14・426 下
	16・155 上		17・445 下
	18・535 下	呂法望	18・107 上
	19・316 上	呂宗良	6・314 上
	19・338 下	呂宗儒	8・451 下
	20・418 上	呂宗簡	18・153 下
呂廷瑗	7・59 上		18・366 上
呂仲信	3・371 下	呂宗彝	18・157 上
呂　向	13・382 上	呂宗蘭	13・430 下
	17・275 下	呂奏清	13・431 下
呂　后	4・649 上		18・71 下
呂兆泰	10・697 下		18・365 下
呂兆琳	12・330 下	呂　枏	2・684 上
呂兆熊	13・60 上	呂　彧	9・402 上
	14・760 上	呂　律	6・489 下
呂兆鬹	8・305 下		6・531 下
	9・425 下	呂　恒	13・98 上
呂好古	3・131 上		14・646 上
呂志仁	20・703 上		14・651 上
呂志坤	10・542 下	呂洞賓	11・401 下
呂志鎬	1・756 上	呂飛熊	12・137 下
	11・577 下		12・484 上
	11・597 上	呂　都	18・427 上
呂克端	10・36 上	呂都甫	13・665 上
呂夾鐘	10・319 下		15・331 上
呂呈瑞	13・370 上		15・709 下
呂長齡	1・694 上	呂　華	6・497 下
	11・33 下	呂時中	13・60 下
呂　英	3・74 上		17・268 下
呂林鐘	10・319 下	呂逢奏	13・430 下
呂松堯	13・503 上		18・153 上
呂　枏	3・284 上		18・176 上
	7・699 上	呂　祥	13・363 上
	7・719 上	呂　恕	13・177 上

呂戫	2・618 上	
呂楚	10・597 上	
呂偉鈺	1・469 上	
呂得璜	9・21 下	
呂釣璜	9・21 下	
呂煥曾	10・688 下	
呂清	1・426 上	
呂清音	8・677 上	
呂淮	3・768 下	
呂婆樓	12・167 下	
	13・403 上	
	15・296 上	
	15・619 下	
	16・119 下	
	16・154 下	
呂涵	1・526 上	
	12・137 上	
呂紳	11・416 下	
呂超	18・535 下	
呂朝選	12・194 下	
呂雁時	12・147 下	
呂雯	7・29 上	
呂喦	2・719 上	
呂筌	12・153 上	
	12・282 上	
呂善著	1・699 上	
呂渭	14・605 上	
呂渭師	13・495 上	
	15・96 上	
呂淵	12・137 下	
	12　481 下	
呂運聲	10・695 下	
呂登魁	1・625 下	
呂發	3・539 上	
呂瑚	6・136 下	
呂瑞	16・99 上	
呂夢熊	8・451 下	

呂夢麒	13・494 上	
	14・510 下	
	14・655 下	
呂飴甥	10・491 上	
	10・597 上	
呂義山	6・557 下	
呂溥	3・266 下	
呂福元	11・36 下	
呂際昌	19・352 上	
呂際韶	1・435 上	
	13・186 下	
	15・593 上	
	16・148 下	
	19・672 上	
呂經	13・438 上	
	17・410 下	
	17・476 上	
	19・686 上	
	20・151 下	
呂熙	11・545 上	
呂鳴世	3・724 下	
呂棫	6・493 上	
呂毓韶	1・602 上	
	3・497 上	
呂維熊	13・450 下	
	19・687 下	
	20・154 下	
呂綸	18・73 上	
	20・211 上	
呂璋	8・562 下	
呂賚	2・706 下	
	3・135 下	
呂震	2・622 下	
	3・205 下	
呂堯	3・81 上	
呂儁孫	1・363 上	
	9・649 上	

165

	10・468 上		16・760 上
呂餘慶	9・75 上		
	9・766 上	**吳**	
呂　潛	2・685 上	吳一江	11・541 上
	5・506 下	吳一夔	13・167 下
	5・606 上		17・553 下
	5・703 下		17・644 上
呂　選	3・66 上	吳乙東	1・595 上
呂　錦	15・228 上		5・757 上
呂　憲	2・212 上	吳士功	1・332 上
	3・248 下		20・481 下
	3・275 下	吳士明	13・490 下
	13・256 下	吳士貞	6・490 下
	14・605 下	吳士彥	1・636 上
呂　擢	20・212 上		6・495 上
呂　鍾	3・263 上	吳士達	3・491 上
呂　鮪	3・613 下	吳士睿	7・750 上
呂應臣	7・78 上	吳大川	15・668 上
呂應祥	2・634 上	吳大倫	3・276 上
	5・505 下	吳大猷	3・344 下
	5・547 上		3・409 上
	5・711 下	吳大澂	1・330 上
呂應期	9・88 下	吳大鰲	11・118 上
	9・772 上	吳山濤	13・125 上
呂　顒	13・439 上		18・63 上
	17・430 上		18・349 下
呂　顥	13・438 下	吳之翰	5・351 上
	17・430 上	吳弓擢	6・610 下
呂　鎧	9・414 下		6・639 上
	10・600 下	吳子恭	3・290 下
呂攀龍	9・682 下	吳元孝	13・628 上
呂羅漢	13・241 上		14・522 下
	15・244 上		14・686 上
	15・556 上	吳元亨	9・78 下
呂耀煒	1・384 上		9・399 下
呂躋仁	11・603 下		10・12 下
呂鑑煌	13・174 上	吳元載	16・465 下

吳五沄	11 · 527 上		9 · 695 上
吳友益	14 · 706 下	吳邦宦	6 · 494 下
吳友聞	14 · 702 下	吳西川	13 · 659 上
吳中規	1 · 600 上		14 · 384 下
吳　丹	13 · 69 下		16 · 68 上
吳丹必	14 · 424 上	吳　成	3 · 408 上
吳文遠	11 · 534 下		14 · 687 上
吳文學	1 · 744 上	吳光霽	7 · 607 上
	12 · 157 上	吳回春	1 · 636 下
吳允誠	13 · 320 下		6 · 497 上
	20 · 437 上	吳先桂	11 · 610 上
	20 · 477 上	吳廷芝	3 · 373 上
吳　玉	6 · 493 上	吳廷剛	12 · 127 下
吳玉桃	20 · 708 下	吳廷琦	8 · 114 下
吳　正	19 · 434 下	吳廷揚	13 · 413 上
吳正七	7 · 86 上		15 · 667 下
吳正式	11 · 770 上	吳廷瑜	1 · 664 下
吳正炳	13 · 632 上		7 · 93 上
吳正恩	1 · 655 下	吳廷璠	7 · 86 上
	11 · 769 下	吳廷錫	10 · 513 上
吳正雲	8 · 504 下		12 · 682 上
吳世春	13 · 196 下	吳延祚	13 · 179 下
	18 · 340 下	吳延瑞	2 · 377 上
吳世廣	14 · 520 上		10 · 412 下
	15 · 101 下		10 · 468 上
吳本植	19 · 493 上	吳延壽	13 · 90 下
吳本鈞	19 · 493 上		14 · 761 上
吳可進	12 · 271 上		15 · 69 上
吳可讀	13 · 279 下	吳仲光	1 · 442 上
吳丙寅	13 · 463 下		3 · 288 下
	20 · 723 下	吳仲儒	11 · 226 下
吳仕夏	12 · 146 下	吳　份	2 · 619 上
	12 · 217 下		3 · 260 下
吳永昭	1 · 607 下	吳自性	15 · 278 上
	5 · 117 下	吳全賓	8 · 314 上
吳永泰	10 · 685 下		9 · 707 下
吳永圖	8 · 265 上	吳兆泰	1 · 636 上

	6・495 上		17・229 下
吳兆焿	18・724 下		17・259 下
吳　旭	8・275 上		18・60 下
吳多瑜	3・288 下		18・260 下
吳　江	7・462 上		18・332 上
	11・429 下		18・386 上
吳汝爲	3・726 上		18・456 下
吳汝弼	1・589 上		18・502 上
	6・388 下		20・301 上
吳好直	8・397 下		20・329 上
	8・498 下	吳　坤	13・450 下
吳　玘	13・52 下		19・689 上
吳志文	8・365 下		20・157 下
	8・454 上	吳松年	20・335 下
	9・417 上	吳廼懷	5・121 下
吳克忠	13・584 下	吳　郁	12・159 上
吳伯昆	10・72 上		13・305 下
吳伯裔	14・519 上		15・307 上
	16・632 上		15・636 上
吳　彤	12・9 下		18・509 上
吳亨佑	13・523 下		18・517 下
	19・514 下	吳　昊	10・662 上
吳　沂	1・345 上	吳　昇	13・136 上
吳奉珍	6・493 下	吳明經	10・166 下
吳　玠	3・713 上	吳忠誥	10・361 下
	4・637 上	吳和尚	6・713 下
	11・251 下	吳季芳	13・161 下
	12・319 上		19・460 下
	12・637 下	吳秉衡	7・93 下
	12・656 上	吳秉聰	10・113 上
	13・286 下	吳秉謙	14・523 上
	14・379 上		16・632 上
	15・268 下	吳金華	12・499 上
	15・573 上	吳周楨	17・322 下
	16・70 上	吳庚揚	1・471 上
	16・267 上		11・355 上
	16・468 上		11・370 下

吳宗茂	13・372 下	吳炳文	17・23 上
吳宗周	13・567 上	吳祖正	12・122 上
吳宗麟	10・377 下	吳飛鳳	19・475 上
吳　定	8・599 下	吳　珪	10・240 上
	9・425 上	吳　起	9・81 上
吳建勳	1・595 上	吳　華	13・346 上
	5・757 上		15・109 下
吳居忠	13・637 下	吳　栒	3・281 上
	19・525 上	吳　連	13・105 上
吳　始	19・190 下	吳連元	13・645 上
吳始祖	13・691 上	吳連升	19・475 下
吳　珍	2・669 下	吳連科	13・376 上
	4・681 下		19・501 下
	4・766 下	吳振蒙	10・693 上
吳　珆	15・661 上	吳振業	13・703 上
	16・126 下	吳　時	9・399 下
	16・172 上		10・595 下
吳型典	12・36 上	吳　峻	3・756 上
吳　革	9・510 下		4・159 上
吳南香	1・752 上	吳師古	15・215 下
吳　挺	12・637 下	吳浴蘭	6・496 下
	12・646 下	吳家駿	5・757 上
	13・287 上	吳　通	14・426 下
	16・469 上		20・230 下
	17・242 上	吳通權	5・115 下
	18・61 下	吳曹直	8・230 下
	18・261 上		9・420 下
	18・333 上	吳掇桂	13・245 下
	18・387 下		18・199 下
	18・459 上		18・339 上
	20・329 下	吳國材	3・768 上
吳俊泰	19・166 上	吳國忠	13・504 下
吳恒春	13・567 上	吳國偉	7・74 下
吳　炳	7・666 下	吳　過	20・222 上
	13・412 上	吳　偉	12・135 下
	15・330 上		12・479 上
	15・665 下	吳進義	13・313 上

	19・691 下		19・559 上
	20・163 上	吳雲剛	5・702 上
吳得仁	13・510 上	吳雲從	7・36 下
	16・689 下	吳雲鳳	13・360 上
吳得喜	13・547 上		16・676 上
吳得雲	13・524 上	吳棐龍	3・182 上
	19・499 上		7・752 上
	19・514 下	吳鼎新	14・607 下
吳從義	3・37 上	吳開圻	13・451 上
吳章	6・385 上		19・689 上
吳翊聯	13・172 上		20・157 下
	17・43 上	吳開嗣	11・610 上
吳惟元	1・626 下	吳開增	13・451 上
吳惟敬	9・402 下		19・689 下
吳煥	12・424 上		20・158 上
吳淳	10・316 下	吳遇	19・699 上
吳啓勳	14・360 下	吳景成	6・496 下
吳貫	6・480 上	吳景泗	9・579 下
吳紹龍	3・279 下	吳嵐	9・88 下
吳瑛	5・469 上		9・772 上
	13・615 下	吳順	1・667 下
	14・518 上		12・76 上
	14・653 下	吳傑	11・775 下
吳琮	12・663 上	吳復元	3・376 上
吳琛	13・51 上	吳復安	19・698 上
	19・44 下	吳復興	19・698 上
吳喜原	13・523 下	吳欽	11・341 下
吳達	2・314 上	吳詠	13・325 下
吳達善	13・74 下		19・103 下
	14・763 下		20・650 上
吳萬善	11・516 上	吳敦五	11・767 上
吳朝陽	6・402 下	吳道子	3・535 下
吳朝綱	12・374 下	吳道弘	12・319 下
吳雄	9・409 下	吳道新	19・202 下
吳雲	8・1 下	吳曾貫	8・19 上
吳雲伍	13・373 下	吳運德	13・511 下
	19・503 下	吳遐年	19・175 下

吳登甲	1・530 上	吳蔚文	1・593 下
	12・346 上		5・724 上
	12・401 上		6・498 上
吳登科	1・610 下	吳　輔	13・137 下
	3・297 上		18・613 上
吳聘儒	6・531 下	吳監川	13・678 下
吳夢元	1・636 下		19・723 上
	6・497 上	吳爾犖	12・138 下
吳夢吉	10・496 下	吳鳴捷	1・362 下
吳蔭光	3・290 上		3・281 下
吳　椿	13・62 上	吳管者	13・321 上
	16・475 下	吳鳳翥	11・773 下
吳楚封	7・86 上	吳廣文	18・719 下
吳　睦	2・717 上	吳廣浩	1・601 上
	3・106 上		3・493 上
吳　照	1・500 上	吳榮奎	11・338 上
	8・310 下	吳漢亮	1・636 下
	9・698 上		6・496 上
吳　筠	9・483 下	吳　實	11・216 下
	9・731 上	吳熊光	20・481 下
	10・509 下	吳維敬	8・606 上
吳義章	13・666 下	吳　璇	13・89 上
吳　煊	19・721 下		14・472 下
吳　福	19・664 上		19・432 上
	20・128 下	吳　橙	13・417 下
吳福申	16・300 上		15・695 上
吳　禎	13・282 上		16・128 上
	14・525 下		16・165 上
吳　禔	3・290 上	吳慶揚	11・370 下
吳殿契	15・330 上	吳養才	6・313 下
吳殿魁	13・590 上		6・388 上
吳　綉	20・217 上	吳養洽	7・42 上
吳　璉	17・148 上		7・237 上
吳璉山	17・166 上	吳養廉	13・390 下
吳嘉柔	3・242 上	吳遵誥	8・275 上
吳嘉祥	9・414 下	吳　澍	13・608 下
	10・601 下	吳　禘	13・269 下

	14・492 下		13・646 上
	14・769 下		14・707 下
	15・82 下	吳錫澤妻田氏	12・404 上
吳樂卿	19・697 下	吳　錦	11・487 上
吳　璘	4・639 上	吳　繒	3・753 下
	12・81 下		4・158 上
	12・637 下	吳　憲	3・379 下
	12・656 上	吳聯捷	1・624 下
	13・286 下		8・271 下
	15・573 下	吳徽蘭	6・496 下
	16・468 上	吳　鍔	11・573 下
	18・61 上	吳　講	9・527 上
	18・260 下	吳　謙	12・295 上
	18・332 下	吳應選	13・297 下
	18・386 上		14・702 下
	18・415 下	吳鴻功	19・455 上
	18・457 下	吳鴻舉	11・577 下
	20・301 下		11・597 上
	20・329 上	吳鴻翼	11・609 下
吳擇仁	13・96 上	吳　濱	10・496 上
吳樹棟	10・71 下	吳豐年	7・519 下
吳樹德	13・209 上	吳馥誠	11・543 上
	19・675 下	吳　鎮	8・231 上
吳樹聲	12・122 上		13・280 下
	12・650 上		14・503 上
吳積才	1・623 上		16・672 上
	9・692 上	吳　燻	19・721 下
吳學予	18・735 上	吳攀桂	13・478 上
吳　衡	10・495 上		18・666 上
吳錫文	12・382 下	吳　璽	3・724 下
吳錫岱	1・517 下		3・727 下
	6・493 下	吳鵬翔	13・430 下
吳錫封	14・650 下		18・96 下
吳錫宷妻汪氏	12・404 上		18・366 上
吳錫誥妻劉氏	12・404 上	吳鯤化	12・355 上
吳錫綸妻武氏	12・404 上	吳懷清	1・563 下
吳錫綬	12・389 下	吳　繡	19・721 上

吳蘭馨	12・33 下		18・536 上
吳繼祖	14・654 下	**秀**	
吳繼廣	13・645 上	秀札實	14・419 上
吳繼綏	19・721 上		16・201 下
	20・216 下	**邱**	
吳繼勳	18・550 下		
吳顯	11・219 下	邱天成	8・123 上
吳讜	3・285 上	邱天英	1・459 下
邑			8・90 下
邑姜	4・426 下	邱元青	2・720 下
別		邱元清	11・25 下
別帖木兒	5・465 上	邱仁榮	11・346 上
	5・698 下	邱仁懷	11・345 上
岐		邱允文	12・488 下
岐伯	14・425 上	邱永安	11・343 下
岑		邱民仰	8・71 上
		邱行恭	3・742 上
岑丙	8・31 下		4・579 上
岑長倩	18・544 下	邱兆祥	10・162 下
岑參	3・501 下	邱爭榮	18・729 上
	16・276 上	邱沛	13・620 上
	20・480 下		15・102 下
告		邱茂	9・416 下
		邱東周	3・65 上
		邱明佐	19・700 下
		邱明璧	11・551 下
告占榮	13・527 上	邱和	3・747 下
禿			4・578 下
		邱建瀛	18・729 上
禿魯失迷	8・595 上	邱俊	12・329 下
禿髮文支	18・536 下	邱神勳	4・579 上
禿髮利鹿孤	14・407 下	邱射斗	8・104 下
	18・536 上	邱陵	13・546 上
禿髮烏孤	14・407 下		15・660 下
	14・800 上		16・336 上
禿髮傉檀	14・407 下	邱通理	12・39 下

173

邱處機	2・719 下	何文紹	11・775 下
	3・535 上	何文蔚	11・52 上
	3・612 上	何文韜	1・420 上
	3・775 上	何文耀	11・433 上
邱　野	7・761 下	何丑兒	17・121 上
邱　崧	1・649 上	何孔述	13・324 上
	12・38 上		18・598 上
邱從周	2・651 下		18・661 上
邱　訢	3・770 下	何孔學	13・477 下
邱種玉	8・113 下		18・661 下
邱儀標	11・612 上	何　玉	1・736 下
邱隱奎	13・594 上		12・138 下
	18・709 下		12・494 下
邱應高	8・69 下	何玉珍	8・19 下
邱　耀	14・426 上	何　正	10・365 上
		何正女	7・521 上

何

		何世鼎	19・205 下
何三公	1・611 上	何世鳴	3・537 下
	11・308 下	何世寵	1・464 上
何三祝	13・685 上		11・13 下
何士拔	10・313 下	何　本	13・175 下
何士瑋	13・392 下	何可爲	3・494 上
何大成	11・517 上	何仙姑	17・190 下
何天熙	3・379 上	何永剛	5・121 上
何天衢	8・772 下	何永清	12・144 上
	11・40 上		12・628 下
何元吉	11・364 下	何永達	13・273 上
何不罕	13・47 下		14・525 下
何友道	13・510 下		19・435 上
	16・690 上	何出圖	12・554 上
何比干	2・514 下	何有基	13・183 上
	6・377 下		15・584 下
何文英	20・332 上	何有道	13・376 下
何文述	1・652 上		19・503 上
	11・663 下	何　成	7・56 上
何文煥	13・620 下	何光國	13・530 下
	15・116 上		18・400 下

何　回	3・750 上	何　昇	3・750 下
	4・586 下		4・280 上
何廷圭	13・70 下	何明禮	13・238 上
何廷臣	14・612 上		17・274 上
何廷表	12・446 上	何忠品	12・20 上
何廷琦	3・756 上	何　岩	13・202 下
何廷楠	13・176 上	何金鐸	18・734 下
	18・391 上	何　並	2・523 上
何廷錡	4・282 下		6・347 下
何廷簡	16・683 上		6・378 上
何兆瑞	13・554 下		6・407 下
	15・701 上		13・190 下
何兆熊	17・138 上		18・58 下
何如璋	13・661 上		18・181 上
何克俊	10・365 上	何宗孔	11・749 上
何步月	16・33 下	何宗周	10・377 下
何呈美	3・290 上	何宗遜	10・315 上
何希孔	10・379 下	何宗賢	13・383 上
何希宗	10・365 下	何宗韓	13・306 下
何　妥	11・484 上		14・381 下
	12・168 上		18・140 下
	12・641 上		18・152 下
何　亨	10・362 下		18・168 下
何　武	3・315 上		18・209 上
	3・369 上	何宗鰲	10・28 上
何武英	16・251 下	何建威	13・359 上
何長清	1・738 下		16・706 上
	12・497 下	何建基	11・312 下
何其英	3・582 上	何承先	13・475 上
何其偉	12・137 下	何承裕	3・460 下
	12・484 下		5・597 下
何其濂	13・666 上		5・697 下
	18・488 下	何相在	6・496 上
何　林	7・618 上	何相劉	13・105 下
何東山	19・235 下		17・180 上
何尚德	12・144 下	何映彩	18・687 下
	12・630 上	何　信	13・88 上

	14・472 上		19・683 上
何　亮	5・417 下		20・146 上
何帝錫	18・153 下		20・273 上
	18・365 上	何進禔	11・544 下
何美玉	13・376 下	何得彪	13・483 下
	19・502 下	何　敍	3・537 上
何炳辰	12・551 下	何　章	20・724 下
何炳勳	7・526 上	何　清	8・599 下
	12・408 上	何清卿	10・115 下
何冠梧	18・137 上	何　淮	13・466 下
	18・175 下		18・651 下
何既道	1・611 上	何　寀	11・311 上
何　泰	13・562 上	何啓璜	16・688 下
何起鳴	3・462 上	何　琯	19・170 上
何　桂	16・159 上		19・214 上
何　桐	4・283 上		20・442 上
何　格	11・22 下	何超凡	12・429 上
何振權	12・447 上	何達善	8・601 下
何時傑	10・496 下		9・648 上
何　益	12・156 下	何斯美	13・468 上
	12・386 上		18・660 上
何　海	3・75 下	何斯盛	13・591 上
何海臣	17・23 下		18・599 下
何　祥	9・411 下		18・653 下
	10・493 下	何萬清	11・602 下
何祥書	7・36 上	何萬德	11・426 上
何通衢	11・114 下	何　敬	6・664 上
何　琇	17・22 上	何朝生	20・720 下
何　晝	3・713 上	何朝宗	6・135 上
何　常	2・614 上	何　棟	3・56 上
	13・118 上	何雲翹	13・596 上
	15・570 下	何　敵	2・535 上
何崇貴	13・169 下		3・744 上
何崇德	13・467 上		4・463 上
	18・657 上		6・306 下
何進滔	13・447 上		6・380 下
	19・608 上	何景明	11・219 上

	14・700 上		19・661 下
	16・268 下		20・124 下
何景陽	19・173 上	何福全	12・159 上
何貴	1・667 下	何福奎	12・528 上
何貴孚	13・221 上		12・528 下
	19・222 下	何際翔	12・571 下
何喬松	7・41 上	何種元	8・668 下
	7・189 下	何篯	11・387 下
何傅	13・70 上	何毓清	8・508 上
	19・464 下	何毓藻	3・601 下
何鈞	16・31 上	何銘	13・282 上
何爲魯	11・424 上		14・508 上
何勝必	13・246 上		19・435 下
何勝漢	16・45 上	何領占朵兒只	14・418 上
何敦善	13・200 上		16・649 上
何斌	13・551 上	何廣元	9・725 上
	16・22 上	何漢	1・640 下
何善杰	1・754 下		4・367 下
	11・526 下		4・416 上
何道昇	18・339 下		19・431 上
何渾	13・430 下	何漢英	7・41 下
	18・140 下		7・190 下
何禄	13・514 下	何禕	2・234 上
何端	6・666 上	何增瑞	10・704 上
何楝	15・267 下	何賢	13・267 下
何遠烈	13・480 下		14・525 上
	18・665 上		16・634 下
何夢蓮	7・37 下	何輝	16・159 上
何楚鐘	3・715 下	何銛	13・478 上
何稠	2・709 上		18・662 上
	3・79 下	何養仁	8・506 下
何筠	10・377 下	何養德	15・324 上
何節	6・479 上	何潛	15・331 上
何廉	5・212 上		15・694 上
何愫	12・629 下		16・127 下
何煇	7・457 下	何潘仁	2・566 下
何福	13・49 上		3・498 上

何履亨	18·688 上	何顯瑞	11·20 下
何樹滋	12·122 下	何　麟	10·497 上
何奮武	13·274 上		
	16·624 下	**伯**	
何　勳	13·493 下	伯山甫	2·716 下
	14·510 上	伯　夷	13·697 上
	19·435 下		16·547 下
何　錦	19·621 上		17·14 上
何　聰	11·309 下	伯　都	19·299 上
何　鍘	13·704 上	伯德梅	13·545 上
何應泰	3·767 下	伯德梅和尚	15·317 上
	4·168 上		15·649 上
何應詔	10·377 下	伯　樂	2·707 下
何濟舟	13·424 上	伯錫爾	20·456 下
	15·708 上		20·477 下
	18·419 上		20·594 下
何翼清	1·643 上	伯　嬴	2·722 上
	4·285 下		4·61 下
何　簡	17·48 上		4·178 上
何雙義	6·489 下	伯　顏	2·617 下
	6·531 下	伯顏帖木兒	5·465 上
何鎮殿	13·595 上		5·698 下
	18·710 上		
何鎖南	13·267 下	**佟**	
	19·433 下	佟子見	14·358 下
何騰漢	13·425 上		19·757 下
	18·423 下		20·20 下
何　鷃	16·159 上		20·228 上
何　灌	9·75 下	佟世祿	5·422 下
	13·86 上	佟希堯	17·149 下
	15·66 上	佟沛年	7·36 上
	20·616 下	佟國璽	7·418 上
何繼章	10·377 下	佟　慧	19·695 上
何　鰲	10·389 下		
	10·466 下	**佛**	
何　鐸	16·691 下	佛尼勒止	14·658 上
何體乾	5·469 下	佛光道悟	14·799 上

佛陀耶舍	18・592 下	余光祿	1・470 下
佛陀薩	3・772 下		11・354 下
	4・536 下	余先榮	1・666 上
佛陀禪師	3・772 下		11・429 下
佛馱耶舍	2・711 下	余兆芝	11・434 上
佛　敏	20・689 下	余兆榮	11・425 上
佛馱跋陀羅	2・711 下	余守珍	12・20 上
佛　遜	13・257 下	余克明	1・582 上
佛圖澄	8・591 上	余我秦	11・771 上
	9・170 下	余作舟	7・331 上
	19・326 下	余作梅	11・426 上
	19・357 上	余宏蔚	8・763 上
		余其蘭	14・656 下
余		余　林	7・86 下
余人駒	19・223 下		7・460 上
余士穀	13・189 下	余虎恩	20・451 上
余大鑒	11・515 上	余昌祈	11・419 下
余才斌	11・776 上	余　忠	12・330 上
余上華	11・646 上	余庚陽	1・367 上
余上富	11・648 上		6・137 上
余之禎	7・38 下		8・333 下
	7・151 下		9・649 下
余子俊	5・465 下		11・118 下
	5・698 下	余厚科	11・756 下
	7・29 上	余重基	16・299 下
	7・150 下	余修鳳	12・408 下
	7・273 下	余炳元	19・171 上
	7・329 上	余炳燾	8・19 下
	7・415 下	余浠濤	11・427 下
	13・52 下	余培葵	16・708 下
	14・757 下	余梯雲	11・422 下
	17・378 上	余國才	1・582 上
	19・450 上		11・418 下
余文會	11・349 上	余國相	12・34 上
余正東	7・700 上	余從仁	1・597 下
余生資	19・191 上	余情芳	11・422 下
余光前	11・429 上		13・651 上

余紹僑	7·607 下		佘秉彝	3·538 下
余敬業	12·492 上		佘 相	18·348 下
余景奎	13·133 下		佘炳燾	12·408 上
余 善	11·422 上		佘萬榮	7·520 上
余翔漢	1·526 下			
	12·137 下		**坐**	
	12·482 上		坐雪道人	10·307 上
余 靖	13·117 下		**谷**	
余新民	13·194 下			
	18·185 下		谷中仁	13·700 下
	18·264 上			17·440 上
	18·336 下		谷 永	2·687 下
余 獻	9·417 下			3·38 上
余 銓	6·180 下			13·125 下
余肇慶	1·666 下			17·370 上
	11·427 下			18·519 上
余維旃	11·713 下		谷 春	2·716 下
	11·758 上			3·216 上
余德彝	11·707 上		谷傳聲	4·765 上
	11·766 上		谷 賑	2·630 下
余養源	11·423 上		谷鍾仁	6·560 上
余燕吉	11·429 上		**邸**	
余興芳	7·290 下			
余錦雲	11·420 下		邸文孝	15·111 下
余錦麟	11·434 上		邸自重	3·298 上
余澤春	13·159 下		**夅**	
余 謙	12·386 上			
余 闕	13·320 下		夅緯	13·563 下
	18·586 下			18·367 下
余懷堂	11·646 上		**狄**	
余耀彩	11·420 下			
余躍先	11·419 上		狄 山	13·543 下
佘				15·290 下
				15·611 上
佘仍吉	3·539 上		狄仁傑	3·706 下
佘仍興	3·538 下			13·36 下
佘立功	3·538 上			17·479 下

狄世俊	20・10 下	辛武賢	13・333 下
狄　青	7・528 下		14・526 下
	13・43 上		16・458 下
	15・259 下		16・610 下
	15・565 下		18・58 下
	17・59 上		18・181 上
	17・266 下		18・327 上
狄　棐	9・77 上		19・296 下
狄　燧	12・407 下	辛長毛	13・542 下
狄應魁	20・10 下	辛長吉	10・380 上
辛		辛　昂	13・338 上
			14・485 上
辛九齡	3・247 上		16・612 下
辛大用	19・112 下	辛　金	15・580 下
辛大德	13・405 下		16・272 下
	15・304 下		16・296 下
	15・632 上	辛京杲	13・339 下
辛子馥	8・615 下		15・77 下
	13・335 下	辛承慰	10・495 下
	16・611 下	辛珍之	13・336 下
辛少雍	13・615 上		16・615 下
	16・629 上	辛　威	13・338 上
辛公義	13・338 下		14・393 上
	14・486 上		14・485 下
	16・463 下		16・621 下
	16・613 上	辛　毗	13・265 下
辛世敘	18・539 上	辛思齊	12・159 上
辛可薦	20・382 上	辛　俊	13・335 下
辛　甲	9・127 下		16・633 下
辛水学	19・700 卜	辛　勉	13・266 上
辛幼昌	2・315 下		14・504 上
辛守仁	3・491 上		16・626 下
辛志登	3・555 下	辛彥之	13・338 下
辛　肜	13・142 上		14・524 下
	19・314 上		16・639 下
	19・336 上	辛炳翰	2・648 上
辛　宏	12・159 上		8・83 下

辛　珩	3·496 上	辛　馮	16·627 上
辛恭靖	13·492 下	辛　淵	13·492 下
	14·505 上		14·505 上
	16·627 上		16·627 上
辛　桂	7·466 下	辛　蒲	14·350 上
辛　秘	13·339 下		16·640 下
	14·375 上	辛　墣	10·537 上
	16·614 上	辛毓英	13·589 下
	16·660 下	辛　榮	3·719 上
辛　祥	9·65 下	辛　賓	13·266 上
	9·757 上		14·504 上
辛　理	14·520 下	辛德源	13·338 下
	16·629 上		16·634 上
辛　爽	9·719 下	辛德謙	7·669 上
辛　悠	13·335 下	辛慶之	13·337 下
	16·615 上		14·484 下
辛　術	13·337 下		16·612 上
	14·484 下	辛慶忌	2·520 上
	16·612 上		3·38 上
辛得慶	18·729 上		3·215 上
辛紹先	13·266 上		13·265 下
	14·482 上		14·481 下
辛　琛	13·266 下		14·752 上
	14·482 下		16·459 上
	16·615 上		16·610 下
辛替否	2·579 上		19·296 下
辛萬福	19·234 上	辛潤身	20·335 上
辛朝涵	2·721 上	辛　穆	13·615 上
辛　雄	13·335 下		16·615 上
	14·483 上	辛　儒	12·173 下
	15·246 上		12·330 上
	16·614 下	辛　憑	14·504 下
辛雲京	2·588 下	辛憲英	16·650 上
	13·266 下	辛　謐	13·266 上
	14·765 上		14·504 下
	15·77 下		16·627 上
辛雲京妻李氏	2·295 下	辛應高	10·123 下

辛　攀	13・334 上		20・131 下
	14・524 上	汪以誠	3・373 下
	16・633 上	汪世珍	11・344 下
辛　纂	13・336 上	汪世衡	12・355 下
	14・483 上	汪世顯	13・296 下
	16・627 下		16・471 下
辛　巖	18・534 下		17・44 上
辛顯宗	9・68 下		18・68 下
辛　讜	2・608 上		18・361 上
	13・267 上		18・499 下
	14・505 下	汪可儒	11・488 上
	14・765 上	汪有明	1・582 下
	15・78 上		11・427 上
		汪廷佐	13・138 上
冷			13・484 下
冷文煒	13・212 上		18・614 下
	14・656 下	汪　价	13・531 上
	20・671 下	汪兆佀	12・408 下
汪		汪　坎	18・70 下
			18・214 上
汪三畏	3・502 下		18・364 下
汪元仕	8・364 上	汪志備	14・606 下
	8・452 下	汪作懷	11・428 上
	9・421 上	汪迎喜	13・534 上
汪元綗	13・115 下	汪良臣	13・389 上
汪友玉	11・435 上		17・45 上
汪日丙	5・375 上		18・361 下
汪文元	1・644 下	汪若才	11・423 上
	12・486 上	汪　來	13・202 下
汪文煜	13・175 上		17・383 上
汪文樞	13・168 下	汪來溪	13・393 上
	17・91 下	汪松泰	13・197 上
	17・144 下	汪尚甯	13・59 下
汪文輝	13・61 上	汪尚寧	10・389 下
	19・632 上		10・466 下
	19・666 上		17・380 下
	19・776 上	汪忠臣	17・50 下

汪忠志	11・527 下	汪惟賢	17・54 下
汪和瑛	20・685 下	汪淮	13・254 下
汪秉鈞	13・534 下		20・623 上
汪阜池	11・578 上	汪淮江	13・532 上
	11・602 上	汪啓	1・649 上
汪波	11・652 下	汪啓嵐	11・489 下
汪宗賢	13・429 上	汪達	13・387 上
	18・69 上		17・44 上
	18・304 上	汪達之	10・497 下
	18・362 下	汪朝興	12・482 上
汪宗翰	17・195 下	汪惠	11・116 下
汪宗徽	13・431 下	汪景星	1・533 上
	18・70 下	汪景聖	13・670 上
	18・364 下		18・72 下
汪定周	13・394 上	汪鉅	13・268 下
汪承先	7・470 上		14・492 上
汪荊川	3・282 上		15・81 上
汪炳煦	7・254 下	汪蓮洲	18・72 上
	10・667 上		18・365 下
汪盈科	1・523 下	汪椿	17・53 上
	4・517 上	汪暘甫	12・482 下
汪泰瀛	11・344 下	汪榘	13・217 上
汪起甲	13・664 上		18・689 下
	16・331 上	汪福安	3・719 下
汪荷	13・643 下	汪璨	18・71 下
汪能璋	1・651 上	汪壽	13・390 上
汪掄元	1・735 下		16・544 下
	12・197 下	汪鳴	14・657 上
汪庸	13・389 下	汪毓秀	13・401 上
	16・473 上	汪毓珍	12・27 下
	17・46 下	汪銓	12・98 上
汪惟正	13・294 上		12・194 上
	17・45 下	汪鳳述	13・168 上
	18・362 上	汪漈	13・307 上
	20・297 下		16・536 上
	20・315 下		18・69 下
汪惟和	17・54 下		18・214 上

	18・304 上		19・661 下
	18・362 下		20・267 上
汪肇渭	19・177 下		20・288 下
汪維正	18・68 下		20・364 上
汪維相	11・598 上		20・617 上
汪維湘	1・756 上	**沙**	
汪德臣	13・389 上		
	16・534 上	沙生硼	13・537 下
	17・44 下	沙育金	8・611 下
	18・361 下	沙 琥	13・459 下
	18・461 下		20・644 上
汪德成	16・194 下	沙義隆	12・492 下
汪 潮	11・420 上	沙毓俊妻陶氏	7・582 上
	13・314 上	沙覽達里	20・149 上
	20・9 下	**沃**	
汪潤乾	13・656 下		
	15・670 下	沃 側	9・402 上
汪澄圖	13・420 上		10・672 上
汪霖雨	13・684 下	**沈**	
汪學海	9・406 上		
汪錦心	11・421 下	沈一清	18・422 下
汪錦忠	13・580 下	沈子章	5・465 下
	20・678 上		5・698 下
汪 澤	15・654 下	沈天相	7・635 下
	16・326 上	沈天祥	3・582 上
汪憲章	11・424 上		11・515 下
汪 藩	13・393 上		11・569 上
汪 疇	11・635 下	沈天德	10・81 下
汪 蘭	16・21 上	沈 元	12・496 上
汪 鑑	16・332 卜	沈兀輝	13・219 下
汪 鑠	15・704 下	沈仁澍	13・187 下
汪顯宗	12・31 下		16・274 上
沐		沈文華	7・46 下
		沈玉田	13・225 上
沐 英	13・48 下	沈玉遂	13・82 上
	19・299 上		19・467 下
	19・371 下	沈功枚	4・342 上

	8・453 上
	11・118 下
沈世澄	13・535 下
沈本泗	11・534 上
沈加顯	17・381 上
沈再思	14・612 上
沈　光	2・561 上
沈光禧	13・90 下
	14・760 下
	15・68 下
沈廷緒	12・569 上
沈自彰	3・714 下
沈兆霖	13・78 上
沈如淵	13・668 下
沈如顯	13・67 上
沈　圻	19・454 上
沈　芳	6・376 上
沈　束	4・704 上
	4・776 上
沈　沂	13・57 下
沈亞之	3・179 下
	3・502 上
沈　相	14・362 上
	19・134 上
沈相彬	1・347 上
	7・37 下
	11・415 下
	12・73 上
沈　昭	3・606 上
沈亮工	14・361 下
	19・133 下
沈炳文	19・224 上
沈祖頤	11・676 下
沈　華	6・637 下
	8・364 上
	8・452 下
沈時泰	10・33 下

沈　倫	9・75 上
沈逢舜	3・182 上
沈　益	20・227 下
沈家楨	10・666 下
沈袖珍	8・130 上
沈　通	10・22 下
沈　晨	13・216 上
沈國華	3・131 下
沈　訥	6・372 下
沈惟勤	10・495 上
沈　紹	20・10 上
沈紹裕	13・147 下
	15・71 上
沈　琦	3・276 下
	6・135 上
沈敬遠	1・735 下
	12・197 下
沈朝華	7・172 上
沈智果	2・364 下
沈　瑋	9・416 上
沈　楷	13・222 上
沈　暉	11・219 上
沈傳師	3・317 上
	3・369 下
沈會天	17・622 下
	17・730 下
沈　溥	13・695 下
	15・179 上
	16・704 上
沈際清	12・408 下
沈嘉賓	8・547 下
沈爾綉	15・331 上
沈鳳才	13・197 上
	18・340 下
沈　演	7・77 下
沈德潤	1・606 上
沈慶春	1・694 上

	11・34 下	完顏哈達	13・239 下
沈燕桂	12・66 上	完顏拿住	9・79 下
沈錫蕃	9・693 下		9・770 上
沈應俞	9・422 上	完顏烏烈	2・615 下
	9・423 下	完顏料烈	7・53 下
沈應麟	7・45 下		7・160 下
	7・460 下	完顏陳和尚	7・72 上
沈鴻俊	13・452 下		7・160 下
	19・690 上	完顏訛可	9・401 上
	20・159 上		10・13 上
沈鴻儒	19・690 上	完顏喬	17・443 下
	20・159 上	完顏瑋	8・9 下
沈 濬	7・77 下	完顏閭山	3・713 下
沈礎楹	6・136 上	完顏霆	9・79 上
沈繩祖	8・601 下		9・769 下
沈 繹	14・351 上	完顏璘	15・272 上
	14・797 上		15・576 下
沈聽之	3・37 上	完顏瀛	13・635 上
沈 麟	11・749 下		

沁

沁布阿咱爾	20・453 下	宋人奎	7・656 下
	20・476 下	宋九嘉	3・244 上
			3・719 上
完			5・373 上
		宋三倉	15・702 下
完顏乞哥	18・333 下	宋三錫	5・120 下
完顏六斤	7・749 上	宋士印	20・456 上
完顏石住	9・402 上	宋士英	6・493 上
完顏石柱	9・79 下	宋士彥	12・425 上
	9・770 上	宋士傑	3・412 上
完顏永中	2・615 下	宋大才	13・157 上
完顏仲元	3・713 下	宋之佐	16・220 上
	11・239 上	宋之郊	7・91 下
完顏仲德	13・239 下		7・174 下
完顏合達	7・414 上	宋之彥	1・763 下
完顏多禮普台	7・150 下	宋之問	3・144 上
完顏胡失剌	13・96 上		16・276 上

宋

宋之章	1・436 上	宋永貴	2・221 上
宋之琦	13・398 下	宋永譽	3・725 下
	16・252 上	宋吉祿	20・482 上
宋之傑	3・722 下	宋成林	19・243 下
	4・442 下	宋光旭	18・340 下
	4・495 下	宋廷佐	6・492 下
	4・667 上		6・515 下
宋子材	10・165 下	宋仰廉	13・418 下
宋天德	13・532 下		15・699 上
宋元庠	19・233 上	宋兆鳳	20・685 下
宋元道	14・419 下	宋兆勳	13・581 上
宋日就	11・116 下	宋名儒	3・277 下
宋斤	6・707 下	宋亦郊	3・138 下
宋公超	11・802 下	宋守約	7・151 上
宋文炳	10・167 上	宋志彥	1・734 下
宋文煥	11・530 上	宋志梅	1・466 下
宋斗	10・266 下		5・111 下
	10・367 上	宋志樑	7・751 下
宋玉	2・683 下	宋志聰	8・587 下
	3・54 下		8・618 下
	3・262 下		8・639 上
	10・659 上	宋克敦	16・333 上
宋功修	11・759 上	宋杓	15・702 下
宋世公	3・493 下	宋佑文	1・478 上
宋世春	19・243 上	宋伯魯	5・102 上
宋世揚	1・626 上	宋希寅	8・399 上
	10・690 下		8・432 上
宋世犖	1・358 下		8・500 上
宋世慶	2・412 下	宋言	7・750 上
宋可進	13・362 下	宋兌成	4・418 上
	14・662 下	宋宏	2・529 上
宋占易	1・547 下		3・39 下
宋仕	3・721 下	宋宏量	19・233 下
	4・494 下	宋良	1・404 上
宋白	8・5 下	宋君厚	2・721 上
宋永吉	10・497 下	宋武	9・78 上
宋永清	10・110 上		9・768 下

宋　表	10・496 下	宋　珍	13・120 上
宋　玟	19・233 上		16・147 上
宋茂奇	14・420 上		16・478 上
	19・407 上	宋柱石	10・494 上
宋　英	11・536 上	宋　奎	9・646 下
宋　范	13・122 上	宋　矩	13・330 下
宋來賓	13・197 上		19・322 下
	18・341 上		19・347 上
宋叔完	10・495 上	宋　泉	18・522 下
宋虎山	13・355 下	宋彥俊	6・496 下
	16・625 下	宋恪封	1・721 下
宋尚奇	9・22 上		6・705 上
宋　果	3・746 下	宋炳麟	4・374 下
	4・153 上		4・420 上
	11・116 下	宋連陞	6・497 上
宋昌琤	12・107 下	宋　振	13・170 下
宋昌蓮	1・700 上		16・479 上
	11・348 下	宋　晟	13・48 下
宋昌錚	12・331 上		19・51 上
宋昇平	13・220 下		19・166 下
宋　忠	13・138 下		19・299 下
	14・604 上	宋師濂	12・137 上
宋秉亮	5・465 上		12・481 下
宋周賓	11・775 下		13・546 上
宋　京	8・594 下		15・660 上
宋　河	13・132 下	宋師襄	2・652 下
宋　波	12・55 上		3・554 下
宋宗頤	10・644 下	宋效君	10・72 下
宋宗讓	12・525 上	宋　宰	8・611 下
宋　宜	7・762 上	宋　恕	9・87 上
	7・779 上	宋　規	2・617 下
宋　建	14・398 下		3・53 下
宋承殷	3・754 上	宋　堂	14・429 下
	4・158 下	宋國正	8・363 上
宋承規	7・755 下	宋國獻	10・117 上
宋承緒	11・608 下	宋崇選	10・116 下
宋春華	1・456 上	宋進唐	1・607 上

宋偓	9・75 下	宋湜	2・693 下
宋從仁	5・419 下		3・51 下
宋梟	3・778 下	宋游道	13・331 上
	4・175 下		19・323 上
宋商裔	1・607 上		19・348 上
	5・116 上	宋甯	6・514 下
宋清	3・75 上	宋運	2・263 上
宋啟祥	12・161 下	宋運妻王氏	2・263 上
	12・553 上	宋運貢	17・646 下
宋琮	13・296 上		19・676 下
	16・540 上	宋登	2・678 下
宋琬	13・68 上		3・40 上
	15・277 上	宋發祥	11・535 上
	15・583 上	宋楊	2・532 下
	16・270 上	宋稚	9・392 下
宋萬全	10・702 上		18・330 上
宋朝會	6・584 下	宋歆	18・563 上
	6・639 上	宋義彰	13・614 下
宋愚	10・317 下	宋璉	7・35 上
宋雲霄	13・203 下	宋愿	16・467 上
	17・384 下	宋爾和	1・605 下
宋揚	18・560 上		11・17 下
宋揚善	12・498 下	宋爾鄉	11・545 上
宋鼎	7・754 下	宋毓英	8・765 下
宋遇奎	4・370 下	宋毓璋	10・81 下
宋遇鳳	10・36 上	宋銘	16・704 下
宋貴人	6・356 上	宋廣業	11・337 上
宋烑	1・376 下	宋端	3・721 上
宋烑承	12・570 下	宋榮	13・508 下
宋傑	8・595 下	宋榮祖	19・233 上
宋欽	2・360 上	宋賓	7・719 上
	6・488 上	宋實庵	2・408 下
	6・514 下	宋維忠	7・616 上
	6・515 下	宋綸	7・762 上
	6・529 下		7・778 下
	6・551 下	宋震	15・275 下
	14・764 上		15・581 下

	18・414 下	宋　濤	6・531 下
宋　箴	13・546 上	宋　濤	2・613 上
	15・660 上	宋　禮	8・11 上
宋　德	3・752 下	宋懷儒	13・622 下
	4・318 下	宋耀殷	9・22 下
	4・413 下	宋釋之	2・373 上
宋德方	2・355 上	宋繼昌	13・159 下
宋德盛	8・605 上	宋　鑑	5・469 上
宋　徵	10・495 上		5・699 上
	13・60 下	宋　瓚	13・141 下
宋　銳	7・73 上		19・246 下
	12・103 下	宋　顯	13・331 下
	12・269 下		19・323 下
宋餘慶	11・356 上		19・348 下
宋養楨	6・170 下	宋　纖	13・331 上
宋履中	10・689 上		14・359 下
宋積之	12・613 下		19・322 上
宋興貴	2・568 下		19・346 下
宋學通	6・559 下		
宋學淳	14・657 上	**宏**	
宋　儒	20・149 下	宏　充	18・565 下
宋儒周	3・213 下	宏　辨	2・715 上
宋　穎	13・135 上	宏　藏	3・146 上
宋　澤	3・375 上		
宋　瀎	2・700 下	**冶**	
宋　璿	2・612 下	冶大雄	20・439 下
	8・63 上	冶含芳	3・602 下
	13・116 下	冶國器	20・649 上
	15・256 下	冶　鸞	13・578 下
	15・563 下		20・648 下
宋　繇	13・331 上		
	19・316 上	**君**	
	19・348 上	君　陳	2・506 下
宋　謨	12・683 上		
宋應蛟	6・488 下	**阿**	
	6・529 下	阿什默特	20・478 上
宋應選	6・489 下	阿玉錫	20・478 上

阿布多沙提克	20・595 下	阿闍黎	3・773 上
阿布多拉汗	20・595 下		4・173 上
阿布多墨黑買汗	20・595 下	阿應鱗	13・486 下
阿布拉	20・595 下		19・169 下
阿布都爾滿	20・477 下	阿齡阿	11・572 上
阿史那社爾	13・35 下		
	19・317 下	**陀**	
	19・340 下	陀滿胡土門	13・86 下
	20・434 下		16・603 上
	20・467 下		
	20・477 上	**妙**	
阿　台	20・420 下	妙道真人	14・415 下
阿里袞	20・423 上	妙　齡	14・509 下
阿奇玉色普和加	20・595 下		
阿依汗	20・595 下	**姒**	
阿炳安	13・75 上	姒　昂	8・193 下
阿都齊	20・476 下		8・228 上
阿　桂	13・75 上		9・410 上
	20・422 上	姒　鼎	9・646 上
阿勒台	20・470 上		
阿勒精阿	4・776 下	**邵**	
阿喇納	20・446 上	邵三錫	1・665 下
阿喇勒烏蘇	20・454 上		7・95 上
	20・470 上		7・495 下
阿跌光顏	7・408 上	邵才志	2・308 上
阿嘉呼圖克圖	20・725 上	邵元齡	9・422 上
阿輔罕	19・409 上	邵公坤	11・239 上
阿輔罕始	14・416 下	邵可立	11・224 下
阿爾哈雅	20・474 上		11・238 下
阿爾納	13・72 上	邵　平	2・697 下
	19・304 上		3・77 上
阿爾濟蘇特穆爾	20・420 下	邵廷信	1・678 上
	20・470 上	邵廷儀	2・668 上
阿實克布哈	20・475 下	邵安民	9・138 下
阿穆爾布彥	7・39 下		10・67 下
	7・153 上		10・115 下
阿錫貢	20・473 下	邵如椿	1・671 上

邵　杜	13・166 上	邵德順	13・577 上
邵伯温	3・144 下	邵　毅	13・121 下
	12・638 上		16・272 上
	12・647 上	邵　錦	11・224 下
邵伯蔭	3・279 上	邵錦福	14・423 上
邵　苤	13・438 下	邵繩祖	13・501 上
	17・430 下		15・111 下
邵述堯	17・298 下	邵　驫	13・613 下
邵　宗	13・270 上		

忍

忍辱禪師	4・705 下
	4・773 下

	14・525 下
	14・769 下
	15・83 上
邵宗禮	20・338 下
邵春亭	17・136 下
邵　陸	17・322 下
	17・323 上
邵　翀	6・610 上
	6・639 上
邵國本	15・99 上
邵崇稚	13・440 上
邵敏學	13・437 下
	17・429 上
邵從堯	11・392 上
邵　隆	11・220 下
邵　琨	3・133 上
邵　傅	12・103 上
邵道人	14・365 下
	14・417 上
	17・443 下
	17・479 上
邵　雍	4・636 下
	11・218 上
	11・251 上
邵　輔	1・402 下
邵　誌	14・613 下
邵　端	11・56 上
邵　璋	2・625 上

八畫

武

武大年	10・380 上
武大烈	2・650 上
	3・210 上
武大甯	13・145 上
武之望	2・642 上
	3・208 上
武　王	4・411 下
武天禎	3・180 上
武文昌	9・165 下
	10・79 下
武文炳	1・641 上
	4・425 上
武乂達	2・643 下
	5・514 上
	5・609 上
	5・716 下
武四姐	8・535 上
武有備	13・109 下
	17・280 上
武　成	7・73 上

193

	13・439 下	武 英	13・239 上
武成周	11・650 上		17・209 上
武廷珍	1・535 上		17・377 下
	11・646 上		20・296 上
武廷适	13・70 下		20・315 上
武廷鋆	1・535 上	武 述	18・374 下
	11・648 上	武述文	13・563 下
武廷輝	1・534 下		18・79 下
	11・654 上	武東旭	11・52 上
武 全	4・320 下	武尚仁	13・393 下
	4・366 上	武 昕	5・649 下
	12・152 上	武 定	8・561 下
武全文	13・109 下		12・378 下
	17・280 下	武定功	1・644 下
武全性	4・415 上		12・486 下
武守法	10・377 下	武承統	1・744 上
武 安	12・378 下	武承緒	12・347 上
武安民	10・495 下	武 茂	11・220 上
武安邦	13・656 下	武 挺	4・369 下
武安東	11・540 上		4・417 上
武如愚	7・752 上	武思仁	13・170 下
武克勤	13・587 上		14・697 下
武克謹	11・24 上		16・478 上
武呈祥	1・760 上	武思信	13・429 上
	7・550 下		18・73 下
武 邑	18・368 上		18・303 下
武攸宜	9・70 上		18・361 下
	9・761 上		18・461 上
武攸緒	2・700 上	武思澄	5・757 下
	3・78 上	武 彦	18・69 下
武希玄	2・225 下		18・304 上
	2・363 上	武彦成	18・363 下
武 忱	13・74 上	武起鳳	13・374 下
武若愚	1・343 下		19・499 下
	6・480 下	武 都	7・53 下
	8・17 下		7・205 上
	10・511 上	武 烈	14・701 下

武　振	13・327 上
	19・107 下
	19・255 下
	19・266 下
武時可	13・415 上
武崇訓	2・576 上
武培極	5・519 上
	5・615 下
	5・726 上
武　勘	7・25 上
武　略	13・546 下
	15・684 上
武　敏	14・427 上
	14・800 上
	15・170 上
武進陞	7・647 下
武訪疇	8・19 下
武淩漢	1・465 上
	11・44 下
武紹祖	2・641 上
	5・511 上
	5・608 上
	5・715 上
武達觀	1・521 下
	4・369 上
	4・416 下
武萬選	10・676 下
武　敬	11・393 下
武揮烈	3・582 上
武循理	11・55 上
武　欽	13・547 下
武運昌	13・700 上
	18・71 下
	18・365 下
武登第	13・475 上
武登雲	13・683 下
武　戩	7・149 上

武愈亳	5・316 上
武頌揚	16・79 下
武　詢	13・109 上
武　溶	11・656 下
武　肅	1・522 上
	4・369 上
	4・417 上
武廣文	10・694 下
武盡美	10・31 下
武　曁	1・701 下
武　衛	4・369 下
	4・417 上
武　澄	4・373 下
	4・419 下
武履中	11・46 上
武奮揚	3・334 上
	3・396 下
武錫廣	4・370 下
	4・417 下
武錫齡	2・400 下
武　濂	13・577 上
	19・722 下
武　謨	2・653 下
	3・491 下
武鴻基	11・51 下
武鴻模	1・603 下
	8・120 上
武鎮海	11・46 上
武懷慶	11・33 下
武　瀛	1・562 下
武　籌	16・219 上
武體觀	11・46 上
武　瓚	13・703 上
武鷹揚	16・27 上

青

青牛先生	2・704 上

	12・504 上		**耶**
青龍岩居人	7・120 上	耶律楚材	13・46 下
			19・319 上
長			19・342 上
長　泰	20・440 下		**茂**
長孫子彦	2・552 上	茂　彪	13・436 上
長孫安	2・260 上		17・408 下
長孫肥	2・548 上		
長孫祥	5・464 下		**苗**
	5・697 上		
長孫無忌	3・735 上	苗天雨	7・586 上
	5・195 下	苗生有	13・526 上
長孫儉	7・22 上		19・518 上
	7・527 下	苗永春	13・154 下
	15・249 上	苗光易	6・95 上
長孫熾	3・34 下	苗吐隆	10・542 上
長孫澤	2・227 下	苗　青	7・77 下
長孫濬	12・10 上	苗　旺	13・87 下
長孫覽	9・68 上		14・757 上
長　詈	20・622 下		15・67 上
長　略	13・133 下	苗思順	5・470 下
長登蘭	10・118 下		5・699 下
長　瑞	11・684 下	苗彦成	18・333 上
長　謙	13・209 上	苗教昇	20・689 下
	19・672 下	苗　授	13・84 下
長　贊	13・198 下		13・107 上
長　齡	12・660 上		14・465 上
	13・76 下		14・754 上
	17・11 下		16・602 下
	17・168 下		17・210 下
	20・442 上		19・429 上
		苗　達	10・495 下
亞		苗遇春	10・529 上
亞　哥	9・80 上		10・576 上
	9・402 上	苗　履	13・86 上
	10・13 下		15・66 上

	19・431 上	苻　崇	18・274 下
苗穎秀	12・164 下		18・352 下
苗繼宣	7・24 上	苻　琳	18・286 下
	7・149 上		18・356 上
英		苻　雄	13・402 下
			15・295 上
英　元	19・698 上		15・618 上
英　秀	19・724 上		18・284 下
英　林	20・595 下		18・355 下
英　裕	13・149 下	苻　雅	18・286 下
	16・668 下		18・356 下
英　蘭	13・260 下	苻道隱	3・83 上
苻		苻　登	14・401 下
			18・274 上
苻　丕	14・401 下		18・352 上
	18・273 下	苻　載	18・291 下
	18・352 上		18・358 下
苻　生	18・273 上	苻載妻李氏	2・303 下
	18・351 下	苻　融	13・402 下
苻　洪	14・400 上		15・295 上
	16・153 下		15・618 上
	18・272 上		16・154 上
	18・351 上		18・285 下
苻　健	16・153 下		18・356 上
	18・272 下		
	18・351 上	**苟**	
苻　朗	13・403 上		
	15・295 下	苟士清	14・771 上
	15・618 下	苟士魁	1・733 上
	16・154 下	苟日躋	11・227 下
	18・288 上		11・391 上
	18・356 下	苟有蓮	16・692 下
苻　堅	5・196 下	苟廷讓	16・768 上
	14・400 下	苟汝完	6・373 上
	18・64 上	苟好文	13・361 下
	18・273 上		14・662 上
	18・351 下	苟好善	2・650 上
			5・48 下

	5・119 上	范士佳	13・136 下
	5・179 下	范之煥	12・115 上
茍芬香	13・560 下		12・526 上
	15・718 上	范元清	1・694 下
茍　完	3・248 下		11・32 下
茍奉祖	13・647 下	范友柏	17・621 上
	16・774 上		17・729 上
茍茂華	3・556 下	范　丹	4・489 上
茍萬選	1・640 上	范文光	5・173 下
茍　復	11・228 下	范方氏	11・501 上
	11・391 上	范玉山	17・737 下
茍　滀	13・356 下	范玉麟	13・401 上
	16・636 上		19・399 上
茍福朝	4・426 下	范生蘭	20・343 上
茍　輔	5・265 上	范立朝	13・105 下
茍　實	5・18 下	范永德	11・609 上
	5・110 上	范式金	7・666 上
茍德洪	13・237 上	范　芝	13・396 上
茍德輝	5・177 下		14・702 下
茍　諫	3・768 上	范光宗	1・492 下
	4・168 下		9・29 上
	4・465 下	范光煒	8・266 上
茍懋勳	13・384 上	范光曦	3・726 上
茍　鉤	17・423 上	范年鍾	12・371 上
茍彌光	5・48 下	范廷召	13・41 上
	5・104 下		17・373 下
	5・172 下	范仲淹	5・248 上
茍鶴齡	5・49 上		5・268 下
	5・110 下		7・25 下
茍　鑑	13・271 上		7・149 下
	14・494 上		7・743 下
	16・617 下		13・42 下
苑			17・266 上
苑祕桂	11・692 上		17・372 下
范			17・487 上
			19・447 下
范士玉	19・227 下		20・297 上

范仰正	7・527 上	范　泌	12・1 下
范兆昶	5・461 下	范宗魁	6・498 上
范汝英	13・497 下	范宗橋	10・683 下
	15・108 上	范　垣	9・17 下
范汝超	13・644 下		9・532 上
范如游	9・21 上	范　垠	9・18 上
范如魯	9・689 下		9・532 下
范孝子	1・600 上	范柏年	12・84 下
范志懋	9・408 上	范　恪	13・247 下
范呈芳	13・511 下		15・266 下
范秀鍾	12・371 上	范洪運	11・49 上
范希正	12・371 上	范　泰	19・762 上
范希淹	17・739 上	范泰恒	10・81 下
范希朝	6・486 下	范　莊	3・602 上
	13・39 下	范時修	12・100 上
	17・372 上		12・202 上
范希賢	19・227 下	范時捷	13・130 上
范君宰	9・37 上		19・669 下
范阿九	2・310 下		20・44 上
范青芝	6・493 下		20・138 上
范長生	17・121 下	范　祥	5・253 下
范昌期	8・600 上		5・359 上
范　昉	12・122 上		5・380 上
	12・659 下		5・414 上
范忠奇	6・490 下		6・478 下
范　岡	3・180 下		9・399 上
范知栢	12・379 下		13・44 上
范金詔	13・535 上		15・260 下
范　育	5・253 下		15・566 上
	5・380 下		16・600 上
	5・467 下		19・447 下
	5・697 下	范純仁	13・44 下
	8・333 上		17・374 下
	13・85 下		17・492 上
	14・467 下	范純粹	13・126 下
	14・755 上		17・375 上
	19・430 下		17・491 上

范　逵	13・365 下			20・231 上
范掄策	12・570 上	范　雍		7・743 上
范國明	11・420 上			13・199 下
范康貴	12・395 下	范　銘		13・352 下
范　章	4・323 上			15・120 下
	4・365 下	范　榮		13・141 下
	4・414 下	范榮光		12・272 上
范　紹	13・331 下	范維琮		15・109 下
	19・323 下	范維霖		9・27 下
	19・348 下			9・551 上
范　瑛	13・53 上	范增貴		19・243 下
范　堤	9・18 上	范標舉		8・670 上
	9・532 下	范德生		18・401 下
范　達	17・156 下	范徵吉		17・753 下
	17・177 上	范　廣		9・406 上
范　棟	3・242 下	范履亨		13・605 下
范　晷	9・63 下			19・177 上
	9・391 上	范履貞		13・605 上
	10・8 下			19・188 下
	13・135 上	范履乾		14・607 下
	18・534 下	范履經		19・174 上
范智吉	1・600 下	范　璐		19・756 上
范　銑	9・679 上			20・229 上
范　斌	9・404 下	范學淹		13・182 下
	10・597 下			15・276 下
范湘浥	1・744 下			15・582 上
范湘綖	1・744 下	范學顏		7・40 下
范湘綺	12・348 下			7・188 下
范　瑟	13・60 下	范錫篆		13・443 上
	20・618 下			18・12 上
范瑞星	12・138 上	范　燧		9・17 上
范　輅	12・138 下			9・129 上
	12・486 上			9・531 下
范　粲	13・134 下	范駿聲		9・32 上
	18・528 上	范懋和		10・390 上
范　廉	14・427 上			10・466 下
	19・759 上	范應侯		11・18 下

范　總	13・60 上		12・495 下
范雙姐	6・112 下	林廷玉	13・283 下
范　鎬	5・417 下		17・73 上
范　鏓	19・575 下	林廷瑞	15・170 下
	19・665 上	林延昌	8・602 下
	20・130 下	林　芳	18・616 下
范　鏽	13・390 下	林秀芳	12・492 下
	16・538 上	林含華	13・425 上
范　馨	9・698 下		16・44 下
范　巍	4・172 上		18・422 上
茅		林　東	12・168 上
			12・662 上
茅　固	18・519 上	林昂霄	14・607 下
茅　盈	4・704 下	林　忠	13・245 上
	4・773 下		18・199 下
茅　貴	13・675 上		18・338 下
	19・763 上	林　季	14・358 上
	20・221 下		20・227 下
茅　濛	2・716 下	林秉義	20・226 上
	4・704 下	林挺生	1・747 下
	4・773 上		12・161 下
	10・664 上	林則徐	1・313 上
林			13・77 上
			20・483 上
林士雲	6・561 下	林洪博	6・134 下
林之望	15・587 上	林　洸	13・614 上
	16・149 上	林起鵬	13・474 下
	18・415 下	林　恭	3・599 下
林元薾	11・518 上		3・751 下
林元燾	6・138 下	林師樂妻李氏	12・181 上
林日瑞	13・66 下	林逢春	1・747 下
林　文	8・377 下		12・161 下
林世榕	3・132 下		12・553 上
林永年	13・495 上	林逢泰	5・354 上
	15・98 下		5・374 下
林邦銘	1・737 上	林效儒	13・556 下
	12・138 上		15・707 上

201

	16・337 下	來思起	3・66 上
林得全	15・170 下	來　琔	11・12 下
林　紳	6・638 下	來　恭	2・622 下
林　森	6・351 下		6・143 上
	6・407 下	來國用	6・373 下
林揚光	12・333 下	來淑沫	6・80 上
林復陽子	12・400 上	來淑泗	2・671 上
林　善	13・200 上		6・89 下
林道人	11・402 下		6・176 下
林道士	11・231 下	來淑洙	1・452 下
林遂松	12・487 上		6・161 下
林發深	13・165 下	來　紹	13・228 下
林　嵩	5・254 上	來　順	7・95 上
	5・280 下		7・493 下
林魁剛	12・428 下	來　復	2・695 上
林慎思	6・376 上		6・64 下
林　遜	6・136 上		6・147 下
林壽熙	12・408 下		12・152 下
林維造	19・188 上	來　聘	6・72 下
林樹榮	10・496 上		6・156 上
林　寶	6・81 下	來　蒙	6・88 下
	6・165 下		6・175 下
林耀廷	12・571 下	來嗣徽	1・596 上
來			6・93 上
			6・176 上
來文鰲	1・606 上	來嗣績	6・92 下
	11・31 上		6・175 上
來廷對	6・92 下	來　慈	2・267 下
	6・175 上	來　瑱	5・192 上
來局瓜	6・394 上	來維禮	13・461 下
來阿八赤	13・447 下		20・703 下
	19・608 下	來德曜	6・94 上
	19・684 上		6・177 下
	20・148 上	來潤和尚	7・119 上
來　和	2・708 下	來　錦	13・695 下
	3・79 上	來　歙	12・637 上
來居敏	1・588 下		13・28 下

	14・752 上	東長盛	13・536 上
	15・235 下	東明禪師	11・728 上
	16・248 下		11・802 下
	16・261 下	東　周	10・657 上
	16・459 下	東京槐	8・653 上
來　臨	6・74 下	東　郊	9・709 上
	6・157 下		10・640 下
來　講	6・68 上	東思忠	9・707 下
	6・152 下		10・636 下
來　潽	1・452 下	東思恭	10・637 下
	6・78 下	東思誠	10・637 上
	6・160 下	東海王后苟氏	18・274 下
來　濟	20・453 下	東　野	9・709 上
來儼然	2・645 上		10・639 下
	6・73 下	東國泰	10・659 上
	6・156 下	東　勛	10・365 上
來　鑑	6・78 上	東匯澤	8・766 下
	6・160 上	東園公	3・143 下
			11・216 下
松		東廳商	9・711 上
松山和尚	10・308 上	東榮甲	1・497 下
松　明	13・240 下		8・617 下
松　筠	1・310 下		8・629 下
	12・660 上		8・746 上
	13・75 下	東　漢	9・708 下
	20・423 上		10・638 下
松　淮	1・412 上	東　實	10・641 下
杭		東肇商	9・710 下
		東　魯	10・637 下
杭　雄	7・33 下	東頤壽	10・638 下
	7・459 上	東　曉	10・657 下
	20・421 上		
東		**郁**	
		郁　斌	13・112 下
東　元	10・658 上	**奇**	
東　允	10・658 下		
東良惠	11・220 下	奇克伸佈	19・695 上

奇　明	13・146 上		16・547 下	
	14・607 下		17・14 上	
	15・69 上		**肯**	
奇撒布	20・455 上			
奇　徹	20・435 下	肯　徹	20・481 上	
抹		**虎**		
抹然盡忠	6・478 下	虎大威	7・75 上	
	6・509 上	虎　臣	3・745 下	
拓			4・280 下	
		虎仲植	5・465 上	
拓文運	1・762 下	虎際吟	20・59 下	
拓兆祥	7・520 上	**尚**		
拓拔正	2・550 上			
拓拔石平	9・64 下	尚九遷	8・15 上	
拓拔坦	2・550 上	尚士行	8・574 下	
拓拔思忠	3・241 下		9・114 上	
拓拔思恭	7・531 上		9・515 下	
拓拔思諫	7・531 上		10・41 上	
拓拔推	2・548 上	尚文顯	13・614 上	
拓拔愉	2・548 下	尚廷臣	3・492 下	
拓拔黎	2・547 下	尚廷楨	13・533 上	
拓拔緦	2・548 下	尚安國	13・614 上	
拓拔禧	2・548 上	尚　芳	6・591 下	
拓拔繼	2・550 上	尚希誠	1・740 下	
拓跋丕	15・244 上		12・147 下	
拉		尚宏勳	3・496 上	
		尚　英	3・579 上	
拉　禮	19・698 下		3・720 上	
郅		尚來兒	11・34 上	
		尚明德	19・229 上	
郅　支	20・480 上	尚金貴	10・168 下	
郅述中	3・724 上	尚承業	6・595 上	
郅　奇	19・189 上		6・658 上	
叔		尚保齡	6・710 上	
		尚　宣	5・314 下	
叔　齊	13・697 上	尚班爵	9・116 下	

		10・41 上		18・418 下
尚　恭		17・182 上	門朝棟	3・220 上
尚時中		9・114 上	門應麒	5・648 下
		10・41 上		

明

尚崇年		7・43 上	明三畏	19・763 上
尚　望		6・578 下		20・222 上
尚　緗		11・119 上	明　山	20・449 上
尚　達		9・656 下	明　月	14・419 上
		10・23 上	明月輝	14・656 下
尚萬翶		1・664 上	明　安	20・454 上
尚　聘		6・595 下		20・475 下
		6・658 上	明　昆	13・208 下
尚夢龍		3・496 下		19・672 上
尚福魁		10・168 下	明　空	2・315 下
尚殿颺		3・211 下	明咸陽王	4・657 上
尚　衡		8・580 下	明　理	8・6 上
		9・116 上	明　福	13・220 上
		9・522 上	明　輔	9・417 上
		10・30 上		10・603 上
		10・245 上	明　緒	13・77 下
尚　聰		6・658 上	明德馬皇后	4・483 上
尚　薰		6・591 下		4・537 上
		6・658 上	明儒和尚	7・119 下
尚鴻圖		8・611 下		7・179 下
尚鎮圭		10・161 上	明　點	19・35 上

昆

昆　莫		20・467 下	明　鎬	7・25 上

門

				7・150 上
				9・76 上
				9・398 下
門七兒		5・733 下		10・4 下
門丕吉		5・730 下		13・42 上
門廷獻		12・144 下		

易

門克新		13・301 下	易文基	13・111 上
		15・318 上		17・555 上
		15・651 下		17・645 下
		16・535 上		

易　宏	12・100 上
	12・201 下
易宗臣	19・137 下
易陽泰	19・137 下
易陽慧	19・137 下
易策謙	13・218 下
	19・12 上
易順勝	16・22 上
易道粹	12・614 下
易德麟	13・252 下
	19・679 下
易應中	10・496 上
易　瓚	13・56 下
	20・618 上

昂

昂吉兒	13・326 上
	19・105 上
	19・166 上

典

典禮彌實	8・6 上

固

固呢堪	19・698 下

忠

忠　善	13・257 上
忠　慧	19・695 上

呼

呼延平	13・325 下
	19・104 上
	19・189 下
呼延廷翼	7・679 下
呼延華	13・149 上
呼延華國	16・667 下

呼延堅	7・681 上
呼延麟	3・62 上
呼爲卿	10・192 上
	10・241 下
呼新之	8・654 下
呼鳴盛	1・547 上
呼圖克	20・436 下
呼徵之	8・725 下
呼維嵩	8・620 上
呼魯蘇	20・476 上
呼澂之	9・747 上

帖

帖睦兒不花	13・136 上

岫

岫　師	3・612 上

和

和　英	13・205 上
和　明	13・257 下
和　起	20・447 下
	20・455 上
和逢堯	3・779 上
	4・317 上
	4・362 上
	4・412 下
和　海	13・190 下
	18・254 下
	18・328 上
和　清	3・538 上
和斯摩哩	20・472 上
和　鼎	8・480 上
	9・722 下
和　斌	13・103 下
和爾吉圖	6・487 上
和爾齊哈喇	20・473 上

和鳴鶴	8・624 下	**岳**	
和　震	8・13 上	岳士望	7・544 上
和　凝	12・102 下		7・575 下
	12・267 上	岳中衡	12・146 下
和　燧	9・680 下		12・217 下
和　繢	3・246 下	岳　正	14・361 下
季			14・362 下
			19・133 上
季士旺	10・168 下		19・215 上
季　平	13・457 下		19・310 下
	19・693 下	岳世安	9・80 上
季　邠	10・360 下	岳占鰲	5・759 下
季安之	13・202 上	岳四吉	1・753 上
季克淩	10・168 下		11・489 上
季　迪	20・303 下	岳行甫	7・701 上
季忠義	10・168 下	岳含瑛	13・625 上
季　佺	13・91 上		16・632 上
	14・477 下	岳昇龍	13・275 上
	16・608 下		14・502 下
	20・627 上		14・778 下
季彥清	10・163 下		15・94 下
季　彭	6・372 上		16・625 上
季　榮	13・176 下		18・589 下
季　蘭	18・599 下	岳　牧	4・703 上
竺		岳　宗	3・753 下
			13・342 上
竺佛念	18・565 上		14・492 下
竺　曾	13・221 下		16・629 下
	19・297 上	岳　柱	20・474 下
秉		岳映斗	6・83 上
			6・167 上
秉　常	7・534 下	岳思忠	13・113 上
侍			16・478 下
			16・757 上
侍　彤	13・479 上	岳　咨	13・451 下
	18・666 上		19・690 下

	20・160 上	**帛**	
岳冠華	8・16 下		
岳貢正	6・582 上	帛　和	3・535 下
	6・638 下	**征**	
岳峻極	13・148 下		
	14・477 上	征克忠	17・595 下
	16・607 上	征我訛令榮	17・595 下
岳效靈	12・289 上		17・728 上
岳崧	8・228 上	**舍**	
	9・15 上		
	9・141 下	舍天智	20・383 下
	9・514 下	**金**	
岳超龍	18・589 下		
岳奠川	13・354 下	金人望	9・418 上
岳瑞雲	13・353 上		10・101 下
岳嵩	7・34 上		13・140 上
岳殿元	1・710 下	金乃良	13・651 下
	8・495 下	金三品	14・364 上
岳維華	13・90 上	金元休	2・539 上
	14・474 上	金元寬	18・41 上
	16・604 上	金日磾	8・57 上
岳震川	1・529 上		13・322 下
	6・150 下		18・552 上
岳樹松	1・663 上		18・597 上
岳鍾	6・373 上		18・648 上
岳鍾琪	5・700 下		19・103 上
	13・275 下		19・163 上
	20・443 上		19・204 上
岳鍾璜	13・362 下	金　文	13・579 下
岳應孝	20・14 上		20・650 上
	20・222 下	金文同	13・379 下
岳濬	3・132 下	金文徵	7・749 上
岳禮	12・83 下	金　玉	13・515 下
岳鎮邦	13・275 上	金玉音	13・620 上
	15・94 上		15・110 下
	16・625 上	金玉堯	13・638 下
岳鎮東	19・516 下		19・542 上

金玉麟	1・403 上	金　涉	13・323 上
	8・603 下	金　海	3・496 上
	12・527 下	金　通	17・437 下
金世綵	6・136 下	金培生	10・411 上
金占龍	1・531 下		10・467 下
	11・680 下	金　敝	18・597 下
金仙長公主	2・272 下	金梁鳳	18・594 下
金永清	11・677 下	金　啓	6・169 上
	13・354 下	金朝興	13・239 下
金在紳	8・603 上		19・371 下
	12・651 上	金　敝	13・323 上
金至剛	10・495 下		19・103 下
金光斗	17・43 上		19・163 下
金先聲	13・206 上	金　鼎	6・562 上
	17・391 上	金　順	19・678 下
金廷襄	3・323 上		20・425 下
	3・372 下		20・451 下
金安上	13・323 上	金富國	20・218 下
	18・597 下	金運昌	19・679 上
	18・649 上		20・426 下
	19・103 下	金　煉	7・35 上
	19・163 下	金煉色	12・136 下
金作礦	1・467 上		12・481 上
	3・538 上	金　褘	2・539 上
金　孜	19・573 下	金殿元	13・354 上
金　尚	13・323 上	金殿佑	13・589 上
	18・597 下	金嘉玉	6・562 上
金忠士	7・31 下	金毓彬	14・513 下
金承蔭	19・462 下	金　銓	8・362 上
金垣生	17・384 上		8・451 下
金　洪	13・113 下		13・165 上
	16・759 上	金　漢	3・496 上
金　祚	13・381 上	金漢卿	19・760 下
金　珩	12・683 下	金漢鼎	5・471 下
金　倫	13・323 上		5・701 上
	19・163 上	金　綸	13・495 上
金　益	3・493 下		15・98 上

金　賞	13·484 下		12·614 下
	19·103 下	周士相	10·497 上
	19·163 下	周士俊	13·350 下
金黎相	18·616 下		15·116 下
金　銳	3·67 上	周士彥	5·648 上
金　濂	13·50 下		5·752 下
	19·663 上	周士霑	3·487 下
	20·127 上	周大用	6·667 下
金聯陞	12·552 上	周大成	12·19 下
金懋俊	1·757 上	周大業	10·81 下
金懋略	11·759 下	周大綸	11·407 下
金懋韜	1·757 上	周丈人	12·23 上
金禮秉	11·344 上	周之臣	10·495 上
金　璽	14·352 上	周之桂	2·665 下
	19·437 上		3·211 上
金獻民	7·31 上		5·652 上
金　寶	1·648 上		5·718 下
	1·767 下	周之楨	13·649 下
金　鐸	14·516 下		16·197 下
	14·771 上	周子羽	3·176 上
	15·84 上	周　丰	10·424 下
金　鑑	12·408 下	周天才	13·376 上
金　麟	13·151 下		19·501 下
		周天生	3·581 下
念		周天監	11·756 下
念　賢	13·281 下	周天顧	10·429 上
	15·248 上	周元定	13·169 上
	19·433 下	周元鼎	1·453 上
			6·169 下
周		周友執	1·682 下
周三甲	1·594 下		5·736 上
	2·414 上	周友德	5·759 上
	5·756 上	周日強	13·203 下
周于德	13·538 上		17·387 上
周士英	7·78 上	周日熙	6·582 下
周士奇	7·417 下	周曰庠	12·165 上
	8·656 上	周　仁	2·708 上

	3・249 上		13・103 下
周化鳳	13・276 上		13・447 下
	14・530 下		17・59 上
	16・625 上		17・210 下
周　公	2・505 上		17・267 下
	4・411 下		19・683 下
周　文	13・623 下		20・147 上
周文王	4・645 上		20・273 下
周文盛	10・434 上	周永寧	12・157 上
	10・472 下	周召棠	11・345 下
周文煥	2・643 上	周　台	10・497 下
	11・8 下	周邦倚	13・189 下
周文翔	13・233 上	周圭璋	10・315 下
周文弼	13・453 上	周老人	1・767 上
	20・225 下		12・293 下
周文煒	11・221 下	周　臣	7・58 下
周文蔚	18・401 上	周百齡	12・281 下
周文澤	8・601 上	周有庠	13・647 下
周允新	9・773 上		16・774 下
周孔麒	10・494 下	周成巳	10・423 上
周　玉	7・28 上	周　廷	6・80 下
	19・52 上		6・164 下
周　正	11・227 上	周廷試	12・147 下
周世琛	11・772 下	周廷蘭	7・519 下
周世貴	12・147 上	周延恒	20・218 下
周世傑	8・588 上	周自西	1・654 上
	8・640 上		11・608 上
周　本	3・721 上	周自伏	13・585 下
周本豐	12・390 上	周自新	13・343 上
周丕紳	1・390 上		16・618 上
	2・406 下	周行榜	11・663 下
	5・82 上	周　全	12・425 上
周戊寅	17・297 下	周兆魁	10・319 下
周申澤	11・675 下	周兆鳳	7・544 下
周　仕	6・156 下		7・638 上
周代朝	12・20 上	周兆璋	13・190 上
周永清	6・396 上	周兆錦	13・217 上

	15・603 上		19・303 上
	18・687 下		19・666 上
周汝弼	7・39 上		20・132 下
	7・152 上		20・226 上
周　宇	2・695 上	周尚智	20・675 上
周守域	19・701 下	周尚禮	3・264 上
	20・15 上	周　明	12・157 上
周守璽	13・314 下	周　易	3・754 下
	20・12 上		4・158 下
周安邵	6・481 上	周　昉	3・80 上
周如菴	17・52 上	周忠恕	1・656 下
周志闓	8・602 上	周季麟	14・604 上
	9・425 上	周　金	7・28 下
周志德	11・218 下	周金鑑	12・489 上
周克開	13・110 上	周命新	3・403 上
	19・460 下	周受祿	11・774 上
周更化	10・365 上	周受福	11・774 上
周希武	16・82 上	周宗禕	13・692 上
	20・709 上	周宗懿	11・748 下
周希俊	11・603 上	周　官	12・147 下
周　沆	3・713 上	周官保	10・437 上
周良玉	13・218 下	周建邦	7・71 上
	19・11 下		7・494 下
周良翰	1・447 上	周承勃	5・723 上
	3・138 下	周承烈	13・588 下
周良孺	5・465 上	周孟麟	11・230 上
周武王	4・645 下	周　珌	13・543 下
周長發	12・551 上		15・293 下
周其俊	20・318 上		15・615 上
周　述	11・216 下		18・559 上
周　雨	10・495 上	周　相	10・389 下
周尚文	7・31 下		10・398 上
	13・124 下		10・466 下
	13・260 上	周相焯	1・366 下
	18・198 下		6・481 下
	18・263 下		8・453 上
	18・335 下		9・651 上

	10・102 下		20・211 下
	11・118 下	周　倬	12・161 下
	11・592 上	周師達	9・165 下
周　彧	9・122 上		10・76 下
	9・663 下		10・123 上
	10・197 上	周　虓	14・358 上
周厚華	15・178 下		20・227 上
周　挺	11・23 上	周悦勝	13・349 上
周　昂	19・621 上		15・104 上
周思聰	6・494 下	周益鳳	1・637 下
周　信	14・589 上	周　浩	13・210 上
周俊淩	10・115 上		19・673 上
周　衍	7・653 下		20・291 上
周衍烈	14・428 上	周　海	13・616 上
周爰諏	1・567 上		14・515 下
周爰謀	1・634 上		14・771 上
周　美	7・746 下	周　涌	7・153 下
	13・310 下	周　祥	8・622 下
	19・608 上	周祥麟	10・163 下
	19・683 下	周　書	13・114 下
	20・147 上		16・479 上
	20・273 下	周　恕	3・768 上
周　炳	13・561 下		4・169 上
	15・720 上	周能珂	19・202 下
周　洛	18・155 下	周務學	16・81 上
周　敖	13・493 上	周　紋	10・423 上
	14・509 上	周　逵	12・386 上
周起岱	1・643 下	周培忠	2・651 下
	12・428 上	周盛時	16・147 下
周起鳳	7・153 上	周　捷	18・93 卜
周恭先	20・481 下	周　處	5・265 上
周　莊	10・544 下		6・484 上
周　桂	16・483 上		8・59 上
周連登	1・449 上	周　冕	12・615 下
	5・613 上	周國勝	13・253 上
	5・721 下		19・679 下
周　哲	20・12 下	周國遠	13・258 上

周崧曉	3・132 下		18・372 下
周崇禮	6・581 上	周　鼎	1・639 上
周　敏	13・270 上		1・640 上
周　術	11・238 上		5・342 下
	11・340 上		7・148 上
周得祿	14・513 下		17・120 下
周從貴	12・283 下	周鼎胤	10・480 上
周　訪	12・84 下	周開錫	13・80 下
周惟遠	13・230 上		15・589 上
	14・656 下	周遇渭	1・648 下
周眷新	3・278 下	周　貴	12・653 下
周清現	13・431 上	周智光	9・69 上
	18・140 下		9・759 下
周清雲	12・396 下		10・660 下
周　淞	3・582 下	周智壽	2・586 上
周寅暘	3・181 上	周順泰	13・667 上
周　紳	13・641 下	周　欽	13・248 下
	16・198 上		17・417 下
周　紹	2・632 上	周爲漢	1・574 上
	3・267 下	周　勝	20・675 下
周　琮	13・138 上	周勝明	11・610 上
	18・614 上	周　斌	19・470 上
周　琬	6・627 下	周　道	9・664 上
周　琛	1・449 上		10・199 上
	5・613 上		10・246 下
	5・721 上		12・168 上
周　達	12・156 下		12・662 上
周斯盛	13・439 下	周道直	2・644 下
	17・430 上		3・208 下
周敬廉	5・723 下	周道南	10・369 上
周朝侁	10・599 上	周道煥	19・696 下
周　植	14・479 下		20・162 下
周　森	3・248 下	周道隆	1・449 下
周棟隆	12・122 上		5・723 上
周　惠	19・255 下	周焱林	1・656 上
周惠達	13・178 上	周　湖	12・660 上
周雲程	18・155 下	周湖本	12・122 下

周　渭	12・658 上		16・643 下
周富善	15・716 下	周碩齡	12・281 下
周　甯	13・99 上	周鳴高	13・229 下
	19・432 上	周鳴球	12・569 下
周　祿	10・508 下	周　銘	5・651 上
	10・624 上		5・758 上
周登桂	1・610 上	周銘旆	5・81 上
周　發	13・559 下	周銘旗	1・373 下
	15・716 上	周　鳳	3・723 上
周　統	10・423 上		13・270 下
	10・477 下		14・493 上
周　㯶	19・757 上		16・617 上
周　瑄	10・248 上	周鳳岐	13・548 上
周夢熊	13・676 下		15・685 上
	19・700 上	周鳳泰	19・723 下
	20・223 上	周鳳翔	10・434 上
周蒲璧	11・229 上	周鳳儀	17・21 上
周傳斌	11・425 下	周　廣	20・160 上
周傳誦	2・648 上	周漢章	6・392 下
周　詵	8・584 上	周　滿	14・390 下
	8・594 下	周　寧	7・749 上
周　詢	13・695 上		8・2 上
	14・588 上	周肇岐	16・87 下
周　廉	8・622 下	周　熊	2・626 下
周　慎	18・559 上		3・55 下
周　義	13・452 下	周維興	1・741 下
周　準	11・684 下	周維藩	13・315 上
周　福	13・435 上		13・686 上
	13・559 下		18・600 上
	15・716 上		18・658 下
周　肅	8・618 下		20・11 下
周際昌	10・316 上	周　璜	13・89 上
周　經	11・218 下		14・476 下
周　瑢	5・721 下		14・758 上
周嘉彥	13・249 上		15・68 上
	17・418 上	周　蕙	14・352 上
周　輔	13・341 下		14・366 下

	14・533 下
	14・798 上
	15・178 下
	15・319 下
	15・653 上
	16・284 下
	16・324 上
	19・107 下
	19・261 上
周蕃壽	9・653 下
	10・666 上
周　賢	8・547 上
	9・413 下
周　儀	3・379 下
	19・690 上
	20・159 下
周儀暐	1・369 上
周德極	1・583 上
	3・74 上
周鋒先	13・598 上
周　諏	10・423 上
	18・415 上
周調元	13・676 上
	19・763 下
	20・222 下
周　賡	8・602 下
周賡盛	4・340 下
周　遴	14・351 下
	14・589 上
周　導	9・122 下
周　熛	2・661 下
	3・210 下
	13・114 上
周審玉	3・711 下
周　緤	5・463 下
	5・696 上
周　璠	14・351 下

	19・437 上
周　璘	8・2 上
周樹清	18・691 下
周　整	10・492 下
周奮明	13・561 上
	15・718 下
周興詩	13・581 上
周學孔	3・76 上
周學詩	3・76 上
周錫玉	10・424 下
周錦利	1・654 上
	11・608 下
周錞元	7・153 下
周　澹	2・708 下
	3・327 下
	3・392 下
周　濂	13・115 下
	19・373 上
周懋康	11・22 下
周暐宇	10・365 上
周膺武	13・623 上
	14・587 下
周應泰	12・526 上
周應瑞	12・152 下
周應壁	10・275 下
周　燦	3・211 上
周鴻圖	12・648 下
周　禮	9・780 上
	19・232 下
周曜東	1・375 上
周　鎬	8・622 下
周　瀍	3・601 下
周　璧	12・291 下
周　礛	13・91 下
	15・70 上
周　璽	19・582 下
周　鏽	13・449 下

	19・696 上	怡希孟	5・729 下
	20・151 上	怡希孟	19・697 下
	20・274 上	怡　英	13・677 下
周　懷	16・32 下		19・764 上
周懷雄	11・541 上	怡　美	20・224 下
周　寶	13・40 上	怡繩先	5・753 上
周　鑑	3・502 下		
	13・284 上	**炎**	
	17・73 下	炎帝神農氏	3・595 下
周顯堂	17・136 上		3・731 上
周　麟	13・87 下		
	14・757 上	**法**	
	15・178 上	法　正	3・746 下
郇		法　成	14・412 上
郇崇儒	13・489 上	法　安	4・601 上
忽			14・413 下
忽以恒	10・265 下		17・141 下
	10・365 上	法　沖	14・414 下
忽都友	7・414 下	法　明	10・76 下
忽　鳴	8・481 上		10・123 上
咎		法　真	3・770 下
咎如思	6・72 下		4・572 下
性		法　浩	9・170 下
性文山人	14・357 上	法　海	2・335 下
	17・442 下		20・481 上
性　玉	5・125 上	法　琬	2・252 下
性　耀	7・119 上	法　雄	3・734 下
怡			4・572 上
怡心瀇	5・754 上	法　順	2・713 上
怡心濱	5・649 上	法　誠	2・712 下
怡立方	5・756 上	法　慧	2・710 下
怡廷相	5・620 上	法　澄	2・266 下
		法　樂	2・238 上
		法　燈	2・238 下
		法　藏	2・256 下
		法　護	14・412 下
			19・326 上

	19·356 下	宗　書	13·167 下
	20·656 下		17·553 下
沐			17·644 下
		宗　密	2·715 上
沐　英	20·124 下	宗　琮	1·448 上
河			5·612 上
		宗　敞	13·135 上
河西備	14·360 上		18·564 下
	14·797 下	宗　欽	13·277 上
	15·178 上		14·524 上
河濱子	10·309 上		15·74 上
沮		宗　源	8·617 上
		宗　漢	18·521 下
沮渠天周	18·537 上	宗　懌	5·519 上
沮渠茂虔	18·537 上		5·727 上
沮渠牧犍	14·408 下	宗義仲	8·583 下
沮渠無諱	18·537 上		8·593 下
沮渠蒙遜	18·537 上		9·396 下
	19·204 上	**定**	
沮渠蒙遜妻孟氏	18·564 下		
況		定　海	7·524 上
		定　僧	5·503 上
況　瀚	5·375 下		5·709 下
宗		**宜**	
宗子繩	5·618 上	宜　民	10·657 下
	5·731 上	宜　秉	7·754 上
宗元玉	11·35 上	**官**	
宗元璋	15·702 下		
宗丙壽	1·393 上	官卓斯結	13·695 上
	7·275 下	官秉忠	7·57 上
	7·330 下	官惟賢	13·138 上
宗　思	5·511 上		18·615 上
	5·607 下	官　祿	10·398 上
	5·714 下	官獻瑤	1·327 上
宗很臣	7·87 上		
	7·493 上		

空

空　藏　　　　　3・145 下

郎

郎士元　　　　　8・7 上
郎廷槐　　　　　14・358 下
　　　　　　　　19・757 下
　　　　　　　　20・228 上
郎兆龍　　　　　13・234 下
　　　　　　　　19・477 上
郎炳勳　　　　　1・422 上
郎熙化　　　　　13・123 上
　　　　　　　　15・597 上
　　　　　　　　18・508 下
　　　　　　　　18・513 下
郎鶴鳴　　　　　10・469 上

房

房世淳　　　　　14・662 上
房加寵　　　　　14・659 上
房廷祥　　　　　2・671 上
房廷楨　　　　　1・452 下
　　　　　　　　6・78 上
　　　　　　　　6・160 上
房次卿　　　　　6・376 上
房守士　　　　　7・35 上
房東昇　　　　　6・88 下
　　　　　　　　6・175 上
房東昺　　　　　6・88 下
　　　　　　　　6・175 上
房肯構　　　　　19・520 上
房建極　　　　　6・75 下
　　　　　　　　6・158 上
房居法　　　　　3・580 下
房彥謙　　　　　5・466 下
　　　　　　　　5・597 上

　　　　　　　　5・696 下
　　　　　　　　13・178 下
　　　　　　　　15・560 下
房恭懿　　　　　3・176 下
房　渙　　　　　12・646 上
房　能　　　　　7・415 上
房　寅　　　　　8・280 上
房　啓　　　　　8・583 下
　　　　　　　　8・604 上
　　　　　　　　9・396 下
房　琯　　　　　5・265 下
房惠琳　　　　　2・268 上
　　　　　　　　10・156 上
房　貴　　　　　13・98 上
　　　　　　　　14・645 下
　　　　　　　　14・651 下
房　瑄　　　　　10・184 下
房　楨　　　　　6・94 下
　　　　　　　　6・178 上
房　愷　　　　　13・342 下
　　　　　　　　14・572 上
房嘉龐　　　　　14・511 下
房　鎬　　　　　13・342 下
房　懷　　　　　13・89 上
　　　　　　　　14・759 下
　　　　　　　　15・68 上
房懷亮　　　　　2・245 下
房　鑑　　　　　14・667 下

祈

祈　嘉　　　　　13・328 上
祈應魁　　　　　19・543 上
祈應興　　　　　19・543 上

屈

屈乃伸　　　　　1・591 下
　　　　　　　　3・343 上

	3・407 上	屈培源	7・700 上
屈化南	10・319 下	屈敏	7・639 下
	10・320 上	屈得名	7・700 下
屈文鳳	7・699 下	屈惟亨	7・69 下
屈必成	19・113 上		7・247 上
屈永清	10・380 上	屈淑	9・586 下
屈有娃	10・163 下	屈琚	8・399 上
屈成品	8・482 下		8・500 上
屈成儒	1・610 下	屈萬端	3・247 下
屈廷璽	1・632 下	屈閎中	3・414 上
屈守和	9・718 上	屈筆山	20・671 下
	10・532 上	屈順秉	3・346 下
屈克昌	7・701 下		3・410 上
屈作棟	7・94 下	屈復	1・512 上
屈灼	8・378 上		8・491 上
	8・401 下		9・558 上
	8・481 下	屈舒峄	7・91 上
	9・720 下		7・174 下
屈直	9・518 上	屈焴	1・710 上
	10・501 下		12・572 下
	10・645 下	屈會元	1・710 下
屈忠秦	8・398 下	屈壽昌	11・676 下
屈忠泰	8・499 下	屈銓	8・378 上
屈垂青	7・70 上		9・720 下
	7・251 下		10・647 上
屈受善	9・714 上	屈燦	7・520 上
屈建楚	1・620 上	屈撝謙	7・94 上
	9・35 下	屈魯	7・702 上
屈荊才	8・492 上	屈澄清	10・380 上
屈突通	2・563 上	屈學曾	3・736 下
	3・41 上	屈穎藻	8・483 上
	7・407 上	屈諫	5・469 下
屈突蓋	3・34 下	屈鍾嶽	8・482 下
屈振奇	1・529 上		9・720 下
	12・279 下	屈燦	8・379 上
屈振高	10・537 上	屈顯	12・386 上
屈時泰	5・119 下		

迦

迦魯納答思　　　　20・420 上

承

承　宮　　　　　　12・504 上
承　順　　　　　　13・133 下
承　裕　　　　　　6・144 下
承　廣　　　　　　20・227 下
承　緒　　　　　　13・214 上
承　燕　　　　　　1・412 下

孟

孟一豕　　　　　　13・468 上
　　　　　　　　　18・665 下
孟一蛟　　　　　　13・467 上
　　　　　　　　　18・664 上
孟一衡　　　　　　10・275 上
孟一鯉　　　　　　13・323 下
　　　　　　　　　18・598 上
孟三光　　　　　　11・228 上
孟之珪　　　　　　19・696 上
　　　　　　　　　20・158 上
　　　　　　　　　20・274 上
孟友直女　　　　　2・256 上
希　仁　　　　　　7・460 上
孟化龍　　　　　　1・458 上
　　　　　　　　　8・85 上
孟公明　　　　　　18・563 上
孟孔脉　　　　　　2・672 下
孟孔脈　　　　　　11・18 上
孟生萼　　　　　　5・723 下
孟　他　　　　　　3・778 上
　　　　　　　　　4・175 下
孟永智　　　　　　1・586 上
孟永錫　　　　　　3・769 上
　　　　　　　　　4・170 上

孟邦直　　　　　　5・211 上
孟　成　　　　　　12・165 上
　　　　　　　　　13・138 上
　　　　　　　　　18・614 上
孟成樂　　　　　　12・587 上
孟　光　　　　　　2・722 下
　　　　　　　　　4・485 上
　　　　　　　　　4・538 上
孟兆祥　　　　　　1・720 下
　　　　　　　　　6・701 上
孟兆慶　　　　　　4・166 上
孟兆豐　　　　　　10・315 上
孟　旭　　　　　　10・365 上
孟孝臣　　　　　　7・65 下
　　　　　　　　　7・162 上
　　　　　　　　　13・90 上
　　　　　　　　　13・245 上
　　　　　　　　　14・759 下
　　　　　　　　　15・68 下
　　　　　　　　　18・138 下
　　　　　　　　　18・344 下
孟利貞　　　　　　9・476 上
孟　佗　　　　　　18・524 下
孟希孔　　　　　　3・722 上
　　　　　　　　　4・441 下
　　　　　　　　　18・600 上
　　　　　　　　　18・658 上
孟良允　　　　　　13・323 下
　　　　　　　　　18・660 下
孟良弼　　　　　　3・728 下
孟良範　　　　　　13・477 下
　　　　　　　　　18・660 下
孟　珏　　　　　　13・495 上
孟述思　　　　　　13・541 下
孟明視　　　　　　3・705 上
孟　易　　　　　　10・363 上
孟　季　　　　　　9・65 下

孟　侃	17・413 上	
孟　郊	16・277 上	
孟　宗	10・495 下	
孟宗孔	11・775 下	
	12・11 下	
	18・367 下	
孟　建	18・527 上	
孟居仁	1・604 下	
孟居申	10・316 上	
孟政巳	9・78 下	
孟柏林	20・722 下	
孟咸宗	13・542 上	
孟星河	13・162 上	
	15・106 下	
	19・462 下	
孟　昭	10・495 下	
孟思學	7・700 下	
孟　重	2・639 下	
	8・79 上	
孟　俊	2・626 上	
孟　彦	2・701 下	
孟　姜	2・722 上	
孟姜女	3・540 下	
孟　素	8・88 上	
孟師孔	1・594 上	
	5・649 下	
	5・754 下	
孟浩然	16・276 下	
孟家棟	13・393 上	
孟　通	6・557 下	
孟　琇	13・643 上	
孟　琅	5・612 上	
	5・720 上	
孟教忠	20・689 下	
孟培心	5・720 上	
孟培初	5・720 上	
孟菊花	7・523 下	

孟眸兒	8・125 下	
孟淑孔	3・495 下	
孟　琰	6・558 下	
孟　達	4・176 上	
孟　雲	13・215 上	
	18・522 上	
孟雲從	11・427 上	
孟　嶠	5・612 上	
	5・719 下	
孟喬芳	7・35 下	
	13・67 上	
	15・71 下	
	16・599 下	
	19・303 下	
	20・624 上	
孟　舒	7・21 上	
	7・181 上	
孟　焕	4・374 上	
孟　填	10・207 下	
孟　詵	9・70 下	
孟　愷	18・564 上	
孟　準	7・749 下	
	13・54 下	
孟　禕	18・536 下	
	18・563 下	
孟嘉勇	3・67 上	
孟嘉會	10・316 上	
	10・316 下	
孟　暢	18・562 下	
孟　醇	3・753 上	
	4・318 下	
	4・413 下	
孟養性	13・60 下	
孟養龍	13・450 上	
	19・696 上	
	20・154 上	
	20・274 上	

孟緝熙	13・569 上	契 義		2・306 下
孟 醋	4・364 上	**春**		
孟 霖	6・581 上			
孟 學	2・668 下	春 滿		20・426 上
孟學孔	5・422 上	**封**		
	8・108 上			
孟學年	3・72 下	封 臣		13・442 上
孟學思	10・365 上			17・431 下
孟穎達	3・279 下	封 岌		18・520 下
孟鍾瀛	13・171 下	封 回		9・65 上
孟應鶴	17・166 下			9・756 下
孟攀麟	2・617 上	封 圻		1・647 下
孟鵬年	13・122 下			12・551 下
	18・463 下	封君達		16・648 上
孟懷君	13・665 上	封勅文		13・241 上
	15・709 下			15・243 上
	18・427 上			15・554 上
孟蘭強	15・623 下	封庫實		12・168 上
孟耀宗	15・704 上			12・662 上
孟繼瑜	2・709 下	封常清		20・419 下
	3・82 下	封 嵎		1・593 下
				5・732 上
九畫		封嘉誥		13・114 下
		封爾燕		1・648 下
契				12・168 下
				12・663 上
契苾何力	18・577 上	封爾爵		11・14 上
	20・434 下	封 衡		14・411 下
	20・468 上			16・201 上
	20・480 下	**垣**		
契苾明	2・254 上			
契苾通	18・578 下	垣崇祖		12・167 下
契苾縱	18・578 上			12・640 下
契苾璋	18・578 下			13・386 下
契苾鍔	18・578 下	垣 閬		12・167 下
契 虛	3・774 上			12・641 上
	4・602 上	垣詢之		12・167 下

	12・640 下	郝步隆	13・564 上
垣榮祖	12・167 下		18・369 上
	12・640 下	郝邑宰	7・91 上
	13・386 下	郝　佑	6・70 上
垣　遵	12・167 下		6・153 下
垣曇深	12・167 下	郝　伸	3・485 上
垣護之	12・167 下	郝希隆	13・564 上
	12・640 下		18・369 上
	13・386 下	郝　序	7・390 上
		郝宏文妻彭氏	10・551 上
郝		郝宏猷	7・636 上
		郝良桐	20・10 上
郝士魁	1・611 下	郝　玭	13・39 下
郝土膏	3・756 上		17・549 上
	4・587 上		17・640 下
郝子玉	9・79 下		19・446 上
郝天挺	6・60 上	郝和尚	6・120 上
	6・142 下	郝宗儒	11・336 下
郝天錫	10・365 下	郝　珊	3・738 上
郝有金	13・351 下	郝　昭	3・729 上
	15・117 上	郝思仁	8・585 上
郝有譽	1・664 下		8・595 下
	7・92 下		9・402 下
	7・221 下	郝振甲	5・121 上
郝光源	7・391 上	郝振綱	1・604 下
郝光顯	9・714 上		2・672 上
郝廷玉	13・116 下		11・4 下
	15・253 下	郝席珍	11・346 上
郝自行	7・653 下	郝　敏	13・115 上
郝全善	19・513 下		16・479 上
郝名宦	7・392 下	郝　偉	1・550 下
郝汝松	7・460 上		7・66 下
郝汝楠	10・314 下		7・165 上
郝　安	7・388 上	郝望盛	8・99 下
郝志義	7・389 上	郝　清	9・87 下
郝芳梓	1・649 上		9・771 下
	11・680 上	郝清澄	1・663 上
郝克益	1・706 上		

郝紹夔	3・245 上	郝濬基	10・316 上
郝　超	13・565 上	郝　鎰	13・126 下
郝超文	18・371 上	郝　璧	13・275 上
郝博文	9・557 上		14・501 上
	10・540 下		14・778 下
郝　喜	10・538 下		15・93 上
郝萬亨	19・214 上	郝鵬圻	7・672 下
郝鼎臣	8・210 下	郝　鐸	10・637 下
	8・266 下	郝　鑑	17・382 上
	8・303 上	郝讓妻王氏	6・575 上
	9・513 上	**荆**	
郝遇林	20・375 上		
	20・384 上	荆州俊	3・36 下
郝　傑	7・463 上		13・64 上
郝尊玼	1・657 下		14・474 下
郝尊圯	7・672 下		14・759 上
	7・681 上		16・600 下
郝道士	7・119 下	荆　茂	3・130 下
	7・180 上	荆　連	8・508 下
郝　滋	2・627 下	荆　晟	5・469 上
	3・283 下	荆　崑	6・584 上
郝夢周	9・564 上	荆　琨	6・637 上
	10・531 下		13・121 下
郝熙封	1・763 上		16・272 上
郝鳴皋	9・671 上		16・296 上
郝鳳翎	1・617 下	荆毓蒲	19・203 上
	10・267 下	荆維墉	13・427 上
	10・367 下		16・47 下
	10・543 下	**荀**	
郝綸增	7・672 卜		
郝　輗	7・40 下	荀時中	3・462 下
	7・187 下	**胡**	
郝德智	1・598 下		
	6・182 上	胡一奎	7・76 下
郝澄涇	1・656 下	胡一俊	12・101 上
郝應隆	18・369 下		12・203 下
郝鴻圖	7・464 上	胡一欽	17・379 上

胡三宗	6·582 下	胡世甯	20·421 上
胡三綱	12·425 下	胡世濟	12·614 下
胡士濟	15·221 上	胡占魁	19·504 上
	16·123 上	胡　田	7·748 下
胡大化	11·338 上	胡生蛟	5·753 下
胡大年	14·611 下	胡立本	8·338 下
胡大猷	11·602 上	胡立成	16·75 上
胡　山	9·413 下		16·95 上
	11·114 上	胡永祚	11·272 上
胡之甯	12·525 下	胡永泰	11·423 下
胡之璸	16·36 下	胡永達	13·686 上
胡子常	7·785 上		18·667 上
胡子淳	5·281 下	胡永祿	3·382 上
胡元煃	5·212 上	胡永膺	13·555 下
胡元照	1·380 下		15·703 下
	4·343 下	胡　匡	9·416 下
	7·526 上	胡芝林	12·589 上
胡曰桂	3·141 下	胡有德	9·418 下
胡公著	7·751 下	胡成德	1·639 下
胡公澤	15·229 上	胡光潔	8·512 上
胡　文	8·608 上	胡先達	11·428 下
胡文炳	13·489 下	胡廷佐	13·367 下
胡方回	13·380 下	胡廷瑞	11·637 上
	17·578 上		12·331 下
	17·701 下	胡廷器	2·694 下
胡毋敬	3·200 上		6·172 下
胡正芳	1·666 下	胡廷謨	13·612 下
胡正東	13·527 上	胡廷獻	12·152 下
胡正倫	10·37 下	胡仲熊	13·419 下
胡正輝	12·395 上		16·38 上
胡世將	13·46 上	胡向華	13·426 下
	15·271 上		15·719 上
	15·575 上	胡兆榮	11·526 下
	16·266 下	胡多見	13·545 下
	16·468 下		15·322 下
	18·456 上		15·658 上
胡世道	18·730 上		16·125 上

	16・163 上	胡東皋	13・60 上
胡多瑞	15・229 上	胡東陽	7・74 上
胡汝安	6・73 上	胡　奇	3・82 下
	6・156 上	胡昌國	19・460 下
胡汝寧	12・136 下	胡昌期	3・279 下
胡汝礪	13・311 上	胡明德	13・514 上
	20・150 上	胡秉正	20・163 下
胡安斌	12・429 下	胡　岳	14・614 上
胡如楠	10・497 下	胡宗孟	12・164 下
胡志夒	11・114 下		12・585 下
胡步雲	4・371 上	胡宗道	3・752 下
	4・418 上		4・469 上
胡秀業	3・414 上	胡宗輔	18・546 下
胡　忻	13・302 上	胡官升	20・20 下
	15・657 上	胡　建	4・660 下
胡忻來	16・543 下	胡承福	13・125 上
胡長祿	12・551 下		18・349 下
胡長粲	17・703 下	胡　珍	10・496 下
胡其俊	10・392 上	胡南屏	12・497 上
	10・467 上	胡　柟	11・534 下
胡其高	8・451 下	胡　貞	3・750 上
胡　茂	2・645 下		4・362 下
	3・553 上	胡　昴	3・754 上
	5・652 下		4・469 下
胡茂正	5・718 下	胡思明	7・42 下
胡茂禛	1・447 下		7・237 上
	7・71 下	胡重武	1・632 上
	7・494 下		9・724 下
	7・519 上	胡　叟	2・704 下
胡　范	11・388 上		12・504 下
胡　枚	13・163 上		13・381 上
胡來縉	13・302 上		14・360 上
	15・322 上		17・78 上
	15・656 下		17・578 下
	16・543 上		17・688 下
胡　松	13・61 上	胡　亮	1・547 下
	17・269 上		7・61 下

胡亮安	7·592上
胡彦成	11·657下
胡彦祥	15·318下
	18·478上
胡 恃	2·629上
胡恒升	13·655上
	15·328下
	15·664上
胡洪珍	11·774上
胡紀謨	13·146下
	13·167下
	15·69下
	17·168上
	17·555下
	17·645下
胡 泰	10·115下
胡 珦	8·359上
	8·450下
	9·396下
	11·112下
胡 恭	3·751上
	4·468下
	4·514下
胡 連	13·409下
胡 烈	13·116上
	15·242下
	15·554上
	17·570下
	17·696下
胡致中	11·27下
胡晉康	12·73上
	14·657下
胡 虔	17·584上
	17·703上
胡 浹	3·138上
胡 海	12·100上
	12·201下
胡海章	3·375下
胡 祥	17·582上
胡能定	17·440下
胡能泰	11·707下
	11·766上
胡 堉	2·390下
胡執禮	13·272下
	14·499下
	14·611上
	14·776下
	15·91上
胡 彬	8·603上
胡 野	13·553下
胡國定	10·263下
胡國珍	13·380下
	17·580下
	17·701下
胡 崧	13·238上
	17·109下
胡 笙	12·148上
胡 偉	7·118上
胡從夏	12·16上
胡從新	1·652下
	11·531上
胡 釴	13·303下
	15·695上
	16·128上
	16·165下
胡悉甯	13·69下
胡惟臣	10·192上
胡惟俊	9·404下
	10·597下
胡 淑	6·584上
	6·639上
胡啓武	11·423下
胡啓奎	1·582下
	12·76上

胡啟虞	5 · 81 下	胡　靖	18 · 342 上
胡　紳	13 · 673 下	胡　源	11 · 536 上
	17 · 439 下	胡蕭馮	13 · 303 上
胡　瑛	6 · 179 上		15 · 327 上
胡　超	13 · 77 上		15 · 694 下
	19 · 467 上		16 · 126 下
胡　喜	18 · 534 上		16 · 165 下
胡萬年	8 · 770 下	胡殿英	18 · 370 下
胡　軫	18 · 558 上	胡殿颺	7 · 586 上
胡雲賓	7 · 637 下	胡　經	13 · 55 上
胡鼎彝	1 · 568 下		20 · 618 上
胡開貴	19 · 22 上	胡　璉	5 · 2 下
胡開儒	8 · 770 下		5 · 37 下
胡景桂	19 · 676 上		15 · 319 上
胡景馮	15 · 327 上		16 · 123 上
	15 · 694 下	胡嘉文	13 · 400 上
胡蛟齡	6 · 374 上	胡嘉謨	5 · 509 上
胡　智	13 · 170 上		5 · 607 上
	16 · 479 下		5 · 713 下
胡　喬	12 · 615 下	胡爾純	3 · 725 上
胡順之	13 · 382 下	胡毓林	16 · 79 上
	17 · 587 下	胡　僎	3 · 724 上
	17 · 704 下	胡僧洗	17 · 582 上
胡　傑	20 · 231 上	胡銘荃	5 · 83 下
胡　欽	13 · 52 下	胡　端	13 · 412 下
胡　鈞	11 · 647 上		15 · 668 下
胡鈞學	13 · 220 下	胡維高	12 · 76 上
胡登花	13 · 376 下	胡　瑾	20 · 231 上
	19 · 502 上	胡增煥	7 · 40 上
胡發貞	11 · 532 下		7 · 151 上
胡瑞中	10 · 469 下	胡震東	1 · 729 下
胡　瑜	18 · 335 上	胡　嶠	9 · 81 下
胡夢斗	8 · 599 下	胡德揚	13 · 113 上
胡　鈺	4 · 425 下		16 · 757 下
胡　鉞	14 · 427 上	胡　璘	10 · 365 下
	19 · 759 下	胡　據	18 · 563 下
	20 · 232 上	胡　奮	13 · 380 上

	17・570 下	胡纘宗	13・303 上
	17・696 下		15・321 上
胡學堯	10・692 上		15・655 上
胡錫爵	1・598 上		16・124 上
胡熾昌	1・648 上		16・160 上
	12・592 上		16・538 上
胡聯芳	1・721 上	**茹**	
胡應春	11・488 下		
胡應珇	12・20 上	茹秉忠	12・614 下
胡應詔	10・495 下	茹　金	1・532 上
胡彌高	13・120 上	茹發梓	13・483 上
	16・106 下	茹　璽	13・128 上
	16・480 上	茹耀先	10・377 下
胡燾	10・666 下	**南**	
胡曜鱗	13・369 上		
胡礪金	1・599 下	南大吉	2・632 下
	6・184 上		8・65 下
胡礪鋒	1・455 下	南　才	14・605 下
胡　嚴	1・640 上	南之楠	16・769 下
胡　鎧	13・145 上	南化行	13・377 下
	19・432 下	南　正	14・605 下
胡騰蚪	8・230 下	南永助	6・393 上
胡　麒	13・607 下	南邦化	9・409 下
胡懷知	1・652 上	南廷鉉	1・458 下
	11・663 下		8・85 下
胡獻金	13・438 下	南　仲	13・27 上
	17・412 上		19・571 下
胡闡鱗	12・588 上		20・116 上
胡寶靈	12・587 下		20・260 上
胡　巖	13・561 下		20・361 上
	15・719 下	南企仲	8・69 上
胡　鑑	17・147 下	南　兆	11・514 下
	17・165 下	南和尚	18・440 上
胡顯卿	11・541 下	南　金	8・107 上
胡顯德	13・522 上	南炙曾	16・764 上
	20・337 下	南宗續	6・393 上
胡麟角	10・274 上	南居仁	8・70 下

南居益	8·69 上		柯　忠	13·54 上
南居業	8·69 下			20·617 下
南承烈	1·539 上		柯和貴	11·552 上
南風薰	6·400 上		柯建統	3·76 上
南　軒	2·639 上		柯逢時	1·330 下
	8·66 下		柯國信	11·394 上
南　健	6·313 下		柯進京	11·544 下
南師仲	2·694 下		柯進謙	11·607 下
	8·69 上		柯　棟	12·104 上
南　釗	8·80 上			12·271 上
	10·636 上		柯勝龍	12·33 上
南逢吉	2·633 下		柯道強	11·608 下
	8·65 下		柯　筠	12·66 下
南宮鼎	13·482 上		柯養德	13·319 上
南國化	6·313 下			20·675 下
南朝棟	14·606 下			20·715 上
南　魁	13·257 上		柯耀祿	1·656 上
	14·606 上			
南源澄	1·657 下		**查**	
南　瑤	1·657 上			
南鳳鳴	14·605 下		查大學	12·66 上
南　漢	2·649 上		查之屏	18·415 下
	8·80 上		查　芳	11·348 下
南　儀	7·679 下		查克丹	19·701 上
南學仲	8·81 上		查郎阿	1·307 下
南　錦	14·605 下			13·73 上
南憲仲	8·67 下			20·437 下
南嶽懷讓	11·499 下		查炳煦	12·490 上
南　鏜	11·226 下		查崇華	1·339 下
	11·252 下		查得慶	1·653 上
	11·340 下			11·532 下
	11·354 上		查蜚英	5·39 下
南　鏡	6·394 下		查　瑾	7·545 下
南續芳	2·625 下		查覺蓮	12·399 下
	8·103 下		查繼儒	3·73 上
柯			**相**	
柯邵忞	7·372 上		相邦教	6·582 上

	6・637 上	柳元璋	9・65 下
相里哲	6・180 下	柳曰綏	7・472 上
相希尹	13・138 上	柳公綽	2・599 上
	18・615 下		8・7 下
相　雲	9・108 下		13・39 下
	10・78 上	柳公權	2・599 下
	10・104 下		3・144 下
柏		柳　甲	8・612 上
		柳　申	12・135 下
柏天壽	3・379 上		12・479 上
柏永馥	13・254 下	柳永年	7・46 上
	20・624 上	柳老師	2・319 下
柏自爲	3・76 上	柳廷機	12・122 上
柏自滿	3・76 上		12・650 上
柏自樹	3・76 上	柳仲全	13・528 上
柏守貞	1・425 下	柳仲庭	13・109 下
柏作霖	12・589 下	柳　芳	7・77 下
柏　果	13・211 下		7・761 下
柏倬斗	12・590 上	柳作棟	13・377 上
柏師震	13・212 下		19・505 下
柏淩雲	12・590 下	柳坤厚	1・378 上
柏萬青	3・73 下		6・481 下
柏　森	1・595 上		12・570 下
	5・756 下	柳　茂	7・89 下
柏景偉	1・429 上		9・731 下
	2・388 上	柳英才	17・335 上
	5・703 上	柳　或	17・371 上
柏　裕	2・414 下	柳　郁	7・465 下
柏震蕃	1・559 下	柳　明	8・13 下
柏覆皇	3・72 下	柳宗元	12・660 下
柳		柳承厚	17・334 下
		柳　彧	13・34 下
柳之可	13・630 下		14・358 上
	17・334 下		19・609 下
柳子華	2・590 上		19・757 上
	3・178 下		20・227 下
柳天眷	7・763 下	柳　炯	13・521 下

柳　倫	16・331 上			18・199 上
柳基昌	7・468 下			18・264 下
柳基昇	1・543 下			18・337 上
	7・469 下	柳應萃		16・331 上
柳捷芳	13・367 下	柳魍才		13・371 上
	17・334 下			17・222 下
柳　翊	13・144 上			17・335 上
柳　清	16・296 上	柳　夒		7・62 上
柳萬年	18・99 下		**厙**	
柳朝臣	1・659 上			
	7・580 下	厙　鈞		13・83 上
柳　惠	11・422 上	厙　濟		14・753 下
柳閏六	13・550 下		**咸**	
	15・689 上			
柳　開	5・268 下	咸　廙		10・491 下
	13・199 下		**按**	
	17・374 上			
柳遇春	9・89 下	按竺邇		15・272 下
	9・772 下			15・576 下
柳毓茂	1・449 上			17・552 上
	5・613 上			17・643 上
	5・721 下			18・261 下
柳邁祖	13・396 下			18・333 下
	14・703 上			19・245 下
柳　儉	13・125 下		**貞**	
	17・371 下			
柳　毅	5・534 上	貞吉父		10・371 上
柳　緝	9・67 上	貞　慶		13・197 下
柳　璞	2・680 下		**是**	
柳　機	9・393 下			
柳　興	13・400 上	是雲寶		18・541 上
柳　憑	9・64 上		**冒**	
柳　隱	12・267 上			
柳聯芳	7・188 上	冒　沂		19・673 上
柳　檜	2・552 上	冒　藥		13・147 下
	3・165 上			15・70 下
柳應時	13・245 下			

映

映秘和尚　　　　7·119 下

　　　　　　　　7·179 下

星

星　吉　　　　　13·466 上

　　　　　　　　18·586 上

　　　　　　　　19·608 下

曷

曷世學　　　　　13·439 上

毗

毗伽公主　　　　2·261 下

思

思言禪師　　　　2·255 下

韋

韋人欽　　　　　9·706 下

韋　元　　　　　2·689 下

　　　　　　　　2·699 上

　　　　　　　　3·78 上

韋元方　　　　　10·491 上

韋元成　　　　　6·337 下

韋元恢　　　　　2·549 下

韋巨源　　　　　2·577 下

韋仁壽　　　　　2·567 下

韋公肅　　　　　2·680 上

韋月將　　　　　2·576 上

韋　丹　　　　　2·600 上

　　　　　　　　3·348 上

　　　　　　　　3·415 上

韋文英　　　　　5·505 下

　　　　　　　　5·711 上

韋　正　　　　　2·547 上

　　　　　　　　10·496 上

　　　　　　　　13·87 下

　　　　　　　　19·431 下

韋正貫　　　　　2·608 下

　　　　　　　　9·72 下

　　　　　　　　10·4 上

　　　　　　　　10·101 上

韋世康　　　　　2·553 上

韋四維　　　　　8·273 下

韋成錦　　　　　8·620 上

韋夷道　　　　　8·584 上

　　　　　　　　8·594 上

韋休之　　　　　2·551 下

韋行規　　　　　6·500 上

韋安石　　　　　2·575 上

韋孝寬　　　　　2·549 上

韋　抗　　　　　2·578 下

韋希損　　　　　2·259 上

韋　彤　　　　　2·680 上

韋　況　　　　　2·700 上

韋　宏　　　　　2·604 下

韋宏機　　　　　2·572 上

韋　武　　　　　2·592 下

韋表微　　　　　2·680 下

韋　述　　　　　2·691 下

　　　　　　　　3·179 上

韋叔夏　　　　　2·679 下

韋知人　　　　　2·572 下

韋和尚　　　　　2·306 下

韋佩金　　　　　20·482 上

韋　珍　　　　　2·548 下

韋　彧　　　　　2·551 上

　　　　　　　　3·165 下

韋　挺　　　　　2·570 上

韋昭度　　　　　2·609 上

韋思敬　　　　　7·246 下

韋思謙　　　　　13·179 上

	15·252 上
	16·271 上
	16·295 下
韋保衡	2·608 下
韋待價	18·546 上
韋洸	2·559 下
	13·34 下
	19·445 下
韋祐	3·141 上
韋華	9·64 上
韋夏卿	2·590 上
	3·240 下
韋振邦	8·509 下
韋倫	11·220 下
	13·179 上
	15·253 下
	15·562 上
韋師	2·557 上
韋純	8·8 上
韋純修	13·560 上
	15·716 下
韋執誼	2·596 下
韋著	6·391 上
韋堅	2·585 下
	3·35 上
	8·359 上
韋彪	2·534 下
	3·744 上
	4·463 下
	4·511 下
	6·298 上
	6·387 上
韋處厚	2·597 下
	9·72 上
韋國相	4·166 上
韋崇	2·551 上
韋敏妻李氏	2·319 下

韋皋	2·592 上
韋康	2·538 下
	13·31 下
	13·114 上
	16·232 上
韋章	18·527 上
韋湊	2·576 下
韋渠牟	2·596 下
韋貫之	2·602 上
韋紳	5·467 上
韋紳卿	5·697 上
韋琬	8·656 下
韋雲	1·629 上
韋雲起	2·567 下
韋鼎	2·708 下
韋景駿	2·578 上
韋勝	9·71 下
韋善俊	11·230 上
	11·329 上
韋焜	2·559 上
韋溫	2·603 下
韋頊	2·257 上
韋載	2·547 下
韋粲	2·546 上
韋稜	2·690 上
韋節	2·718 上
	3·534 上
	10·664 上
韋愛	2·546 下
韋義	6·381 上
韋滌	5·467 上
	5·696 下
韋福獎	2·559 下
韋瑱	2·551 上
	13·224 上
韋壽	2·559 上
韋睿	3·492 下

韋　夐	2・699 上	
韋　端	2・308 下	
韋　肇	2・590 上	
韋　維	6・555 上	
韋　綬	2・596 下	
	2・692 下	
韋　賢	2・675 下	
	6・336 下	
	6・407 下	
韋　震	2・609 下	
韋輝隆	1・759 下	
	7・550 上	
韋　閬	2・548 下	
	3・578 上	
韋　儶	2・551 下	
韋　編	11・22 下	
韋擅特	2・238 下	
韋　叡	2・544 上	
	12・77 下	
韋　謏	2・689 下	
韋　謙	9・64 上	
	9・755 下	
韋應物	3・177 下	
	3・240 上	
	3・316 上	
	3・369 上	
	13・179 上	
	16・271 下	
	16・295 下	
韋　濟	5・1 下	
	5・37 上	
	9・71 上	
	9・761 下	
韋　總	2・553 下	
韋　瓊	2・284 上	
韋　藝	2・558 上	
韋　顥	2・692 下	

韋　繩	3・35 下	
韋　纂	2・689 下	
韋繼善	14・685 下	

哈

哈元祥	11・417 下	
哈　行	1・605 下	
哈初先	19・695 下	
哈俊英	13・682 上	
哈連陞	10・466 上	
	10・489 上	
哈勒噶齊必嚕	20・470 下	
哈國霖	18・688 下	
哈　喇	20・469 上	
哈喇亦哈赤北魯	20・420 上	
哈　欽	13・228 上	
	14・654 上	
哈鳳鳴	16・72 上	
哈撒兒	13・389 上	
哈噶斯	20・473 上	
哈　銳	16・86 上	
哈應龍	16・25 下	
哈蘇納	20・469 下	
哈攀龍	19・466 上	

骨

骨　儀	2・560 下	
	3・41 上	

拜

拜　延	13・447 下	
	19・609 上	
	19・684 下	
	20・148 下	
拜　住	9・655 下	
	10・106 上	
拜達勒	20・436 上	

	20·477 上		3·64 下
拜斯呼朗	6·480 下		19·430 下
拜善言	10·166 下		19·435 下
郜		种廷璋	13·361 下
			14·664 下
郜光先	7·29 下	种劢	18·525 下
	19·452 下	种放	2·700 上
郜相	9·406 下		3·78 上
	10·190 下		12·77 下
	10·240 下	种師中	2·614 下
	10·361 下		13·248 上
郜藩周	13·630 下		15·267 下
	17·335 上		17·377 上
香		种師道	3·52 下
			3·242 上
香山僧	18·500 下		13·45 上
种			13·86 上
			13·192 上
种世衡	3·52 上		14·468 上
	5·597 下		17·551 下
	6·557 上		17·643 上
	7·382 下		18·60 上
	7·409 下		18·270 上
	7·745 下		18·348 上
	9·78 上		19·431 上
	10·12 下		19·449 上
	12·111 下		20·351 上
	13·127 下	种勳	13·244 下
	14·377 上		13·392 上
	17·376 下		16·546 上
	17·499 上		18·335 上
种古	13·103 上	种詁	3·52 上
	17·551 下	种詠	8·583 下
	17·642 下	种詡	3·36 上
	19·448 下	种暠	13·31 上
种仕名	9·58 下		13·112 上
种朴	2·614 下		13·177 下

	15・238 上	段少連	13・102 下
	15・551 下	段文振	13・34 上
	16・460 下		14・753 下
	18・525 下		19・428 上
种　誼	3・52 下	段文耀	13・349 下
	7・745 下		15・107 上
	13・84 下	段玉田	6・667 上
	13・139 下	段　邳	18・553 上
	14・464 上	段可舉	13・477 下
	14・754 上		18・660 下
	15・65 下	段平仲	13・320 下
	19・429 上		18・583 下
种　樸	13・86 上	段　永	13・191 下
	14・755 下		18・131 下
种　諤	3・52 上		18・341 下
	7・272 下	段永福	1・425 下
	7・328 下		11・519 下
	7・383 上	段邦榮	1・660 上
	7・410 下	段有清	19・506 上
	7・528 下	段成錫	5・618 下
	7・744 下		5・731 上
种麟徵	9・59 下	段成錦	2・390 下
		段　岌	18・584 下
秋		段廷貞	8・642 上
秋萬成	6・490 下	段廷璧	3・725 上
		段廷蘭	10・702 上
科		段仿仁	13・499 上
科里裕悦	20・469 上	段自宏	19・110 上
			19・187 下
段		段行素	3・396 下
段士奇妻賈氏	10・551 下	段行琛	18・579 上
段士佶	17・50 上	段汝承	10・362 下
段士超	10・528 下	段　字	14・512 下
段士聰	9・652 上	段字辛	15・92 下
段大全	3・412 下	段　志	18・553 下
段之憘	10・690 下	段志玄	2・225 上
段五倫	13・610 上	段克己	16・761 上

段克廉	13・541 上		6・143 上
段呈秀	10・380 下	段　勉	12・614 上
段呈彩	10・380 下	段彦彪	19・478 下
段秀林	7・61 下	段　珽	13・323 上
段秀實	3・735 下		18・757 上
	4・221 上	段華國	17・601 下
	4・223 下		17・707 下
	4・225 上	段　郴	18・553 下
	4・241 上	段　展	2・643 上
	6・484 下		5・620 下
	7・407 下		5・732 下
	13・320 上	段　理	1・507 下
	17・265 上	段　堅	13・269 上
	18・579 上		14・366 上
段　灼	13・330 上		14・491 下
	19・321 下		14・533 下
	19・345 下		14・767 上
段　英	13・611 下		15・80 下
段　苟	18・563 下	段常省	2・281 下
段尚仁	13・621 下	段　崇	12・134 下
段　炅	14・774 上		12・493 下
	15・169 下	段　敏	14・360 上
段育文	13・693 下	段　清	13・611 下
段承根	13・319 下	段　寅	8・604 上
段　挺	18・597 下	段啓英	1・652 上
段　貞	18・519 下	段習經	6・713 下
段思恭	9・75 上	段　紳	13・128 下
	9・397 下	段紹印	1・476 下
	10・11 下		12・573 上
	10・672 上	段　琳	1・507 上
	11・251 下	段　琬	13・466 下
	13・207 下		18・664 上
	19・660 下	段　彭	18・554 上
	20・122 下		20・430 下
	20・265 下	段　達	18・572 下
	20・287 下	段朝宗	10・253 上
段　信	2・624 上	段朝綱	12・152 上

段　森	6・183 上	段齊真	18・584 上
段開文	13・693 下	段　榮	13・464 下
段　景	18・563 下		15・557 下
段復興	13・67 上		18・569 下
	17・417 下	段　維	1・567 下
段　猶	18・554 上		4・425 下
段善本	3・80 下	段維義	13・503 上
段　補	13・273 下	段維翰	13・621 下
	14・500 上	段　增	13・616 下
	14・776 下		14・516 下
	15・91 上		14・775 上
段補聖	8・88 上		15・87 下
段　輄	13・534 下	段　頴	2・538 上
	17・50 上		3・163 上
段　業	18・537 上		3・237 上
	18・592 下		13・464 下
	20・480 上		15・238 下
段　暉	18・565 上		15・551 下
段會宗	13・303 下		16・461 下
	15・292 上		18・554 下
	15・613 上		19・427 下
	16・320 上		20・612 上
	16・524 上	段　瑩	1・507 上
	19・314 上	段學南	13・481 上
	19・336 上		18・658 上
	20・417 上	段錫桐	10・316 上
	20・429 上	段　穎	16・279 下
段　煨	13・464 下	段　禧	18・554 上
	18・556 上	段　彝	9・58 下
段　暢	18・571 上	段龜龍	18・561 下
段鳴鶴	14・515 上	段　襄	18・553 下
	14・767 上	段　鵬	2・613 上
	15・80 上	段騰龍	1・663 下
段毓文	13・693 上		7・89 下
段　銓	13・274 上	段懷誠	10・497 下
	14・777 上	段　儼	10・264 下
段　韶	13・464 下	段　續	13・271 下

	14・496 下		17・701 上
	14・775 上		19・510 下
	15・88 下	皇甫亮	13・364 下
段 懿	18・561 下		17・70 下
段 讓	3・245 下		17・156 上
			19・539 下
保		皇甫真	13・365 上
保 英	13・187 上		17・71 下
	16・297 下		17・176 下
保德玉	13・524 下	皇甫規	13・284 下
	19・541 上		16・262 上
保 興	13・231 上		17・69 上
	14・479 下		17・105 下
			17・175 上
侶			17・562 上
侶均正	10・312 下		17・674 下
侶 森	10・273 下		19・164 下
			19・482 上
皇		皇甫隆	13・364 下
皇甫方回	17・71 上	皇甫無逸	2・568 上
	17・156 上		5・380 上
	17・179 下		9・69 下
	19・539 下		10・10 上
皇甫永清	1・634 下		17・106 上
皇甫弘敬	2・230 上		19・485 下
皇甫佃	17・172 下	皇甫嵩	2・538 上
皇甫和	12・135 上		13・284 下
	12・478 上		17・69 下
	13・285 上		17・105 下
	17・70 下		17・154 上
	17・583 上		17・176 上
	19・483 上		17・370 下
皇甫重	13・518 下		17・566 上
	17・71 上		17・677 上
	17・156 上		19・482 上
	17・179 下	皇甫稜	17・153 上
	17・577 上	皇甫誕	2・224 下

	5・380 上	皇甫績	13・365 上
	13・518 下		17・72 上
	14・373 上		17・156 上
	17・105 下		17・180 上
	17・114 上		17・586 上
	17・156 上		17・703 下
	17・179 下		19・483 下
	17・295 下	皇甫鏞	13・382 下
	17・679 下		17・587 上
	17・757 上		17・704 上
	19・485 下		19・485 下
	19・510 下	皇甫酈	17・155 上
	19・549 下		17・179 上
皇甫稷	17・156 上	皇甫驎	2・212 下
皇甫儁	17・726 上		3・452 上
皇甫澄	17・156 上		13・364 下
皇甫選	5・417 下		17・177 下
皇甫璠	5・357 下	皇甫麟	17・70 下
	5・380 上	泉	
	13・178 下		
	13・381 下	泉元禮	11・389 下
	17・105 下	泉仲遵	11・373 上
	17・156 上		11・390 上
	17・679 下	泉　企	11・225 下
皇甫穆	17・156 上		11・373 上
皇甫徽	12・135 上		11・389 上
	12・478 上	泉安志	11・373 上
	17・156 上	泉景言	11・373 上
皇甫鍾岳	8・597 下	禹	
皇甫謐	13・285 上		
	17・71 上	禹　祥	13・616 上
	17・105 下		14・493 下
	17・155 上		16・617 上
	17・178 下	侯	
	17・571 上		
	17・684 下	侯一元	13・303 上
	19・539 下		15・321 下

	15・656 上	侯自明	8・562 上
	16・161 上		9・131 下
	16・541 下		9・729 下
侯于唐	2・668 上	侯　均	2・683 上
	6・77 上		3・53 下
侯于楚	1・596 下		8・488 上
	6・93 下		10・622 上
	6・177 下	侯志祖	1・703 下
侯于魯	8・82 上		9・690 上
侯大化	11・486 下	侯　佐	8・102 上
侯仁朔	1・491 下	侯佐元	6・85 上
	9・33 下		6・169 上
侯化棠	17・19 上	侯伯正	2・701 上
侯　文	2・521 下		8・122 上
侯文玉	10・380 上	侯君集	5・253 上
侯文禮	8・560 下		5・358 上
	9・142 上		5・380 上
侯世祿	7・76 上		5・413 上
侯　可	5・467 下		13・35 下
	5・597 下		19・317 上
	5・698 上		19・339 下
	9・508 下		20・434 上
	9・749 上	侯忍默	5・125 下
	10・500 下	侯長熺	12・650 下
	13・101 下	侯來旆	9・33 上
	17・165 下	侯來旌	9・33 上
侯尔正	17・19 上	侯來詔	11・115 下
侯廷槐	20・686 上	侯松齡	19・476 下
侯延廣	7・665 上	侯東萊	13・62 上
	7・669 上		20・619 上
	7・747 上	侯尚德	3・495 下
	11・112 下	侯昌祚	15・232 上
	13・207 下	侯　明	12・96 上
	20・265 下		12・614 上
	20・287 下	侯明弼	17・15 上
侯仲良	9・505 下	侯　旻	8・451 下
侯仲莊	6・485 上	侯知道	13・675 上

	17·421 上	侯　華	7·383 下
	19·615 上	侯莫陳崇	17·548 下
	19·699 上		17·640 上
	20·219 上		19·444 上
	20·279 上	侯莫陳瓊	15·248 上
侯秉璧	1·640 下	侯原仁	13·551 下
	4·368 上		15·691 下
	4·416 上	侯致和	19·34 下
侯治國	1·596 下	侯　峪	3·344 上
	6·93 下		3·408 下
	6·177 上	侯　秩	8·361 上
侯治經	2·669 下		8·451 上
	4·684 下		9·412 下
侯定舟	11·759 下		10·602 下
侯承運	15·331 上		13·58 上
侯　封	10·493 下		19·303 上
侯　垣	13·422 上	侯　倫	13·578 上
	16·41 上	侯　益	11·224 上
侯　相	6·579 下	侯國璋	9·729 下
侯　威	9·58 下	侯國勳	7·637 上
侯拱極	7·76 上	侯國錫	13·621 下
侯貞度	3·278 下		15·116 下
侯思止	5·45 下	侯進孝	12·31 上
侯　信	12·566 下	侯得明	17·18 下
侯信朔	9·32 下	侯　梁	6·136 下
侯　亮	18·534 下	侯　寅	1·642 上
侯亮工	13·654 下		4·518 下
	15·661 下	侯達先	1·596 上
	16·173 下		6·93 上
侯度理	12·629 上		6·176 下
侯奕元	3·217 上	侯葆文	1·566 上
侯　恂	8·562 上	侯　植	5·380 上
	9·131 上		5·413 上
侯　郡	3·736 上		18·540 上
	4·161 上	侯雲登	13·77 下
侯　珪	9·58 下	侯　智	9·136 上
侯　珠	3·751 下		10·32 下

侯　復	8・561 下		6・177 下
侯　鈞	8・375 下	侯　職	7・55 下
侯道濟	10・500 下	侯鎮遠	13・516 上
侯登雲	19・671 下		19・233 上
侯夢桂	1・605 下	侯　璽	8・547 上
	11・30 上		8・585 上
侯夢禎	9・688 下		8・596 下
侯　蒙	3・579 上		9・413 上
侯　楷	3・533 下	侯　贇	13・207 下
侯筮晉	16・37 下		19・660 下
侯　禋	13・122 下		20・122 下
	15・275 下		20・265 下
	15・580 上		20・287 下
	18・463 上	侯　霸	13・30 上
侯嘉宴	13・411 上		14・461 下
	18・480 下		14・752 下
侯　輔	3・245 下	侯　瓚	3・714 上
侯輔國	3・140 上	侯麟角	16・172 下
侯鳴珂	1・388 下		
	6・374 下	**帥**	
	11・416 下	帥　祥	8・13 上
侯　緒	13・524 上		
	19・515 上	**俞**	
侯維垣	12・161 上	俞世隆	20・45 上
	12・550 下	俞　有	19・701 下
侯　墐	13・329 下	俞廷樟	3・133 上
	19・321 上	俞　充	13・126 上
	19・345 上		17・374 上
侯履謙	12・408 上	俞汝亮	20・223 下
侯樹屏	9・24 下	俞汝敬	20・60 下
侯樹銜	13・393 下	俞汝翼	20・61 上
侯　橘	1・492 上	俞安期	2・707 上
侯學孔	11・119 下	俞如衡	13・351 上
侯　儒	3・727 下		15・109 上
侯錫麟	1・492 上	俞志敬	1・383 下
	9・562 下		10・666 下
侯　憲	6・94 上	俞君宰	20・60 上

俞君輔	20・59 下	郗世隆	10・539 上
俞叔良	10・469 上		10・574 下
俞思義	5・468 下	郗克超	10・35 下
俞　亮	7・42 上	郗宏中	10・69 上
	7・197 上	郗宏毅	10・70 上
俞陞科	19・469 下	郗郎阿	5・702 上
俞　連	13・150 下	郗創基	10・74 下
俞時衡	13・220 下	郗　燦	13・122 上
俞　卿	9・418 上		18・414 下
	9・780 下	**郤**	
俞益謨	13・312 上		
	19・689 上	郤　正	12・1 下
	19・782 上	**忽**	
	20・10 下		
	20・60 上	忽　守	10・363 下
	20・61 上	**卻**	
	20・157 下		
俞狒霄	7・46 下	卻平娃	16・772 下
俞進麟	13・176 下	卻如心	2・685 上
俞　鼎	6・562 上		6・81 上
俞　智	13・58 下		6・165 上
	17・380 上	卻如思	6・155 下
俞　璉	6・136 上	卻雲鶴	6・74 下
	14・656 上		6・157 下
俞壽棋	19・693 下	卻復性	6・88 上
俞德淵	13・313 下		6・174 上
	13・456 下	**計**	
	19・692 下		
俞樹璧	1・583 下	計元鵬	19・542 下
俞鴻慶	7・37 下	**亮**	
俞鏡淵	19・463 上		
俞獻卿	13・43 下	亮旭和尚	14・422 上
郗			17・67 上
			20・344 上
郗大典	9・716 下	**度**	
	10・540 上		
郗文榜	10・118 上	度宗顯	12・566 下

施

施世縣	7・36 上
施有才	13・557 上
施廷元	13・172 下
	14・698 上
施作霖	1・400 上
施來庭	18・341 上
施衍緒	1・578 下
施能豐	13・598 上
施　戚	19・718 下
	20・212 下
施萬盛	19・214 下
施　貴	19・701 上
施爲可	12・96 上
施　綸	2・701 下
施　璘	3・135 下
施　縉	1・540 上
	7・579 上
施　鵬	13・236 下
	19・517 上
施　讐	2・675 下

音

| 音得正 | 13・348 上 |
| | 15・106 下 |

恒

恒　升	13・562 上
	15・720 下
恒　齡	13・78 下

姜

姜士珍	2・670 下
	5・727 上
姜子材	18・725 下
姜元素	8・617 上
姜文恭	8・109 下
	8・178 上
姜文繡	13・558 下
	15・710 下
姜平子	13・403 上
	15・296 上
	15・619 上
姜　永	12・135 上
	12・478 上
姜永躍	13・232 下
姜光允	13・182 下
	15・277 下
	15・583 下
姜　炭	15・297 上
	15・620 下
姜仲龍	12・566 下
姜行本	14・394 下
姜　合	12・504 上
	13・427 下
	18・284 下
	18・355 上
姜兆張	3・37 上
	6・135 上
姜兆璜	13・686 上
	18・600 上
	18・658 下
姜名揚	7・587 上
	7・588 上
姜汝奇	15・220 下
	16・163 上
姜　岐	13・697 上
	13・698 下
	15・293 上
	15・614 下
	16・280 下
	16・320 下
	16・548 下

姜　坤	7・59 上	姜　斌	12・159 上
姜　尚	4・411 下	姜善信	9・170 下
姜　泮	19・700 下	姜道淵	14・363 上
姜封齊	13・505 下		19・311 下
	16・678 下	姜道富	11・767 下
姜　政	13・358 上	姜　弼	7・58 下
	16・675 上	姜瑞熊	11・705 上
姜祖志	3・376 下		11・759 下
姜祚唐	3・279 下	姜夢熊	5・612 上
姜祚遠	16・323 上		5・720 上
	16・632 上	姜魁元	13・498 上
姜泰祥	11・769 下		15・108 下
姜桐岡	3・582 下	姜靖海	13・651 上
	5・375 下	姜　煒	7・289 下
姜　咬	13・304 上		7・345 下
	15・306 上	姜　漣	1・587 下
	16・282 下	姜　嫄	4・426 下
姜　恩	6・581 上		6・574 下
	6・637 上	姜　漢	7・73 上
姜師度	9・71 上		13・569 下
	9・394 下		19・662 上
	10・3 下		19・717 上
姜常吉	1・606 下		20・125 下
姜　晦	3・35 上	姜　漾	12・135 上
	3・239 下	姜　實	8・401 上
	13・304 下		8・481 上
	15・306 下		9・720 上
	15・635 下		10・647 上
	16・283 上	姜　熊	13・123 上
	16・323 上		15・597 下
姜　皎	15・635 上	姜緒望	8・117 下
	16・323 上	姜　維	13・293 下
姜得仁	13・346 下		16・213 下
	14・532 上		16・524 下
	15・103 上		16・597 下
姜敘母楊氏	16・245 上		18・67 上
姜朝周	11・306 上		18・95 上

18・213 上
18・355 上
18・525 下
姜　確　13・304 上
15・306 上
15・634 下
16・282 上
16・322 下
20・434 上
姜　奭　7・58 上
13・57 下
13・256 上
13・259 上
19・52 下
姜　儉　13・404 上
15・299 上
15・623 下
姜德麟　12・76 上
姜徵渭　13・400 下
19・398 下
19・412 上
姜慶初　16・323 上
姜　潮　8・496 上
姜樹清　1・604 下
姜興周　6・374 上
姜　謩　13・304 上
14・394 上
15・305 下
15・351 上
15・561 上
15・634 上
16・282 上
16・322 下
16・350 上
18・545 下
姜應奎　19・718 下
20・212 下
姜應科　9・408 上
姜應齊　16・675 下
姜應熊　7・58 上
13・251 上
19・662 下
20・126 上
姜　鎮　8・403 下
8・500 下
姜蟾桂　19・398 下
姜寶誼　15・305 下
姜獻琛　7・701 下
姜寶誼　13・303 下
15・634 上
16・281 下
16・322 下
姜　龕　13・403 下
15・297 上
15・620 下
姜顯祚　7・58 下

首

首成乾　19・476 上

炳

炳　霞　19・137 下

涂

涂之堯　12・56 上
涂騰茂　12・330 下

洪

洪天喜　19・497 上
洪永昇　11・657 上
洪在位　11・542 上
洪廷玉　8・597 上
洪其道　11・223 上
11・269 下

洪卓然	19・21 下
洪　昉	2・713 下
洪金錫	5・342 下
洪　治	7・40 上
	7・154 下
洪承疇	7・31 上
	17・110 上
洪　信	5・375 上
洪亮吉	20・481 下
洪致祥	13・232 下
洪　渙	13・216 下
	18・616 下
洪家泰	13・662 上
	16・42 上
洪啓顏	11・803 下
洪　琳	3・76 上
洪葉馨	12・122 上
洪敬夫	1・383 下
	3・282 下
	4・343 上
洪　範	11・366 下
洪　翼	13・211 上
	19・675 上

洛

洛中清	10・428 上

宣

宣士能	20・231 上
宣述古	11・341 上
	11・369 上
宣　秉	2・528 下
	5・11 下
	5・41 下
	5・97 上
	5・495 下
	5・704 下

宣昭夫人張氏	18・275 上
宣昭妃慕容氏	18・275 上
宣　暢	14・798 下

扁

扁　鵲	2・702 下
	4・703 上

祖

祖業宏	13・149 上
	14・478 上
	16・605 下

神

神　兮	2・303 上
神　英	2・622 下
	7・34 上
神　姥	14・799 下
神　湊	2・714 上
	3・146 上

祝

祝大鳳	12・291 下
祝文彬	7・708 下
祝世亨	3・728 上
祝世喬	2・707 上
祝本清	12・291 下
祝成烈	12・291 下
祝　安	11・119 下
祝　良	13・177 下
	15・238 上
	15・551 下
	18・520 下
祝英台	16・287 下
祝　炎	1・714 上
	6・490 上
祝泰時	11・422 下

祝泰畹	11・426 下	姚乃述	13・674 上
祝桂林	11・419 下		18・15 下
祝　祥	13・104 下	姚乃述	17・426 上
祝得蕭	20・651 下	姚乃尉	18・15 下
祝　琳	2・691 下	姚三英	13・383 下
祝萬齡	2・651 下		17・107 下
	3・65 上	姚士珍	12・387 下
祝景謙	11・688 下	姚士塾	9・419 上
祝欽明	6・367 上	姚大勳	1・594 上
	6・407 上		5・650 下
祝運揚	11・418 上		5・755 上
祝運鳳	11・418 上	姚　弋	4・489 上
祝　塏	1・533 下	姚弋仲	14・402 下
	11・679 上	姚天池	10・427 上
祝　鉞	11・680 上	姚天花	8・673 上
祝賓暘	13・168 上	姚天眷	15・716 下
	17・91 上	姚元之	9・70 下
祝　絑	2・250 上	姚　友	6・131 上
	6・400 下	姚内斌	13・247 上
祝維城	19・676 上	姚升貴	10・118 上
祝　鼃	12・134 下	姚文盛	3・264 下
	12・477 上	姚文德	12・153 上
祝應修	11・687 上		12・282 下
陡		姚玉儒	19・237 上
		姚玉璽	5・520 上
陡韞章	13・401 上		5・647 上
胥			5・751 上
		姚正高	17・31 上
胥有德	12・497 下	姚世貞	13・147 下
胥　恭	13・637 上	姚　古	7・120 下
	19・524 上	姚　用	12・380 下
		姚用其	18・25 上
陛		姚必泰	13・547 上
			15・684 下
陛見陛	7・217 下	姚必聞	12・156 下
姚			12・397 下
姚九功	11・219 上	姚永靜	6・95 下

姚成儒	17・424 下		8・73 下
姚廷杰	1・742 下		9・72 上
	12・285 上		9・762 上
姚廷儀	1・496 上	姚　厚	10・432 上
	8・620 下		10・435 上
	9・569 上		10・466 上
姚延齡	8・770 下		10・471 上
姚仲壽	13・326 上	姚貞諒	2・366 上
	19・108 下	姚思廉	2・690 上
	19・186 下	姚思學	12・66 上
姚仲瀛	1・605 上	姚思辯	2・220 上
姚　合	6・555 下	姚　祐	13・118 上
	9・86 上		15・570 下
姚汝言	13・441 上	姚祚昌	8・598 下
姚汝秬	13・105 上	姚　班	2・576 上
姚守光	12・391 上		9・70 下
姚如松	12・104 下	姚振國	1・559 上
	12・270 上	姚　哲	8・488 上
姚克仁	12・379 上	姚　海	3・338 下
姚　兕	7・53 上		3・399 下
	7・160 上	姚　通	15・221 上
	13・288 上	姚　莨	14・402 下
	17・376 下	姚　棻	14・656 下
	20・301 下	姚梯青	1・628 下
	20・336 上		10・528 下
姚　況	13・100 下	姚　堅	8・629 下
姚沖瀛	11・5 上	姚國柱	14・587 下
姚劭誠	8・621 下	姚　崇	9・394 下
姚長清	19・475 下		10・3 下
姚長發	8・665 下		20・262 下
姚長齡	17・283 下		20・285 上
姚協贊	13・81 下	姚崇基	12・380 下
	16・19 上	姚進功	13・574 下
姚　旺	19・503 下	姚進福	13・679 上
姚忠孝	10・434 下		19・764 下
姚定基	12・389 下		20・224 上
姚南仲	2・590 下		20・280 上

姚　得	1・594 下		10・472 上
姚　堅	1・496 下	姚　渙	3・51 下
	8・618 上	姚運隆	6・639 上
	8・620 下	姚　登	3・58 上
	8・749 上	姚　瑜	12・441 上
	8・750 上	姚遠翱	1・357 上
姚煥章	12・482 下		9・425 下
姚　深	10・397 下	姚會淳	8・620 上
	10・432 上	姚　試	13・167 下
	10・466 上		17・554 上
姚隆運	6・584 上		17・644 下
姚紹曾	8・770 上	姚　誠	13・269 下
姚　琗	13・677 下		14・493 上
	19・700 下		14・770 上
姚　琮	10・432 上		15・82 下
	10・466 上	姚誠立	12・270 上
姚達丞	17・136 下	姚　廉	13・691 上
姚敬之	8・629 下		19・115 上
姚　慂	5・756 下		19・190 上
姚　雄	7・53 上	姚　溥	5・650 下
	7・160 下		5・755 下
	13・366 上	姚福旺	13・518 上
	14・467 下	姚福善	8・508 上
	14・645 下	姚蕭規	8・619 下
	14・646 下		8・647 下
	16・598 下	姚際泰	13・548 下
	19・430 下	姚際會	8・656 上
	20・336 上	姚慕虞	7・93 下
姚開先	5・459 下	姚碩德	13・100 上
姚開第	8・766 上		17・109 下
姚遇隆	13・385 下	姚舞麟	8・620 下
	17・107 下	姚毓琪	8・662 下
姚欽明	8・599 上	姚　察	2・705 下
	9・420 上	姚維妻彭氏	8・753 上
姚　鈞	19・223 下	姚維兢	13・383 下
姚勝祖	10・430 下	姚增舞	8・621 上
	10・466 上	姚　賢	3・414 上

姚　震	7・74 下		姚　巍	5・647 下	
姚　魯	10・34 上		姚瀾興	10・424 下	
姚　諒	13・87 上		姚寶善	13・349 下	
	13・261 下			15・107 上	
	14・756 上		姚繼先	3・723 下	
姚　潤	11・222 下		姚　辯	18・571 下	
	11・269 下		姚　顯	2・683 下	
姚　璘	9・139 上			4・675 上	
	10・67 下			4・762 上	
姚　舉	13・547 上		姚　麟	7・53 上	
姚　興	6・372 上			7・160 上	
	14・403 上			13・365 下	
姚　衡	13・577 下			15・267 上	
姚錫金	5・650 上			19・430 上	
	5・755 下			20・336 上	
姚錫恩	5・650 下		**紇**		
姚錫璋	1・694 下		紇于宏	17・545 上	
姚　錦	13・437 下		**約**		
	17・429 上		約幹實	20・475 上	
姚　濂	1・594 上		**紀**		
	5・650 上		紀乃績	3・492 下	
姚　聰	12・380 下		紀于竹	12・152 上	
姚　爵	13・287 上			12・275 上	
	17・244 下		紀世祿	7・56 下	
姚　襄	14・402 下		紀成勳	11・54 下	
姚應卜	10・615 上		紀廷樞	1・464 上	
姚應策	1・588 下		紀安國	20・218 下	
	6・388 下		紀　昀	10・820 上	
姚濬源	19・19 下			20・481 下	
姚　鎮	7・31 上		紀　信	13・543 下	
姚鎮南	17・121 上			15・288 下	
姚謹獨	13・635 上			15・607 下	
	17・120 上			16・213 下	
姚　璹	2・577 下			16・522 上	
姚　顓	2・609 下				
姚　寵	13・361 下				
	14・662 上				

紀華志	11・768 上	馬　才	13・548 上
紀虛中	10・413 上	馬之騄	6・619 上
	10・468 下		6・651 上
紀　常	13・59 上	馬之服	5・470 下
	15・275 下		7・70 上
	15・580 下	馬之陞	7・461 下
	16・475 下	馬之驂	3・341 上
	16・557 上		3・405 下
紀　道	11・16 上	馬子寅	10・149 上
紀　溫	7・55 上	馬子雲	19・37 上
紀裕太	11・34 下	馬子儀	6・74 下
紀　瑞	13・664 下		6・157 下
	16・43 下	馬天章	2・701 下
	16・332 上		6・172 下
紀瑞西	1・732 上	馬天賜	6・531 上
紀　會	12・151 下	馬天耀	10・69 上
	12・274 上	馬　元	6・397 上
紀　繡	3・714 下		11・113 下
		馬元旺	10・316 上
馬		馬元章	16・325 上
			19・542 下
馬一苟	13・203 下	馬元超	16・325 下
	17・385 下	馬元德	13・593 下
馬一鴻	18・481 下		18・709 上
馬一鵬	13・425 下	馬木花	8・125 下
	18・481 下	馬五倫	1・682 下
馬一鶚	18・482 上		5・735 下
馬二南	11・602 下	馬太一	20・225 上
馬九鼎	13・154 下	馬友蘭	1・517 下
	17・213 上		6・493 上
馬又援	10・323 上	馬巨江	8・488 上
馬三樂	14・649 下	馬少游	3・777 下
馬士珍	16・30 下		4・458 上
馬士魁	13・521 上	馬曰黃	10・495 下
馬大恩	1・737 下	馬中州	12・525 下
馬大雄	3・66 下	馬中第	13・597 下
馬大韶	9・668 下	馬中智	15・114 上
	10・321 上		

馬中驊	9・722 下	馬玉麟	1・426 上
	20・220 上	馬正本	11・488 下
馬中驥	10・316 上	馬正用	1・596 下
	10・428 上		6・94 下
馬化龍	1・736 下		6・178 下
	9・714 上	馬正修	17・737 上
馬化鵬	1・585 上	馬　功	13・533 下
馬丹陽	4・490 上	馬世吉	16・46 上
馬　文	10・363 上	馬世玢	18・667 上
	13・99 上	馬世忠	13・534 上
	13・527 上	馬世泰	1・647 下
馬文玘	6・72 上		12・161 下
馬文升	7・26 上	馬世偉	19・230 上
	13・51 下	馬世雄	13・538 上
	17・378 下	馬世榮	13・410 下
馬文玐	6・155 下		16・285 下
馬文昇	16・267 下		16・324 上
	19・432 上	馬世龍	13・450 上
馬文炳	17・738 上		19・686 上
馬文健	14・649 下		20・151 下
馬文瑞	16・338 上	馬世燾	13・351 上
馬文魁	8・618 下		15・114 上
馬文蔚	19・20 上	馬可法	1・601 上
馬文駿	20・338 上		3・492 上
馬方鈺	16・298 上	馬丙亨	8・584 下
馬以懋	6・488 下	馬丙昭	19・692 下
	6・530 上	馬占鰲	10・319 下
馬允昇	20・639 下		10・320 上
馬允剛	1・365 下		13・363 下
	12・407 下	馬　四	3・603 下
	12・569 下	馬仙琕	3・741 上
馬允際	7・463 下		4・576 下
馬孔英	13・251 下	馬用章	3・583 下
馬　玉	13・252 上	馬　立	7・181 下
	19・669 上	馬永年	1・661 上
	20・136 下		7・724 上
馬玉瓚	10・115 上	馬永亨	8・210 上

	8・258 上	馬廷烈	10・380 上
	9・134 下	馬廷煥	10・380 上
	9・694 上		10・382 下
馬民牧	3・180 下	馬廷璽	9・416 上
馬芝	4・63 下	馬廷驊	3・321 上
	4・485 上		3・371 下
馬朴	10・26 上	馬延泰	13・556 下
馬臣江	8・376 上		15・706 下
馬在堉	13・593 上	馬仲元	8・345 下
	18・708 下		9・705 上
馬在塇	18・713 下	馬仲甫	13・180 下
馬有世	13・360 下	馬仲良	2・625 下
	16・708 下		6・86 下
馬有年	19・756 下		6・172 上
馬有章	6・710 下	馬仲昌	10・184 上
	9・655 上		10・246 上
馬有德	9・661 上	馬仲融	1・543 上
	10・109 上		7・463 下
馬成	13・29 上		7・494 上
	13・637 下	馬任遠	18・139 上
	15・236 下	馬仰賢	13・508 下
	15・551 上		16・687 上
	19・524 下	馬自勉	9・118 上
馬成子	3・773 下		10・33 下
	4・489 下	馬自強	9・118 上
馬成邦	13・561 上		9・523 上
	15・717 下		10・24 下
馬成烈	10・380 上		12・525 下
馬成德	1・666 上		18・488 上
	11・429 下	馬自淯	8・623 下
馬光	2・534 上		8・642 上
	4・457 上		8・721 上
	6・379 上		9・540 上
馬光遠	3・323 上	馬自履	6・598 上
	3・372 下		6・652 上
馬炭	18・535 上	馬自顯	18・488 上
馬廷泰	16・337 下	馬兆升	5・381 下

馬兆瑞	13・558 下	馬呈祥	1・734 上
	15・710 上		9・417 下
馬兆福	13・564 下		9・780 上
	18・370 上		12・424 下
馬多運	13・593 下	馬呈瑞	12・424 下
	18・709 上	馬呈圖	3・321 上
馬　江	6・129 上		3・371 上
	6・166 上		13・165 上
馬江元	5・83 下		17・552 下
馬汝常	10・382 下		17・643 下
馬汝驥	7・458 上	馬見伯	13・451 下
馬守文	13・626 上		19・465 上
馬守良	3・66 上		19・688 上
馬守倉	19・113 上		20・155 下
馬　安	10・615 上	馬　秀	13・609 上
馬收川	13・560 下	馬秀義	13・591 下
馬　防	2・534 上		18・707 上
	3・739 上	馬　佑	3・494 上
	4・457 上	馬伯知	3・73 上
	6・255 下	馬伯貉	7・471 下
	6・379 上	馬伯轅	7・473 上
	13・30 上	馬希周	13・146 上
	16・597 上		14・476 上
	19・427 上	馬　豸	3・248 上
馬如龍	7・464 下	馬迎俊	7・586 下
	7・616 上	馬　亨	6・665 下
	12・649 下	馬　況	6・379 上
馬如麟	10・380 上	馬宏亮	6・482 下
馬好祿	10・323 下	馬　良	12・660 下
馬　圻	13・395 下	馬良丞	17・135 下
馬　志	6・701 上	馬良柱	13・458 下
馬克允	10・313 下		19・122 下
馬克明	16・338 上	馬良御	18・599 上
馬克恭	7・69 下	馬良寶	19・258 下
	7・246 下	馬君白	10・117 上
馬克祥	11・46 下	馬君妻令狐氏	2・236 上
馬步忠	7・669 下	馬　附	8・588 上

馬勖義	18・721 下	馬忠臣	1・714 上
馬　武	13・29 下		6・490 上
	14・752 下		13・243 上
馬長清	20・722 下		13・551 下
馬坤德	18・734 下	馬知節	13・117 上
馬來湧	1・619 下		15・256 下
馬　協	9・119 下		15・564 上
	9・539 上	馬季良	8・674 下
	10・26 下	馬秉倫	13・574 上
馬　卓	13・550 下		19・722 上
馬　虎	13・591 上		20・218 上
	18・654 上	馬　佶	1・660 下
	19・471 下		7・724 上
	20・440 上	馬佩錦	13・520 下
馬尚勇	7・91 上	馬金明	1・634 下
馬尚賓	2・683 上	馬金省	20・383 下
	6・166 上	馬金魁	1・426 上
馬尚賔	6・81 下	馬　夋	7・464 下
馬尚選	7・274 上	馬服侯	18・721 下
	7・329 下		18・766 下
馬尚禮	20・383 下	馬服琚	18・728 上
馬　昊	3・55 上	馬周正	10・168 下
	13・449 上	馬　京	2・623 上
	19・609 下		6・574 上
	19・685 下		6・669 下
	20・150 下	馬京選	1・754 上
馬明江	13・539 下		11・656 下
馬明鄉	10・494 上	馬育才	1・594 上
馬明遠	13・548 上		5・755 下
	15・685 上	馬　怡	9・119 下
馬明義	13・481 下		10・25 下
	18・721 下	馬宗仁	5・351 上
馬　昂	13・50 下	馬宗範	19・229 上
	19・44 下	馬定坤	2・673 上
馬　旻	6・596 上	馬定矗	1・424 下
	6・652 上		3・63 上
馬　忠	7・793 上	馬官兒	11・26 上

馬建勳	13・611 下		13・128 下
馬居正	1・598 上		17・386 下
	6・180 下	馬恒年	20・715 下
馬居敬	3・495 下	馬恒昇	6・182 上
馬承賢	16・687 上	馬　炳	16・89 上
馬　政	3・245 上	馬炳然	19・575 上
馬　相	13・614 上	馬神仙	6・500 下
馬　柱	11・648 下	馬祚昶	1・661 下
馬映珏	6・705 上		7・465 上
馬　昭	13・424 上	馬　屋	13・535 下
	13・584 下	馬　紀	13・58 上
	16・44 上	馬紀師	13・453 上
	18・420 上		20・156 上
	18・598 下	馬紀勳	13・453 上
	18・652 下		19・688 下
馬　思	9・663 下		20・156 上
	10・120 上	馬　泰	13・643 下
馬思孔	20・678 下	馬　珩	13・631 下
馬思良	9・673 下	馬珮珂	13・395 下
馬思敬	10・319 下	馬　班	6・617 上
馬思遠	1・486 下		6・652 下
馬重愛	7・469 下	馬班才	13・546 上
馬保元	20・338 上		15・660 下
馬俊士	13・422 下		16・336 上
	16・328 上	馬起蛟	13・487 上
馬俊昌	13・691 上		19・177 上
	19・116 上	馬起鳳	18・723 下
	19・190 上	馬起潛	10・317 上
馬衍宗	6・651 下	馬　埈	10・380 上
馬負圖	12・683 上	馬　華	13・239 下
	13・690 下	馬　恭	7・28 下
	19・116 上		7・415 上
馬逢皐	6・75 上		18・421 下
馬逢樂	6・74 下	馬根學	18・426 下
馬彥成	6・397 上	馬夏姐	6・99 上
馬彥英	11・40 上	馬振文	9・684 下
馬彥卿	3・720 上	馬振玉	1・475 上

馬振德	12・551 下	馬海發	19・543 上
馬致遠	5・361 上	馬　祥	9・115 上
	5・383 上		9・656 上
馬時中	19・175 下		10・22 上
馬　員	7・406 上	馬書林	2・637 上
馬　恩	18・656 下		3・284 上
馬恩波	10・513 下	馬　通	9・115 下
馬　羨	12・425 上		9・656 上
馬　倫	4・63 上		10・22 下
	4・484 下		12・138 下
	4・537 下		12・485 下
	6・416 下	馬孫選	13・558 上
馬倫篤	5・702 上		15・709 上
馬　健	5・174 上		18・425 上
	13・289 上	馬純熙	6・709 下
	17・333 上	馬　理	2・684 下
馬師祿	6・668 下		6・80 上
馬　逢	3・471 上		6・162 下
馬逢午	1・661 下		11・230 下
	7・723 下	馬理祿	18・713 下
馬逢伯	14・513 下	馬理澍	13・686 下
馬逢皋	2・646 下		18・727 下
	5・383 上	馬　珵	2・643 上
	6・157 下		5・520 上
馬逢樂	2・646 上	馬現蛟	13・561 上
	6・157 上		15・717 下
馬　訓	13・545 上	馬　採	13・645 下
	15・648 下	馬執中	14・353 下
	18・416 上	馬乾元	13・666 下
馬唐民	7・672 上	馬　彪	13・372 下
馬　朔	6・713 下	馬處奇	13・548 下
馬　涓	6・478 下		15・687 上
馬　浩	6・172 上	馬處謙	3・776 下
馬浩麗	9・728 上		4・534 上
馬海彥	13・363 下	馬常生	10・268 上
馬海倉	13・638 下	馬國仁	16・74 下
	19・543 上	馬國梁	19・722 上

261

	20・218 下	馬習詩	20・612 下
馬國翰	1・368 上	馬紹武	3・248 下
	12・59 上	馬紹曾	18・176 上
馬崇	5・420 下	馬馭	13・534 上
馬崇謙	12・103 下	馬琦	6・651 上
	12・270 上	馬琮	10・380 上
馬進	3・136 下	馬琬	10・380 上
馬進良	13・317 下	馬超	8・567 上
	20・643 下		2・539 上
馬進祥	19・504 下		3・740 下
馬進義	1・714 上		4・458 下
	6・490 下		6・260 上
馬進圖	3・721 下		6・381 下
馬得	13・137 下	馬超羣	5・729 下
	18・613 上	馬超驤	9・680 下
馬從朱	9・657 上	馬喜雄	13・357 上
	10・68 上		16・637 下
馬從聘	7・30 上	馬斯臧	7・154 下
馬從義	2・348 上	馬期	18・519 下
馬從龍	13・290 下	馬葳	13・201 下
	19・491 上	馬萬金	20・724 下
	19・524 上	馬萬春	12・138 上
馬象乾	5・125 上	馬萬福	19・504 上
馬逸姿	6・618 上	馬萬靈	17・298 上
	6・651 下	馬敬明	11・532 下
馬庶	8・760 上	馬朝宗	6・651 下
馬康衢	13・414 下	馬棱	2・534 上
馬堃	13・530 上		3・746 上
馬啓泰	5・614 上		6・257 上
	5・723 上	馬植	4・513 上
馬啓瑞	5・113 上	馬森	10・380 上
馬啓賢	16・687 上	馬棟	10・382 下
馬隆	7・719 下	馬雄	17・442 上
	13・32 下	馬雲	19・175 下
	14・604 上	馬雲貴	20・720 下
	18・528 上	馬雲龍	13・681 上
	19・298 上		20・650 下

馬揚	8・450 下	馬御輦	5・611 下
	9・400 上		5・718 下
馬援	2・527 下	馬鈞	3・776 上
	3・732 下		4・174 上
	4・456 上		4・534 上
	4・508 下		6・406 下
	6・250 上	馬翕義	13・687 下
	13・28 下		18・727 下
	14・359 下	馬舜卿	3・713 下
	14・752 上	馬猶龍	7・464 下
	15・236 下	馬敦	3・729 上
	15・282 上		3・747 上
	15・599 上		4・457 下
	16・248 下	馬焜	11・52 下
	16・295 上	馬湘	13・126 下
	16・459 上		17・385 上
	16・601 下	馬渥野	19・106 上
	18・592 上		19・173 上
	19・426 下	馬富邦	19・764 下
	19・443 上	馬甯	13・450 上
	20・611 上	馬祺	13・368 下
馬摠	6・261 上	馬祿林	19・208 上
馬斐	12・144 下	馬遐齡	5・381 下
	12・628 上	馬疏	13・297 下
馬開泰	3・601 上	馬登雲	10・320 上
	3・758 下	馬登瀛	1・729 下
馬閑	13・564 下	馬絢	9・13 下
馬遇	6・94 下	馬馴	8・622 下
	6・178 上	馬珱	6・615 上
馬遇伯	13・690 下		6・651 下
	19・115 下	馬瑞龍	1・602 下
	19・190 上		8・114 下
馬蛟麟	13・290 上	馬瑜	13・588 上
	19・494 上		14・686 下
馬智仁	1・584 下	馬瑄	10・273 上
馬順世	6・666 上	馬献瑞	16・337 上
馬傑	6・652 上	馬當	6・592 下

	6・651 上	馬羣選	10・689 上
馬跟未	1・733 下	馬際伯	13・313 上
馬嗣烋	9・657 上		19・688 上
	10・30 下		20・155 下
馬嗣煜	9・657 上		20・625 下
	10・30 下	馬際昌	10・382 下
馬稜	4・458 下	馬際盛	16・88 下
	6・381 上	馬際皋	5・361 上
	15・237 下	馬駁翰	10・380 上
	15・551 上	馬璉	10・380 上
馬稢土	1・473 下	馬瑤	2・698 下
	9・552 下		3・770 下
馬筮乾	1・519 下	馬嘉會	10・494 上
	6・712 上	馬壽	2・229 下
馬會伯	13・451 下	馬蔚	12・88 上
	19・688 上	馬輔昌	10・380 上
	20・156 上	馬輔相	13・290 下
馬會麟	10・379 下		19・496 上
馬誠	2・643 下		19・553 下
	3・72 上	馬輔國	12・663 上
馬慎	9・139 上	馬爾泰	13・72 下
	10・33 下		19・304 上
馬愷	9・120 上	馬爾值	13・482 上
	9・656 下	馬爾棟	14・612 下
	10・25 下	馬爾暉	13・676 上
馬義春	13・525 上	馬爾臧	9・29 下
	19・541 上	馬鳴玉	6・615 下
馬義瑞	19・118 上		6・652 下
馬煥	3・261 上	馬鳴世	6・594 上
馬溥	7・414 下		6・652 上
馬福吉	13・557 下	馬鳴珂	10・364 下
	18・426 上	馬鳴秋	6・620 上
馬福祥	19・758 上		6・652 下
	19・779 下	馬鳴盛	13・647 下
馬福祿	13・363 下		16・774 上
	19・784 下	馬鳴節	7・77 上
馬肅	6・651 上	馬鳴廉	7・77 下

馬鳴羣 3·539上
馬鳴蕭 10·115上
馬　圖 8·618下
8·638下
馬毓華 1·393下
4·734上
馬　塹 13·293下
馬廣臣 3·75下
馬　廖 2·534上
3·745下
4·457上
6·255上
6·379上
馬榮祖 17·141上
馬漢沖 10·702下
馬賓陽 13·575上
19·722下
馬　寧 19·687下
20·154下
馬肇運 18·724上
馬緒洛 11·687下
馬維衍 13·290下
14·382下
19·496上
19·552下
馬維登 1·622下
8·668上
馬維翰 13·553上
15·701下
馬維興 7·357上
馬維學 13·646下
馬綸篤 13·395下
馬　駙 6·651上
8·618下
馬　樞 3·770下
4·172下
4·466上
4·578上
6·386上
馬暨勳 1·592下
馬　賢 13·30下
14·752下
16·597下
19·164上
19·427下
20·646下
馬　震 7·466下
馬　撝 13·435上
17·408上
馬　儉 3·773下
4·490上
馬　德 6·488下
6·530上
馬德志 20·383下
馬德良 10·165下
馬德昭 1·417下
馬德順 13·236上
19·515下
馬德駿 19·493上
馬鋭堂 18·428上
馬　魯 1·474下
9·559上
馬魯卿 3·462下
馬　魴 18·534上
馬　觪 3·180上
馬慶祥 3·714上
20·453下
20·469下
馬遵先 3·260上
馬潤香 8·536上
馬履忠 18·390下
馬履端 18·27下
馬　璞 13·348下
15·103下

馬靜山	5・126 上	馬 勳	1・524 下
馬 璘	3・742 下	馬 舉	18・657 上
	4・466 下	馬興邦	11・417 上
	4・513 上	馬興魁	19・188 下
	5・267 下	馬學正	1・673 下
	13・38 下		6・394 上
	16・265 上	馬學賜	1・352 下
馬據德	18・714 上		3・133 上
馬 翰	1・523 上		5・701 下
	4・516 下	馬 翔	12・659 上
馬翰如	1・524 下	馬 錦	6・652 下
	3・758 上	馬穎姿	6・615 上
	13・423 上		6・651 下
	16・329 上	馬 諷	13・200 上
馬樹德	16・689 上		17・377 下
馬樹蘭	13・552 下	馬 誼	10・380 上
	16・176 上	馬 龍	6・134 上
馬 樸	9・539 上	馬龍恩	20・675 上
馬 橋	10・106 下	馬羲徵	7・723 下
馬 融	2・688 下	馬 燧	3・718 上
	3・501 上		4・257 上
	3・766 下		9・85 下
	4・457 下		10・6 下
	4・509 上	馬營選	13・556 上
	4・596 上		15・706 上
	6・257 下		16・336 下
	6・385 下	馬 彞	4・466 下
	13・190 下	馬 駿	15・216 下
	14・355 下	馬駿烈	16・684 上
	14・359 下	馬 聰	20・336 下
	15・284 下	馬懋才	7・616 下
	16・275 下	馬懋德	13・564 上
	18・59 上		18・369 下
	18・182 上	馬鍾秀	12・164 上
	18・254 上		12・585 下
	18・328 上	馬鍾麒	17・125 下
	18・592 上	馬 襄	13・287 上

	17・244 上
馬應祥	2・631 上
馬應堃	5・382 上
馬應福	6・651 下
馬應舉	7・76 下
馬應龍	13・256 下
	13・271 下
	13・484 下
	14・496 上
	14・612 下
	19・261 下
	19・434 下
	19・440 上
馬應麟	7・70 上
馬鴻翔	11・687 下
馬濟川	7・154 上
馬總	3・749 上
	4・156 下
	4・467 上
馬騏	6・651 上
馬駧	6・651 上
	6・652 上
馬騑	3・289 上
馬璿	2・632 上
	15・218 下
馬蟠龍	6・591 下
	6・652 上
馬鎮海	1・694 下
	11・33 上
馬鎮瀛	13・369 下
馬離子	13・542 上
馬燧	19・187 下
馬彝	3・744 下
馬騯	10・466 上
馬攀龍	8・228 下
	9・410 上
馬鵑	8・629 上

馬嚴	3・745 下
	4・457 上
	6・256 下
	6・379 下
	14・357 上
	17・441 上
馬鵬遠	11・51 下
馬騰	2・538 下
	3・735 下
	4・458 下
	6・381 下
馬騰洲	13・564 下
馬騰蛟	1・476 上
	9・660 下
	10・108 下
馬騰龍	13・524 上
	19・515 上
馬麒	20・710 下
馬懷珠	12・157 上
	12・424 上
馬懷喜	20・383 上
馬懷德	7・746 上
馬馨	7・471 下
馬蘭香	8・535 上
馬獻瑞	13・556 下
	15・706 下
馬獻圖	13・558 上
	13・573 上
	16・46 上
	19・720 下
	20・216 上
馬寶書	8・618 上
	8・621 上
馬繼志	5・613 下
	5・722 上
馬驂	19・492 上
馬權	6・379 上

馬躍如	8・588 下		6・156 下
馬　儼	7・720 上	秦一鶴	6・174 下
馬　飋	2・650 上	秦三輔	2・643 上
	3・539 上		6・149 下
馬　續	3・745 下	秦山人	14・414 下
	4・458 上	秦之銓	13・108 上
	13・31 上		17・321 下
	19・164 上		17・331 下
馬覿伯	13・451 下	秦子鈞	3・583 上
	19・688 上	秦王子嬰	4・646 下
	20・155 下	秦天錫	6・376 下
馬鑒源	6・403 上	秦五舉	9・24 上
馬體元	15・216 上	秦中夔	8・480 下
馬體仁	1・442 下		9・722 下
	3・291 下	秦公子市	5・463 下
馬　鑑	13・48 下	秦公子鍼	8・583 上
	20・124 下	秦　丹	7・42 下
馬襲吉	6・651 上		7・237 上
馬　麟	13・466 下	秦文公	16・318 上
	18・656 上	秦世元	13・537 上
馬　驥	1・434 上	秦世顯	2・637 上
	6・579 上		5・505 上
	6・651 上		5・605 上
	12・136 下		5・711 上
	12・494 下	秦　冉	8・559 下
馬　驤	9・123 下		9・130 下
	10・184 下	秦邦彥	6・87 下
	10・202 上		6・173 下
	10・247 下	秦孝文王	4・655 下
			4・725 下
		秦光祖	5・521 上
			5・734 上
		秦　休	9・32 下
		秦　仲	16・317 下
		秦兆泰	13・498 下
			15・109 上
秦一活	6・92 上	秦兆祥	13・502 下
秦一藩	8・480 上		
秦一鵬	6・74 上		

十畫

秦

	15・113 下	秦莊襄王	4・655 下
秦兆勝	13・504 上	秦時吉	12・136 上
秦　旭	1・596 下	秦悦泰	9・678 下
	6・178 下	秦　淫	9・36 上
秦　安	10・316 下	秦　紘	7・26 上
	11・222 下		15・273 下
	11・269 上		15・578 下
	11・327 上		16・473 下
			17・378 下
秦孝公	4・725 上		19・43 下
秦　志	6・479 上	秦　琅	1・452 下
秦志通	14・415 下		6・160 上
秦　伯	4・654 下	秦國英	13・485 下
秦　系	16・775 上		19・118 上
秦武域	13・189 下		19・227 下
秦非子	16・317 下	秦　偉	2・626 下
	16・458 上		6・71 下
秦　典	13・542 上		6・155 上
秦　和	9・18 下	秦悼武王	4・655 上
	9・533 上		4・725 下
秦所式	6・75 下	秦　清	7・723 上
	6・158 上		10・673 上
秦宗堯	9・418 下	秦清蓮	10・317 上
秦建中	13・400 上	秦　渠	5・373 下
秦始皇	4・646 上	秦　淳	6・93 上
	4・723 上	秦　琦	6・377 上
秦昭襄王	4・655 下	秦　彭	2・533 下
	4・725 下		4・463 下
秦重仁	11・636 上		6・309 上
秦　俊	15・661 上		6・380 上
秦　竑	14・392 上	秦敬時	7・264 下
秦　祖	2・507 下	秦惠文王	4・655 上
	13・265 上		4・725 上
	16・213 上	秦道顯	8・451 下
	16・522 上	秦　湆	6・175 下
秦飛鴻	1・492 上	秦　登	2・636 上
	9・681 下	秦森昇	1・629 下
秦勇均	1・335 上		

	8・502 下		15・102 下
秦　瑗	18・415 上	秦　潤	13・619 上
秦源河	1・592 下		15・99 上
	5・619 下	秦樂天	6・74 下
	5・729 上		6・157 上
秦　福	9・58 下	秦凝奎	11・388 下
秦福相	3・376 下	秦憲烈	10・702 上
秦殿元	5・383 下	秦駿聲	7・526 下
秦　絃	7・186 下	秦鍾英	1・551 上
	13・53 下	秦謙益	10・75 上
	19・449 下	秦襄公	16・318 上
	19・574 上	秦　藩	18・487 下
	19・663 下	秦　鎬	9・29 下
	20・128 上	秦獻公	2・507 上
	20・268 上		
	20・289 下	**泰**	
	20・364 下		
秦　嘉	13・293 下	泰　伯	3・731 下
	16・632 下		4・411 下
	16・649 下	泰　瑛	12・139 下
	16・761 上		12・506 下
秦聚奎	3・462 下		
秦　熙	6・75 上	**敖**	
	6・158 上		
秦輔三	11・686 上	敖　成	1・424 下
秦毓麒	12・408 下		3・63 上
秦　銘	8・585 上	敖　佐	8・597 下
	8・596 下	敖宏貞	13・165 下
	9・87 上		
	9・403 上	**班**	
	10・13 下		
秦鳳鳴	1・701 下	班丹臧卜	19・135 下
	19・20 上		19・312 上
	19・34 下	班丹剳釋	14・417 下
秦鄰晉	2・646 上	班　伯	2・523 下
	8・103 上		3・38 下
秦維嶽	13・276 下		3・744 上
			4・454 上
			4・508 上
		班　況	2・521 下

	3・215 上		6・262 上
	4・653 下		14・355 上
班　固	3・766 下		14・359 下
	4・454 下		15・600 下
	4・508 上		16・248 上
	6・263 上		16・275 上
班　始	2・536 下		16・481 下
班　昭	4・63 上		18・592 上
	4・484 上	班　第	20・454 下
	4・537 下	班　超	2・531 下
	6・359 上		3・733 下
	6・416 上		4・455 上
班逢揚	12・98 上		4・508 下
班　斿	2・687 上		4・719 上
	3・39 上		4・758 上
班　勇	2・536 上		6・269 下
	3・739 下		6・379 上
	4・455 下		12・317 上
	4・508 下		12・407 上
	4・719 上		13・29 下
	6・273 下		19・314 下
	13・262 下		19・336 下
	19・315 上		20・417 上
	19・337 下		20・429 下
	20・417 下	班　嗣	4・454 下
	20・430 下		4・508 上
班健仔	4・62 上	班　穉	3・39 上
	4・482 下		
	4・537 上	**素**	
	6・416 上	素　丹	13・72 下
班逢揚	12・407 下	素封道人	16・345 下
	12・447 上		
班　彪	3・766 下	**袁**	
	4・454 下	袁一臣	13・435 上
	4・508 上		18・11 上
	4・676 下	袁一坤母萬氏	20・14 下
	4・757 下		20・225 上

袁一翰	12・11 下	袁光庭	13・142 上
袁士元	1・583 下		19・319 上
袁士忠	12・424 下		19・342 上
袁士魁	13・453 上		20・453 下
	19・690 上	袁光閌	2・647 下
	20・159 上		8・102 下
袁士繡	1・549 下	袁廷瑛	10・493 下
袁大選	11・22 下	袁仲智	10・494 下
袁大聰	13・677 上	袁 全	10・398 下
	19・700 上		10・475 下
	20・221 上	袁州佐	13・68 下
袁仁林	6・84 下	袁池清	17・699 下
	6・168 下	袁汝度	8・623 下
袁化中	5・470 下	袁守義	19・701 下
	5・598 下	袁志雲	12・487 上
	5・699 下	袁扶鼎	1・641 下
袁化龍	10・398 上		3・606 下
袁文林	12・590 下	袁利貞	2・568 上
袁允義	8・6 上		3・41 下
袁玉祿	3・67 上	袁秀章	1・499 上
袁玉麟	17・754 上		8・771 下
袁 正	3・491 下	袁作虎	17・748 下
袁世俊	1・665 下	袁 英	14・362 上
	7・520 下		19・232 上
袁世學	12・684 上	袁明德	16・47 上
袁 旦	13・132 上	袁 忠	8・638 下
	20・7 下	袁宗安	13・639 上
	20・134 下		19・478 上
袁生芝	11・219 下		19・543 下
袁生瑞	20・686 上	袁宗愷	6・396 上
袁必昌	5・105 上	袁建豐	9・496 上
	5・173 下	袁承澤	17・170 上
袁 臣	13・673 下	袁 珍	14・525 下
	17・426 上	袁型仁	18・729 下
	18・15 上	袁 柱	13・472 下
袁有明	7・61 下	袁思義	5・528 上
袁光先	7・617 上		5・760 下

	19・760 上		15・715 下
袁恒新	3・484 下	袁發身	13・549 上
袁　美	13・559 上		15・687 上
	15・715 下	袁　瑞	3・495 上
袁　益	2・511 上	袁　瑜	18・534 上
	4・703 下	袁夢齡	19・722 上
	4・776 上	袁夢麟	8・620 上
	13・27 上		13・574 上
	15・233 下		20・218 上
	15・550 上	袁　楷	3・756 下
	16・458 下		4・159 上
袁逢春	11・772 上	袁廓宇	1・462 下
袁　悟	5・104 上		11・10 上
袁容民	10・365 上	袁　溥	6・578 上
袁　朗	2・690 上	袁　經	5・118 上
袁　崔	19・514 下	袁嘉譽	7・709 上
袁恕己	17・441 下	袁　熙	16・299 上
袁國柱	9・718 上	袁爾位	3・74 下
	10・540 下	袁　餉	3・766 上
袁過娃	6・395 下		4・168 下
袁煥章	18・158 上	袁鳳來	20・338 上
袁清漣	4・769 下	袁廣漢	6・406 下
袁堯齡	20・451 下	袁　端	3・130 下
袁萬清	11・345 上	袁榮祖	2・395 下
袁　順	8・494 下	袁　璋	3・67 上
袁順順	1・711 上	袁　範	16・299 下
袁　鈐	13・132 下	袁德一	16・692 上
袁　滋	9・396 上	袁德林	9・58 下
	10・588 上	袁養和	2・652 下
袁　裕	13・47 上		3・483 上
	19・299 上	袁養浩	13・695 下
	19・573 上		14・522 下
	19・661 上		16・639 上
	20・123 下	袁　潤	13・508 上
袁祿兒	9・678 下		16・686 上
袁　弼	13・201 下	袁積蔭	13・454 下
袁登花	13・559 上		19・691 下

	20・162 下		5・515 下
袁學安	10・42 上		5・610 上
袁　錠	13・435 上		5・717 下
袁　諫	7・38 下		
	7・151 下	**耆**	
袁　澤	2・626 下	耆　彬	19・674 下
	5・17 上		
	5・47 下	**耿**	
	5・101 下	耿九疇	13・51 上
	5・176 上		16・599 上
袁應春	3・755 上	耿文喆	1・659 上
	4・158 下		7・580 上
袁應秋	7・618 上	耿邦賢	13・236 上
袁應泰	3・736 上		20・351 下
	4・161 上	耿　臣	3・248 下
袁應掄	6・405 上		3・275 上
袁應舉	13・618 上	耿光文	17・323 下
	16・630 上		17・339 下
袁濟川	3・402 上	耿光前	6・598 上
袁　翼	18・691 下		6・654 上
袁　翻	13・135 上	耿光榮	13・572 下
	18・539 上		19・720 上
袁　黼	12・490 下		20・215 上
袁耀宗	11・33 下	耿　仰	8・83 上
袁　繼	3・721 下	耿自檢	1・462 上
	4・494 下		8・95 下
袁繼登	13・127 上	耿汝恭	6・654 下
	17・389 下	耿志煒	6・593 上
	17・418 上		6・654 上
袁體乾	5・107 下	耿　況	3・746 上
袁　鑑	10・436 下		4・221 上
袁靄瑞	17・754 上		4・458 下
			6・378 下
都		耿　沖	15・551 上
		耿　拙	15・79 下
都　任	7・46 上	耿虎力猛忽兒	7・74 下
都勒幹布斯必	20・419 下	耿　忠	6・558 上
都景運	2・647 下		

	13·48 下		4·460 上
	19·661 下		4·510 上
	20·124 下		6·294 上
	20·417 下		6·380 上
耿　秉	2·531 上		13·29 下
	3·739 下		19·315 上
	4·223 上		19·337 上
	4·459 下		19·427 上
	4·510 上		20·417 下
	6·293 上		20·431 下
	6·380 上	耿　國	2·527 下
	7·21 上		3·746 上
	7·181 下		4·224 下
	7·192 上		4·459 上
	13·260 上		4·509 下
	19·297 上		6·293 上
	20·418 上		6·380 上
耿秉文	5·464 上	耿　進	6·598 上
	5·698 下	耿啓乾	6·620 上
	13·48 下		6·654 下
耿性良	6·654 下	耿紹忠	9·75 下
耿　定	11·1 上	耿朝用	6·590 上
耿定向	13·61 上		6·654 下
	19·44 上	耿　傅	13·107 上
耿　星	6·621 下		13·247 下
耿　种	13·30 下		17·209 上
耿　弇	2·527 上		17·374 下
	3·733 下		20·296 下
	4·458 下		20·315 上
	4·509 下	耿復初	14·351 上
	6·290 上		14·532 下
	6·378 下		14·796 下
	13·29 上		15·177 下
耿　炳	20·617 上	耿　舒	3·739 上
耿　恭	2·531 下		4·222 下
	3·740 下		4·459 下
	4·223 上		4·510 上

	6・380 上		6・293 下
耿　巽	13・273 下		6・380 下
	14・768 下		7・21 上
	15・82 上		7・182 上
耿　瑄	13・270 上	耿　鐸	6・709 上
	14・494 上	耿　襲	2・536 上
	14・770 下		
	15・85 下	**華**	
耿　鄙	18・525 上	華士貴	11・519 上
耿　榮	14・425 下	華允彝	3・281 上
耿維中	1・520 上	華　合	3・497 下
	6・713 上	華芳春	12・284 上
耿德章	13・99 下	華和尚	7・120 上
	14・474 上	華發成	11・531 下
	19・432 下	華藏禪師	11・402 上
耿瑩然	6・616 上	華嚴僧	14・420 下
	6・654 下		
耿　勳	13・190 下	**莽**	
	14・392 上	莽吉蘇	20・420 上
	18・254 下		20・471 上
	18・323 上	莽喀察	20・448 下
	18・328 上		
耿　儒	6・590 上	**莫**	
	6・654 上	莫元廣	1・401 下
耿應烈	13・195 上		5・701 下
	18・185 下		8・333 下
	18・337 上		9・652 下
耿獻可	6・621 上	莫沛霖	13・157 上
	6・654 下		17・63 上
耿獻忠	6・595 下	莫　雲	7・21 下
耿獻極	6・620 上		7・527 上
	6・654 下	莫賀達于	20・468 下
耿　夔	2・535 下	莫與京	13・459 下
	3・740 上		20・640 下
	4・223 上	莫增奎	12・571 下
	4・460 上	莫　謙	6・134 上
	4・510 上		

莊

莊天麟	5・422 上
莊日強	12・164 下
	12・586 上
莊用賓	13・114 下
莊成鼎	12・57 上
莊廷偉	13・72 上
莊　忻	6・481 上
莊　灼	12・165 上
莊　炘	1・346 上
	7・37 上
	11・118 上
莊　映	1・352 上
莊俊元	13・212 下
	20・672 上
莊曾明	9・419 下
莊　振	1・344 下
莊達吉	1・350 上
莊教禮	1・655 下
	11・776 下
莊　得	13・258 下
	19・57 上
	19・166 下
莊裕崧	13・163 上
莊學和	10・81 下
	14・362 上
	19・134 上

真

真　性	7・662 上
真　空	3・503 下

桂

桂含芳	18・708 上
桂茂林	11・658 上
桂　和	10・466 上
桂　珠	6・372 下
桂莘之	18・137 下
	18・344 上
桂錫楨	1・418 下
桂蘭馥	11・366 下

桓

桓思寶皇后	4・484 上

栢

栢玉成	19・188 下
栢　達	3・248 上
栢覆皇	2・668 下

條

條　茂	18・527 下

校

校戊土	1・711 上

索

索　泮	13・215 上
	13・613 上
	18・535 上
	19・298 上
索　姑	2・720 下
	3・535 下
	3・775 下
索思禮	2・275 上
索約勒哈默色	20・470 上
索　班	20・453 上
索　紞	13・704 下
索淮洲	16・47 下
索萬盈	3・608 上
索萬鎰	11・714 上
	11・758 上
索　敞	13・331 上

	19・323 上	連溥濟	1・622 上	
	19・348 上		8・630 下	
索景藻	8・402 下		8・661 上	
	8・483 上	連毓太	1・498 上	
索　靖	13・330 上		8・621 上	
	14・392 下		8・756 下	
	18・528 下	連應魁	5・469 下	
	19・321 下	連　豐	13・633 下	
	19・346 上		20・333 上	
索爾孫	13・69 下			
	14・761 下	**哥**		
索　綝	6・478 上	哥舒翰	13・38 上	
	9・64 上		14・604 上	
	9・391 上		15・561 下	
	10・8 下		16・464 下	
	13・330 下		16・597 下	
	19・322 上		18・549 下	
	19・346 下		19・428 上	
索應運	8・549 上		20・434 上	
	9・421 下		20・468 下	
索　襲	13・330 下			
	19・322 上	**栗**		
	19・347 上	栗永祿	13・60 下	
連			17・381 上	
		栗在庭	13・298 上	
連文玉	8・657 上		14・702 上	
連丕甲	13・534 下	栗有恩	13・672 上	
	17・50 上		17・423 下	
連　江	1・623 下	栗自得	14・422 下	
連守度	5・421 下	栗承祜	13・444 上	
連　俊	5・281 下	栗挺周	13・701 上	
連　捷	13・367 上	栗煥周	13・537 下	
	17・74 上	栗爾璋	13・452 上	
連國柱	19・114 上		19・689 下	
連象環	1・707 上			
	9・693 上	**夏**		
連登甲	20・478 下	夏一龍	20・353 上	
連登由	20・456 下			

夏之時	13・450 上	夏萬武	11・771 下
	20・213 下	夏景和	13・301 下
夏日祚	13・155 上		15・216 上
	17・213 上		15・320 上
夏廷印	7・47 上		15・654 上
	7・172 上		16・539 下
夏安期	13・106 上	夏景華	19・685 上
	17・59 上		20・44 下
夏安禮	8・606 下		20・150 上
	9・416 上	夏　竦	13・42 下
夏　亨	9・414 下	夏　瑚	16・82 上
	9・778 上	夏與賢	1・378 下
夏宏江	11・338 下		6・482 上
夏長發	1・637 下		8・453 下
夏尚趣	12・39 上	夏爾儀	3・403 下
夏的和加	20・595 下	夏錫攸	12・147 上
夏金聲	16・760 下		12・218 上
夏建中	3・728 下	夏鴻時	12・59 上
夏承堯	13・612 上	夏攀龍	11・572 上
夏侯道遷	9・65 上	夏　疇	8・600 下
夏侯淵	5・497 上	夏　鏜	13・89 下
	13・31 下		14・474 上
	15・241 上		16・604 上
	19・427 下		19・432 下
夏侯贊	18・547 上		
夏　時	15・660 下	**破**	
	16・550 下	破　山	5・653 下
夏　剛	13・354 上		5・760 下
	14・588 下	**原**	
夏黃公	3・143 下		
	11・216 下	原子雍	13・129 上
夏梅所	20・228 上		19・572 上
夏崇富	11・422 下		19・657 上
夏　寅	6・583 下		20・117 上
	6・638 下		20・261 上
夏　隨	7・746 上		20・284 上
夏紹虞	3・724 下		20・361 下

原文彩	8・399 下	原　達	13・532 下
	8・501 上	原　森	13・89 下
原世翰	8・510 下		14・758 下
原立誠	9・724 上	原　傑	11・218 下
原永貞	8・433 上		11・252 上
	8・489 下		11・336 下
原　吉	8・499 下		12・319 上
原廷苾	1・513 下		12・658 下
	8・484 下	原集鳳	1・513 下
原廷葆	1・631 上		8・484 下
	8・513 上	原　善	8・506 上
	9・582 下	原　解	18・183 下
原廷銘	8・507 上	原遜志	1・513 上
原佑仁	20・375 下		8・484 上
原秉衷	10・647 上	原毓宗	8・379 下
原　性	10・647 上		8・435 上
原承猷	2・381 上		8・487 下
原拱辰	13・534 上		9・721 下
原起鳳	12・614 下	原錫澤	1・631 上
原衷戴	1・513 上		8・508 下
	8・402 下	原鍾河	8・489 上
原　浹	13・393 下	原應文	8・501 下
原　涉	2・525 上	原鵬化	13・532 上
	5・1 上		
	5・37 上		殊
	5・75 上	殊　相	5・654 上
	6・349 上		5・761 上
	6・387 上		
	6・407 下		致
原　宸	13・642 下	致遠和尚	19・761 下
原進長	8・399 下		
	8・500 下		晉
原　寀	8・378 上	晉太子圉	2・702 上
	8・397 下	晉公子重耳	2・702 上
	8・499 上		7・403 上
	9・720 下	晉　臣	2・640 下
	10・624 下		3・58 下

晉先蒐	2・702 下
晉國柱	2・702 上
	3・78 下
晉漢臣	2・707 上
晉賓王	8・268 上
	9・696 下
晉　爵	3・56 下
晉顯卿	13・206 下
	17・387 下

柴

柴士偉	10・319 下
柴大成	14・423 上
	20・725 上
柴大紳	7・666 下
柴天貴	10・531 上
柴世德	11・604 下
柴可楫	19・696 下
	20・163 下
柴先金	11・597 下
柴廷棟	13・538 下
柴自建	20・650 下
柴　全	13・538 下
柴志皐	9・677 上
柴　車	13・50 上
	19・300 下
柴希高	7・69 下
柴若愚	19・224 上
柴英才	10・365 下
柴　忠	9・413 上
柴定向	5・527 上
	5・653 下
柴昭娃	6・717 上
柴禹錫	13・41 下
	19・446 下
柴後祿	11・598 下
柴彦春	1・761 上

柴　烈	14・373 上
柴烈妻李氏	16・663 上
柴時華	13・459 上
	18・614 下
柴師孔	10・530 上
柴　梓	13・677 下
	19・764 上
柴眼娃	6・717 上
柴國柱	13・317 下
	20・638 上
柴國弼	7・606 下
柴　紹	7・23 上
	7・183 上
	7・527 下
	13・35 上
	16・464 上
	19・371 下
柴　惠	13・617 上
	14・518 上
	14・772 上
	15・84 上
柴　鵬	9・87 下
柴毓叡	2・403 下
	10・313 下
柴榮春	1・434 上
	1・670 下
柴德震	1・628 下
	10・529 下
柴　儒	11・577 下
	11・601 上
柴應乾	11・577 上
	11・601 上

党

党乃力	10・317 上
党士元	10・365 下
党大恒	9・58 下

党元煦	1・605 下	党金衡	1・519 下
	11・30 上		6・711 下
党元禧	8・667 上	党居易	1・522 下
党元寵	7・701 下		3・600 下
党仁遂	9・78 下		3・758 下
党介	10・315 上	党承霖	6・710 上
党公正	12・488 下	党孟輗	8・211 上
党以讓	12・146 下		8・276 上
	12・217 上	党威	7・82 下
党丕顯	3・602 下		7・163 下
党田	8・619 上	党貞吉	10・312 下
党廷俊	8・613 下	党昴	8・618 下
	8・621 下	党思睿	1・590 上
党仲明	9・165 下		3・296 下
党行義	1・518 下	党修吉	3・756 上
	6・709 上		4・471 上
	13・220 下		4・516 下
	19・247 上	党炤	8・736 上
党汝孝	12・37 上	党起孟	11・24 上
党志和	9・170 下	党衷	8・639 下
党呈祥	13・397 下	党益	8・620 上
	16・769 上		8・655 上
党見龍	8・650 下	党益齡	1・634 上
党佑	6・710 上	党理	13・309 下
党作霖	13・684 下		17・407 下
党近池	9・36 下		18・10 下
党宏	8・622 下	党國虎	2・672 上
党君順	11・440 上		11・4 下
党若虛	8・720 上	党國柱	3・771 上
党茂	6・560 上		4・473 上
	13・144 下	党國棟	3・66 上
	14・472 下	党崇雅	3・600 上
党明經	9・724 下		3・757 下
党忠	2・695 上	党偉元	8・617 下
	11・15 上		8・620 上
党和羹	10・699 下		8・742 上
党金樑	11・520 上	党從戎	3・538 上

党啓健	1・642 上	党覲文	1・549 下
党紹湯	1・659 下	党　鎮	1・455 上
党　琛	9・149 上	党謹庠	8・502 上
	10・106 上	党璽珍	1・606 下
党雲龍	10・316 上	党懷英	9・113 下
党紫馭	8・654 下		9・511 上
党　傑	8・624 下		10・40 下
	12・146 上	党　瀛	6・709 下
	12・216 下	党聽吉	1・710 下
党　湛	9・658 上		9・725 下
	10・34 下	党纘武	8・624 下
	10・107 上	**時**	
党　淵	9・136 上		
	10・32 下	時可選	11・421 上
党　瑞	10・313 下	時兆昌	1・643 下
党瑞霭	10・537 下	時建和	13・557 上
党載熙	10・317 上	時鈞轍	13・204 下
党　蒙	1・556 下		17・384 下
	8・336 下	時　源	7・458 上
党新綏	11・14 上	**畢**	
党慎修	10・371 上		
党殿鼇	1・628 下	畢士安	9・502 下
	10・538 下	畢士欽	1・627 上
党嘉琚	8・645 上		10・695 下
党廣育	8・663 下	畢大忠	6・135 下
党　榮	2・623 下	畢之琦	1・613 下
	11・3 下		10・419 上
党維綱	10・380 上	畢天機	10・419 上
党維黻	9・30 上	畢公高	2・506 下
党　魯	3・602 上		4・654 下
党樹槐	19・478 下	畢仕和	10・191 下
党還醇	2・643 上		10・241 下
	6・149 上		10・360 下
党興琳	1・623 下	畢光堯	13・173 上
	9・692 下	畢仲奇	12・407 下
党戀修	11・43 下	畢仲衍	9・505 上
党應運	8・509 下	畢仲游	10・679 上

畢仲愈	10・679 上	晁養性	1・608 上
畢步高	10・698 上		5・119 下
畢　沅	1・310 上	晁　瀛	13・127 上
	13・75 上		17・388 下
	19・168 下		
	20・481 下	**晏**	
畢所密	1・347 上	晏五章	11・537 下
畢拱宸	10・361 下	晏永亨	13・360 下
畢祖暉	5・265 下		16・701 上
畢　浩	7・42 下	晏存仁	19・207 下
	7・236 下	晏安瀾	1・563 上
畢紹顏	8・9 上	晏　袤	12・445 上
畢植晉	10・684 下	晏清海	19・214 下
畢聖功	20・60 上	晏學英	16・704 上
畢　誠	5・267 上		
	13・40 下	**員**	
	17・372 下		
畢　經	5・427 上	員不花夕	7・702 上
畢　構	9・70 下	員半千	2・706 上
畢慶雲	13・574 下		3・144 上
	19・722 下		8・574 上
畢　簡	10・689 上	員自立	1・613 下
畢　鸞	3・753 下		10・420 下
	4・158 上		10・476 上
		員行西	10・573 上
晁		員志重	4・769 上
		員來枝	1・587 下
晁元陽	6・314 上	員　炎	9・140 下
	6・388 上		9・514 上
晁　政	10・495 上		10・40 下
晁　炳	13・461 上	員宗伍	8・117 上
晁　陞	1・583 下	員宗義	2・623 下
	3・76 下	員洪庥	1・596 上
晁振翩	5・112 下		6・93 下
晁進孝	10・493 上		6・177 上
晁　煒	13・461 上	員　紀	5・700 上
晁説之	13・192 下	員從政	7・93 下
	18・347 下	員啓心	10・383 下

員啓芬	10・383 下		倪	
員登魁	10・572 上			
員發明妻楊氏	10・551 上	倪人埛	6・374 下	
員輔弼	18・488 上	倪士冠	13・412 上	
員鳳林	1・454 下	倪元璐	7・675 上	
員　鼐	2・648 下	倪正宗	14・524 上	
員　賢	2・626 上	倪甲第	3・607 上	
員　澤	10・74 上		3・770 上	
	10・123 下	倪必會	1・664 上	
			7・91 上	
恩		倪光友	7・546 下	
恩　元	12・681 下		7・578 上	
恩　澤	20・452 上	倪含英	10・319 下	
特		倪含穎	10・319 下	
		倪承恩	8・598 下	
特通額	18・465 下	倪　玳	2・701 下	
	20・596 上	倪　柱	12・60 上	
特爾格齊	20・472 下	倪映衡	13・413 上	
特穆爾布哈	20・473 上		15・671 下	
秘		倪雲鴻	13・160 下	
			19・457 下	
秘心師	13・122 下	倪　斌	17・421 下	
	18・463 下	倪際泰	10・319 下	
俺		倪　寬	5・417 上	
			5・464 上	
俺　都	3・130 下		5・696 上	
俺　普	2・617 下		10・1 上	
俱		倪　璣	2・632 上	
		倪學會	15・680 下	
俱　海	2・302 上	倪覲朝	10・320 上	
候		倪　騰	9・64 下	
		倪　讓	13・435 下	
候定舟	11・705 上		17・408 下	
倭		倫	
倭　仁	20・422 上	倫肇紀	13・685 下	
倭　壽	20・595 下	倫維貞	7・407 下	

射

射　服	3・778 上

師

師士式	1・463 下
	11・12 上
師友尚	11・49 下
師　中	3・64 下
師中吉	11・32 下
師文珖	8・280 上
師心知	5・620 下
	5・733 下
師功凱	7・396 上
師廷杰	6・497 上
師兆熊	1・502 下
	8・335 下
	9・699 下
師　安	7・387 下
師作屏	11・51 下
師青選	1・683 下
	5・737 下
師長治	1・503 上
	9・700 下
師長鑣	1・503 上
	8・337 下
	9・701 上
師其禮	1・605 上
	11・5 下
師貞充	1・624 下
	8・279 下
師重文	13・508 下
	16・687 下
師重嚴	13・508 下
	16・687 上
師修道	11・37 下
師彥公	1・500 上

	8・311 上
	8・335 上
	9・698 下
師帝賓	13・257 上
	13・452 下
	19・688 上
	20・155 上
師　炳	11・50 上
師　桂	2・638 下
	3・207 上
師翁和尚	17・52 上
師國楨	1・545 下
師皁颺	11・53 下
師　頏	2・612 下
師嘉言	3・579 上
	3・720 下
師榮光	8・336 上
師維學	5・651 上
	5・758 上
師懿德	13・453 下
	19・690 下
	20・161 上
	20・441 下

徒

徒單公弼	9・769 下
徒單台喜	13・46 上
	16・599 上

徐

徐一奎	15・109 上
徐　七	11・25 下
徐人府	13・436 上
	17・408 下
徐三畏	3・721 下
	4・441 上
	4・495 上

	13・65 上	徐以忠	12・152 上
	19・452 下		12・287 下
徐　干	6・380 下	徐正卿	16・277 上
徐士麟	10・365 下	徐正誼	1・682 上
徐大行	12・161 上		5・734 下
	12・553 上	徐世俊	18・729 上
徐大譽	10・423 下	徐世節	13・417 上
徐之敬	6・583 上		15・328 上
	6・638 下		15・694 上
徐之龍	7・47 下		16・126 下
	7・172 上		16・165 上
徐天茂	20・456 上	徐石福	13・500 下
徐天桂	1・606 下	徐占彪	20・450 上
徐天培	8・511 下	徐　申	2・596 上
徐元祉	15・216 上	徐　由	13・223 下
	16・541 上		19・315 上
徐元慶	2・604 下		19・337 下
	8・102 下	徐四達	6・620 上
徐元潤	11・692 上		6・666 上
	11・718 下	徐立功	6・667 上
	11・750 上	徐立洺	11・532 下
徐元灝	8・600 下	徐立晉	17・19 上
徐友松	10・316 上	徐必勳	17・167 上
徐友麟	13・415 上	徐永春	20・707 上
徐仁威	14・654 上	徐永達	3・580 下
徐　化	6・581 上		3・727 下
徐　丹	19・573 下	徐有經	13・301 上
徐文秀	13・230 上		18・401 下
徐文彪	14・360 下		18・410 上
	18・669 上	徐成善	7・522 上
徐文博	3・582 上	徐　光	13・524 下
徐文遠	2・705 下		19・520 上
徐文瓚	13・172 下	徐光祚	7・92 上
	14・698 上		7・220 下
徐　方	7・650 下	徐廷琛	8・603 上
徐方敬	3・65 上	徐廷喜	1・652 下
徐斗牛	8・13 下		11・532 上

徐廷璋	7・31 上		15・280 下
	13・53 上		15・585 下
	19・300 下	徐辰告	13・77 下
	19・663 下		13・220 下
	20・128 上		13・222 上
徐廷懋	10・269 上	徐步月	12・144 下
徐延恩	10・380 上	徐作楷	6・711 下
徐自和	12・684 上		14・608 下
徐自清	13・628 下	徐迎祥	13・547 上
徐自爲	7・21 下		15・684 下
	7・144 下	徐迎慶	13・415 上
徐　行	13・690 下		16・23 下
	19・115 上	徐沖霄	3・601 下
	19・189 下	徐宏基	10・257 上
徐行健	20・646 上		10・364 下
徐行恕	13・145 上	徐　忭	1・556 上
	14・650 下	徐　英	19・759 上
徐全壽	10・704 下		20・231 上
徐兆吉	18・422 上	徐　松	20・482 下
徐兆祥	13・424 下	徐奇桂	6・610 上
徐兆麒	17・167 上		6・638 上
徐兆麟	10・365 上	徐尚忠	12・490 下
徐　旭	11・222 下	徐　昊	19・120 下
	11・270 上	徐昌吉	13・431 上
徐州傑	14・654 下		18・143 下
徐州儒	13・372 上	徐昌會	13・161 上
徐汝正	12・329 下		19・458 上
徐汝爲	3・483 下	徐昇平	1・756 下
	12・330 上		11・714 上
徐守績	17・121 上		11・758 上
徐　安	5・474 下	徐　明	13・374 下
	5・700 上		19・499 上
徐如翰	10・392 上	徐秉清	7・586 下
	10・467 上	徐金田	3・75 下
徐　芬	2・649 下	徐　周	10・364 下
	5・16 上	徐法中	13・621 上
	13・184 上		15・114 下

徐法績	1・450 上	徐起霖	13・122 下	
	5・614 上		15・282 上	
徐　河	13・439 下		15・595 上	
徐宗仁	2・660 下		18・464 下	
	3・65 下	徐　恭	14・426 下	
徐建奎	1・753 下		20・231 上	
	11・489 上	徐　振	10・420 下	
徐孟麟	10・419 下		10・462 上	
徐　政	8・596 上		10・476 上	
	9・99 下	徐晉升	13・533 下	
	9・408 下	徐時勉	8・598 下	
徐南山	1・633 下		9・409 下	
徐柏娃	8・121 下	徐　健	3・73 下	
徐則勉	19・22 上		15・87 下	
徐思靖	19・11 下	徐　殷	10・364 上	
徐韋佩	5・724 上	徐　勛	6・136 上	
徐　矩	13・124 下	徐效陵	10・314 上	
	18・134 上	徐效賢	3・248 下	
徐保宇	13・209 上		3・275 上	
徐信仁	13・652 下		8・585 下	
	19・400 下		8・597 上	
徐　禹	2・708 上		9・409 上	
	3・79 上	徐　浩	13・175 下	
徐炳麟	10・365 下		15・218 下	
徐洪懿	12・122 下	徐家文	1・752 上	
徐宣化	19・759 上		12・32 下	
	20・231 下	徐祥麟	3・371 下	
徐神翁	14・415 下	徐通久	4・340 上	
	17・622 上	徐　堅	9・109 下	
	17・730 上		9・475 下	
徐陞高	13・441 上		10・39 上	
徐　勇	13・675 上	徐　盛	10・365 下	
	19・699 上	徐　晦	3・179 下	
	20・219 上	徐國先	11・655 上	
	20・279 上	徐國棟	10・314 下	
徐　杲	11・374 下	徐　健	14・774 上	
徐　敖	3・595 下	徐　烺	13・358 上	

	16・702 上	徐開熙	6・373 下
徐清瀚	10・318 下	徐　景	13・99 上
徐　淑	16・649 下		19・431 下
	16・776 下	徐順明	7・750 上
徐　琪	19・757 上	徐　勝	13・569 下
徐　琦	13・448 下		19・717 上
	19・609 上		20・210 上
	19・685 上	徐敦翰	11・676 上
	20・149 下	徐　普	1・394 下
徐　達	13・48 上		12・448 上
	16・267 上	徐　渤	1・478 下
	16・371 下		10・264 上
徐萬泰	1・732 上	徐　甯	13・242 下
徐萬福	13・229 下		15・581 上
徐萬鵬	13・620 上	徐登科	13・373 上
	15・102 下		19・497 上
徐葆志	13・196 下	徐登桂	5・650 上
	18・340 下		5・755 上
徐葆甫	7・40 上	徐　瑄	7・28 下
	7・154 上		7・415 上
徐　敬	13・146 下	徐　幹	20・418 上
	13・173 上	徐　業	3・709 下
	14・383 下	徐　嵩	3・34 上
	15・70 下	徐　愷	12・498 下
徐朝錦	10・264 上	徐煥新	1・610 下
	10・367 上	徐溥廉	1・586 上
徐　森	13・120 上	徐　福	2・519 下
	15・275 上		4・462 下
	15・579 下		6・276 下
	16・147 上		6・380 下
	16・478 下		13・460 下
徐　棟	1・361 上		20・674 下
徐惠增	13・347 上	徐福田	13・555 上
	15・101 下		15・702 下
徐雲逵	13・65 上	徐　璉	10・264 下
	19・455 上		10・366 下
徐雲捷	3・323 下	徐縈隆	11・749 下

290

徐銘勳	1・436 上	徐　聰	5・172 上
徐齊昞	9・475 上	徐徽言	7・44 上
	10・38 下		7・236 上
徐齊聃	9・109 下	徐　邈	13・32 上
徐榮昌	11・704 下		18・527 上
徐　寧	15・275 下		19・297 下
	16・545 下	徐應魁	2・651 下
	18・463 上		3・64 下
徐　寅	19・112 上	徐應龍	11・421 上
徐肇基	7・521 下	徐應麟	18・296 上
徐盡女	8・125 下		18・368 上
徐維藩	6・373 上	徐　燦	3・280 上
徐　綬	13・580 上	徐鴻烈	1・584 下
徐　璋	18・425 上	徐孺芳	7・39 下
徐增吉	19・229 上		7・153 下
徐德良	1・393 下	徐　騏	6・711 上
	3・282 上	徐鎮東	10・315 下
徐德選	11・423 下	徐雙桂	3・133 上
徐　徹	13・641 上		8・602 下
徐　鋐	15・170 上		11・415 下
徐遵明	9・449 上	徐　鎏	10・27 下
	10・501 上	徐　鏞	3・180 下
徐學孟	13・546 上		13・104 下
	15・324 下		17・552 上
	15・660 上		17・643 上
徐學詩	10・495 下	徐　鵬	10・364 下
徐學義	20・479 上	徐騰蛟	10・363 上
徐學孺	10・365 上	徐鯤化	19・759 下
徐　衡	3・754 上		20・231 下
	4・319 上	徐懷玉	7・742 下
	4・364 上		9・397 下
	4・414 上		10・671 下
徐錫章	13・422 上	徐懷璋母陳氏	6・451 下
	16・41 上	徐繩武	10・365 下
徐錫爵	7・580 下	徐　蘭	14・351 上
徐錫寵	10・315 下		14・532 上
徐澤久	10・421 下		14・797 上

	15・177 上		3・392 下
徐蘭馨	10・365 下	殷道筌	14・414 上
徐觀海	7・576 下	殷　富	13・616 上
徐　讓	19・12 上		14・516 上
徐　鸞	10・365 下		14・770 上
			15・83 下
殷		殷發祥	13・489 下
		殷　楚	16・601 下
殷大呂	11・347 上	殷　輔	2・625 上
殷不害	2・705 下		3・64 下
殷化行	2・656 上	殷毓祥	6・493 上
	4・678 上	殷　增	6・493 下
	4・760 上	殷　擀	6・496 下
	13・70 下	殷蘊輝	8・343 上
	19・669 上		
	20・136 下	**奚**	
殷邦翰	13・72 下		
殷光殿	12・589 下	奚占鵬	10・320 上
殷　助	6・89 下	奚　陟	2・590 下
	6・177 上	奚　敏	10・363 上
殷秀實	5・267 下	奚康生	9・65 上
殷其銳	1・737 下		9・391 下
	12・495 下		9・756 下
殷承敍	13・271 下	奚雲登	10・320 上
	14・496 上	奚　欽	8・563 上
	14・774 下	奚　緒	8・615 上
	15・87 上	奚應龍	1・484 下
殷炳離	1・737 下		9・672 上
	12・495 下		10・319 下
殷　泰	13・71 上		10・320 上
	20・625 下		
殷華國	13・384 下	**倉**	
殷逢世	12・14 下		
殷　純	5・197 上	倉　慈	3・34 上
殷堯藩	9・110 下		13・142 上
	10・39 下	倉　頡	8・559 上
殷開山	2・564 上		9・106 上
	3・327 下		10・16 上

翁

翁世庸	9・417 下
	10・393 上
	10・468 下
翁其森	1・436 上
翁承祖	10・424 上
翁痘師	7・554 下
翁　鉞	11・224 上
	11・274 上

脩

脩羊公	10・663 下

脂

脂　習	2・541 上

烏

烏大經	1・424 下
	3・63 下
烏古論長壽	13・340 上
	14・529 上
	16・622 下
烏古論速可	11・27 下
烏灼土黑和加	20・595 下
烏　奇	13・658 下
烏承玭	13・325 下
	19・104 上
	19・165 下
烏承恩	13・602 上
	19・108 下
	19・166 上
烏　思	7・118 下
烏重允	19・104 下
烏重胤	19・165 下
烏重穎	13・325 下
烏馬兒	13・341 上
	16・616 上
烏庫哩長壽	13・46 下
烏爾登	20・438 上
烏漢宏	19・104 下
烏魯木齊	20・482 下
烏魯斯	20・475 上
烏嚕斯哈美	20・420 上
烏懷愿	18・549 上

卿

卿　剛	16・481 下

留

留　燧	3・280 下

記

記　佩	8・763 上

衷

衷士柏	11・599 上
衷士楠	11・599 上

高

高一夔	8・598 上
	9・409 上
高一麟	10・494 下
高人傑	1・439 下
	6・384 上
	19・471 下
高力士	2・295 上
高乃升	10・316 上
高士元	10・314 下
高士文	2・623 下
	4・759 下
高士廉	2・225 上
高士徵	8・619 上
高士徹	6・557 下

高士鵬	1・528 上		11・365 下
	1・568 上	高友彝	8・342 下
高士鐸	13・130 上	高日勇妻楊氏	18・763 下
	19・670 上	高中魁	7・345 上
	20・7 下	高　仁	10・639 下
	20・138 下	高公武	3・275 下
高大名	8・675 上	高公韶	11・514 上
高大恒	11・543 上		13・56 上
高大魁	5・51 上	高公韻	17・379 下
	5・116 上	高　文	12・663 上
高上達	1・440 上		13・617 上
	6・402 下		14・676 下
	13・468 下	高文林	11・113 上
高上鐄	3・280 上	高文進	10・380 上
高子穎	1・662 下	高文煥	10・269 下
高子孺	14・506 下	高文靖	14・516 下
	14・584 下	高斗南	13・409 上
	14・755 下		15・318 下
	16・628 上		15・651 下
高天吉	7・151 上		16・535 上
高天喜	20・455 下		18・477 下
	20・596 上	高　允	2・548 上
	20・676 上		13・191 上
高天發	13・526 下	高允升	3・613 上
	19・505 下	高允先	3・55 上
	19・520 下	高玉昌	6・389 上
高天福	19・111 下	高未子	1・733 上
	19・188 上	高正本	1・759 下
	20・454 下		7・550 上
高天禧	13・579 下	高去奢	5・471 上
高天爵	1・625 上	高世弼	8・269 下
	8・567 上		9・696 上
高元介	6・663 上	高世榮	16・46 下
高元振	13・486 下	高世翠	12・684 上
	19・119 下	高世衡	3・177 上
高太素	11・218 上	高可權	12・161 下
	11・251 上		12・550 下

高仙芝	18・549 下	高廷佐	13・395 上
	20・419 上	高廷楨	1・556 上
	20・435 上	高廷璞	8・342 下
高立言	1・659 上	高廷諫	6・611 上
高必升	7・289 下		6・639 上
	7・345 下	高廷蘭	8・343 上
高必正	7・357 上	高廷獻	18・715 上
高必榮	7・94 上	高延俊	7・299 上
高永允	13・546 上		7・358 下
高永年	13・160 下	高仲魁	1・762 下
	20・647 下		7・288 上
高永昶	13・631 下	高仲鵠	1・762 上
高永能	7・272 下		7・288 下
	7・328 下	高自立	6・376 下
	7・387 上	高自明	7・278 上
	7・452 下		7・353 下
高台翰	7・287 下	高自卑	9・678 下
高邦佐	7・39 上	高自修	10・192 上
	7・152 上	高自朝	10・321 下
高有泰	8・338 下	高　旭	13・633 下
高有道	1・637 上	高汲引	1・624 上
	6・707 上	高汝價	15・661 上
高　成	7・292 下	高汝翼	6・384 下
	7・348 上	高汝礪	7・761 下
高成旦	7・70 上	高守貴	5・49 下
高至行	6・136 下		5・110 下
高　光	13・122 上	高　防	13・179 下
	15・580 下		15・255 上
	18・414 下		15・562 下
高光祉	7・36 上	高如玉	7・94 上
	7・274 上		7・259 下
	7・329 下	高如先	19・231 上
高光祖	7・350 下	高如岡	13・236 下
高先昇	3・539 上	高羽士	7・308 上
高廷元	16・273 下		7・370 上
高廷秀	13・593 上	高克良	3・606 下
	18・708 下		3・768 下

高步月　8・343上
高步青　1・608上
高步范　7・667下
高步清　5・114下
高岐鳳　13・468上
高我猷　13・412上
15・330上
15・665下
高伯祥　6・482上
高希冉　1・619上
高希曾　7・763上
高希賢　13・442上
高辛傳　8・263下
高　沅　13・221上
19・222下
高沖星　12・152下
12・290上
高沖霄　13・505下
16・679上
高沖謙　15・651上
18・477下
高　宏　13・99上
高良棟　19・173下
高良弼　13・271上
14・495下
16・619下
高長紳　1・544上
7・294上
7・350下
高長繼　7・298下
7・357下
高其志　1・470下
11・340下
11・354上
高若星　13・546上
15・324上
18・487下
高來鳳　9・696上
高　尚　13・115上
18・389下
高明山　12・684上
高　旻　8・212上
8・276下
9・142上
高　固　5・266下
高　岫　1・486下
9・676上
高　知　5・352上
5・374上
高和尚　7・308下
7・370下
高秉元　7・58下
高秉鈞　7・48上
高岳崧　1・430下
高　侃　20・435上
高金印　7・350上
高金鼐　7・290上
高宗道　18・477下
高建瓴　1・527下
高居仁　1・641下
3・605上
高承宗　7・358上
高　孟　13・485上
19・121下
19・176上
高　城　8・451下
高　拱　11・749上
高拱宸　13・112下
14・697下
19・671上
20・140上
高　省　5・114上
高　郢　9・395下
10・491下

	10・592 上	高連升	1・415 下
高映星	12・683 下	高振鵬	12・681 下
高星照	10・317 上	高射斗	3・600 上
高昱	3・290 下		3・755 下
高思義	9・705 上	高悌	5・281 下
高重修	17・140 下	高朗	12・33 下
高重捷	6・485 下	高恕	3・263 下
高修	1・636 上	高珺	6・481 上
	6・495 上	高域	1・672 上
高保寅	9・75 下		6・392 上
	9・767 上	高菴師	12・215 上
高迥	6・663 上	高捷	6・92 下
高衍功	7・299 上		6・175 上
	7・358 下		13・61 上
高衍儒	7・359 下		17・269 上
高彦良	1・642 下	高堂	7・89 下
高彦詢	7・669 上		7・294 下
高彦慶	7・295 下		7・353 下
高恒泰	5・115 上	高跂畢	1・665 上
高恢	2・698 上		7・94 上
高恂	13・409 上	高國恩	19・187 上
	15・651 下	高崇	9・405 下
	18・478 上		10・599 下
高炳	11・348 下	高崇文	5・266 上
高宣威	13・113 下		13・39 下
	16・187 上		17・372 下
高冠	13・343 上	高崇熙	19・454 上
	14・500 下	高崇徽	13・469 下
	14・666 上	高第	7・60 下
高祖培	7・352 下		13・211 下
高陟	3・287 上		20・622 下
高珪	13・114 上	高敏	3・602 上
高珣	7・43 上		13・248 上
高敖曹	2・550 下	高偉曾	11・518 下
高起芝	19・701 上	高偉騫	1・516 下
高桓	7・299 下		8・492 上
	7・358 下	高進孝	6・134 下

高進庫　1・539 上
　7・676 上
高從龍　7・74 下
高　彩　1・672 上
高脱凡　13・426 上
　18・482 上
高脱台普花　8・76 上
高望之　17・172 上
高惟幾　7・149 下
高淩漢　8・629 下
高　寅　3・206 上
高　密　10・362 下
高啓偉　11・33 上
高　隆　8・360 下
　8・451 上
高　超　13・663 上
高萬鵬　1・528 上
高　森　3・538 上
高棲鳳　13・676 下
　19・700 上
　20・220 下
高　棣　7・295 上
高　極　7・86 下
高　雄　13・670 下
高雲際　10・316 上
高　景　13・270 下
　14・493 下
　16・617 上
高景昌　9・166 上
高景奎　7・89 下
高景柴　3・497 下
高景清　4・770 上
高景嚴　12・152 下
高智耀　13・465 下
　19・683 下
　20・147 下
高　策　13・351 上
　15・109 上
高　傑　3・715 上
　7・297 上
　7・356 上
高衆仰　1・582 下
　3・73 上
高復性　17・299 下
高　鉽　9・72 下
　9・762 下
高爲謙　20・218 上
高舜俞　17・641 下
高　斌　13・389 上
高　愉　8・277 上
　8・310 上
　9・695 下
高善貞　7・351 上
高善穩　7・299 上
　7・358 下
高　翔　9・121 下
　9・516 上
　10・184 上
　10・196 上
　10・245 下
　10・270 下
高翔漢　3・757 上
高翔鸞　3・215 下
高運熙　7・85 下
高運馨　7・85 下
　7・220 上
高　登　13・342 下
　14・500 上
高登明　9・90 下
　9・404 上
　10・6 上
高登科　1・523 上
　3・601 上
高登陛　1・553 下

	7・67 下	高傳薪	6・137 下
	7・218 上	高　魁	10・192 上
高登第	3・76 上		10・497 上
高　發	1・541 上	高慎之	13・622 下
	7・764 下	高　義	11・114 下
高發穎	18・712 下	高義柱	13・379 上
高　珵	12・660 上		20・380 上
高　瑄	3・728 上	高　煓	6・384 上
高　遠	10・495 上	高　福	2・262 下
	12・152 下	高際泰	6・313 下
高　蓋	20・212 下	高　璉	5・17 上
高夢説	10・411 下		5・47 下
高夢龍	13・183 下		5・102 上
	15・279 上	高熙喆	19・676 下
	15・585 上	高蔚霞	13・187 下
高　幹	9・391 下		16・299 上
高　楨	7・309 下	高　榭	7・284 上
	7・370 上		7・347 上
高　楓	1・550 下	高　睿	13・465 下
高搗謙	20・218 上	高鳴桐	10・380 上
高照旭	7・311 下	高鳴謙	13・574 上
	7・354 下	高僎芝	13・38 下
	7・369 下		19・318 下
高照昕	7・305 上		19・341 下
高照煦	1・544 下	高　銓	11・342 下
	7・306 上	高鳳誥	16・47 上
	7・354 下	高　適	16・264 下
高照暄	7・291 上		18・549 上
	7・347 上	高齊岱	7・359 下
高嗣昌	3・494 下	高漸逵	12・683 下
高　笃	15・712 下	高　寬	12・33 下
高　節	2・634 下	高　賓	5・597 上
	13・244 下	高屢昇	3・346 下
	18・138 下		3・410 上
	18・176 上	高維岡	7・66 上
	18・267 下		7・163 下
	18・344 上	高維岳	3・758 下

	17・92 上	高履坦	1・473 下
高維翰	15・114 上		9・729 上
高維嶽	1・545 上	高　選	2・631 下
	3・600 下		3・264 上
高　璇	6・483 上	高　璲	6・559 上
高　頡	18・51 下	高翰華	1・761 上
高增高	7・350 下	高樹棠	7・359 上
高增絨	7・359 下	高樹榮	1・544 下
高增融	7・352 下		7・343 上
高增爵	7・352 上	高樹勳	1・528 下
高　賢	5・281 下	高　叡	2・575 下
高　遷	3・599 下	高　勳	8・564 下
	3・755 上	高興學	17・738 下
高　震	13・421 下	高學山	1・503 下
	16・39 下		8・343 下
高撝謙	13・574 上		9・700 上
	19・722 上	高　儔	3・246 上
高　輝	10・364 下	高　儒	7・511 下
高數仞	3・755 上		13・409 下
高　嶙	1・522 下		18・478 下
	3・600 下	高錫晉	13・555 下
	3・758 上		15・703 上
高　稼	12・269 上	高錫鈞	13・624 上
	12・566 上	高錫爵	14・762 上
	12・657 上		16・605 下
	13・181 上	高龍光	13・70 上
	15・271 下	高　懌	2・700 下
	18・461 下		3・78 上
高質敬	8・601 下		12・77 下
高德甯	8・584 下	高藍琛	11・338 上
	8・594 下	高錫爵	13・91 上
高德照	1・590 下	高　鉦	7・74 下
	3・292 下	高鍾清	15・599 上
高餘慶	13・230 下		16・108 上
高遵裕	13・45 上	高　爵	15・704 上
	16・598 上	高　謙	1・642 上
	17・375 下		4・519 上

300

	7・55 下	高麟勳	7・752 上
高應法	6・490 上		
高應舉	11・113 下	**郭**	
高鴻逵	8・343 上	郭　一	12・78 下
高鴻謨	1・586 上	郭一元	8・676 上
高濟才	12・156 下	郭一儒	12・55 下
	12・344 上	郭一龍	12・104 上
高　雙	18・539 下		12・270 下
高　鎮	1・544 上	郭九疇	10・494 上
	7・294 上	郭三仁	9・407 上
	7・349 下		10・191 上
高燿申	16・41 下		10・241 上
高攀桂	1・497 下		10・360 下
	8・629 下	郭士佺	13・149 上
	8・671 下	郭士高	11・537 下
	9・570 上	郭士豪	11・537 下
高攀龍	7・289 下	郭大業	5・383 上
	7・345 下	郭　山	10・645 上
高　鏡	15・230 上	郭千里	18・578 下
高　鵬	6・552 上	郭之祐	13・171 上
高　騰	7・755 上	郭之培	19・460 上
	13・123 上	郭之麟	13・127 下
	15・580 上		17・389 下
	18・508 下		18・4 上
高騰雲	6・401 上	郭小兒	10・268 下
高懷眞	9・79 上		10・367 下
	9・769 上	郭子珪	10・680 下
高懷清	11・52 上	郭子琇	10・680 下
高巍然	8・274 下	郭子瑛	10・680 下
高覺祥	1・707 下	郭子雲	10・680 下
	8・339 上	郭子輔	13・458 下
	9・706 下		20・640 上
高寶臣	7・291 上	郭子儀	2・291 下
	7・347 下		5・266 下
高繼孔	7・590 下		5・463 下
高聾子	5・120 上		5・697 上
高　顯	8・615 上		6・484 上

	7・22 下
	7・310 上
	7・368 上
	7・741 下
	9・85 上
	9・484 上
	10・6 上
	10・603 下
	11・251 下
	13・38 上
	17・110 上
	18・545 下
	19・572 上
	19・658 上
	20・119 上
	20・263 上
	20・285 下
	20・362 下
郭子興	10・389 下
	13・48 上
郭天吉	7・74 下
	13・259 上
	19・187 下
郭天德	10・704 下
郭　元	5・281 下
郭元振	13・36 下
郭太元	3・728 上
郭　巨	8・579 下
	9・729 上
郭日春	13・486 上
	19・120 上
	19・173 下
郭中元	11・597 下
郭中喜	11・531 下
郭內俊	6・593 下
	6・659 上
郭　仁	1・695 下

郭　丹	9・645 下
郭　文	15・216 上
郭文英	8・280 下
	9・166 上
郭文忠	3・247 上
郭文基	11・541 下
郭文煥	17・734 下
郭文隆	10・496 上
郭文爍	8・611 上
郭孔完	6・372 下
郭玉書	1・612 上
郭正謙	16・79 上
郭世金	9・692 下
郭世傑	13・148 上
郭世藩	8・95 下
郭　艾	1・625 上
郭本冠	10・496 上
郭可舉	8・512 上
郭　田	2・633 上
	3・55 下
郭四維	1・520 下
	11・748 下
郭四巍	8・506 下
郭永錫	10・418 上
郭永豐	13・673 上
郭司南	7・617 上
郭弘道	9・68 上
郭幼沖	10・680 下
郭幼明	10・680 下
郭幼賢	10・680 下
郭幼儒	10・680 下
郭　邦	18・336 上
郭邦彥	10・434 上
郭邦傑	10・380 上
郭有文	9・568 下
郭有名	1・634 上
郭　成	13・286 上

	17·229 上		20·124 上
	20·302 上	郭如恭	10·497 上
郭成均	13·461 上	郭如魯	10·254 上
	20·703 上	郭圻	4·372 下
郭成峻	13·400 上		4·418 下
郭成禮	1·470 上	郭均	9·109 下
郭光緯	5·728 上		9·513 下
郭廷藩	17·126 上		10·78 上
郭休	3·772 上		10·245 下
郭延興	8·507 下	郭孝恪	13·35 下
郭仲文	10·633 下		18·543 下
郭仲恭	10·634 上		19·317 上
郭仲益	7·665 下		19·339 下
郭伋	2·530 下		20·418 下
	3·746 下		20·434 下
	4·464 下	郭志學	13·211 下
	6·303 上		20·622 上
郭自南	8·107 下	郭克鰲	10·274 上
郭自真	3·495 上	郭杞	1·467 下
郭全	10·35 上	郭旴	10·633 上
	10·495 下	郭見遠	10·382 下
郭全勝	7·669 下	郭伯玉	4·586 上
郭兆祥	16·32 下	郭伯郁	3·777 上
郭兆棠	12·590 上	郭希泰	18·16 上
郭兆貴	11·756 下	郭希曾	10·362 下
郭江	19·513 上	郭希璞	16·87 上
郭汲	6·379 下	郭沖	13·334 上
郭汝	13·57 下		15·73 上
郭汝明	10·380 上	郭良	9·515 下
郭守邦	13·459 下		10·189 下
	20·644 下		10·360 下
郭守倫	10·665 下		10·502 上
郭守敬	13·129 上		10·645 下
	19·573 上	郭良得	13·614 上
	19·661 下	郭英	10·389 下
	20·7 下		13·434 下
	20·43 上	郭松	9·409 下

郭松年	8・510 上		10・103 上
	11・229 下	郭　忠	6・138 下
郭肯堂	1・643 下		13・219 上
	4・264 下		19・163 下
郭肯穡	9・667 上	郭忠恕	6・482 下
	10・259 下	郭　岫	10・645 上
郭　虎	3・718 下	郭帕伯克	20・593 上
郭尚竉	11・500 上	郭知運	13・491 上
郭味兒	13・665 下		15・252 下
	16・46 上		15・561 上
	18・428 上		18・547 上
郭　昌	19・571 下	郭秉鈞	11・348 下
	19・657 上	郭　佶	11・119 上
	20・116 下	郭　侃	9・512 下
	20・260 下		10・682 下
	20・283 下		13・262 下
郭昌泰	14・607 上		19・319 下
	19・460 下		19・342 下
郭昌時	4・342 下		20・435 下
郭　昕	9・487 下	郭命錫	4・372 下
	10・614 上	郭　肫	5・503 下
	13・39 上		5・604 下
	19・318 下		5・710 上
	19・341 下	郭庚子	1・706 上
	20・419 下	郭育霞	5・754 上
郭　明	13・561 上	郭性之	9・709 上
	15・718 下	郭　炎	9・427 下
郭明海	13・593 下	郭　治	5・118 上
	18・709 上		10・262 上
郭　易	7・654 上		10・365 上
郭　昂	6・374 下	郭宗昌	9・711 上
郭　旼	9・488 上	郭宗皋	14・352 上
	10・614 上		14・534 上
郭　昉	10・681 上		14・687 下
郭　典	9・108 上		14・700 上
	9・443 下	郭宗舜	3・750 下
	10・19 上		4・320 下

	4・363 上		9・677 上
	4・413 上	郭　昫	10・681 上
郭宗傳	10・364 下	郭　咄	10・681 上
郭宗賢	13・64 上	郭思儀	11・692 下
	14・759 上	郭重義	13・426 下
	16・600 下	郭　俊	7・646 下
郭定先	10・436 上		8・107 下
郭建極	13・539 上	郭衍秀	4・422 下
郭建猷	8・115 下	郭　郱	2・685 上
	13・598 下		5・508 下
郭承庥	3・281 下		5・607 上
郭承恩	10・657 下		5・704 上
郭承嘏	9・495 下	郭　度	18・482 上
	10・591 上	郭　奕	2・542 下
	10・618 上	郭　彦	9・109 上
郭孟儒	9・63 下		10・19 下
郭孟孺	10・680 下		10・104 下
郭　春	6・393 上	郭彦聖	13・627 下
郭　玷	4・324 上		14・523 下
	4・368 下	郭　恒	8・380 上
	4・416 下	郭恒妻楊氏	10・548 下
郭　相	5・212 上	郭恒泰	13・424 上
郭相忠	13・422 下		18・419 下
	15・705 上	郭　恂	20・453 上
	16・324 下	郭炳南	9・728 下
郭柏森	6・375 下	郭祖德	14・645 下
郭　威	2・676 上	郭神寶	9・391 下
	3・767 上	郭　昶	10・680 下
	6・310 上	郭　陞	13・515 上
	8・383 上	郭　袬	1・657 上
郭拱樞	8・596 下		7・654 上
郭　昺	13・691 下		7・754 上
	19・116 上	郭泰來	10・691 下
	19・190 下	郭　珠	8・102 下
郭　映	10・681 上	郭起參	10・377 下
郭映江	15・684 上	郭　都	8・103 下
郭映青	1・617 上	郭　莊	13・410 下

	15·322 下	郭釗嘉	13·609 下
	15·658 上	郭　高	9·108 下
	18·481 上		9·447 下
郭　荷	12·167 下		10·38 下
	13·302 下		10·104 下
	14·361 上	郭　浩	6·486 下
	15·618 上		13·286 上
	16·119 上		15·270 下
	16·153 上		15·575 上
	16·549 上		18·460 上
	19·132 上	郭容兆	6·659 上
	19·192 上	郭　通	10·680 下
郭真人	14·415 下	郭　能	10·497 上
郭　桂	2·630 下	郭　純	6·377 上
郭桂友	1·630 上	郭　理	10·480 上
	8·503 下	郭　迻	7·411 下
郭　原	14·358 上		13·181 上
	20·228 上		15·266 上
郭　振	18·613 上		15·571 上
郭振基	12·138 上	郭培儀	12·377 下
	12·485 上	郭執中	14·355 下
郭　晉	1·699 上		16·482 下
郭虔瓘	18·548 上		17·180 上
	20·419 上		18·83 上
	20·434 上		18·379 下
郭時中	8·510 上		18·499 下
	9·722 下		20·380 下
郭　恩	7·44 上	郭乾一	17·34 下
	7·171 上	郭曹果	13·690 上
	13·242 上	郭　堅	7·89 上
	15·568 下		13·287 下
郭　峻	18·155 下		17·244 下
郭峻生	18·372 下	郭　堂	11·331 下
郭師游	13·654 下	郭　晤	10·681 上
	18·481 上	郭　曼	18·338 上
郭　釗	9·488 上	郭　晞	9·487 上
	10·614 下		10·613 下

郭　晛	10·681 上	郭萬福	13·580 上
郭國楨	10·689 下	郭敬之	7·407 下
郭國興	10·703 上		10·680 下
郭　進	11·513 下	郭敬業	8·94 下
郭從道	13·305 下	郭朝祚	13·72 下
	15·322 下	郭　棟	7·642 上
	15·658 上	郭　鼎	9·646 上
	18·480 上	郭鼎藩	2·648 上
郭從瑾	4·702 上		5·514 上
	4·772 上		5·609 上
	6·406 下		5·717 上
郭　堃	4·372 下	郭　閎	18·522 下
	4·419 上	郭遇春	7·76 下
郭産柱	5·316 上	郭景昌	13·69 下
	5·341 下		14·762 上
郭惟益	5·316 上	郭景嵩	7·48 下
	5·341 下		7·237 上
郭清溪	9·170 下	郭景震	1·599 上
郭　淮	10·495 上	郭景儀	15·702 下
	13·31 下	郭　凱	9·165 上
郭　密	13·250 下		10·75 下
	20·123 上	郭　智	19·574 下
	20·266 下	郭　傑	13·559 上
	20·288 上		15·714 上
郭階平	11·118 下		18·487 下
郭　紳	13·54 下	郭　欽	3·744 下
郭　琥	7·34 上		12·86 上
	13·245 上	郭　鈞	3·719 上
	13·324 上	郭　斌	13·530 上
	14·612 下		14·469 下
	18·264 上		14·645 下
	18·335 上		14·646 下
郭　琰	3·164 下		14·704 上
郭堯京	2·661 下	郭甯邦	13·460 上
	3·288 下	郭祿大	14·697 下
郭萬仁	17·142 上		16·470 下
郭萬象	3·288 下	郭　登	10·508 下

	10・624 上	郭　靖	13・563 上
	13・51 上		18・300 下
	14・361 上		18・373 下
郭　瑝	7・75 上	郭慎行	6・659 上
郭　瑀	14・361 上		6・709 上
	19・132 上	郭　遡	13・366 上
	19・192 上	郭資普	11・541 下
	19・215 上	郭　殿	8・273 上
	19・322 下	郭　璉	10・496 上
	19・347 上	郭　瑨	14・757 下
郭　載	13・179 下	郭　嘉	13・643 下
	15・563 上	郭嘉瑞	10・379 下
郭　塏	4・373 上	郭　璋	9・73 上
	4・419 上	郭境阜	7・656 下
郭夢熊	7・60 上	郭爾照	13・113 下
郭椿琳	17・22 下		16・187 下
郭　槐	13・564 上	郭　曄	10・681 上
	18・370 上	郭毓秀	2・665 上
郭　暅	10・681 上		3・554 下
郭嗣汾	13・610 上		12・615 下
郭嗣煥	8・451 下	郭毓璋	1・566 下
郭　嵩	1・358 上		2・416 下
	12・183 下	郭　僑	8・82 下
	12・446 上	郭　銑	10・681 上
郭　節	7・662 下	郭　銘	10・496 下
	17・14 下	郭鳳祥	13・561 上
郭傳芳	8・600 上		15・718 上
	9・419 下	郭鳳鳴	16・24 上
	9・648 上	郭鳳舞	13・552 下
	11・116 下		16・42 下
郭　鉄	10・681 上	郭　澔	13・287 上
郭愈博	6・480 下		17・244 上
	12・122 上		19・512 上
	12・659 下		20・302 上
郭　解	6・348 下	郭寧邦	20・674 下
	6・407 下	郭　實	9・407 上
郭　詩	11・117 上		10・192 上

	10・241 下		14・646 下
	10・360 下		14・703 下
郭肇嘉	13・611 上		16・470 下
郭𤋮	10・201 下	郭　儀	2・604 下
郭熊飛	5・701 下	郭　質	5・211 上
	12・58 下		9・138 上
	12・651 上		10・67 上
郭　緒	9・506 上		10・115 下
郭緒武	8・502 上	郭德元	1・708 上
郭維仕	13・596 下		9・577 上
郭維城	1・584 上		10・681 下
	10・701 上	郭德海	20・435 下
	13・489 上	郭衛宸	10・365 下
郭維屏	8・765 上		10・379 下
郭維會	10・68 下	郭徵庸	13・425 下
郭維寧	18・465 上		15・711 上
郭維遄	1・361 上		18・481 下
	6・374 下	郭磐石	7・385 下
郭維藩	6・610 上		12・270 上
	6・638 上	郭　銕	10・681 上
郭　綸	10・638 上	郭　鋒	7・44 上
郭　瑾	9・708 上		7・171 上
	10・635 下	郭　銳	10・681 上
郭　璋	7・722 下	郭　遵	13・241 下
	8・770 下	郭履恒	4・339 上
	9・762 下		5・375 上
郭　鞏	8・113 上	郭履泰	13・424 上
郭　賢	9・77 上		18・419 上
	9・768 上	郭履珠	10・680 下
郭　震	18・546 上	郭靜山	13・561 上
	19・11 上		15・720 上
	19・658 上	郭　璘	9・69 下
	20・43 上	郭　璣	12・329 下
	20・118 下	郭擇善	13・292 上
	20・419 下	郭　翰	13・36 下
郭蝦蟆	13・294 上		17・371 下
	14・645 下	郭樹枡	13・646 下

郭樹槐	13·538 上			9·758 下
郭樹德	10·694 下			11·513 上
郭　整	15·293 上	郭　鎡		10·493 上
	15·614 上	郭鮮脩		12·161 下
	16·153 上	郭應嚮		7·750 下
郭　曉	10·681 上	郭鴻儒		13·680 上
郭積浩	13·383 下			20·223 上
郭　勳	1·522 下	郭　濬		1·693 下
	4·372 下			11·32 上
	4·419 上	郭　濟		12·31 上
郭　篤	4·423 下	郭　瓊		13·191 下
郭　興	3·608 上			18·259 下
郭興元	19·234 上			18·331 上
郭　儒	5·420 下	郭　璸		8·95 下
郭　衡	8·622 下	郭　藩		10·365 下
	18·415 上	郭　瞻		18·347 上
郭　錡	12·136 上	郭　曜		9·487 上
	12·480 上			10·633 上
郭錦嘉	13·611 下	郭　鎮		20·13 上
郭　縱	10·633 下	郭鎮都		13·242 下
郭　謀	13·559 上			15·277 上
	15·715 下			15·583 下
郭　諧	7·748 上	郭　鎬		8·510 上
郭　濂	13·132 上			9·722 下
郭　憲	13·315 下	郭　鎔		11·113 下
	20·630 上	郭羅洛納新		20·474 上
郭　縉	13·88 下	郭　蘭		11·39 上
郭駿譽	1·638 下			20·707 上
郭聯奎	11·516 下	郭　耀		13·595 下
郭　懋	8·622 下			14·614 下
郭　曖	10·633 下	郭巍然		1·554 上
郭　曙	9·487 下			7·71 上
	10·613 下			7·494 上
郭巋然	9·549 下	郭　麚		14·425 上
	10·260 上	郭寶玉		9·512 上
	10·365 上			20·435 下
郭　徽	9·67 上	郭繼昌		7·36 上

郭繼宗	11・539 上	席慕孔	1・638 上	
郭顯鳴	9・89 上		2・379 上	
	9・772 上		5・415 上	
郭顯賢	3・132 上	席增光	12・136 下	
席			12・494 上	
		席　潭	1・593 上	
席上珍	12・136 上		5・732 上	
席上珠	12・152 下	席　豫	18・550 上	
席元慶	20・435 上	席應瑞	1・642 下	
席友蘭	1・479 下	席蘊德	1・584 下	
	9・668 上	席　鎧	10・365 上	
	10・312 下	席闡文	13・380 上	
席世雅	12・2 上		17・587 上	
席　成	10・436 上		17・704 上	
席光縉	1・484 上	席麟書	10・316 上	
	9・667 下	**庫**		
	10・314 上			
席汝寧	10・636 下	庫狄淩	18・539 上	
席　卣	10・657 上	庫　鈞	14・460 下	
席奉乾	9・424 下	**唐**		
席　固	2・550 下			
	3・165 上	唐　兀	8・595 上	
	13・381 下	唐之英	13・573 下	
	19・483 下		19・721 上	
席法友	9・64 下		20・217 上	
	9・391 上	唐元化	11・775 上	
	10・9 上	唐太穆順聖皇后	2・359 上	
	10・585 下	唐仁祖	20・474 下	
	13・381 上	唐化醇	11・774 上	
席重慶	11・393 下	唐公昉	12・215 上	
席彥才	9・165 下		12・308 上	
席授彤	1・683 上	唐文若	12・103 上	
	5・737 上		12・318 下	
席　琛	12・685 下	唐文昭	2・672 上	
席勤學	5・250 上		11・4 下	
	5・281 上	唐文魁	1・757 上	
席　蔭	10・475 上		11・715 上	

	11·759 上	唐若時	11·417 上
唐文德	11·765 下		1·461 上
唐文學	6·376 上		8·72 上
唐方伸	20·55 上	唐來綉	14·601 上
唐正邦	18·415 上	唐協中	6·489 下
唐正恩	6·138 上		6·531 下
	9·654 下	唐　秉	11·216 下
唐　生	4·462 下	唐秉剛	5·701 上
	6·283 下	唐金堂公主	10·627 上
唐印罄	1·458 上	唐受桐	13·157 上
	8·85 下		13·167 上
唐玄宗之后楊氏	10·627 上		17·61 上
唐玄達	9·64 下		17·283 上
	9·756 上	唐　庚	12·111 下
唐　永	9·391 下	唐　宗	2·561 下
	10·671 上		7·44 上
唐　臣	15·275 上	唐承烈	1·341 下
	16·477 上	唐　相	9·88 上
唐百齡	4·424 下		9·771 下
唐有富	11·712 上	唐　柏	13·684 上
	11·756 上	唐　威	18·537 下
唐光耀	11·9 上	唐昭懿公主	10·626 上
唐廷模	13·479 上	唐思周	7·384 下
	18·657 下	唐　重	9·77 上
唐休璟	13·36 下		9·398 上
	18·544 上		10·12 下
唐　交	6·581 上	唐　泉	13·615 下
	6·638 下		14·515 下
唐汝成	12·408 下		14·775 下
唐好古	2·635 上		15·83 上
	8·112 下	唐彥謙	12·504 下
唐李杜	1·378 下	唐咨伯	10·411 下
	7·540 下	唐　祐	13·269 下
唐　佑	14·769 上		15·82 上
唐作肅	11·19 下	唐祖友	1·644 上
唐希介	12·11 上		12·428 下
唐沛霖	10·468 上	唐桂生	8·231 上

唐　連	13・349 上		11・5 上
唐時明	3・715 上	唐景思	13・406 下
	4・104 上		15・309 上
	4・199 下		15・639 上
唐　俸	3・499 下	唐喀祿	20・447 上
唐效堯	11・574 上	唐順祖	8・94 下
唐　通	5・516 上		13・161 下
	5・718 上		19・462 下
	14・356 上	唐滋生	19・478 下
	15・285 下	唐夢鯤	3・580 上
	15・602 下		3・720 下
	18・335 上	唐　楨	11・486 上
	18・500 上	唐傳柄	13・150 上
	18・514 上		16・668 下
唐納欽	19・460 上	唐　魁	13・308 下
唐　彬	18・593 上		17・413 上
唐國楫	19・20 上		17・440 上
唐　寅	10・493 下		18・45 下
唐啓春	10・163 下	唐魁文	12・429 上
唐啓運	20・721 下	唐　肅	13・117 上
唐　紹	2・579 上		15・564 上
	3・42 下	唐際虞	13・309 下
唐紹文	11・487 上		17・425 下
唐紹海	5・737 上		18・45 下
唐　琛	13・548 下	唐　塗	2・694 上
	15・216 下		11・20 上
唐斯盛	11・768 下	唐　璉	15・105 下
唐萬齡	5・374 上	唐睿宗后竇氏	4・651 上
	17・387 上		4・723 下
唐　敬	13・430 下	唐鳳穆	6・376 上
	18・366 上	唐　端	2・263 下
唐朝臣	7・669 上	唐漢陽公主	10・626 下
唐　惠	18・519 上	唐　齊	13・269 上
唐雲山	12・34 上	唐綿延	13・483 上
唐　鼎	14・492 上		19・19 上
	15・81 下	唐調鼎	13・234 下
唐鼎蕭	1・605 上		20・351 下

唐 澍	19・27 下
唐樹義	13・171 下
唐學顏	9・416 上
唐錫鐸	8・603 上
	12・194 下
唐 龍	7・27 上
	13・57 上
	19・450 下
	19・664 下
	20・129 下
唐羲寅	8・180 下
唐 澤	13・56 下
	19・302 下
唐澤鳳	11・24 上
唐憲宗之后郭氏	10・625 上
唐懋德	13・145 下
	14・475 上
	16・606 下
唐 臨	2・572 上
	3・42 上
唐濟川	10・314 下
唐 璿	2・571 下
	6・308 上
	6・382 上
	13・135 下
	13・143 上
	19・317 下
	19・340 下
	20・419 上
	20・433 下
唐籍華	11・768 下
唐饒陽公主	10・627 上
唐 鑑	20・228 上
唐顯榮	1・652 上
	11・530 下

悟

悟 旻	9・170 下
悟 瑄	14・418 上
悟 緣	2・715 下
	5・529 上
	5・653 下
	5・760 下

朔

朔方胡	19・621 上

剡

剡懷德	13・288 下
	20・302 下
	20・336 下

鄋

鄋 明	12・159 下

浦

浦朝永	10・377 下

酒

酒養澤	18・41 上

海

海 政	20・434 下
海 柱	13・157 上
	17・168 上
海珠和尚	14・418 上
	19・761 上
	20・230 上
海起雲	20・482 上
海 桂	17・150 下
海 容	19・675 上
海 經	7・308 下
海 璉	7・662 下
海 壽	20・472 下
海 輕	7・370 上

海　德	7・42 上		容　昺	3・601 上
	7・197 下		容　恬	13・159 下
海龍聖母	17・141 下		容益光	3・601 下
	17・190 下		容萬有	3・603 上
海　懷	7・592 下		容熙典	1・641 下
海　齡	5・702 上			3・606 上
涂			容爾質	3・606 上
			容養正	3・601 下
涂文光	13・159 下		容　儒	3・602 上
涂有祐	6・135 上		容觀光	3・601 下
涂宗潘	7・30 上		**書**	
	7・151 下			
涂官俊	1・386 下		書　山	20・422 上
	2・396 下		**展**	
	5・702 下			
浮			展廣蔭	11・74 下
			展譽美	13・362 上
浮陀跋摩	18・593 下		**陸**	
家				
			陸大端	6・494 下
家　父	2・508 上		陸　爻	13・274 上
家　愿	13・192 下			14・774 下
	18・133 上			15・87 下
宮			陸芝田	13・357 下
				16・673 上
宮世驛	3・497 上		陸　均	1・404 下
宮　廷	6・558 上			3・280 下
宮炳南	1・562 上		陸希曾	13・358 下
	2・422 上			16・675 上
	3・488 上		陸　宏	13・193 上
宮國禎	12・408 上			18・334 上
宮爾錫	12・408 上		陸　坤	13・272 上
宮爾鐸	1・373 上			14・497 下
容				14・775 上
				15・89 上
容　旭	3・601 上		陸　杰	7・749 下
容　怡	3・601 下		陸岱齡	14・512 下

	14・777 下	陸　賈	2・702 下
	15・92 上		5・195 上
陸佩蘭	12・615 上		6・499 上
陸　炆	10・377 下	陸　詵	13・180 上
陸法稷	7・466 上	陸　溥	19・760 上
陸建衡	14・613 上	陸　銓	6・137 上
陸　政	2・555 下	陸維垣	6・638 上
	3・71 上		10・511 下
陸　俟	13・32 下	陸賜書	13・72 下
	17・263 下	陸　嵩	10・698 上
陸洪濤	17・65 下	陸　錦	13・158 上
陸祖光	6・376 下	陸　璪	3・35 上
陸　陞	13・500 上	陸　臨	13・491 下
	15・109 下		19・352 下
	16・669 下	陸襄鉞	1・422 上
陸振奇	15・99 上	陸　應	8・5 上
陸　通	2・555 下	陸　贄	8・1 上
	3・40 下		10・586 下
陸國相	13・675 下	陸　騰	13・34 上
	19・699 下	陸懷璽	16・333 上
	20・14 下		16・352 上
	20・219 上	陸耀遹	1・573 下
	20・279 上	陸　鶴	10・496 上
陸敏捷	13・97 上		
	16・605 上	**陳**	
陸敏學	5・352 上	陳一奇	1・645 下
	5・374 上	陳一奇	12・147 下
	20・152 上	陳一貫	13・361 下
陸進忠	19・689 上		14・663 下
	20・157 下	陳一策	12・614 上
陸　康	3・610 上	陳一濂	6・581 下
陸　堃	1・382 下		6・638 下
	3・282 下	陳一夔	3・131 下
陸　游	8・1 下	陳乙貴	10・317 上
陸　登	8・593 下	陳二酉	4・102 下
陸夢龍	13・66 下		4・587 下
	19・513 上	陳二典	7・76 下

陳九如	2・424 下		12・505 上
	4・770 下		13・216 上
陳九益	3・412 下	陳才信	11・425 上
陳九疇	13・55 下	陳之驤	13・151 下
	19・167 上		14・658 下
	19・301 下	陳子楷	8・454 上
陳　力	8・597 下	陳子需	3・721 下
	18・344 上		4・441 上
陳三綱	13・399 下	陳王道	7・385 上
	18・402 上	陳王猷	7・756 下
陳于廷	1・468 下	陳天秩	7・154 上
陳于殿	10・398 上	陳天章	3・280 下
陳士信	13・153 上	陳元佐	13・397 上
陳士彥	16・45 下	陳元賓	11・515 上
	18・427 下	陳元禮	11・55 下
陳士揀	2・318 上	陳元鑲	19・677 下
陳士楨	13・91 下	陳五倫	12・591 上
	15・70 上	陳太和	12・78 下
陳士魁	11・539 下	陳　友	13・138 上
陳士學	13・637 下	陳日新	19・674 上
	19・524 下	陳曰海	8・667 上
陳士龍	1・732 上	陳升年	13・520 下
陳大才	6・397 下	陳化愚	12・288 下
陳大中	8・302 下	陳化龍	1・671 下
陳大呂	6・480 下	陳六德	13・625 上
陳大昌	13・627 上	陳文哲	11・766 下
	16・700 下	陳文焯	13・99 下
陳大典	10・497 下		14・475 上
陳大倫	12・568 下		19・432 下
陳大純	6・136 下	陳文煇	8・116 下
陳大綏	1・526 上	陳文黻	3・375 下
陳大道	11・514 下	陳引恬	8・492 上
陳大綱	1・442 下	陳以中	3・579 下
	3・292 上	陳以忠	3・720 下
	13・438 下	陳　玉	10・307 上
	17・411 上	陳玉成	10・693 下
陳才芳	1・530 下	陳玉梅	20・381 下

陳玉堂	10・267 上		18・150 上
陳玉琳	19・113 上	陳西庚	1・393 上
陳玉潤	13・482 下		3・283 上
陳玉衡	10・533 上	陳有年	7・520 上
陳正己	11・18 下	陳有虞	2・659 下
陳正魁	19・469 下		11・7 上
陳世忠	3・322 下	陳有德	10・545 下
陳世軒	11・767 上	陳有謨	12・683 下
陳世第	13・115 上	陳成物	7・762 下
	18・389 下	陳光先	13・459 上
陳世惠	11・764 上		20・639 上
陳本仁	12・294 下	陳光前	1・468 上
陳可績	9・714 下	陳光祖	7・39 上
陳布周	13・525 上		7・153 上
	19・542 上	陳光華	13・358 下
陳平仲	18・563 上		16・702 下
陳　史	13・485 下	陳光啓	12・17 上
	19・118 上	陳光裕	19・124 上
陳　生	2・333 上	陳光耀	11・366 下
陳生秀	13・637 下	陳同善	1・451 下
	19・541 上		6・161 上
陳仕龍	3・738 下	陳同熙	10・479 下
	4・587 下	陳廷佐	3・292 上
陳　立	2・709 下	陳廷炳	18・709 下
	13・116 上	陳廷華	1・739 上
	15・235 上		12・498 下
	15・550 上	陳廷順	3・408 上
陳立倫	13・643 下	陳廷照	19・260 上
陳必淮	20・292 下	陳廷猷	11・420 下
陳永睿	11・536 下	陳廷諤	6・583 上
陳加論	18・338 上	陳廷龍	19・474 下
陳邦佐	20・675 上	陳延湘	1・582 上
陳邦珍	13・652 下	陳延暉	13・136 上
	19・400 下		18・550 下
陳邦彥	13・394 上	陳仲秩	9・405 上
陳邦登	15・324 上		9・646 上
陳再祥	13・565 上		10・598 上

陳伊言	19 · 461 上		12 · 330 上
陳全忠	7 · 41 下	陳　佑	13 · 256 上
	7 · 197 上		19 · 54 下
陳兆康	17 · 283 下	陳　佃	13 · 118 下
陳兆熊	3 · 67 上		15 · 575 下
陳兆璜	7 · 607 上		18 · 455 上
陳兆鵬	13 · 348 下	陳作哲	1 · 586 下
	15 · 103 下	陳作樞	9 · 654 下
陳汝元	7 · 385 下	陳近思	13 · 652 上
陳汝均	13 · 542 下	陳希士	1 · 651 上
陳汝霖	10 · 668 上	陳希元	10 · 493 下
陳守正	8 · 481 下	陳希正	12 · 161 下
陳守泰	1 · 690 下	陳希亮	3 · 318 上
	3 · 499 上		3 · 370 上
陳　安	10 · 495 上		3 · 712 上
	13 · 402 下	陳希益	11 · 712 上
	16 · 156 上		11 · 756 上
陳安世	2 · 717 上	陳采綸	1 · 435 上
陳安國	1 · 531 上	陳孚恩	20 · 483 上
	12 · 164 上	陳言諫	12 · 614 上
	12 · 585 上	陳　忻	2 · 553 上
陳安慶	10 · 165 下	陳宏訓	18 · 616 上
陳　祁	7 · 38 上	陳宏德	19 · 118 上
陳如稷	14 · 572 上	陳宏謀	1 · 309 上
陳　均	9 · 771 上	陳宏謨	13 · 74 上
陳　孝	1 · 648 下	陳良士	18 · 401 上
	12 · 663 下	陳良均	1 · 564 上
陳志炳	19 · 124 上	陳良貴	4 · 416 下
陳志清	2 · 304 下	陳君仰	10 · 35 上
陳　芮	19 · 760 下	陳　武	18 · 584 下
陳克孝	13 · 686 下	陳　玫	11 · 537 上
	18 · 728 上	陳長生	13 · 259 下
陳克純	11 · 662 下	陳長祚	7 · 35 上
陳克照	11 · 537 下	陳長清	10 · 319 下
陳步霄	1 · 673 上		10 · 320 上
	6 · 393 上	陳其才	7 · 699 下
陳　秀	11 · 597 下	陳其仁	7 · 702 上

陳其殷	18・175 下	陳昌蕃	11・488 下
陳其樂	13・515 上	陳　昇	20・333 下
陳其學	7・415 下	陳明月	1・637 上
	13・61 下		6・498 下
	17・380 下	陳明申	8・603 上
陳其蘊	6・492 下	陳明倫	1・443 上
陳茂經	1・708 下	陳明義	12・72 下
	9・719 上	陳　昂	12・329 上
	10・538 上	陳　典	11・658 上
陳　林	13・126 下		13・542 下
陳述昌	11・46 下		17・77 下
陳協華	1・390 下	陳忠心	11・6 下
陳奇瑜	7・30 下	陳忠信	11・119 上
	13・66 上	陳忠義	6・489 下
	19・453 上		6・531 下
陳叔頤	5・506 上	陳　岷	10・493 下
	5・605 下	陳　和	13・616 上
	5・711 下	陳秉德	11・307 上
陳　卓	14・761 上	陳佳瑛	19・11 下
陳尚表	13・307 上	陳所見	12・139 上
	18・69 下		12・486 上
	18・304 上	陳所抱	13・426 上
	18・363 下		15・232 上
陳尚忠	11・344 下		15・712 上
陳尚賢	13・506 上		18・483 上
	16・683 下	陳所修	10・480 上
陳尚德	15・95 下	陳所養	12・152 上
陳　旺	13・435 下		12・274 下
	17・413 下	陳所學	5・315 下
陳旺齊	10・701 下		5・341 下
陳　昌	13・190 上	陳周鼎	16・367 上
	13・586 上	陳　放	12・525 上
	16・20 上	陳育仁	13・350 上
陳昌言	9・424 下	陳怡軒	19・230 下
	10・242 下	陳　炬	19・757 上
	12・525 下	陳法言	9・727 上
陳昌國	7・153 下		10・398 上

陳治績	13・155 上		7・38 上
陳政	13・150 下	陳垕	19・717 下
	14・656 下		20・211 上
陳政詩	12・505 上	陳衍昌	3・283 上
陳南仲	6・555 下	陳庭棟	7・669 下
陳相得	11・430 上	陳恒憶	19・232 下
陳柏齡	11・32 下	陳炳	7・606 下
陳柱	3・276 上		8・546 下
陳厚	6・488 上		9・83 下
	6・529 下	陳炳庚	1・531 下
	6・562 下		11・687 下
陳厚普	1・582 上	陳炷	13・619 上
陳拱璧	13・482 上		14・572 上
陳貞姑	11・672 上		15・98 下
陳省子	1・647 上	陳咨託	17・442 下
陳省華	3・180 上	陳洪量	1・610 下
陳昺	13・409 下	陳洪策	11・429 上
	15・222 下	陳洪業	14・614 下
	15・320 上	陳洪猷	13・579 下
	15・653 下	陳洪範	12・153 上
	16・285 上		12・279 下
	16・326 上	陳洪澤	4・172 上
陳映鰲	5・342 下	陳祖仁	13・47 下
陳星垣	11・344 下	陳紀	9・413 上
陳思信	7・525 下		10・377 下
陳思舜	7・579 下	陳紀範	3・729 下
陳思道	6・133 下	陳泰	5・112 上
陳思顯	11・679 下		13・32 上
陳矩	14・358 上		13・352 下
	20・227 下		14・515 下
陳秋兒	6・486 下		14・771 下
陳重元	1・612 上		15・83 下
陳信	13・170 上		15・119 下
	16・478 上		16・600 上
陳俊	3・724 下		17・445 下
	7・28 上	陳泰初	14・426 上
陳俊儒	6・137 上	陳珣	7・34 下

	13・157 上	陳 祥	13・270 上
陳 恭	6・91 下		14・493 下
	6・174 上		14・770 上
	13・650 上		15・83 上
陳根林	1・617 下		19・166 上
	10・267 下	陳祥雲	8・282 上
	10・367 上	陳 恕	1・738 上
陳 連	13・514 下		12・496 下
陳 栗	10・494 上	陳恕堂	18・94 上
陳振南	1・698 下	陳純璧	5・49 下
陳振烈	2・671 上		5・105 上
陳振彪	4・426 上	陳 菊	4・166 下
陳振廉	11・770 下	陳菑畬	13・650 下
陳 哲	10・494 下	陳 彪	20・337 上
陳時中	5・18 下	陳彪鼎	12・613 下
	5・48 上	陳 常	6・372 下
	5・110 上	陳野仙	17・191 上
陳時賢	9・780 下	陳問洤	19・203 上
陳秩五	11・518 上	陳國平	11・766 上
陳 倬	13・68 上	陳國良	11・541 上
	16・600 下	陳國柱	7・637 上
陳 倫	4・318 上		11・228 上
	4・363 下	陳國棟	10・688 下
	4・413 下	陳國統	19・698 上
	7・699 下	陳國賢	7・259 下
	12・681 上	陳國選	12・496 下
陳師道	3・280 下	陳國觀	13・647 上
陳衷一	13・204 上		16・773 下
陳效固	10・269 下	陳剒妻李氏	2・307 下
	10・367 下		2・368 上
陳效曾	10・269 下	陳崇美	11・55 下
陳家修	1・695 上	陳第煥	11・771 下
	5・120 上	陳 敏	13・285 下
陳家麟	1・654 上		14・361 下
	11・711 上		17・178 上
	11・755 下		19・133 上
陳宸頌	6・135 下		19・193 下

陳　術	12・135 上	陳　瑛	12・615 下
	12・477 下	陳　琦	14・520 下
陳得勝	11・655 下		14・677 上
	16・336 下	陳　琮	14・509 下
	20・382 上		19・512 上
陳從甲	11・46 上	陳　瑄	7・254 上
陳康成	10・398 下	陳　琬	6・90 上
	10・480 上		6・178 下
陳　翊	13・144 下	陳　琚	12・138 下
陳翊運	14・428 上	陳堯佐	8・10 上
陳　情	8・610 上		9・76 下
陳惟芝	7・684 上		9・398 下
陳煥章	11・425 下		10・4 下
陳煥聲	20・685 下		13・101 下
陳　清	10・497 上	陳堯咨	9・76 下
	19・123 下		9・645 下
陳　淬	7・748 下		10・12 上
陳　梁	2・628 上		10・101 上
	5・504 下		15・259 上
	5・604 下	陳堯道	6・96 上
	5・710 下	陳　博	6・663 下
陳　寅	13・169 上	陳敬儒	3・603 下
	16・469 下	陳朝君	8・264 下
	18・388 下	陳朝珍	11・543 上
陳啓文	13・76 下	陳朝紀	13・468 下
	20・671 下		18・599 下
陳啓宗	8・601 下		18・656 上
陳啓唐	3・292 下	陳朝海	1・607 下
陳啓榮	1・470 下		5・51 上
陳降章	16・677 上	陳　森	10・418 上
陳　習	14・651 上	陳　棟	11・536 下
陳　貫	13・101 下		19・718 上
	17・268 上		20・211 下
陳　紳	6・583 上	陳　棻	13・172 下
	6・637 上	陳　軫	2・509 上
	14・663 上	陳雲逵	13・88 下
陳紹顏	10・149 下		14・758 上

	15・68 上	陳道人	18・440 上
陳雲霖	3・376 上	陳道蘊	3・278 下
陳揚均	11・688 下	陳曾望	18・340 下
陳棠	16・332 下	陳湯	13・28 下
陳貽香	12・682 上		19・314 上
陳鼎	7・35 上		19・336 上
	11・219 上		20・417 上
	13・198 下		20・428 下
	18・175 下	陳渼	16・704 下
陳開虞	1・463 上	陳祿	13・242 下
	11・11 上		18・462 上
陳遇文	13・109 下	陳登甲	13・482 下
	17・553 上	陳登第	3・539 上
	17・643 下	陳綖母楊氏	5・180 下
陳遇主	11・336 下	陳碁	13・88 下
陳景仁	13・149 上	陳瑥	8・278 上
	14・477 下	陳瑞年	10・320 上
	16・605 下	陳瑞祥	10・319 下
陳景清	6・393 上	陳瑞徵	17・283 下
陳景善	12・371 下	陳瑗	13・327 上
陳景虞	10・160 下		19・105 下
陳景輝	1・744 上		19・166 上
	12・345 下	陳遠才	11・764 上
陳貴一	1・700 下	陳遠安	1・655 下
	10・111 下		11・766 下
陳備恪	3・613 上	陳遠則	11・767 上
陳集賢	5・379 下	陳遠霖	11・687 下
陳鈇	7・74 上	陳碁	14・757 下
陳舜典	13・372 下	陳夢蓮	3・133 下
	19・487 上	陳虞奕	12・168 下
陳詔	12・38 下	陳虞裔	6・490 上
陳就列	13・554 上	陳睦	20・453 上
	15・700 下	陳煦	10・666 上
陳斌	14・704 下	陳照	13・691 下
	18・483 上	陳嗣虞	9・543 下
陳善	13・669 下		9・714 上
	14・652 上	陳僅	1・365 上

	11・692 下		17・167 上
	11・733 上	陳嘉謨	12・498 上
	11・750 上	陳嘉績	2・664 下
陳　鈺	11・657 下		6・78 下
	13・637 上		6・160 下
	19・540 上	陳　墉	15・594 上
陳　鉉	3・214 上		16・298 上
陳廉法	2・394 下	陳　臺	7・29 上
陳裔虞	8・491 下		19・374 上
陳　義	2・302 上	陳熙塙	18・390 下
陳義坦	11・767 下	陳熙熇	13・176 上
陳義昌	7・77 下	陳蔚如	15・113 上
陳　煜	9・403 下	陳模楷	1・468 上
陳　煇	7・34 上	陳輔聖	1・592 上
陳　溥	13・227 上		3・341 下
	14・774 上		3・406 上
陳　寠	6・483 下	陳爾茀	12・332 下
陳　福	1・548 下	陳　搏	3・534 上
	13・311 上		9・731 上
	19・686 下		10・510 上
	20・152 下		10・664 上
陳福士	14・350 下	陳　睿	16・480 上
	16・641 下	陳　曄	9・646 上
陳肅如	11・592 上	陳僻琊	11・767 上
陳殿鰲	9・706 下	陳　鳳	7・45 下
陳際昌	18・156 下	陳鳳舉	3・581 下
陳　經	6・708 下	陳鳳簫	13・660 上
陳經文	14・519 下		15・679 下
	14・779 下	陳　誨	13・619 下
	15・96 上		15・101 上
陳　絃	8・277 下	陳廣運	11・19 下
陳　稑	14・698 下	陳廣業	11・22 下
陳嘉引	6・582 下	陳端瀛	13・190 上
	6・638 下	陳　燁	9・89 上
陳嘉英	13・196 下		10・14 下
	18・340 上	陳　榮	6・134 上
陳嘉猷	17・152 下	陳榮祖	11・222 上

陳漢獻	13・625 下	陳　遵	2・525 下
陳肇昌	3・580 下	陳遵義	10・695 上
陳肇順	11・346 上	陳　澍	12・58 上
陳維明	12・493 上	陳潮海	5・111 下
陳維新	19・432 下	陳潛修	5・106 下
陳維德	12・164 下	陳　潤	5・736 下
	12・586 下		6・559 上
陳維壓	12・137 下		8・171 上
陳　綏	1・469 下		11・113 下
陳　璋	7・117 下		20・343 上
陳　增	13・619 下	陳潤先	19・761 下
	15・101 下	陳潤燦	1・394 下
陳　舜	19・540 上	陳豫納	13・611 上
陳　震	13・307 下	陳　靜	1・586 上
	17・411 上	陳　璘	7・28 下
陳　輝	10・497 上	陳　璣	10・494 下
陳　稷	10・497 下	陳翰猷	16・696 下
陳　範	1・465 下	陳翰聲	17・170 上
	2・659 下	陳翰獻	14・520 上
	13・271 下	陳樹楠	1・446 下
	14・496 下		3・401 上
	14・774 下	陳樹楷	12・490 上
	15・87 下	陳　樸	10・380 上
陳範忠	11・12 上	陳　勳	11・775 上
陳　質	14・351 下		13・196 上
	14・361 上		18・339 下
	14・533 上	陳　興	11・531 下
	14・797 下		13・41 上
	15・177 下		19・447 上
	19・133 上	陳興邦	19・476 下
陳德萬	11・541 下	陳興符	18・713 下
陳德潤	19・758 上	陳學思	11・422 上
陳調陽	2・669 下	陳學乾	18・94 上
	3・341 下	陳學義	19・191 上
	3・406 上	陳　儒	13・58 上
陳慶門	3・484 下	陳　錡	3・580 下
陳養源	16・31 下	陳　錫	1・585 上

			13·675 下
	13·617 上		19·763 上
	14·521 下		20·13 下
陳錫祚	10·532 下		20·222 上
陳錦文	11·528 上	陳應元	8·496 上
	13·423 上	陳應春	13·351 下
	16·327 下		15·115 上
陳　謀	8·310 下	陳應韶	13·183 上
	9·697 下		15·278 下
陳　諤	10·380 上		15·584 上
陳　諫	9·713 下	陳應鄰	9·406 上
	10·502 上	陳應徵	6·313 下
陳　諭	10·497 下		6·387 下
陳　潞	11·221 上	陳應騶	6·664 上
陳澤川	13·561 上	陳應顯	11·271 上
陳澤春	12·272 下	陳應麟	10·600 上
陳　禪	10·8 上	陳鴻章	1·589 上
陳　縉	20·212 下		6·388 上
陳聲律	11·764 上	陳鴻猷	6·79 上
陳聲純	11·764 上		6·161 上
陳聯陞	1·650 下	陳孺循	10·462 上
陳藏器	6·133 下	陳轉運	13·553 下
陳檜齡	11·52 上		15·700 下
陳　懋	13·49 上	陳　鎰	7·26 上
	19·662 上		13·49 下
	20·125 上		14·648 上
陳　矯	2·539 下		19·662 下
陳　龜	7·21 下		20·126 上
	7·145 上	陳　璧	8·598 下
	7·182 上	陳　彝	7·72 上
陳　鍇	1·674 下	陳藻卿	1·396 下
	6·395 下	陳璽璋	3·290 上
陳　鍾	13·523 上	陳鵬飛	7·701 下
	14·509 上	陳鵬耀	10·542 下
	14·771 下	陳懷玉	16·330 下
	15·85 下	陳懷順	7·52 下
	19·512 下	陳懷璋	5·106 下
陳　謨	6·665 上		

陳　獻	16・32 上	陰世師	13・319 下
陳獻捷	9・706 下		19・165 上
陳　覺	11・5 下	陰仲達	13・319 下
陳　護	2・243 上		18・568 上
陳寶熾	3・533 下	陰行充	18・583 下
陳繼仁	13・198 上	陰利鹿	18・562 上
	18・136 上	陰秉陽	9・414 上
	18・346 下		9・775 上
陳繼泰	5・520 下	陰　華	18・536 下
	5・647 下	陰　訓	18・536 下
	5・733 下	陰萬傑	10・380 上
陳繼敞	10・542 下	陰智伯	18・568 下
陳　瑾	1・649 下	陰　預	18・561 下
	15・267 上	陰　壽	13・319 下
陳　鶴	12・15 下		18・572 上
陳鶴陽	3・720 上	陰　暢	18・563 下
陳鶴齡	11・429 上	陰　澹	18・535 上
陳　鑑	7・383 下		18・562 上
	13・617 下	陰應元	3・376 下
	14・517 下	陰　濬	18・562 上
	14・771 上	陰　鏗	13・465 上
	15・84 下		18・568 下
陳　瓚	9・727 上	陰　鑒	18・561 下
	10・434 上		
	10・473 上	**陶**	
陳顯耀	11・228 下	陶大成	17・48 上
	11・392 下	陶大忠	11・388 下
陳　籥	10・495 上		12・291 上
陳纘宗	13・145 下	陶世貴	18・688 下
	14・475 上	陶安邦	13・549 上
	16・607 上	陶君賜	10・72 上
		陶胤馨	11・310 上
陰		陶奕曾	18・41 下
		陶淑江	6・481 上
陰子春	12・85 上	陶萬柱	19・111 上
	13・465 上	陶萬國	13・603 下
	18・568 下		
陰　元	18・562 上		19・111 上

陶森林	4・342 下	姬文案	8・664 上
陶舜舉	13・549 上	姬　生	6・490 上
	15・688 上	姬光遠	7・277 上
陶　瑞	1・611 下	姬伏信	13・509 下
陶節夫	7・744 下		16・679 下
	15・267 下	姬全德	12・664 上
陶　埔	6・138 下	姬作民	8・673 上
陶　模	2・560 上	姬良楷	8・771 上
	13・81 下	姬旺元	8・674 上
	16・18 下	姬思文	1・586 上
	16・67 上	姬洞明	10・663 下
	18・137 上	姬　冕	6・383 上
	18・175 下	姬國光	8・619 下
	18・347 上	姬從周	8・770 上
	20・425 上	姬惠周	1・622 下
陶　輔	7・73 上		8・668 下
	7・457 下	姬維新	7・76 下
	7・511 下	姬翰章	13・443 下
陶爾德	2・651 上		18・26 上
陶鳳超	9・728 下	姬　曉	7・87 上
	10・479 上		7・493 下
陶　穀	5・248 上	姬學周	13・455 上
	5・280 上		19・692 下
	5・311 下	姬錫彤	8・771 下
陶　璞	13・442 下	姬　藩	13・515 下
	17・425 下	姬繼周	10・704 上
	18・45 下		
陶　濱	3・66 上	**通**	
陶寶廉	3・281 下	通益和尚	7・119 下
陶　麟	6・374 下	通　敬	7・308 上
姬			7・370 上
		通　智	13・72 下
姬九疇	13・290 下		19・678 上
	19・524 下		20・43 下
姬大謀	1・678 上		20・137 下
姬太旺	8・771 上	通　億	14・420 下
姬文允	9・535 上		15・175 上

桑

桑大孝	3・73 下
桑子達	3・287 下
桑世雄	13・411 上
桑本立	3・59 上
桑加巴	3・503 下
桑自省	9・90 上
	9・772 下
桑　安	13・453 上
	20・225 下
桑如珪	5・266 上
桑茂陽	10・495 下
桑　桂	13・630 上
	17・77 下
桑哥失里	5・379 上
桑培春	16・683 下
桑梓聯	3・288 上
桑道茂	6・499 上
	9・730 下
桑　蓁	3・56 上
桑　溥	9・405 上
	10・598 下
桑　懌	13・233 下
	19・511 下
	20・296 上
	20・315 上
桑　繭	16・162 下
桑　藻	3・76 上
桑　蘭	15・221 上

孫

孫一元	4・599 下
	13・696 上
	17・78 上
孫一正	2・639 上
	8・67 上
孫一貴	13・485 下
	19・122 下
孫一誠	8・110 下
孫一龍	10・106 上
孫一鶚	2・667 下
	11・7 上
孫九成	10・425 上
孫九齡	20・213 上
孫三傑	3・37 上
	3・579 下
孫士元	19・215 上
孫士良	8・727 下
孫士珍	10・692 上
孫士傑	1・459 上
	8・89 下
孫士魁	13・485 下
	19・168 下
孫士髦	8・617 下
	8・619 下
	8・644 下
	8・731 上
孫士駧	10・424 上
孫士鴻	1・704 上
孫士鸞	8・728 上
孫大經	10・433 上
孫大榮	1・644 下
	12・138 下
	12・485 下
孫大孺	7・607 上
孫　小	4・654 上
	4・773 上
孫天成	3・69 下
孫太初	3・771 上
孫巨鯨	10・208 上
	10・362 下
	13・411 下
	15・224 下

	15・659 上	孫必京	1・631 上
	16・541 下	孫必達	8・277 上
	18・479 下		9・697 上
孫升基	10・430 下	孫必暘	10・431 下
	10・475 上		10・474 上
孫公寬	11・19 下	孫必顯	10・401 上
孫　月	13・227 下		10・431 上
孫　印	19・510 上		10・474 上
孫文炳	13・322 上	孫　永	13・44 下
孫文達	2・672 上		13・118 上
孫文裕	13・656 上		15・265 下
	15・680 上	孫永康	11・529 上
孫文錦	12・148 上	孫永順	1・723 下
孫　玉	10・643 下	孫永鳳	1・676 上
孫玉基	10・423 上	孫孕芳	2・651 下
孫玉樹	6・137 上	孫邦直	10・638 上
孫玉麒	12・59 下	孫　吉	7・44 下
孫正杰	9・704 上	孫有序	12・372 上
孫世春	7・172 下	孫成章	3・413 下
孫世通	10・168 下	孫光先妻羅氏	18・505 下
孫世祿	10・377 下	孫光俊	19・243 下
	13・523 下	孫光前	12・371 下
	19・513 下	孫光禧	18・598 下
孫世錡	1・632 下		18・653 上
孫世譽	7・47 下	孫廷珍	17・48 下
孫可望	7・657 上	孫廷蘭	1・492 下
孫丕基	11・47 上	孫仲嗣	13・195 下
孫丕揚	2・636 上		18・218 下
	11・2 下		18・264 下
	11・50 上		18・337 下
孫由義	6・581 上	孫自成	13・550 下
孫　代	3・754 下		15・690 下
	4・470 上	孫全照	7・411 下
	4・515 下	孫汝褒	8・611 下
孫必印	10・432 上	孫汝橋	19・194 上
孫必茂	10・431 下	孫守法	3・210 上
	10・474 上	孫志明	1・642 下

孫志廉	2・282 上	孫　英	8・622 下
孫　芳	13・271 上	孫枝森	10・365 上
	14・774 下	孫枝蔚	2・696 上
	15・87 下		6・84 上
孫芳馨	7・637 下		6・168 上
孫克昌	8・509 上	孫述先	16・124 下
孫克明	13・324 上	孫述會	10・69 上
	18・598 上	孫肯堂	10・318 下
	18・662 上	孫　昌	3・721 上
	18・757 上		6・560 下
孫克恭	18・662 上		11・221 上
孫步雲	11・43 下	孫明才	17・737 下
孫助策	18・718 下	孫明道	3・460 下
孫秀宗	5・702 下	孫　昂	3・265 上
孫　沅	8・277 下		7・44 下
	9・697 上		7・236 下
孫沛福	3・402 下	孫忠世	8・505 上
孫　沔	13・247 下	孫佳佐	6・95 上
孫　沔	17・377 下		6・178 下
孫　沖	9・77 上	孫　侃	7・749 上
	9・768 上		13・104 下
孫宏楚	1・614 上	孫佩玉	13・506 上
	10・36 上		16・682 下
孫宏慶	8・76 上	孫金枝	8・536 上
孫宏澤	1・657 上	孫念祖	5・724 下
孫宏謨	7・48 上		12・652 上
	7・171 下	孫　炎	10・28 上
	7・194 上	孫法乾	19・177 上
孫良棟	11・754 上	孫　治	9・654 上
孫良貴	13・205 上		10・469 上
	16・677 下		10・512 上
	17・390 上	孫宗愉	1・634 上
孫君德	11・47 下	孫宜繢	13・355 下
孫奉先	7・687 下		16・637 上
孫長卿	13・126 上	孫　建	20・429 上
	17・375 下	孫居業	15・661 上
孫　坤	13・142 下	孫承光	10・397 下

	10・472 下		7・90 下
孫承宣	10・397 下		7・173 下
	10・466 上	孫　美	8・265 下
	10・472 下	孫　洲	5・651 下
孫承教	3・737 下	孫祖起	16・704 下
孫承弼	13・210 上	孫祚昌	20・13 上
	13・221 上		20・216 下
	19・223 上	孫起甲	18・710 下
	19・674 上	孫　連	10・496 下
	20・291 下	孫連芳	6・89 下
孫　春	16・474 上		6・177 上
孫　珍	13・668 下	孫　振	1・611 上
	18・217 上		3・345 上
	18・368 下		3・409 上
孫　柏	7・93 上		11・308 上
孫是蘭	13・186 上		14・358 下
	15・593 上		19・757 下
	16・148 下		20・228 上
孫　昺	7・55 上	孫振通	10・68 下
孫畏祖	7・577 上	孫振基	9・726 下
孫思克	13・68 下		10・397 上
	14・656 上		10・473 下
	14・699 下	孫振越	9・693 上
	19・167 下	孫振聲	13・418 上
孫思邈	2・699 下		16・170 上
	3・771 下	孫　健	13・560 上
	4・597 下		15・716 下
	4・601 下	孫逢吉	2・629 下
	14・425 下		6・177 上
	16・775 上		7・635 下
孫　科	3・721 下		19・453 下
	4・441 上	孫逢時	1・631 下
	4・494 下		8・509 下
孫　倫	13・472 上	孫效前	1・530 上
孫俊穎	8・113 上		12・157 上
孫逢吉	6・93 下		12・386 下
孫奕世	1・664 上	孫　焴	10・420 上

孫　海	13・418 下	孫紹先	3・297 上
	16・38 上	孫紹思	13・688 下
孫海璧	9・704 上	孫紹烈	10・433 上
孫　宸	3・258 上		10・474 下
孫能寬	1・432 下	孫紹統	9・710 上
孫　琇	13・417 上	孫　琦	13・138 下
孫基昌	3・142 上		14・606 下
孫著業	13・656 上	孫　琡	8・69 下
	15・680 上	孫　超	18・550 下
孫　萃	11・20 下	孫喜策	1・554 上
孫　梓	1・476 上		7・71 下
	9・660 上		7・495 上
孫捷三	12・505 下	孫　達	6・610 下
孫國良	6・662 下		6・638 上
孫國鎮	3・377 上	孫　朝	19・205 上
孫崇先	3・755 下	孫朝功	13・677 上
	4・470 下		19・763 下
孫崇雅	7・152 下		20・14 上
孫　符	2・669 上		20・224 上
孫進德	13・276 下	孫　雄	10・432 下
	14・779 下		10・435 上
	15・95 下		10・471 上
孫得蔭	13・377 上	孫雯鏡	13・187 下
	19・506 上		15・594 上
孫　訥	8・604 下		18・415 上
孫惟最	7・50 下	孫揚祖	1・608 下
	7・158 下	孫景昌	6・662 下
	7・742 上	孫景烈	1・518 上
孫惟謙	11・15 下	孫景楣	5・650 下
孫　淑	13・355 下	孫景檻	5・755 上
	14・523 上	孫　貴	7・77 上
	16・635 下		10・71 上
孫　深	8・310 上	孫貴余	1・705 下
孫啓祥	8・82 下	孫　嶒	8・93 下
孫啓賢	13・68 上	孫傅庭	13・66 下
	20・624 下	孫　傑	7・415 上
孫紹孔	13・688 下		10・493 上

	12・495 下	孫碧雲	9・170 上
孫　詔	13・469 上		10・77 上
孫道本	11・540 上		10・664 上
孫　瑋	2・641 下		11・218 下
	8・67 下		14・416 下
	8・597 下		14・799 上
孫遠蔭	1・755 上		15・174 下
	3・282 上	孫嘉士	8・722 上
	11・528 上	孫壽山	20・380 下
孫　楚	9・63 下	孫壽巖	13・685 下
孫　楨	13・138 下		18・600 上
孫　輈	8・266 下		18・658 上
孫　路	13・85 上	孫爾丹	13・546 上
	13・248 上		15・660 上
	14・466 上	孫爾思	2・695 下
	14・754 下	孫毓林	1・372 下
	15・65 下	孫毓楨	10・428 下
	16・602 下	孫銘鐘	12・572 上
	19・429 下	孫　鳳	12・408 上
孫圓智	13・348 上	孫精業	13・658 上
	15・105 上		15・681 下
孫　健	8・596 下	孫　榮	3・728 下
孫傳庭	5・379 上	孫維城	7・29 下
孫愈賢	7・750 下	孫維藩	3・37 上
孫會宗	9・127 下	孫綿武	8・669 上
孫　詵	3・279 下	孫　璜	2・650 上
孫　亶	13・112 上		6・66 下
	16・473 下		6・149 下
孫　廉	10・432 下	孫　蕃	13・182 下
	10・471 下		18・462 下
孫　義	11・113 上	孫賢盛	1・655 上
孫義普	2・240 上		11・766 下
孫　福	10・492 下	孫　德	13・619 上
孫際昌	13・69 上		14・524 上
	14・761 下		15・97 上
孫　璉	8・585 下	孫德彧	2・356 下
	9・408 下	孫德昭	7・51 上

	7・158 下	孫　鴻	10・644 上
孫德遷	1・755 下	孫　瀗	1・393 下
	11・529 上		11・518 上
孫　魯	12・63 上	孫鎮妻劉氏	2・374 上
孫慶餘	1・519 上	孫　臏	7・86 下
	6・711 下		7・460 上
孫　煻	8・15 上		7・493 下
孫　璟	10・434 上	孫　麓	8・588 上
孫樹垣	19・764 下		8・623 上
孫學友	13・508 下		8・640 上
	16・688 上	孫　璽	3・721 上
孫學章	1・669 上		4・494 上
孫　錦	7・459 下		12・658 下
孫龍竹	8・269 下	孫　鏡	15・598 上
孫龍麟	1・624 上		16・273 上
孫聯芳	6・94 上		16・297 上
	6・177 下	孫　鵬	1・520 下
孫聯捷	1・464 下		3・758 上
	11・13 下		4・159 下
孫　懋	13・270 上	孫　騰	2・552 下
	14・770 上	孫　繩	1・542 下
	15・82 下	孫繩武	7・274 上
孫　嶽	3・402 上		7・329 下
孫　徽	13・182 上	孫馨祖	20・482 下
	15・274 下	孫蘭林	14・367 下
	15・579 下	孫耀文	13・598 上
	16・477 下		19・21 下
孫鍾皋	11・16 下	孫耀祖	13・632 下
孫　爵	8・110 上	孫繼宗	13・290 上
孫謙宗	9・683 上	孫繼業	13・101 上
孫應魁	11・421 上	孫繼鄴	17・57 下
孫應選	1・495 上	孫　鐸	19・701 下
	9・689 上	孫　巖	13・198 上
孫應舉	13・130 上		18・115 下
	19・670 上		18・135 下
	20・44 上		18・346 上
	20・138 下	孫　鑑	9・726 上

	15・221 上	**勒**	
孫　顯	10・637 上	勒治兗	18・339 下
孫　讓	7・37 下	勒　福	13・196 下
納			18・340 上
納木扎爾	20・455 下	勒豐額	19・671 下
納速耳丁	20・149 上	**黃**	
納　琳	20・473 上		
納　賦	19・718 下	黃一清	10・380 上
	20・212 下	黃一鶴	12・489 下
納穆扎爾	20・596 上	黃九成	12・146 上
紐			12・216 下
紐林的斤	14・603 上	黃乃甘	13・456 下
		黃大琦	7・90 下
			7・173 下
十一畫		黃大鶴	1・476 下
		黃子元	13・113 上
堵			16・757 下
堵　穎	2・320 上	黃子毅	7・472 上
執		黃天廳	7・91 上
			7・174 下
執失思力	20・434 下	黃天麟	8・16 上
基		黃　元	14・520 下
基玉科妻葛氏	20・712 上		14・677 上
基生榮	20・707 上	黃元芳	13・162 下
基印堂妻葛氏	20・712 上		20・370 下
聊		黃元會	13・311 上
聊　讓	13・268 下		20・9 下
	14・491 上	黃元龍	1・759 下
	14・766 下		7・547 上
	15・80 上	黃中邑	7・461 上
著		黃仁治	13・213 上
			20・713 上
		黃公煒之妻馮氏	11・403 上
		黃　文	12・168 上
			12・662 上
著思吉巴	13・86 下	黃文甲	11・768 上

黃文明	9·417 上	黃永沂	1·640 下
	10·494 下	黃再揚	1·644 上
黃文炳	13·196 下	黃存謨	11·605 下
	18·340 上	黃　成	13·372 上
黃文彬	11·607 下		17·425 上
黃文魁	1·666 下		19·488 下
	11·432 下	黃光建	20·595 上
黃文蔚	13·687 上	黃光會	7·751 下
	18·719 下	黃先甲	11·775 下
黃玉年	13·489 下	黃廷玉	11·539 下
黃玉鉉	1·529 上	黃廷用	7·76 下
	12·279 下	黃廷政	7·76 下
黃　正	13·439 上	黃廷相	9·773 上
	17·413 下	黃廷桂	13·74 上
	19·667 下		14·763 上
	20·134 下		20·422 下
	20·269 下	黃廷綖	13·224 下
	20·290 下		19·343 上
黃正南	12·33 上	黃廷鈺	13·158 下
黃世清	11·219 下		17·214 下
	11·242 上	黃廷舉	11·542 下
黃世堯	11·612 上	黃廷弼	7·76 下
黃世發	12·394 上	黃仲德	3·213 上
黃世經	13·301 下	黃自元	13·209 上
	15·216 上		19·675 下
	16·537 上	黃自新	6·707 下
黃世熙	11·603 上	黃全福	4·425 上
黃石麟	19·223 上	黃兆吉	17·123 下
黃甲三	11·345 下	黃兆熊	4·342 下
黃四岳	3·281 上	黃兆麟	1·559 上
	6·137 上		2·410 下
	12·122 上	黃衣真人	17·142 上
	12·650 上	黃衣禪師	10·383 下
黃仕隆	13·182 上	黃汝槐	8·547 下
	15·275 下		9·413 下
	15·581 上	黃　宇	10·494 下
黃仕貴	11·539 下	黃如璞	6·584 下

	6・610 下		18・349 下
	6・639 上	黃宗憲	17・13 上
黃如籥	2・701 下	黃定一	12・195 上
	3・502 下	黃建中	1・433 下
黃玘	10・495 上		2・666 上
黃芳榮	11・39 上		13・345 下
黃克勤	11・692 上		15・97 下
	11・750 上	黃建庭	19・232 上
黃步	10・497 下	黃建極	6・595 上
黃伯臣	11・578 上		6・659 上
黃坤貞	12・508 上	黃居士	17・68 上
黃若梓	3・496 下	黃居中	13・168 上
黃茂	7・40 上		17・90 下
	7・154 上		18・102 下
黃茂祥	1・629 下	黃春	9・417 上
	8・502 下	黃珂	7・31 下
黃松爵	11・686 上	黃相珩	11・772 下
黃尚娃	1・637 下	黃貞	12・491 上
黃尚義	12・496 下	黃思貞	10・377 下
黃和	10・390 上	黃品特	18・424 下
	10・467 上	黃修健	11・338 下
	13・97 上	黃俊	20・231 上
黃秉正	12・138 下	黃庭	13・399 下
黃秉鈞	1・645 上	黃庭秀	8・621 上
	12・487 下	黃庭堅	9・58 上
黃岳宗	18・135 下	黃帝	15・287 上
	18・346 上		16・277 下
黃金秀	6・530 下		16・317 上
黃金鼎	19・175 上		16・521 下
黃金壹	19・177 上		20・479 下
黃命	13・494 上	黃冠真人	17・190 下
	19・436 上	黃祖淦	13・260 下
黃育梗	16・673 下	黃昶	13・217 上
黃炎	3・247 下		18・689 上
黃河太	13・494 上	黃泰	1・764 下
	19・436 上		7・82 上
黃泳	13・125 上		12・280 下

黃桂芳	20・456 上	黃淑真	11・562 下	
黃桂滋	1・442 上	黃宿	4・759 下	
黃連	17・729 下	黃陽	11・341 下	
黃振	13・289 下	黃綏	7・28 下	
	19・488 下	黃絅	13・66 下	
黃振海	1・612 上	黃琥	10・495 上	
黃振國	1・422 下		13・144 下	
黃恩	13・227 上		14・471 下	
	14・652 下	黃琮	6・578 上	
黃雋	18・525 上		8・662 上	
黃釗	3・281 上		10・380 上	
黃袞	1・399 下	黃琬	4・438 下	
黃益瑞	13・259 上		4・493 下	
黃浩	6・392 上	黃喜林	1・540 上	
黃家駒	14・657 上		7・547 上	
黃宰	13・391 上	黃彭年	1・337 下	
	15・274 下	黃葉和尚	2・223 上	
	15・579 下	黃萬川	8・505 上	
	16・545 上	黃萬友	13・254 上	
黃宸	2・639 上		19・679 上	
	10・421 下	黃萬鵬	20・451 下	
	10・477 上	黃葵心	13・566 下	
黃培	6・610 下	黃棟	11・542 上	
	6・639 上	黃惠	13・169 下	
	8・15 下		16・477 下	
黃盛明	12・32 下	黃雲史	13・148 下	
黃冕	20・483 上		16・607 下	
黃國珍	13・354 上	黃鼎	1・340 下	
	16・31 下		5・379 下	
黃國道	1・757 上		13・80 上	
黃得功	13・259 上		17・110 上	
	19・188 上		19・679 上	
黃彩鳳	7・701 下	黃鼎楫	12・13 上	
黃袞	11・572 上	黃開先	11・538 上	
	11・590 下	黃凱	13・188 上	
黃惟一	7・62 上		15・594 下	
黃淑人	15・358 上		18・415 上	

黃　喬	7・73 上	黃　源	13・672 下
黃策麟	13・206 上	黃　禎	3・244 下
	17・390 下	黃經邦	11・602 下
	18・41 上	黃經常	8・509 上
黃順昌	10・73 上	黃經國	11・606 上
黃御衮	6・617 下	黃　璉	5・315 下
	6・659 下		5・341 上
黃　斌	13・224 上	黃　瑤	7・607 上
	19・315 下		9・417 下
	19・338 上	黃嘉善	7・27 下
黃道亨	2・644 下		13・65 上
黃道烍	17・281 下		19・453 上
黃　淵	16・479 下		19・666 上
	18・268 上		20・132 上
	18・344 上	黃壽年	13・687 上
黃富才	12・488 下		18・728 下
黃登甲	13・638 上	黃　榜	9・409 上
	19・541 下	黃輔辰	1・340 上
黃登科	11・771 上	黃閣開	1・526 上
黃　軾	3・279 下		12・137 上
黃虞再	13・295 上		12・481 上
	16・218 下	黃圖安	13・67 上
黃虞臯	6・659 下		19・670 下
黃　照	7・37 下		20・139 上
黃照臨	1・379 下	黃　種	20・330 下
黃路清	12・152 上	黃毓珽	18・423 下
	12・275 上	黃毓埱	18・427 上
黃傳紳	1・406 下	黃齊賢	18・420 下
	3・582 下	黃　榮	3・67 上
	5・702 上	黃潢帑	12・425 下
	8・453 下	黃　演	7・74 上
黃　像	10・497 上	黃　寬	11・636 上
黃　鉞	15・88 下	黃肇宏	3・583 上
黃　遙	8・548 下		12・333 下
黃愷元	11・364 下	黃肇良	11・751 上
黃義中	4・770 下	黃肇齡	11・754 下
黃義堂	10・69 下	黃維屏	13・173 上

	16 · 758 上	黃應耀	16 · 692 下
黃　綬	13 · 449 下	黃　燾	13 · 150 上
	19 · 609 下		16 · 668 下
	19 · 685 下	黃　鎮	6 · 480 上
	20 · 151 上	黃　端	8 · 360 下
黃慧如	16 · 735 上		9 · 412 上
黃賢姐	8 · 126 上		13 · 88 下
黃慶麟	17 · 283 上		14 · 472 上
黃　潤	1 · 617 下		14 · 757 下
	10 · 268 下	黃騰漢	1 · 644 上
黃　璟	13 · 146 下		12 · 138 上
	13 · 220 下	黃　籍	20 · 9 下
	15 · 70 上	黃　霸	9 · 645 上
	19 · 247 上		10 · 2 上
黃　奮	10 · 509 下	黃　鑑	1 · 637 上
黃興智	10 · 123 下		6 · 659 下
黃儒煥	19 · 720 下	黃顯祖	13 · 173 上
	20 · 13 上		14 · 698 下
	20 · 216 下	黃　驥	20 · 421 上
黃　諫	13 · 268 上	黃　鸞	6 · 664 下
	14 · 490 下	**梅**	
	14 · 766 上		
	15 · 79 下	梅之煥	13 · 65 下
	16 · 371 上	梅友竹	8 · 451 下
黃龍祖師	11 · 402 下	梅友松	7 · 30 上
黃龍機禪師	12 · 30 下	梅生香	13 · 682 上
黃澤本	11 · 578 下		20 · 686 上
	11 · 602 下	梅　杠	1 · 628 上
黃　潚	18 · 134 上	梅　遇	3 · 726 上
黃　㠌	8 · 451 上	梅震煦	1 · 430 上
黃戀學	18 · 427 下	梅樹南	17 · 12 下
黃應科	10 · 192 上	梅錦堂	1 · 426 下
黃應堂	13 · 481 下		2 · 422 下
	18 · 731 上	**麥**	
黃應傑	7 · 60 下		
黃應燾	13 · 506 上	麥永年	13 · 456 下
	16 · 682 上	麥仲才	2 · 561 下

麥聯芳	19・722 下		15・647 上
曹			18・68 上
			18・301 上
曹一新	8・96 下		18・373 下
	9・653 下		18・475 下
	9・707 上	曹友諒	18・487 上
曹二南	10・73 上	曹友慶	13・408 下
曹九華	1・639 上		15・651 上
	1・728 下		18・68 下
曹三多	7・520 下		18・303 上
曹三江	3・297 上		18・361 上
曹三喜	10・167 下		18・477 上
曹三德	1・554 上	曹中選	15・108 上
	7・521 下	曹仁民	13・655 下
曹士鶴	1・402 上		15・679 下
	8・3 上	曹文昭	10・497 上
	11・118 下	曹文桂	8・495 上
曹大訓	12・168 下	曹文詔	7・41 上
	12・662 下		7・196 下
曹　山	6・562 上		13・66 下
曹之升	1・359 上	曹文遠	8・109 上
	7・708 上	曹文魁	7・83 下
	8・453 上		7・165 下
曹子泰	7・763 下	曹文熙	11・355 下
曹天福	12・491 下	曹文輝	13・392 上
曹　元	6・93 上		16・361 上
	6・176 下	曹文鐸	3・280 上
曹元明	12・165 上	曹玉珂	1・463 上
	12・587 上		11・20 下
曹元福	8・118 上		11・25 上
曹五玉	1・710 上	曹玉樹	1・540 上
	8・495 下	曹正江	11・341 上
	9・726 上	曹正國	3・72 上
曹友聞	12・566 下	曹正廣	11・341 上
	12・657 下	曹世忠	13・234 下
	13・545 上		19・456 上
	15・315 下	曹可大	12・271 上

曹丙酉	8・495 上	曹　志	13・372 下
曹丙煇	1・467 上	曹克忠	13・78 下
	1・766 上	曹步雲	18・94 上
曹丕績	1・710 上	曹秀彥	18・723 下
	9・725 下	曹伯箴	7・676 上
曹甲麟	1・632 上	曹希夔	3・752 下
	9・724 下	曹　亨	11・228 上
曹生申	19・233 下	曹　良	12・615 上
曹代之	2・646 下	曹良模	1・563 上
曹永年	17・386 下		5・108 下
曹邦豸	16・630 上		5・183 下
曹邦彥	8・342 上	曹　英	13・269 下
曹邦傑	10・319 下		13・620 下
曹邦輔	7・27 下		14・493 上
曹式倬	8・623 下		15・107 上
曹存周	17・121 下		16・619 上
曹　光	9・411 下	曹　述	9・84 上
	10・493 上	曹　昉	13・440 上
曹光實	7・44 下	曹秉章	5・124 上
	7・171 上	曹　采	1・729 上
	7・528 上	曹　宗	13・223 下
曹仲元	8・675 下		19・315 上
曹　全	9・55 上		19・337 下
	9・81 下		20・431 下
	9・390 上	曹宗彬	10・166 上
	13・329 上	曹宗祿	10・167 下
	18・524 下	曹宗載	12・270 下
	19・351 下	曹建新	8・676 上
曹汝菊	11・20 上	曹居業	3・281 上
曹汝葵	11・20 上	曹承鐸	5・105 下
曹守忠	13・617 上	曹春榮	19・229 下
	14・522 上	曹　珍	13・88 上
	14・777 下		14・757 上
	15・92 上	曹荀鶴	1・662 下
曹如琯	10・27 下		7・292 上
曹如淵	13・697 下		7・347 下
	16・775 下	曹　眇	12・13 上

曹思治	11・371 上		9・398 上
曹保身	8・675 上		10・12 上
曹　俊	6・558 上		13・42 上
曹恒吉	13・198 上		13・117 上
	18・115 下		15・565 上
	18・135 下	曹　琬	13・700 下
	18・346 上		17・439 下
曹　炯	13・352 上	曹　琛	3・282 下
	15・119 上	曹　喜	3・776 上
曹　烈	8・619 上		4・173 下
曹振東	7・255 下	曹萬德	1・623 下
曹振奎	1・704 上		8・770 下
曹晉臣	18・361 下	曹　植	9・723 上
曹浚雲	13・550 下	曹　森	8・403 上
曹　純	2・539 下		8・490 下
曹培棟	17・123 上		9・720 下
曹　梅	10・601 上	曹　雄	14・652 上
曹國華	7・688 下		19・455 下
曹國寶	11・597 下	曹雲梯	12・553 上
曹崑璋	1・603 下	曹景植	1・707 上
	8・118 下		9・693 下
曹崇朴	6・581 下	曹景儉	8・637 上
	6・637 上	曹　貴	8・587 下
曹　敏	18・524 下		8・638 上
曹　偉	7・754 下	曹　衆	4・465 下
曹進安	19・551 下	曹　裕	19・174 下
曹凌漢	16・35 上	曹登瀛	5・120 下
	17・123 上	曹　瑋	7・747 上
曹寅暉	1・515 下		9・399 下
	8・492 上		10・672 上
曹啓元	13・658 上		13・42 上
	15・682 上		13・101 下
曹　琰	7・69 下		15・257 下
	7・247 上		15・564 下
	7・262 上		16・232 上
曹　琮	7・747 下		16・265 下
	9・75 下		16・465 下

	17 · 207 下	曹毓慶	1 · 382 下
	17 · 330 上		12 · 681 上
	17 · 373 下	曹　銘	14 · 701 上
	17 · 550 上	曹銘寅	10 · 162 上
	17 · 641 下	曹銘禮	10 · 166 上
	19 · 447 上	曹　鳳	13 · 30 上
	20 · 296 下	曹鳳翥	7 · 522 上
	20 · 314 上	曹漢章	5 · 106 上
曹聖顔	11 · 347 上	曹　漁	10 · 166 上
曹　椿	13 · 581 上	曹增彬	18 · 63 上
曹椿邑	20 · 678 下		18 · 349 下
曹　楷	11 · 5 下	曹增廉	5 · 50 上
曹　槙	13 · 653 下		5 · 110 下
	18 · 362 上	曹增億	5 · 18 下
	18 · 477 下	曹賢煒	11 · 769 上
曹暉吉	11 · 53 上	曹　暹	3 · 756 上
曹　廉	13 · 390 下		4 · 319 下
	16 · 360 下		4 · 365 上
	16 · 539 下		4 · 414 下
曹義金	13 · 491 上	曹德元	1 · 405 上
	19 · 319 上	曹徵庸	7 · 666 上
	19 · 351 上	曹　鋐	13 · 53 上
曹　煜	15 · 110 下	曹　論	1 · 633 下
曹　煥	5 · 473 下	曹慶祥	1 · 589 下
曹　禎	18 · 303 下		3 · 214 下
曹　璉	7 · 28 下	曹養鯤	9 · 722 下
曹嘉祐	10 · 495 上	曹曉霞	13 · 620 下
曹　熙	8 · 453 上		15 · 110 下
	13 · 352 上	曹積功	19 · 27 下
	15 · 118 下	曹興第	13 · 610 下
曹爾弼	3 · 323 上	曹學易	1 · 537 上
	3 · 372 下		11 · 751 上
曹毓芬	13 · 468 下	曹錫堂	11 · 346 上
	14 · 612 上	曹穎叔	17 · 165 上
曹毓琳	10 · 698 下	曹憲周	1 · 659 上
曹毓瑞	19 · 120 上	曹　璨	7 · 25 上
	19 · 173 下		7 · 148 上

	7・747 上	**戚**	
	20・123 上		
	20・266 上	戚　文	20・211 上
	20・288 上	戚有仁	13・509 下
曹聯陞	1・757 上		16・689 下
	11・760 上	戚　姬	4・649 下
曹臨泰	13・621 下	戚景明	14・350 下
曹擢新	1・453 下		14・798 上
	6・162 上	戚　藩	13・172 上
曹鍾英	13・686 上	**盛**	
	18・659 上		
曹應午	17・123 下	盛以弘	10・397 上
曹應祿	3・769 下		10・473 上
	4・171 上	盛以忠	10・466 上
曹應塤	10・495 上	盛以恒	10・397 下
曹燦	19・660 下		10・474 下
曹鴻壽	11・346 上	盛以恬	10・398 上
曹璧	12・100 上	盛以達	10・433 上
	12・201 下		10・474 下
曹鵬舉	10・36 上	盛以愷	10・425 下
曹麒	13・285 下	盛兆瑞	10・425 上
	17・157 下	盛　交	12・649 下
	17・182 上	盛　忠	3・728 上
曹瀛	13・671 下	盛昭之	10・433 上
曹蘭	2・632 下	盛彥師	8・613 上
曹繼參	16・129 上	盛昶之	10・430 下
	16・174 上		10・475 上
曹儼	5・751 上	盛　祥	13・260 上
曹麟閣	20・481 下	盛　訥	10・397 上
堅			10・472 下
		盛　喜	19・469 下
堅　晟	13・301 下	盛　瑄	10・435 上
	15・320 下	盛愈謙	10・466 上
	15・356 下	盛際唐	17・19 下
	16・537 下	盛　廣	14・356 上
堅　錯	19・215 下		15・285 上
			15・602 下

	18・500 上	常有經	5・752 上
	18・514 上	常廷圭	9・721 上
盛　德	10・397 上	常廷樑	3・292 下
	10・466 上	常　任	3・297 下
	10・472 上	常任賢	7・292 下
盛騰藻	10・425 下		7・310 上
盛繼仁	13・536 下		7・348 上
			7・368 下
雪		常守仁	19・469 上
雪獻法師	18・565 下		19・472 下
		常守信	10・391 下
處			10・467 上
處士姬	7・554 上	常孝祖	11・657 下
		常伯撫	5・736 上
堂		常君惠	8・512 上
堂邑奴甘父	20・467 上	常雨化	1・590 上
			3・297 上
常		常承綏	12・382 下
常八斤	19・758 下	常迺雋	7・294 下
	20・149 上		7・354 上
常九經	12・279 下	常拴娃	19・701 下
常三捷	11・34 下	常　度	13・507 下
常大士	7・358 上		16・685 上
常大年	13・122 下	常　泰	13・448 下
	15・281 下		19・696 上
	18・415 上		20・150 上
常之傑	8・503 上	常　晟	10・215 下
常天植	1・730 上		10・363 下
	4・375 下	常　健	12・663 下
	4・420 下		17・22 下
常元慶	6・488 上	常　袞	2・588 下
	6・514 上	常　爽	14・359 下
	6・529 下		18・594 上
常元曜	6・705 上	常崇仁	11・5 上
常日暄	2・668 上	常得志	2・690 上
	6・68 上	常　清	1・614 下
常世魁	3・66 下	常　達	3・717 下

常　惠	13・28 上			7・357 下
	19・313 下	常　懷		7・77 上
	19・335 上	常　瀚		6・481 下
	20・428 上		**睢**	
常　景	3・34 下			
常　善	13・178 上	睢金城		13・229 下
	15・557 下	睢時聘		8・619 下
常道立	2・652 上			8・644 上
	6・75 下			8・734 下
	6・158 上			9・691 上
常　祿	7・36 上	睢　祥		10・67 下
常登元	11・656 下		**野**	
常　粲	3・81 上			
常殿魁	13・413 下	野士昇		7・622 下
	15・672 下	野天爵		7・73 上
常　經	8・609 上			7・511 下
	17・610 下	野詩良輔		3・749 上
	17・708 上		**問**	
	12・647 下			
常　輔		問匡璽		8・662 上
常輔世	1・590 上	問爲臣		8・565 上
	3・297 上	問經柱		8・666 上
常　毓	19・756 下	問　檍		8・666 上
常毓坤	11・417 上		**晦**	
	13・197 上			
	18・136 下	晦　菴		14・415 下
	18・341 上			18・84 下
	18・346 下		**鄂**	
常　賚德	20・440 下			
常　德	13・240 上	鄂　山		7・777 下
常　澄	8・379 上			13・76 下
	8・401 下			15・70 上
	8・482 上	鄂扎克齊		20・472 下
	9・721 上	鄂　昌		20・446 下
常醜奴	6・442 上	鄂倫岱		20・439 上
常曉煙	8・125 下	鄂　海		12・320 下
常鴻基	7・346 下	鄂容安		20・455 上
常翼庭	1・544 上			

鄂博什	20・441 上	啖　鐵	18・326 上
鄂爾泰	13・73 下		
鄂　對	20・478 上	**崔**	
鄂　實	20・455 下	崔乃鏞	3・538 上
	20・596 上	崔士亨	13・462 下
		崔士偉	5・351 下
婁			5・373 下
婁伏連	7・21 下	崔大壯	8・660 下
婁如海	11・686 下	崔五峰	6・481 上
婁　杰	8・333 上	崔不意	13・223 下
婁　室	6・486 下		19・313 下
	7・413 下		19・335 下
婁師德	13・36 上	崔友之	10・189 上
	14・645 上	崔日用	3・178 下
	14・646 上	崔日知	11・220 上
	14・699 上	崔曰平	1・622 下
	16・464 上		8・665 下
	20・614 上	崔中士	4・588 下
婁　敬	5・195 上	崔文正	5・342 下
	5・201 上	崔玉瑞	9・693 上
	6・498 下	崔玉義	17・298 下
婁　銹	13・109 上	崔世亨	20・715 上
婁翰如	11・687 下	崔世春	5・383 上
婁　鑑	7・635 下	崔世榮	7・74 下
婁　觀	10・377 下		12・160 下
		崔生權	3・401 下
國		崔仙姑	11・551 下
國　安	18・343 下	崔　立	13・407 下
國　棟	13・184 上		18・475 上
	15・585 下	崔玄暐	3・239 上
國　興	13・189 下	崔永鎰	1・645 上
國　璧	8・10 下		12・489 下
國　寶	18・343 上	崔永齡	4・368 下
			4・416 下
啖		崔弘度	19・445 下
啖　助	2・680 上	崔邦亮	8・13 下
啖榮祿	6・494 上	崔　戎	9・396 上

			10・590 下
崔光斗	8・603 下		
崔延伯	2・549 下		
	3・164 上		
	3・710 上		
	13・238 上		
	17・273 下	崔季良母獨孤氏	
崔仲方	7・741 上	崔岱	
	17・371 上		
崔邠	8・7 上	崔建績	
崔志道	1・445 下		
	3・400 上		
崔伯陽	9・71 下	崔彧	
崔希高	9・396 下	崔昭	
	10・11 上	崔重輝	
崔希逸	16・608 下	崔重觀	
	18・545 上	崔俊	
崔肜	18・538 下		
崔宏宇	13・530 下		
崔宏度	9・393 下	崔衍	
	10・586 下	崔恒泰	
	13・34 下		
崔汚	2・576 上	崔炯	
	3・44 上	崔洎	
崔林	7・55 下	崔祐甫	
	7・462 上		
崔林昇	13・583 下	崔紀	
	20・720 上	崔琪	
崔來有	10・382 下		
崔苟石	15・170 下	崔珽	
崔尚義	13・194 上		
	18・184 下	崔珣	
	18・263 下		
	18・335 下		
崔知温	13・84 上	崔素	
	13・207 下	崔連峯	
	14・463 下	崔致祥	

崔光斗　8・603 下
崔延伯　2・549 下
　　　　3・164 上
　　　　3・710 上
　　　　13・238 上
　　　　17・273 下
崔仲方　7・741 上
　　　　17・371 上
崔邠　　8・7 上
崔志道　1・445 下
　　　　3・400 上
崔伯陽　9・71 下
崔希高　9・396 下
　　　　10・11 上
崔希逸　16・608 下
　　　　18・545 上
崔肜　　18・538 下
崔宏宇　13・530 下
崔宏度　9・393 下
　　　　10・586 下
　　　　13・34 下
崔汚　　2・576 上
　　　　3・44 上
崔林　　7・55 下
　　　　7・462 上
崔林昇　13・583 下
　　　　20・720 上
崔來有　10・382 下
崔苟石　15・170 下
崔尚義　13・194 上
　　　　18・184 下
　　　　18・263 下
　　　　18・335 下
崔知温　13・84 上
　　　　13・207 下
　　　　14・463 下

14・754 上
19・572 下
19・659 下
20・120 下
20・264 上
20・286 上
崔季良母獨孤氏　2・273 下
崔岱　　13・361 上
　　　　14・503 上
崔建績　13・139 上
　　　　13・218 上
　　　　19・11 上
崔彧　　13・47 上
崔昭　　6・662 上
崔重輝　3・538 下
崔重觀　7・77 上
崔俊　　13・97 上
　　　　14・476 上
　　　　16・605 上
崔衍　　11・112 下
崔恒泰　13・393 上
　　　　19・247 下
崔炯　　6・178 上
崔洎　　9・69 下
崔祐甫　2・589 上
　　　　3・47 上
崔紀　　1・317 上
崔琪　　3・707 下
　　　　16・265 下
崔珽　　8・585 上
　　　　8・596 上
崔珣　　8・360 下
　　　　8・451 上
　　　　9・412 下
崔素　　2・229 上
崔連峯　15・709 上
崔致祥　3・403 下

崔時芳	10・494 上	崔善爲	15・252 上
崔倰	3・49 下	崔發	3・317 下
崔海清	16・333 下		3・369 下
崔家修	13・371 上	崔統基	8・676 下
崔國裕	2・644 下	崔頊	8・546 上
	3・59 上	崔瑜	3・245 上
崔國輔	16・276 上	崔蓮峰	13・665 上
崔晈	3・35 上	崔蓮峯	18・421 上
崔得祿	5・648 上	崔蓉鏡	16・327 下
	5・752 下	崔虞齡	11・118 下
崔從	7・742 上	崔暘	13・225 下
崔烱	1・596 下	崔嵩	7・575 上
	6・94 下		13・440 下
崔淙	9・72 上		17・414 下
崔琪	13・627 下	崔誠	3・265 上
	14・519 下	崔詵	3・242 下
	17・20 下	崔詮淦	3・582 下
崔琮	9・395 上	崔猷	7・740 下
	10・4 上		9・68 上
崔敬	3・330 下	崔羣	3・143 下
	3・394 下	崔璉	2・637 下
崔棟	3・539 上		3・265 下
崔景榮	13・64 下	崔嘉彦	13・699 上
	19・666 下		15・662 上
	20・132 下	崔模	19・20 下
崔景嵘	3・410 下	崔輔	10・596 上
崔無詖	2・578 上	崔輔鼎	8・600 下
	3・64 上	崔爾進	3・59 上
崔傑	6・560 下	崔爾達	2・651 上
崔敦禮	2・569 下	崔爾廣	10・73 上
	4・677 下	崔鄲	8・7 下
	4・759 上	崔種玉	18・714 下
	20・261 下	崔説	3・166 上
	20・284 下	崔廣	11・216 下
崔遊	13・191 上	崔榮宗	12・152 上
	18・258 上		12・282 上
	18・330 下	崔寬	9・645 下

崔　寧	7・741 下		17・387 上
崔　實	7・21 下	崔　縱	3・130 上
	7・144 下	崔　覿	12・146 上
	7・182 上		12・216 上
崔維崙	6・176 上	崔襟海	6・619 下
崔維嶠	1・596 上		6・662 上
崔　瑾	3・261 上	崔襟漢	6・619 下
崔　蕃	2・316 下		6・662 上
崔　頣	9・762 上	崔　璽	9・88 上
崔　澄	12・659 上		9・402 下
崔靜安	17・302 上		9・771 下
崔　璘	9・71 下		12・103 下
崔操先	13・610 下		12・269 下
崔　翰	9・75 下	崔　鏞	7・55 上
崔　嶧	2・610 上	崔　巍	18・102 下
	9・75 下	崔繼盛	20・351 下
崔　舉	11・115 上	崔　鶴	3・248 下
崔興宗	3・144 上	崔　巖	5・315 下
崔興善	8・674 上		5・341 上
崔學敬	20・318 下	崔體克	18・428 上
崔學敏	13・147 上	崔　襲	9・65 下
崔　衡	13・178 上		9・757 上
	16・263 上	崔　觀	13・429 下
崔龍見	6・136 下		18・363 上
	6・480 下		
	11・118 上	**崇**	
崔　澤	13・145 上	崇　厚	18・340 下
	14・651 下	崇　保	13・81 上
崔隱甫	9・395 下	崇　福	2・259 下
	10　500 上		10　412 下
崔　環	10・496 上		10・468 上
崔　懋	13・193 下		
崔龜從	10・591 上	**移**	
崔應鳳	13・109 下	移剌成	13・86 下
	17・553 上		
	17・644 上	**符**	
崔應龍	13・204 上	符大紀	1・449 上

	5·721 下		5·253 上
符承祖	12·645 上		5·357 下
符　泰	6·578 上		5·380 上
符　瑞	11·654 下		5·496 下
符　載	13·428 下		5·601 上
符維新	12·157 上		5·705 上
	12·378 上		13·31 上
			19·164 上
第		第五琦	2·588 上
			3·46 下
第五仝	11·15 上		5·359 上
第五均	5·359 下		5·380 上
	5·380 下		5·501 下
	5·501 下		5·708 上
	5·709 上		
第五昌言	2·694 上	第五勝愚	2·701 上
	11·15 上		11·15 上
第五居仁	2·682 下	第五嗣先	5·360 下
	5·359 下		5·381 上
	5·380 下	第五嵩	5·381 下
	5·516 下	第五種	5·357 上
	5·603 上		5·380 上
	5·703 下		5·496 下
第五峯	3·71 下		5·533 上
第五倫	2·530 上		5·600 下
	3·34 上		5·705 上
	4·676 下	第五頡	5·357 上
	4·757 下		5·380 上
	5·252 下		5·496 上
	5·357 上		5·600 下
	5·380 上		5·705 上
	5·496 上	第五緝	5·381 上
	5·530 上	第五緯	5·360 下
	5·600 下	第五憲文	5·361 下
	5·704 下		5·381 下
第五宸華	5·385 下		
第五訪	2·537 上	**敏**	
	4·677 上		
	4·758 下	敏翰章	19·12 上

偃	
偃　師	2・707 上
偓	
偓　佺	2・715 下
	6・312 上
	6・407 上
脫	
脫立維	13・567 下
脫　脫	14・361 上
	14・700 上
	19・132 下
	19・193 下
脫脫卜花	13・321 上
	14・613 上
脫　穎	17・599 下
	17・694 上
魚	
魚有成	3・289 下
魚仲謙	1・639 上
	5・316 下
	5・341 下
魚　佩	3・34 下
魚飛漢	1・442 下
	3・291 上
魚起化	5・342 下
魚俱羅	2・561 上
	7・22 下
	7・145 上
	8・73 上
魚　習	5・317 上
	5・342 上
魚登瀛	1・639 上
魚震溶	1・664 上
魚　霈	5・316 下
	5・342 上
象	
象武感	16・609 上
象　魏	17・121 下
猛	
猛先捷	7・75 下
猛如虎	7・75 上
祭	
祭公謀父	2・506 下
訥	
訥穆楝額	13・131 上
	19・672 上
許	
許乃穀	19・222 下
許又將	12・28 上
許士奇	13・450 下
	19・689 上
	20・157 上
許大成	1・732 上
許大伸	6・377 上
許上人	11・611 上
許太岳	9・26 下
許友巢	10・159 下
許　中	11・526 上
許　仁	13・597 下
許文成	13・580 下
許允德	14・350 下
	16・641 下
許正英	14・704 下
許世延	17・446 上
許世昌	8・619 上

	8・719 上	許宗魯	2・629 上
	9・130 上	許建寅	10・427 下
許世珍	9・677 下	許孟容	2・594 上
許世眷	18・710 下		3・48 上
許世隆	20・217 下	許　相	19・765 上
	20・455 下	許　豈	1・452 上
許占魁	7・35 下		5・724 上
	7・152 下	許重華	14・477 上
	8・401 下		16・605 上
	8・493 下	許洛仁	2・243 下
許立信	4・771 上	許洛仁妻宋夫人	2・243 下
許半仙	14・422 上	許祚宣	12・334 上
	17・163 上	許泰和	6・581 上
	17・191 上		6・637 上
許　永	13・250 下	許　琪	6・479 上
	20・278 上	許起鳳	3・581 下
許光基	10・511 下	許　莊	3・579 上
許仲盈	8・500 上		3・720 下
許兆元	18・729 下	許連斗	5・381 下
許汝清	2・644 上	許振襠	1・329 上
	4・681 上	許乘舟	11・332 下
許汝登	3・180 上	許　宸	11・275 上
許守恩	2・641 下	許　容	7・41 下
	5・511 上		7・191 上
	5・607 下		13・73 上
	5・714 下	許陳謨	10・190 下
許　均	13・41 上		10・240 下
	19・446 上		10・360 下
許志學	8・361 下	許　通	7・74 上
許　伸	3・248 上	許孫荃	9・60 下
許良信	4・769 下	許　理	13・292 下
許　英	8・587 下		17・597 下
	8・617 下		17・683 下
	8・639 下	許國秀	6・582 上
許東良	11・224 上	許國楠	2・667 下
許　協	18・687 上	許國翰	2・647 下
許　昌	8・562 上		5・515 上

	5・609 下	許　經	9・73 上
	5・717 下		9・763 上
許　進	19・300 下	許　瑤	7・751 上
	20・436 下	許慕衡	6・708 上
許從孟	13・703 上	許爾熾	13・353 上
許　商	2・676 下	許　銘	13・55 下
	3・39 上		19・302 下
許　煥	19・697 下	許　誥	13・596 上
許　清	18・735 上		14・613 下
許紹宗	1・434 下	許　榮	4・682 下
許　琨	17・739 上	許　漸	1・624 下
許　琬	3・279 上	許　寧	7・32 上
許博昌	4・705 下	許肇業	1・432 下
	4・775 上	許維權	6・374 上
許萬積	13・529 上	許賡陛	13・358 上
	17・748 上	許澍林	16・692 上
許　敬	3・714 上	許　潤	20・674 下
許棲岩	4・603 上	許　璞	3・750 上
許棲巖	3・611 上		4・157 下
	3・774 下	許　融	13・569 下
許雲鵬	11・393 上		19・717 上
許　揚	13・221 下	許學詩	13・347 上
	19・296 下		15・100 下
許無疆	12・147 上	許學禮	13・678 上
許智仁	18・545 下	許錫朋	9・37 上
許　傑	2・695 上	許聯奎	7・576 上
	4・702 下	許　襄	11・22 上
許欽寂	15・252 上	許應選	11・755 上
許　湞	13・55 下	許應鯤	6・377 上
許登仕	9・414 下	許鴻翔	7・59 上
許嗣復	9・415 上	許翼隆	12・144 下
	10・390 上		12・629 上
	10・408 上	許　瓊	12・157 上
	10・469 下	許　顯	19・613 上
許　廉	13・581 上		20・210 上
許際可	9・414 下	許攀桂	9・26 上
	10・601 上	許攀麟	9・26 下

許鏞	17・734 上
許懷德	7・746 下
許獻德	13・376 上
許謐	10・364 下
許儼	5・474 下
許體元	13・457 上
	19・697 上
	20・164 上
	20・274 下
許變輔	3・403 上

麻

麻永吉	13・308 上
	17・412 上
麻衣子	2・717 下
麻作梅	9・681 上
麻武	17・446 下
	19・759 下
麻昌	20・724 上
麻居湄	1・478 下
	10・262 上
麻秋	18・537 下
麻宸	17・323 上
麻盛	13・399 下
	16・220 上
麻貴	7・32 下
	7・151 上
	13・251 下
	19・667 上
	20・38 下
	20・133 下
麻際清	10・316 上
麻僖	13・308 上
	17・412 下
	17・476 下
麻樟	10・365 上
麻懷璋	9・730 下

庚

庚文潢	6・138 上
庚宗孝	1・628 上
庚信	2・705 上
	11・220 上

康

康乂	9・689 上
康乃心	9・31 下
	9・555 上
康三多	9・37 上
康三餘	10・162 下
康天保	13・546 上
	15・660 下
	16・336 上
康天爵	3・320 下
	3・371 上
康无疾	9・35 上
康元品	13・676 上
	19・699 下
	20・220 上
康兂疾	1・492 下
康日知	13・447 上
	19・683 上
	20・146 下
	20・273 上
康引叔	6・616 下
	6・650 上
康以直	18・724 下
康世英	1・671 上
康世顯	12・147 上
康且亨	13・378 上
康生本	19・281 下
康永	19・432 上
康永惠	14・426 下
	16・370 下

康永嘉　6·590下
　6·650下
康　因　3·143下
康廷瑞　6·573下
康廷璧　5·613上
康自發　19·208下
康行僴　9·420下
康汝楫　6·573下
康守虛　19·458下
康如璉　3·323上
　3·372下
康　圻　6·593下
　6·650下
康孝裕　11·36下
康步超　6·709下
康呂賦　6·620下
　6·650上
康呂賜　6·621下
　6·650上
康宏勳　1·593下
　5·721下
康君耀　1·588上
　6·390上
康坦嶽　1·527上
康其武　1·491上
　9·29上
康來慶　13·479下
　18·663上
康述周　1·549下
　7·59下
康　郁　3·749下
　4·468下
康抱真　19·136上
康昌興　1·643下
　12·429上
康季榮　17·265上
康秉鈞　12·505上
康金生　3·607下
康　河　6·590上
　6·650下
康宗周　6·402下
康　宜　7·90上
康禹民　6·597上
　6·650上
康　奕　1·491下
　9·33下
康　洋　6·650上
康　泰　1·526下
　12·147上
　12·505上
　13·248上
　17·413下
　19·111下
　19·188上
康　梤　6·592上
　6·649下
康　烈　3·138上
康晉侯　13·676上
　19·699下
　20·220上
康　脩　10·493下
康悅來　1·598上
　6·181下
康　敉　13·395下
康　浩　6·589下
　6·650上
康　海　6·588下
　6·649下
　12·147上
　19·112上
　19·188上
康姬冕　9·31下
康姬徽　9·22下
康　逵　6·665下

康基淵	13・146 上			19・659 下
	15・69 下			20・121 上
康　國	6・596 上			20・264 上
	6・650 上			20・286 下
康國相	9・20 下			20・363 上
	9・538 下	康　壽		13・434 上
康國柱	19・214 上	康　誥		15・654 下
康國梁	9・22 下			16・285 上
康　淳	6・596 下	康　榮		1・666 下
康紹叔	6・595 下			11・432 下
	6・650 下	康　演		6・650 下
康萬民	6・597 上	康　蕭		14・766 下
	6・650 上	康　樅		6・591 上
康萬駒	9・34 下	康　輪		6・650 下
康朝臣	5・616 上	康調元		1・449 上
康惠民	9・19 下			5・652 下
	9・537 下			5・721 上
康紫宸妻路氏	8・741 上	康積瑞		1・761 下
康景行	7・154 下	康學超		1・636 上
康買得	2・604 下			6・495 下
康無疾	9・682 下	康　錫		6・588 上
康　傑	3・718 上			6・650 上
康　敦	9・59 下	康錫碬		17・18 下
康道甯	14・418 上	康　錦		6・588 下
	15・175 上			6・650 上
康道寧	19・156 上			13・671 下
康　㷊	6・597 上			17・422 下
	6・650 上	康　濂		6・590 下
康登富	1・752 下			6・650 上
	11・489 上	康　壁		1・491 下
康　絢	2・545 上			9・35 上
	3・134 上	康　繒		4・374 上
康　塤	6・592 上			4・420 上
	6・650 下	康懋典		9・25 上
康　溥	1・519 上	康應祥		11・487 上
	6・710 下	康應選		1・763 下
康　福	19・572 下	康應龍		17・18 下

康澑	6・483 上		14・699 上
康繩武	12・683 下		16・467 上
	13・480 下		17・59 上
	18・663 上		17・376 上
康繩周	19・759 下	章榮基	7・40 上
	20・20 下		7・154 下
	20・231 下	章德英	7・47 下
康寶善	11・428 下		7・172 上
康體謙	9・28 下	章德皇后竇氏	4・62 上
康衢	6・494 下		4・484 上
康鑾	6・595 下		4・537 下
	6・650 上	章錦瑞	17・24 下

鹿

		章禧永	13・133 下
鹿宸真人	16・346 上	章鶴年	13・166 下
鹿傳霖	1・323 下		
鹿獻瑞	1・612 上		

商

		商昇	10・636 下

章

		商挺	13・47 上
			17・67 下
章三元	13・258 上	商高	11・340 上
章文	19・486 下	商衡	13・153 上
章孔榮	14・381 上	商應程	12・638 上
章世科	18・338 下		

望

章如蘭	1・396 上		
章宋若	8・305 下	望儼	11・499 下
	9・428 上		

牽

章金瀧	19・224 上		
章法宗	11・364 下	牽秀	9・64 上
章泰	3・464 上		9・755 上
章浚	13・490 下		

惟

章紳	6・610 上		
	6・639 上	惟安	3・773 上
章評	6・373 上	惟政	2・715 上
章粲	9・76 下	惟則	2・714 下
	9・767 下	惟寬	2・714 上
	13・45 上		

剪

	14・646 下	剪頭仙人	7・120 上

	7・261 下

烽

烽　子	7・88 上
	7・173 上

清

清忠和尚	7・118 下
清虛子	16・346 上
清　然	14・418 下
	17・443 上
	18・52 上

凌

凌樹棠	10・469 上
凌鑽高	13・220 上
	19・203 上

淨

淨　業	2・264 上
	3・145 下
淨　慧	16・345 下

涼

涼國長公主	2・264 下

淡

淡士濤	9・660 上
	10・108 上
淡士灝	10・108 上
淡大煒	1・702 上
淡廷模	1・615 上
	10・115 上
淡廷檜	10・110 下
淡如水	1・475 下
	10・28 下
淡明志	10・69 下

	12・138 上
淡　和	12・664 上
淡道人	14・419 上
淡樹璜	13・198 上
	18・136 下
	18・346 下

梁

梁一道	3・131 下
梁九賦	3・59 上
梁士彥	19・484 上
梁士淳	5・599 上
	5・700 上
梁士選	16・45 下
	18・423 下
梁大壯	11・540 上
梁大煓	8・601 下
梁大誥	1・709 上
	10・537 上
梁大德	13・292 下
	17・295 上
梁　才	13・524 上
	19・514 下
梁上雛	11・536 下
梁之鳳	1・667 下
梁小槐	8・398 上
	8・506 下
梁天春	8・334 上
	9・653 下
梁天泰	5・117 上
梁天植	12・146 下
	12・218 上
梁　元	8・267 上
	8・356 上
梁元碧	18・560 上
梁中選	13・611 上
梁仁和	1・624 上

	9·704 下	梁吉㲄	8·60 上
梁化鳳	2·654 下	梁 寺	2·242 下
	3·59 上	梁寺夫人唐氏	2·242 下
梁文映	2·701 下	梁有科	17·298 上
梁文炳	7·546 上	梁 成	12·525 上
梁文盛	10·202 上	梁成武	3·581 上
	10·247 下	梁成柱	6·497 下
梁文煥	6·172 下	梁光裕	12·151 下
梁文讓	19·510 下		12·274 上
梁斗南	10·160 上	梁光熙	3·290 上
梁玉柱	17·297 上	梁廷玠	7·587 上
梁玉樹	1·766 下	梁廷雲	3·66 上
	5·124 下	梁廷榮	18·722 上
梁正坤	19·472 上	梁廷樞	4·375 上
梁正忠	8·670 下		4·420 下
梁正屏	11·530 下	梁延嗣	3·51 上
梁世民	11·528 上	梁仲智	6·493 下
梁世雄	11·526 下	梁 舟	6·168 下
梁世瑞	1·585 下	梁兆慶	1·730 上
梁世勳	1·451 上	梁州岱	11·536 下
	6·79 上	梁守典	6·530 下
	6·160 下	梁守謙	2·310 上
梁世鰲	2·710 上		2·311 下
	8·122 下	梁安國	1·701 上
梁四修	10·73 上		9·663 下
梁生甲	6·171 下		10·120 上
梁生輝	18·340 下	梁如松	12·686 下
梁必逢	4·323 下	梁克順	3·463 上
	4·368 上	梁 均	1·730 上
	4·416 上	梁志通	14·415 下
梁必擢	13·655 上		17·443 下
	15·330 上	梁志清	17·299 下
梁永建	1·658 下	梁 甫	11·1 下
梁永清	13·384 上	梁步月	5·120 上
梁加琦	6·68 上	梁邱賀	6·309 下
	6·152 上	梁 佐	8·622 下
	7·616 下		13·537 下

梁作舟	1・729 上		4・414 下
梁作棟	10・72 上	梁建基	13・560 上
梁希贄	6・174 下	梁承晉	17・301 上
梁　沛	3・768 下	梁　春	10・497 下
梁　沂	8・11 下		12・159 上
梁宏化	6・479 下	梁春華	1・505 上
梁壯觀	6・384 下		9・730 上
梁若灝	10・312 上	梁星源	1・522 上
梁　茂	9・65 下		4・370 上
梁　松	13・364 下		4・417 下
	17・70 上	梁　毗	13・283 下
梁尚達	6・92 上		17・294 下
	6・174 下		17・371 上
梁　杲	1・646 上		19・485 上
	8・622 下		20・613 上
	12・152 下	梁俊卿	17・135 上
梁昇卿	6・482 上	梁風清	17・299 下
梁　昕	2・555 上	梁彥光	3・711 上
	3・498 上		13・365 下
	13・283 上		13・634 下
	15・246 上		17・275 下
	17・294 下		19・485 上
	19・484 下		19・524 上
梁明翰	13・202 下	梁彥杲	6・91 下
梁易楨	1・708 上		6・174 上
	9・706 下	梁彥通	9・399 上
梁金元	10・118 下		10・672 上
梁京法	10・115 上	梁　炳	9・729 下
梁　庚	13・556 下	梁冠魁	12・497 上
	15・707 上	梁　祚	2・679 上
梁　並	2・537 下		13・434 上
	9・645 下		17・406 下
	10・8 上		19・680 下
梁建中	13・530 下		20・142 上
梁建廷	3・756 上		20・271 上
	4・320 上	梁級三	17・138 下
	4・365 下	梁晉升	17・300 下

梁時渡	17・299 下		17・294 下
梁　恩	9・88 下		19・482 上
	9・403 下	梁　煥	14・350 上
	10・14 上		16・640 下
梁師亮	2・246 上	梁　深	12・565 下
梁師都	7・530 下	梁　扈	19・481 下
	14・398 下	梁　琦	5・616 上
梁師湯	7・724 上		5・726 上
梁效鋐	11・544 下	梁　琯	5・107 下
梁　悦	2・604 下	梁　越	7・49 上
	11・3 下		7・578 上
梁浴生	14・615 上	梁萬鍾	9・87 下
梁書麟	3・282 上		9・403 上
梁通興	11・519 上		10・13 下
梁基恩	13・545 下	梁　蕚	12・5 下
	15・324 上	梁朝桂	13・312 上
	15・660 上		19・692 上
	18・487 上		20・11 下
梁　彬	7・701 下	梁　廒	19・543 上
梁　梅	7・754 下	梁　鼎	3・712 上
	13・645 上	梁景先	1・454 上
梁國英	7・721 下	梁景岱	13・212 上
梁國彦	12・31 下		20・627 下
梁國卿	10・115 上	梁景鵬	6・497 下
梁國棟	8・620 下	梁　喬	11・534 下
	13・209 下	梁集功	17・300 下
	19・673 上	梁　欽	9・16 下
梁國輔母毛氏	17・118 下	梁敦峻	7・638 上
梁得年	19・22 上	梁　竦	13・283 上
梁象鴻	12・289 上		17・70 上
梁　許	8・13 上		17・105 上
	13・65 下		17・294 上
	14・475 下		19・539 上
	14・649 下	梁善長	1・356 上
梁　商	13・283 上		8・601 下
	17・70 上		9・422 上
	17・105 下	梁　湛	19・756 下

梁　温　3·248上
梁寓鳳　12·168下
12·662下
梁　統　13·283上
17·70上
17·294上
18·520上
19·297上
19·481下
梁統緒　1·632上
梁　瑚　16·32上
梁　瑄　13·89上
14·759上
梁　竪　3·768下
梁　準　4·163下
梁　肅　9·64上
11·112上
梁殿元　7·521下
梁際春　18·421下
梁際殷　11·637下
12·333上
梁　綍　10·37上
梁　瑤　11·541下
梁　臺　7·741上
13·241下
梁蔓春　13·425上
18·421下
梁　熙　13·33上
18·535上
梁爾升　6·87上
6·172下
梁爾壯　6·94上
6·176上
梁爾禔　5·613上
5·721下
梁爾壽　1·448上
5·612上
5·720上
梁　睿　7·741上
13·365上
18·542上
19·484上
梁鳴鳳　12·448上
梁毓才　18·107上
梁鳳翔　2·665上
梁鳳鳴　19·693上
梁鳳舞　5·119下
梁鳳隨　5·120上
梁　適　13·117上
15·260上
15·565下
16·266上
梁　慬　13·433上
17·459上
18·592上
20·417下
20·431下
梁　鼐　1·423下
3·61上
梁　綜　3·709下
梁樟廕　5·647下
5·752上
梁　震　7·65下
7·162上
13·234上
19·455下
梁　鋐　2·666上
6·77上
6·159下
梁　諗　5·475下
5·700上
梁澂之　2·671下
6·89上
6·177下

梁　緯	9・64 上	梁濟瀍	13・345 下
	13・492 下		15・97 下
	16・626 下	梁　禮	7・741 上
梁　璞	6・669 下	梁　鵠	18・525 上
	7・83 上	梁　鎮	3・178 上
	7・163 下	梁鎮濤	19・37 上
	7・512 上	梁　羅	2・219 下
梁　翰	13・270 下	梁　鑕	4・164 上
	14・525 上		4・198 上
	16・634 下	梁　瀚	1・444 下
梁　奮	13・643 上		3・399 下
梁　默	19・484 下	梁繩祖	3・582 上
梁　諶	3・773 下	梁耀庭	17・118 上
	4・535 上	梁　瀹	11・15 下
梁　雍	1・754 下	梁　覽	13・277 上
	11・526 下		14・527 下
梁　澤	2・627 下		14・764 上
	6・154 上		15・169 上
梁　禧	3・768 下	梁體坤	2・649 下
梁聯甲	6・171 下		3・213 下
梁　檜	13・276 下	梁　鑑	3・402 上
	14・779 下		
	15・95 下		**寇**
梁懋修	1・636 下	寇一清	7・721 下
	6・496 下	寇天敘	13・56 上
梁　襄	5・419 下		19・301 上
	7・186 上		19・451 上
梁應基	6・88 上	寇　卞	3・244 上
	6・174 下		5・75 下
梁　鴻	2・698 上		5・502 下
	4・465 上		5・603 下
	4・512 上		5・709 下
	4・701 下	寇世禮	11・36 下
	4・772 上	寇永清	7・721 上
	6・311 上	寇成才	11・776 上
	6・391 上	寇自定	3・539 上
梁濟民	7・723 上	寇守信	1・428 下

	5・703 上		3・711 下
寇守智	1・428 下		8・63 下
寇　安	10・495 上		9・76 上
寇如圭	6・558 下		9・398 下
寇　忻	7・721 下		9・500 上
寇其選	7・721 下		10・4 下
寇　卓	1・561 上	寇嘉諫	3・537 上
寇　明	9・138 下	寇　儁	2・551 下
	10・67 下		3・202 下
	10・115 下		9・67 上
寇　治	2・552 上		9・758 上
	3・202 上		13・135 下
寇建尉	18・368 下	寇遵典	3・537 下
寇居盛	1・668 下	寇遵孟	3・537 上
寇保平	13・563 下	寇　臻	3・202 上
寇胐之	3・202 下	寇徽音	2・661 上
寇　恂	13・29 上		3・538 上
寇　洛	2・550 上	寇謙之	10・663 上
寇　恕	7・719 上	寇　彌	2・552 上
寇　純	1・697 上		3・218 上
	3・539 上	寇　讚	2・548 上
寇　崇	1・697 上		2・704 下
	3・539 上		3・201 下
寇朝一	10・76 下		9・64 下
寇　雋	12・85 上		9・755 下
寇　準	2・610 下		
	10・607 上	**寂**	
寇　湘	9・707 下	寂　知	5・125 上
	10・679 上	寂　蓮	12・30 下
寇　珹	15・260 下	寂　照	2・332 下
寇　靖	3・319 下	**宿**	
	3・458 上		
寇　慎	2・646 上	宿　石	13・446 上
	3・537 上		19・607 上
寇　煒	1・697 上		19・682 上
	3・539 上		20・144 上
寇　準	3・537 上	宿連信	13・537 上

扈	
扈士鈞	10・75 上
扈介儒	19・723 下
扈重光	10・68 下
扈累	2・698 下
扈登甲	9・662 上
	10・111 下
扈璉	1・668 上
	2・673 上
	3・66 上
扈暹	3・714 上
扈聯登	19・723 下
逯	
逯嵐	9・415 下
逯廉祿	15・702 下
尉	
尉元	7・21 下
	7・527 下
尉成興	18・539 下
尉聿	13・215 上
	18・538 下
尉眷	13・32 下
尉屠耆	20・467 下
尉富娘	2・220 下
尉遲恭	7・741 上
	9・70 上
	9・394 上
	10・3 上
	13・35 上
	17・264 下
	19・428 上
尉遲勝	20・468 下
尉遲運	9・67 下
	9・759 上

	15・250 上
尉繚	3・279 上
尉繚子	4・703 下
屠	
屠大袁	12・349 上
屠仁守	1・578 上
屠用中	7・36 下
	10・412 上
	10・467 下
屠旭初	13・149 下
	16・668 上
屠安民	11・486 下
屠狗兒	15・684 上
將	
將閭	4・652 上
	4・724 上
張	
張一元	7・84 上
	7・207 上
張一心	18・423 上
張一英	9・404 下
張一春	5・429 下
張一書	3・297 下
張一通	14・650 上
張一楨	7・84 上
張一鯤	3・180 下
張一鶚	13・188 上
	15・595 上
	18・464 上
張二南	13・113 上
	16・757 下
張卜世	3・76 上
張人偉	13・486 上
	19・122 下

	19・176 下		16・543 上
張人傑	11・748 下		17・46 下
	15・669 下	張力田	1・697 上
張九功	13・429 下	張乃來	10・370 下
	18・141 上	張乃第	1・605 上
	18・153 上		11・17 上
	18・209 下	張乃榕	1・614 下
	18・297 下	張又泰	7・676 上
	18・363 下	張又栻	8・765 上
張九思	10・33 下	張三丰	4・490 下
張九連	11・599 下		7・721 上
張九敘	5・510 下		12・308 下
	5・607 下		14・416 下
	5・714 下		16・201 下
張九富	13・562 下		17・68 上
	15・720 下		18・84 下
張九義	11・609 下		18・97 下
張九經	10・428 下		18・379 下
	13・429 下		18・500 上
	18・152 下		19・135 下
	18・166 上	張三同	8・546 下
	18・297 下		9・413 上
	18・363 下	張三汲	9・710 下
張九德	13・64 下	張三和	1・741 下
	19・634 上		12・283 上
	19・668 上	張三異	7・636 上
	19・777 上	張三極	6・88 上
	20・135 上		6・174 下
	20・269 下	張三翩	13・537 下
	20・290 下	張士亨	10・496 下
張九澤	10・33 下	張士奇	8・482 下
張九疇	10・33 下		13・350 上
	13・344 上		15・107 下
	14・521 下	張士佩	8・257 上
張九齡	10・33 下		9・135 上
	13・121 上		9・528 上
張　力	13・296 下	張士育	13・384 下

	17・605 上	張大志	18・717 下
	17・691 下	張大冶	10・365 下
張士信	13・529 上	張大明	1・753 上
	17・296 上		11・489 上
張士俊	20・304 下	張大受	14・513 下
	20・337 下	張大垣	1・452 下
張士特	8・597 下		6・78 上
張士浩	1・448 下		6・160 上
	5・613 上	張大烈	13・474 上
	5・721 上	張大振	1・425 上
張士琦	5・616 下	張大喜	13・561 上
	5・728 上		15・717 下
張士魁	1・583 下	張大智	1・613 下
	8・267 上		10・420 下
張士模	17・752 下		10・475 下
張士榮	10・265 下	張大順	13・515 上
	10・365 下	張大猷	11・48 下
張士範	1・513 上	張大榕	17・11 下
	8・484 下	張大綸	12・11 上
張士選	13・632 上	張大勳	1・608 下
張士龍	13・538 下		16・298 下
	16・770 下	張大龍	10・400 上
張士闆	5・757 下	張大蘊	8・361 下
張士鵬	9・709 下		8・451 下
張士鯤	9・710 上	張大鵬	1・756 下
張士舉	7・722 下		11・713 上
張大玘	13・317 上		11・757 下
	20・637 下		15・719 下
張大本	1・725 下	張大齡	2・668 下
	10・428 下		3・13 上
張大用	10・429 上	張　才	6・479 上
張大有	1・490 下		13・112 下
	9・30 下	張才鼎	9・403 上
	9・554 上	張山人	6・664 下
張大成	12・682 下		13・697 下
張大行	8・482 上		16・775 下
張大均	8・621 下	張山甫	6・557 下

張山拊	2 · 676 上		14 · 405 上
	6 · 309 上		14 · 757 下
	6 · 385 上		18 · 533 上
張 及	6 · 556 下	張天龍	6 · 84 下
張久惠	11 · 609 上		6 · 168 下
張之榘	9 · 518 上	張天爵	7 · 61 下
	9 · 711 上	張 元	3 · 577 下
	10 · 623 下		3 · 726 下
	13 · 654 上		4 · 469 上
張之煌	10 · 365 上		10 · 662 上
張小核	13 · 554 下	張元佐	20 · 449 上
	15 · 701 上	張元林	1 · 351 下
	16 · 175 下		7 · 40 上
張子立	7 · 29 下		7 · 154 上
張子奇	8 · 546 上		7 · 419 上
張子華	20 · 352 上	張元忠妻令狐氏	2 · 281 上
張子裕	6 · 90 上	張元亮	12 · 135 上
	6 · 178 上		12 · 477 下
張子蓋	13 · 407 下	張元棣	8 · 278 下
	15 · 315 上	張元鼎	13 · 385 上
	15 · 646 下		17 · 606 下
張子翮	18 · 157 上		17 · 706 下
張 井	1 · 538 上	張元善	8 · 267 上
張井超	7 · 368 下		9 · 662 上
張天佑	11 · 424 上		10 · 111 下
	13 · 374 上	張元臺	13 · 175 上
	19 · 503 上	張元靚	14 · 405 上
張天相	13 · 201 下	張元漈	19 · 462 上
張天敍	7 · 77 上	張元璘	13 · 68 下
	14 · 572 上		17 · 381 下
張天宿	6 · 667 下	張元儒	13 · 621 下
張天祿	7 · 60 上		15 · 116 上
張天鉞	3 · 557 上	張元龍	1 · 524 上
張天福	1 · 548 上		4 · 588 下
	7 · 60 上	張五十	1 · 696 下
張天錫	8 · 617 上		3 · 539 上
	13 · 88 下	張五松	5 · 620 上

	5·729 下	張中彥	13·291 上
張五典	1·449 下		15·576 上
	5·613 下		19·486 上
	5·722 下		20·369 下
張五岳	17·120 下	張中偉	2·335 上
張五倫	5·614 上		3·771 上
	5·722 下	張中庸	12·268 上
張五經	10·262 上	張中銓	17·611 下
	10·366 下		17·708 下
張五誥	1·449 下	張　仁	2·237 上
	5·614 上		13·123 上
	5·722 下		15·276 上
張五緘	1·449 下		16·479 上
	5·614 上		18·508 下
	5·722 下		18·513 下
張五緯	1·449 下	張仁恭	13·664 上
	5·614 上		15·705 下
	5·722 下	張仁順	20·724 下
張太臨妻陳氏	10·551 下	張仁源	1·466 上
張太孺人	7·623 下		13·156 上
張友仲	5·648 上		17·60 上
	5·752 下	張仁愿	2·573 上
	7·607 上		7·22 下
張友直	1·741 上		7·145 下
	12·152 下		8·60 下
張友南	13·626 上		13·37 上
	16·698 上		19·572 上
張少蘭	17·135 上		19·657 下
張日炳	9·141 上		20·117 下
	9·520 上		20·262 上
	10·41 下		20·284 下
張日新	12·164 上		20·362 上
	12·585 上	張仁蘊	2·364 上
張曰璞	17·751 上		5·1 下
張中孚	13·291 上		5·37 上
	19·486 上	張仁覆	7·274 上
	20·369 下		7·329 上

張化元	13・527 上		17・284 上
張　介	5・421 上	張文俊	3・403 上
	17・737 下	張文炳	10・380 上
張公鑾	1・625 下		13・68 上
張六材	13・109 下		13・109 下
	17・280 上		13・420 上
張六部	3・580 下		13・562 上
張　文	3・74 上		16・37 上
	7・69 上		17・280 上
	13・316 下		17・381 下
	13・435 上	張文泰	7・672 上
	17・409 下		14・525 下
	20・636 下		17・15 上
張文才	10・537 下	張文華	8・770 下
	18・154 上		8・771 下
	18・208 下		13・561 下
	18・220 下		15・719 下
	18・297 上	張文烜	6・620 上
	18・362 上		6・657 上
張文元	3・770 上	張文質	4・468 下
	4・264 下	張文煥	13・201 下
張文玉	1・757 上		13・451 下
張文西	3・67 上		17・388 上
張文秀	18・51 下		19・689 下
張文英	10・272 上		20・158 上
	10・382 下	張文博	1・754 下
張文林	5・419 下		11・527 下
	13・174 上	張文貴	13・563 上
	16・760 下		16・544 下
張文奇	1・549 下		18・154 上
	7・61 上		18・208 下
	7・128 上		18・220 下
張文昇	16・47 下		18・297 上
張文明	17・91 下		18・372 上
張文奎	7・699 下	張文運	2・670 下
張文泉	17・91 下		3・141 下
	17・171 下		4・584 下

	10・497 下		7・148 下
張文楷	5・724 上		7・184 下
張文楨	5・759 下		7・743 下
張文魁	13・57 上		13・102 下
	13・374 下		19・447 下
	19・499 上	張　方	9・64 上
	19・665 上		9・755 上
	20・43 下	張方平	13・44 上
	20・130 下		15・262 上
張文熙	6・616 上		15・567 下
	6・656 上		16・266 下
張文標	13・115 上	張斗南	1・601 下
	18・390 上		3・497 上
張文輝	10・380 上		13・507 下
張文質	3・750 下		16・685 上
	4・513 下	張斗耀	8・598 下
張文舉	10・363 上	張心昌	5・361 上
張文學	12・270 下		5・383 上
	13・458 下	張心鏡	19・677 上
張文衡	13・346 下	張　尹	3・245 下
	15・100 下	張以敬	10・362 下
張文燦	6・616 下	張以選	13・641 下
	6・655 下	張以謙	12・270 上
張文謙	13・47 上	張允中	4・588 上
	19・573 上	張允升	10・365 下
	19・661 上		12・136 下
	20・7 下		12・480 下
	20・43 上	張允昌	8・610 上
	20・124 上	張允修	9・704 下
張文燦	20・335 上	張允昊	8・654 下
張文禮	1・614 下	張允健	1・655 上
張文藻	13・589 上		11・757 上
	13・665 下	張允清	11・756 下
	18・427 下	張允登	4・664 上
張文馨	3・139 下		7・750 下
張文耀	10・272 上	張允澂	13・683 下
張　亢	7・24 上	張允濟	9・80 上

張予翮	13・430 下	張正瑗	10・467 下
張孔教	13・654 下	張正蒙	13・540 下
張　玉	3・499 上		14・370 下
	8・360 上		18・341 上
	8・450 下	張正榮	10・700 下
	9・402 下	張正德	11・28 下
	13・137 下	張去華	6・478 下
	13・356 上	張世元	11・439 下
	14・531 上	張世永	1・461 下
	16・626 上		1・691 上
張玉成	11・426 下		8・98 上
張玉先	8・513 上		11・518 下
張玉汝	4・770 上	張世光	1・714 上
張玉林	13・377 上		6・490 下
	19・503 上	張世英	1・388 上
張玉信	10・312 上		7・637 上
張玉瑞	7・259 上		16・79 下
張玉瑾	3・70 上	張世昌	6・87 上
張玉德	3・401 下		6・124 上
張玉樹	1・518 下		6・173 上
	6・657 上	張世忠	7・85 下
張玉衡	11・426 下		7・214 下
張玉麒	7・61 上	張世威	8・81 上
	7・576 上	張世胤	16・476 下
張　正	3・337 下	張世美	12・628 上
	3・399 上	張世烈	7・71 上
	16・325 下		7・493 上
張正名	7・82 下	張世恩	16・367 下
	7・164 下		16・550 下
張正春	4・370 上	張世益	3・412 下
	4・418 上	張世基	11・342 下
張正常	11・539 下	張世偉	13・483 下
張正紳	1・625 下	張世煥	12・164 上
	10・683 上		12・585 上
張正敬	1・706 上	張世順	20・717 上
張正雅	4・370 下	張世傑	20・212 下
	4・418 上	張世熙	18・141 下

張世勳	3・323 下	張占鰲	10・694 上
	3・373 上		11・28 上
	13・534 上	張四友	14・587 上
張世儒	19・207 下	張四明	5・519 上
張世爵	13・292 上		5・616 上
	17・295 上		5・727 上
張世應	13・170 下	張四翁	10・269 下
張世耀	13・254 下	張四術	8・598 上
	20・626 下		13・563 上
張古制	10・365 上	張四端	6・495 下
張　本	6・139 下	張四維	5・731 下
	11・113 下	張四衛	18・142 上
	11・515 上	張生根	13・681 下
張本濤大母魏氏	2・387 上		20・703 下
張本濟	3・714 上	張生榮	5・124 下
張可大	11・306 上	張仕仁	11・543 下
張可用	9・79 上	張仕隆	12・82 下
	9・401 上	張仕渾	13・187 上
	10・13 上		15・281 下
張可材	3・75 下		15・593 下
張可鳳	11・54 下		16・273 上
張可賢	10・259 下		16・297 上
張可觀	13・639 上	張仕憲	12・223 上
	20・351 下	張　仝	2・701 上
張可麟	11・54 下		5・517 上
張丙鯤	1・359 上		5・651 上
張不式	11・303 上	張令聞	5・610 下
張丕猷	13・91 上		5・718 上
	14・478 上	張令緒	10・379 下
	14・762 下	張　印	19・191 下
	15・69 上	張印兒	10・169 上
張平叔	11・728 上	張外勳	13・245 下
	11・802 上		18・139 上
張平高	7・452 上		18・268 下
	7・665 上		18・345 下
張平義	10・164 上	張尔昌	17・13 下
張占清	1・606 上	張　立	10・692 下

	11・530 上	張永貴	19・520 下
張立元	1・655 上	張永富	12・156 下
	11・712 下		14・350 上
	11・756 下		16・641 上
張立功	3・343 上	張永瑞	17・739 下
	3・406 下	張永福	12・378 下
張立位	7・85 上		13・385 下
	7・209 上		17・610 上
張玄靚	18・532 上		17・693 下
張必大	9・710 下	張永慶	6・180 上
張必旦	12・665 上	張　弘	3・769 上
張必有	10・695 上		4・227 上
張必昇	16・164 上	張弘政	10・217 上
張必得	13・514 下	張弘圖	6・373 下
張必達	17・301 上	張弘範	10・217 上
張必新	8・16 上	張加明	1・646 下
張永溈	7・720 上	張召南	9・555 下
張永安	13・551 下		10・261 上
	15・691 下		10・364 上
張永茂	7・665 下	張台耀	12・330 下
張永林	13・580 下	張匡業	20・480 下
張永叔	13・130 下	張邦佐	5・422 上
	19・670 上	張邦治	1・524 上
	20・138 下	張邦政	5・470 上
張永明	12・683 上	張邦俊	8・259 下
張永治	6・183 上		9・694 下
張永保	13・526 上	張邦敬	8・259 下
張永祚	13・531 上	張邦憲	13・545 下
	16・770 上		15・215 下
張永泰	1・630 下		15・317 上
	8・505 下		15・649 下
張永清	13・252 下	張式仲	3・605 上
張永淑	1・542 上	張　戎	2・525 上
	7・724 上		3・39 上
	13・152 上	張　吉	13・566 上
	13・157 上		17・472 上
	14・479 上		20・342 下

張吉士	6・582 下
	6・637 下
張　芝	9・443 上
	13・329 上
	19・320 下
	19・344 下
張　朴	11・119 上
張　臣	7・57 下
	7・194 上
	13・251 上
	13・259 上
	19・665 下
	20・131 上
張西銘	9・718 上
	10・532 上
	10・701 上
	12・683 下
	18・687 上
張在宴	10・315 下
張在興	10・480 上
張百萬	17・749 上
張百讓	10・701 下
張有忍	17・749 上
張有祥妻楊氏	10・551 下
張有棟	15・114 下
張有爲	8・664 上
張有賢	19・112 下
	20・455 下
張有德	18・134 下
	18・268 下
	18・345 上
張而紀	8・113 上
張　存	13・297 下
	14・702 上
張存武	7・91 下
	7・175 上
張存福	1・655 下

	11・718 上
	11・769 上
張　成	1・589 上
	10・436 下
張成之	11・14 下
張成玉	4・771 上
張成物	7・723 上
張成科	9・730 上
張成蛟	10・700 下
張成德	8・508 上
張成勳	1・533 上
張成憲	17・740 上
張至隆	6・480 上
	6・610 下
	6・639 上
張　光	5・265 上
	12・84 下
張光斗	7・78 上
	7・82 下
	7・164 下
	7・172 下
張光先	6・166 下
張光宇	11・749 上
張光孝	9・709 下
張光岳	17・387 下
張光漢	19・491 下
張光鑑	7・720 下
張同善	6・79 下
張因培	4・340 下
	8・603 下
張先志	2・668 上
	3・65 下
	11・519 下
張廷友	11・531 上
張廷玉	3・136 下
張廷用	8・588 下
	8・619 上

	8・640 下	張伏弩	20・217 上
張廷圭	12・614 上	張伏璽	19・524 下
張廷秀	13・394 上		20・353 下
張廷珂	8・667 上	張　延	8・83 下
張廷珍	12・64 上	張延功	11・643 上
張廷相	6・619 上	張延壽	8・117 上
	6・667 下	張　仲	2・507 下
	12・665 下		9・84 下
張廷彥	1・550 下	張仲文	13・118 下
	10・380 上		18・462 上
張廷祐	3・719 上	張仲方	4・668 下
張廷珪	9・645 下	張仲玉	18・105 上
張廷桂	14・381 上	張仲芳	10・592 下
	15・113 上	張仲祥	6・383 上
張廷脈	19・243 下	張仲蔚	2・698 上
張廷梓	1・668 上		6・311 上
	3・69 下		6・391 上
張廷棟	19・479 上	張仲榮	10・496 上
張廷傑	17・19 下	張　任	5・360 下
張廷瑞	10・317 上		5・381 上
張廷楷	10・380 上	張　伋	6・82 上
張廷槐	12・331 上		6・166 下
	12・407 下	張仿渠	13・368 下
張廷楹	12・64 上	張自化	6・584 上
張廷榴	6・656 下		6・639 上
張廷樞	8・265 上	張自方	10・364 下
	8・434 上	張自成	10・415 上
張廷選	13・358 上	張自厚	13・136 下
	16・673 下	張自重	4・519 上
張廷舉	17・751 下	張自強	3・288 上
張廷燧	3・247 下	張自博	17・606 下
張廷檜	10・380 上		17・694 下
張廷獻	6・136 上	張自植	13・529 下
	12・552 上		17・125 下
張伏三	19・718 下	張自欽	16・692 上
	20・45 上	張自謙	18・157 上
	20・212 下		18・376 下

張向圖	18・730 上	張兆曾	12・83 上
張行五	13・556 上		13・66 上
	13・666 下		16・233 下
	15・706 上	張兆鳳	13・550 上
	15・713 上		15・690 上
	16・337 下	張兆奭	18・688 上
張行可	8・663 上	張兆魯	16・187 上
張行成	3・578 下	張兆慶	19・476 上
	3・726 下	張兆羆	12・152 上
	11・112 上		12・177 下
張行志	1・567 上		12・275 下
	8・772 上	張兆蘭	11・754 下
	19・468 上	張兆麟	20・343 下
張行芳	5・120 下	張旭陽	7・636 下
張行信	7・749 上	張　旨	7・24 下
張行敏	13・494 下		7・184 下
	14・512 下	張　名	19・756 上
	16・631 上		20・229 上
張　全	5・617 上	張名世	7・66 上
	5・729 下		7・165 上
張全昌	7・57 下		8・548 上
張全理	12・138 下		9・413 下
張全貴	10・382 上	張　交	1・589 上
張全禮	1・644 下	張　江	18・520 下
	12・485 上	張　汲	6・592 上
張合秀	19・761 下		6・656 上
	20・725 上	張汝止	1・734 下
張企堯	12・425 下	張汝明	3・749 下
張企程	12・151 下		4・157 上
	12・172 上		9・400 下
	12・260 下		10・491 下
	12・274 上	張汝知	10・213 上
張兆林	11・35 下		10・363 上
張兆泰	18・490 上	張汝采	10・531 上
張兆珪	13・462 上	張汝炎	10・316 上
	20・716 下	張汝恂	10・68 下
張兆棟	1・371 上	張汝梅	13・385 下

	17・107 下		16・39 上
張汝棟	2・649 下	張守珪	13・37 上
	5・506 下		18・547 上
	5・606 上		19・318 上
	5・712 上		19・341 上
張汝楫	10・363 下	張守恭	13・537 下
張汝猷	3・333 上	張守真	3・534 上
	3・396 上		12・78 下
張汝鉉	14・705 下	張守氣	5・19 上
張　守	2・631 上		5・48 下
	13・357 上		5・115 下
	16・638 上	張守訓	9・119 上
張守元	6・665 上		9・523 下
張守中	7・29 下		10・25 上
	7・151 下	張守祥	13・526 下
張守仁	13・613 上		19・506 上
	17・23 下		19・521 上
張守志	10・74 上	張守基	1・392 下
	10・123 下		7・275 上
張守亨	13・104 下		7・330 上
	17・148 上	張守善	20・722 下
	17・166 下	張守道	5・508 上
張守和	13・649 上		5・606 上
	16・772 下		5・713 上
張守約	6・75 下	張守義	10・272 下
	6・158 上	張守經	6・498 下
	13・95 下	張守銘	13・393 下
	13・109 上	張　安	5・419 上
	13・242 上		7・33 上
	14・466 上		13・309 下
	15・262 下		17・409 下
	15・568 上	張安世	2・516 下
	16・608 上	張安生	2・284 下
	17・272 上	張安安	2・243 上
	17・374 下	張字約	19・448 下
	19・428 下	張如山	12・147 下
張守紀	13・420 下	張如錦	5・422 下

張好奇	10・260 下	張志治	20・724 上
張好問	14・426 上	張志春	19・473 上
張　羽	6・578 上	張志超	11・732 上
	8・81 上		11・749 下
	10・365 上	張志敬	2・342 下
	12・136 上	張志欽	6・405 上
	12・171 上	張志湜	12・681 上
	12・480 上	張志寧	12・5 下
	13・341 下	張志濂	20・12 上
	13・566 上	張　芾	1・450 上
	16・648 上		5・734 上
	17・417 下	張花姑	8・126 上
張羽音	10・365 上	張　芳	1・440 下
張羽翀	13・132 下		6・391 上
張赤心	19・459 上	張克玉	1・610 下
張孝子	11・530 下	張克孝	13・642 下
張孝嵩	19・318 上	張克悌	13・393 下
	20・419 上	張克常	10・539 下
	20・434 下	張克棟	1・678 下
張孝慈	12・493 上		3・412 上
張孝模	1・690 下	張克聖	13・621 上
張孝鬲	13・35 下		15・114 下
	19・340 下	張克獲	12・613 下
張　志	5・342 上	張克讓	7・723 下
	6・493 下	張　甫	9・400 下
	12・156 下		10・672 上
	12・344 上	張　更	3・603 上
張志一	1・700 上	張步伊	10・532 上
	10・479 上		10・574 上
張志久	7・720 上	張昂博	10・316 上
張志仁	1・649 上	張　呆	3・346 上
	11・487 上		3・409 下
張志尹	13・384 上	張　岡	3・248 上
	17・299 上	張　秀	4・682 下
張志平	1・728 下		6・597 上
張志坦	6・621 下		6・667 下
	6・655 下	張秀民	9・136 下

	10・33 上	張希古	2・285 上
張秀姑	18・498 上	張希夏	8・3 上
張秀理	4・766 下	張希崇	13・40 下
張我弓	10・320 上		19・659 下
張我訓	2・668 下		20・264 上
張我翎	5・725 下		20・286 下
張我矜	5・518 下	張希敏	11・773 上
	5・615 下	張希載	10・118 上
張我智	3・335 下	張希聖	13・356 上
	3・398 上		16・636 上
張我賢	3・65 下	張希顔	13・507 下
張我德	3・66 上		16・685 上
張我翼	5・518 下	張孚鯨	10・364 下
	5・615 下	張含光	6・582 下
	5・725 下		6・637 下
張佐堂	3・142 上	張奂	7・21 下
張佑	1・481 上		7・182 下
	9・567 上		9・442 上
	10・311 上		10・510 上
張伸	3・75 下		13・329 上
	6・663 下		17・57 上
	10・34 上		17・548 上
張作功	13・347 下		17・639 下
	15・103 下		18・523 下
張作楫	13・536 上		19・320 上
張伯行	10・362 下		19・343 下
張伯威	18・485 下		19・443 上
張伯新	8・495 上	張彤	13・533 下
張伯端	12・30 上	張系轅	17・750 下
張伯鯨	7・30 下	張言	3・408 下
張伯鶚	12・629 下		13・648 上
張位	13・417 下		16・773 上
	15・696 下	張亨甫	11・698 下
	16・129 上		11・748 下
	16・167 下・	張彣	12・137 下
張位台	6・481 上		12・484 下
張希仁	11・486 下	張沛	9・70 下

	20・212 上	張初命	7・656 下
張沖翼	2・665 下	張祀	9・414 上
張沂	8・499 上	張君	18・46 上
張宋魁	10・380 上	張君美	6・588 上
張宋薪	3・338 上		6・669 下
	3・399 上	張君恩	14・605 上
張宏	6・559 上	張君實	2・720 上
張宏印	13・453 下		3・612 下
	19・372 下		3・775 上
	19・690 上	張君錫	3・602 下
	20・159 下		3・767 下
張宏祚	3・334 下	張岊	7・52 上
	3・397 上		7・148 下
張宏振	12・165 上		7・204 上
	12・587 下	張壯懷	3・140 上
張宏斌	13・97 下	張阿九	2・597 上
	14・478 上	張忍	8・663 下
	17・11 下	張玘	1・592 上
張宏猷	19・781 上		3・342 上
	20・28 上		3・406 下
張宏禔	10・365 下	張珏	13・544 下
張宏德	3・607 上	張武	7・680 上
張宏襟	3・334 上	張武威	6・312 下
	3・396 下		6・383 下
張宏鰲	11・531 上	張青雲	1・464 下
張良	11・218 上		11・44 上
	11・552 下	張青選	13・167 上
	12・214 下		17・283 上
	12・292 下	張表	10・260 下
	17・708 上		12 144 上
張良友	11・715 上		12・614 上
	11・759 上		12・627 上
張良金	13・635 上	張長發	7・529 上
張良宷	3・759 上	張長遜	2・566 下
	4・160 上		3・205 上
張良琰	5・108 上		7・22 下
張良弼	10・363 上		7・145 下

張　坦	10・665 下	張　英	6・558 下
	19・697 下		10・495 上
張坦議	13・219 上		14・572 上
張　坤	19・696 下	張英俊	10・700 上
張　峒	15・719 上	張　苞	17・758 上
張其光	18・142 上	張　直	19・719 上
	18・210 上	張直穀	1・698 上
張其琯	11・589 下	張　枚	6・94 上
張其翰	11・116 下		6・177 下
張其勳	13・689 下	張來鳳	1・599 上
張其蘊	2・660 上	張　松	10・602 上
	3・61 下		16・371 下
	13・478 下		19・454 下
	18・650 下	張松年	13・457 上
張其翺	1・369 下		19・698 上
	9・652 下	張松壽	3・35 下
張若良	7・429 下	張枬齡	13・508 上
	7・462 上		16・686 下
張若采	13・216 下	張　杰	1・404 上
	14・608 上		10・435 上
	18・617 上	張述元	1・643 上
張若虛	9・681 上		4・222 上
張若敏	11・22 下	張述先	13・411 下
張若琴	19・28 上	張述聖	1・742 上
張若璠	7・470 上	張述轅	13・384 下
張若顏	10・72 下		17・602 上
張若瀛	13・220 上		17・705 下
張若齡	13・159 上	張　東	1・542 上
	14・353 上		7・672 上
張　茂	14・404 下		7・676 上
	18・530 上		7・720 下
張茂材	3・73 上	張東生	12・144 下
張茂猷	6・583 下		12・629 上
	6・638 下	張東野	17・92 上
張茂德	1・607 上		17・115 下
	5・50 下		17・117 上
	5・111 上	張東陽	13・392 下

	^ 16・762 上	張昌琯	11・606 下
張　郁	7・699 下	張昌裕	13・187 上
張　奇	13・193 下		16・273 下
	16・477 下		16・297 下
	18・263 下	張　昇	8・206 下
	18・334 下		8・256 上
張奇才	14・604 下		9・134 上
張奇英	3・344 下		9・506 上
	3・409 上		10・495 下
張奇斌	13・478 上		13・180 上
	18・666 上		15・567 下
張招姐	14・708 下	張　昕	2・270 上
張叔夜	13・86 上		5・266 下
	14・468 上	張明文	10・69 下
	14・755 下	張明允	8・336 下
	15・66 上	張明志	10・163 上
	20・351 上	張明政	4・770 上
張肯榖	13・183 上	張明亮	19・203 上
	15・277 下	張明海	13・646 下
	15・583 下	張明採	13・416 下
張　卓	12・685 上		15・229 上
張卓犖	16・684 下		15・693 上
張卓漢	20・335 上		16・126 上
張　虎	1・456 上		16・163 下
	1・690 下	張明遠	10・369 上
	3・499 上		13・538 下
張　旰	13・618 上		16・771 上
	14・350 上	張明德	19・208 下
	14・521 上	張明興	11・598 上
	16・630 下	張　昉	19・698 上
	16・641 上	張迪闇	9・684 下
張　果	4・636 下	張　典	13・483 上
	13・375 下		17・120 下
	14・413 下	張　忠	9・414 下
	19・501 上		10・601 上
張果老	18・28 上		13・87 下
張昌琇	11・604 上		14・470 下

	15・67 上		15・257 下
	16・85 下		15・564 上
	18・593 上	張岳年	1・373 上
張忠元	10・114 上	張 侃	19・539 下
張忠道	3・136 下	張 佩	19・764 下
張知退	12・144 上	張佩玉	18・134 上
	12・627 上	張佩蘭	3・74 下
張知謇	3・748 下		13・385 下
	4・156 上		17・122 下
	4・317 上	張 侔	2・311 下
	4・362 上	張所蘊	18・599 上
	4・412 下	張金才	5・115 上
張 和	13・363 上	張金佩	7・70 上
	16・25 下		7・251 下
	20・457 上	張金盛	3・414 上
	20・479 上	張金梁	10・319 下
張季珣	2・560 上	張金湧	10・418 上
張秉仁	13・288 下	張金榜	13・246 下
	20・303 上		13・630 下
	20・333 上		17・77 下
張秉直	1・495 下		18・139 下
	8・658 下	張金綏	6・657 上
	8・742 上	張金聲	10・532 上
	8・742 下	張金爐	6・657 上
	9・556 下	張 采	10・314 下
張秉鈞	11・36 上		11・519 上
張秉誠	3・607 上	張念祖	8・504 下
張秉義	19・113 上	張 京	3・722 下
張秉魯	11・43 下		4・442 上
張秉樸	13・396 上	張京學	13・550 下
	14・705 下		15・689 上
張秉耀	11・609 下	張 郊	6・84 下
張 佶	5・268 下		6・168 下
	7・25 下	張 庚	3・604 上
	7・747 下		12・614 上
	8・74 下	張庚太	10・167 下
	13・179 下	張育才	13・533 上

張育生	16・66 下		8・487 上
張育剛	13・658 下		11・6 上
	15・683 下		12・334 上
張育棟	10・480 上	張建斗	5・181 上
張怡繩	2・391 上	張建忠	11・429 上
	6・170 下	張建邲	16・698 上
張法照	12・308 下	張建魁	18・734 上
張法樂	3・534 上	張建瑤	16・697 上
張　泗	7・83 上	張　居	7・24 下
	7・163 上		7・150 上
張　治	5・114 下	張居敬	13・112 下
	6・134 下		16・476 下
張治道	2・694 下	張居溫	10・380 上
張　宗	3・264 上	張居聲	3・607 下
張宗孟	3・322 下	張承錄	15・231 下
	3・372 上	張承冊	18・730 下
	10・392 下	張承志	18・734 上
	10・467 下	張承典	12・284 下
	13・470 下	張承胤	7・575 下
張宗暎	13・442 上	張承祖	1・644 上
	17・431 下		12・196 上
張宗祿	5・117 上	張承烈	6・655 下
張宗誨	5・268 下	張承哲	8・600 下
	7・745 下		9・647 下
張宗關	1・600 下	張承晏	18・723 上
	3・492 上	張承廕	7・73 下
張宗讓	16・771 上	張承煜	6・621 上
張定和	2・560 上		6・656 上
	20・453 下	張承熊	11・647 下
張定乾	1・590 下	張承諫	1・154 上
張　官	5・504 下		6・149 下
	5・605 上	張承諫妻吳氏	2・389 下
	5・710 下	張承爕	1・535 下
張官德	1・576 上		11・646 下
	12・398 上	張孟容	9・405 下
張　建	8・375 下		10・600 下
	8・403 上	張　春	9・547 下

	10・31 下		13・429 上
張春和	18・158 上		15・271 上
張 珏	18・476 下		15・575 下
張 珅	13・453 下		18・68 上
	20・160 下		18・299 下
張 珍	10・27 下		18・361 上
	18・539 下	張威德	2・297 上
張珍英	8・125 下	張頁兒	10・529 上
張珍兒	19・537 下	張 厚	5・17 上
張珆美	13・470 上	張 奎	6・139 下
張 封	6・617 上		7・540 下
	6・656 上		13・313 上
張 垣	12・628 下		19・690 下
張荆州兒	10・420 下		20・160 上
	10・476 上	張奎祥	1・344 上
張荆蘭	20・334 下		9・423 上
張茹莪	8・127 上	張 拱	11・49 下
張南鵬	15・719 下	張拱北	10・642 下
張 相	6・592 下	張拱立	19・166 上
	6・656 下	張拱極	12・146 下
	10・70 上		12・218 上
張 柟	1・478 下	張拱楨	7・83 上
	9・667 下		7・163 下
	10・260 下	張拱微	7・83 上
張 柳	11・426 下	張拱端	4・228 上
張 軌	12・84 下	張拱薇	7・163 上
	13・191 上	張 括	7・125 上
	14・403 下	張指南	13・643 上
	15・559 下	張省括	9・30 上
	17・71 下	張省度	17・735 上
	18・259 上	張映月	7・524 上
	18・331 上	張映斗	6・391 下
	18・529 下	張映奎	10・365 上
	19・482 下		13・463 上
張柬之	8・580 上		20・718 上
張 威	12・135 上	張映槐	19・760 上
	12・494 上		20・232 上

張映魁	10・380 上	張思道	2・260 下
	13・688 上	張思誠	14・706 上
	14・615 上	張思銘	16・46 下
張　星	13・94 下	張思賢	11・34 下
	14・476 上	張思毅	5・47 上
	14・585 上		13・415 下
張星煥	10・110 上		15・676 上
張星瑞	10・161 上	張思靜	9・117 下
張星煜	13・431 下		9・522 下
	15・711 下		10・24 上
	18・73 上		10・157 下
	18・365 下	張思憲	13・461 上
	18・482 上		20・703 上
張星煒	1・509 下	張思聰	13・155 上
	9・716 下	張　矩	8・562 下
	10・540 上	張　科	1・764 下
張星聯	5・193 下		7・83 下
張星燦	12・429 下		7・165 上
張星耀	10・114 下		11・656 下
張　昫	5・269 下		17・606 上
張昭遠	7・747 下		17・706 上
張毗羅	2・284 上	張重華	18・531 上
張思均	7・747 下		19・427 下
張思孝	5・109 下	張重儒	8・494 下
	9・514 下	張重齡	2・663 上
	10・623 上		5・719 上
	13・416 上	張保泰	11・39 下
	16・29 上	張保鳳	13・500 下
張思勉	6・136 下		15・111 上
張思恭	9・730 下	張　信	6・627 上
	13・659 下		10・323 上
張思梅	5・617 上		10・382 上
	5・728 上	張信臣	12・663 上
張思敬	3・607 上	張皇后	3・219 下
	13・699 下	張　泉	11・306 上
	15・711 下	張　禹	2・687 上
	18・482 下		8・106 下

張　侯	13・633 下	張　恒	3・497 下	
	20・333 上		10・430 上	
張　俊	6・482 下		10・480 上	
	7・754 上		11・332 下	
	12・566 下	張恒德	13・632 上	
	13・375 下	張恢緒	11・532 下	
	13・647 上	張恢綱	9・141 上	
	14・386 上		9・667 上	
	15・314 上		10・259 上	
	15・644 下	張　恂	2・695 下	
	16・773 下		5・611 下	
	19・500 下		5・718 下	
	19・556 下	張恂襟	8・646 上	
	19・694 上	張　恪	3・248 下	
	19・783 下		3・275 下	
	20・450 下		4・362 下	
張俊升	10・317 下		4・413 上	
張俊哲	13・469 下		17・751 上	
張　衍	13・187 上	張恪妻梁氏	6・132 上	
	16・273 下	張　美	9・75 下	
	16・297 下		9・397 下	
張　衍	2・709 下		10・11 下	
	3・82 下		10・497 上	
張衍福	13・157 下		13・122 上	
張後覺	10・497 下		15・580 下	
張　勉	19・724 上		18・414 下	
張亮則	12・134 下	張　炳	11・39 下	
	12・476 下		12・164 下	
張庭桂	13・360 上		12・586 上	
	16・703 上		13・349 下	
張　庠	12・157 上		15・107 上	
	12・378 上	張炳文	10・312 下	
張　奕	15・272 上	張炳如	9・773 上	
張　奇	18・184 上	張炳坤	11・45 下	
張彥成	9・74 下	張炳英	17・708 下	
	9・765 下	張炳奎	20・715 下	
張彥璘	3・726 下	張炳榮	13・548 下	

	15・690 下		13・31 下
張炳濬	5・516 上		14・603 下
	5・610 上		16・600 上
	5・717 下		18・526 上
張炳璿	2・648 上	張　飛	12・317 下
張炳鯤	9・422 上		12・318 下
張炳麟	17・738 上	張　勇	3・61 上
張　炯	1・678 上		11・341 下
	3・342 上		12・152 下
	3・406 上		12・176 上
張洪具	8・83 上		12・257 下
張洪洲	12・397 下		12・275 下
張洪範	8・656 下		13・67 下
張洪德	12・425 上		19・157 上
張洪毅	8・664 上		19・167 上
張洪憲	10・317 上		19・303 下
張　洗	3・131 上	張　柔	10・216 下
張　洵	8・595 上	張　紆	13・83 上
張　洲	1・518 下	張　紀	8・588 下
	1・583 上		8・640 下
	3・73 下	張耕璽	10・696 下
張宣威	20・707 下	張　泰	13・54 上
張祖敬	15・331 上		13・55 上
	16・127 上		13・448 下
張祖緒	17・735 下		19・663 上
張祖顯	11・612 上		19・685 上
張　祝	9・777 上		20・127 上
張　祚	6・376 下		20・150 上
	14・404 下	張　珥	9・659 上
	18・531 下		10・107 下
張　昶	2・629 下	張　珠	3・69 下
	6・87 下	張珠樹	6・710 上
	6・173 下	張　珽	5・613 下
張　郡	13・555 下		5・722 下
張　既	2・539 下	張　珩	7・30 上
	3・175 下		13・58 下
	3・249 下		13・185 上

	13・505 上	張華屋	10・420 上
	13・536 上	張　恭	13・330 上
	14・357 上		15・616 上
	16・677 上		19・321 上
	17・442 上		19・345 下
	18・350 上	張　莪	1・466 下
	19・451 下		5・50 上
張珩琳	12・294 下		5・111 上
張珮玉	18・345 上	張　真	2・223 上
張　珣	9・123 下	張　桂	3・69 下
	10・247 下	張桂芳	8・621 下
	10・273 上	張　桐	12・428 下
張　琉	5・194 下	張　根	18・155 上
張素知	3・604 下	張　連	13・202 上
張起元	10・35 下	張連元	7・77 下
張起和	1・521 上	張連生	13・682 下
	3・743 下	張連桂	6・182 上
	4・160 下	張連捷	7・77 下
張起家	10・168 下	張連清	8・666 上
張起鄂	5・513 上	張連登	1・437 上
	5・608 下		4・679 下
	5・716 上		4・760 下
張起鳳	1・690 下	張連瑞	6・182 上
	3・499 下	張連薦	1・622 上
	13・677 上		8・656 上
	19・764 上	張　原	2・628 下
	20・224 上		6・62 下
張起鴻	13・456 上		6・146 上
張起鵬	13・455 上	張　烈	14・664 上
	19・692 上	張　振	8・498 下
	20・164 下	張振一	13・510 下
張起鵾	19・27 下		16・690 下
張起麟	10・422 上	張振邦	19・472 上
	10・477 上	張振先	12・64 下
張　貢	13・31 上	張振宗	1・587 下
張　堈	6・403 下	張振剛	6・150 下
張　都	3・279 上	張振祥	5・117 上

張振清	1・703 上		17・73 上
	9・678 下		18・153 上
張振翮	11・40 上		18・364 上
張振聲	3・605 下	張 梟	6・594 下
張振濯	13・348 下		6・656 上
	15・105 下	張 健	5・471 下
張 哲	12・20 上	張健翮	17・752 下
張致雍	1・437 上	張師孔	17・140 上
	4・759 下	張師斌	13・354 上
張 晉	13・355 上		14・588 下
	14・526 上	張師儒	2・331 下
	16・635 上	張 殷	3・251 下
張虔雄	13・178 下	張 豹	3・62 下
張 時	8・619 上	張 翁	13・648 下
張時杰	6・401 下	張逢午	10・111 上
張時勳	5・18 下	張逢春	1・617 上
張時勤	5・48 上		9・676 下
	5・104 下		20・723 上
張時寵	10・377 下	張逢箕	13・357 上
張恩榮	1・431 下		16・638 上
張 峭	11・635 上	張訒菴	19・193 上
張 峰	17・611 上	張席珍	11・531 上
	17・708 下		12・682 下
張 峯	14・571 下	張效房	9・703 上
	14・588 上	張效義	8・676 下
張峻蹟	12・65 下	張 悦	13・582 下
張 剛	7・65 下		19・517 下
	7・163 上		20・679 下
	19・456 上	張 悛	18・534 下
張 造	8・9 上	張 益	7・702 上
	10・491 下		10・316 上
張 倬	13・483 上	張 浦	7・355 上
	19・19 上	張 海	6・598 上
張 倫	7・665 下		6・655 上
	13・283 下		7・222 上
	13・430 上		19・43 下
	13・613 上	張海宇	7・92 下

張海涵	13・609 下	張　通	6・497 上
張海澂	17・740 下	張務訥	6・480 下
張海鵬	15・719 下	張　紘	18・481 上
張浴德	13・419 上	張　純	9・90 上
張　浚	12・81 下	張純甫	13・635 下
	12・201 上	張純融	17・21 上
	12・613 下	張　紝	2・621 下
	13・45 下		11・1 上
	13・96 上	張理治	16・702 下
	14・468 上	張　墣	6・620 下
	15・268 下		6・657 上
	16・606 下		12・629 上
	19・431 上	張培之	5・212 上
張宸綏	8・271 下	張培初	5・107 下
張宸樞	17・734 下	張培棟	18・148 下
張家川	13・556 下	張培雲	1・701 下
張家珍	7・94 上	張培棠	13・669 上
張家槐	19・675 上		18・157 下
張家澍	20・335 下	張培蘭	13・431 上
張　朗	13・223 下		18・143 下
	19・315 下		18・154 上
	19・338 上		18・366 下
	20・431 上	張　執	11・16 下
張　被	3・340 上	張執中	4・588 上
	3・405 上	張基命	13・195 上
張　祥	13・572 上	張　著	13・188 下
張祥之	1・632 上		18・465 上
張祥會	19・462 上	張　萊	13・317 上
張祥齡	7・526 下		20・636 下
張書田	13・633 上	張　萃	12・424 下
張書香	10・315 下	張　梓	7・676 上
	10・316 下		7・680 下
張書紳	6・657 上	張　梯	6・595 上
	17・296 下		6・655 下
張　恕	3・751 上	張　堅	7・65 下
	13・666 下		7・163 上
	15・713 上	張雪仙	8・536 上

張　据	1·683 上		2·649 下
	5·736 下		3·213 下
張　勗	13·695 上	張國賓	13·357 上
	16·638 下		16·637 下
張問仁	13·317 上	張國綱	13·392 下
	13·628 上	張國樑	20·156 下
	14·520 上	張國銳	7·750 上
	14·688 下	張國璧	3·334 下
	20·637 下		3·397 上
	20·703 上	張崧年	1·644 上
張問心	1·598 上		12·138 上
	6·181 下		12·484 下
張問行	10·389 下	張　崐	6·402 上
	10·466 下	張　崇	14·393 下
	16·366 下	張崇法	11·37 下
張問達	5·512 上	張崇健	8·490 上
	5·608 下	張崇善	10·515 上
	5·715 下		10·533 下
張　略	15·92 上	張崇福	3·537 上
張國正	11·119 上	張崇德	4·759 下
張國知	11·34 下	張崇學	10·269 上
張國治	3·756 下	張　動	11·489 上
張國威	10·79 下	張　敏	2·617 下
張國彥	7·48 下		7·722 上
	7·512 上		11·15 上
張國祐	13·252 上		13·89 上
	19·668 下		14·758 上
	20·136 上		15·68 上
張國祥	2·641 上	張敏行	13·393 下
	3·209 上	張　偉	6·312 下
張國常	13·353 下		7·292 下
張國梁	13·451 上		7·348 上
	19·688 下		9·64 下
張國瑜	3·334 下		9·756 上
	3·397 上	張偉績	5·182 上
張國楨	20·335 上	張售珪	8·273 下
張國禎	1·637 下	張進友	1·615 下

張進昌	8 · 265 下	張　猛	12 · 146 上
	13 · 526 下		12 · 215 下
	17 · 296 上		12 · 273 上
	19 · 520 下		18 · 524 上
張進南	19 · 19 上	張　訥	2 · 618 下
張進祿	7 · 388 下		3 · 136 上
張進榮	13 · 507 下		3 · 261 上
	16 · 685 上	張　許	10 · 422 下
張進賢	8 · 452 下	張鹿齡	13 · 394 上
張進德	17 · 24 上	張望陵	1 · 648 上
張得才	20 · 152 上		12 · 164 下
張得五	16 · 68 上		12 · 591 下
張得仕	13 · 500 下	張惟任	9 · 726 下
	15 · 111 下	張惟修	6 · 312 下
張得先	11 · 113 上		6 · 387 下
張得位	17 · 122 下	張惟炳	3 · 344 下
張得雲	10 · 73 下		3 · 409 上
張得勝	13 · 377 上	張惟康	10 · 363 上
	19 · 504 下	張惟新	10 · 391 下
張得祿	1 · 691 上		10 · 467 上
張得福	11 · 30 上	張　惇	10 · 272 下
張從元	14 · 513 下	張　炯	2 · 670 上
張從仁	13 · 687 下	張煥奎	13 · 426 下
	18 · 719 上		13 · 462 下
張從誠	18 · 732 上		20 · 717 下
張從德	1 · 734 下	張　清	12 · 19 下
張從龍	13 · 667 上		13 · 435 下
張從禮	1 · 593 上		14 · 419 下
	5 · 618 下		17 · 427 下
	5 · 731 下	張清化	9 · 663 下
張　敘	1 · 493 下		10 · 119 下
	9 · 686 下	張清和	1 · 397 下
	13 · 221 下	張清春	20 · 689 上
張　彩	12 · 19 下	張清棟	1 · 626 上
張象魏	6 · 136 下		10 · 690 上
張逸少	13 · 184 上	張添福	13 · 127 下
	15 · 586 上	張添聞	4 · 683 上

	4・767 上	張　紳	3・724 上
張淩雲	20・335 上		7・58 下
張淩漢	13・499 上	張　紹	12・317 下
	15・109 上		16・735 下
張淩霄	17・22 上	張紹元	1・580 上
張　渠	10・380 上	張紹先	5・470 下
張　淑	13・350 下		7・722 上
	15・112 上		12・428 上
張淑景	1・738 上	張紹芳	2・638 上
	12・496 上		3・333 上
張　淮	12・20 下		3・396 上
	12・156 下	張紹訓	14・614 上
	12・378 上	張紹敬	17・600 上
張淮清	13・504 下		17・751 上
張　淳	1・699 下	張紹戬	9・26 上
	18・534 上	張紹漢	11・608 下
	18・562 下	張紹齡	17・738 下
張　寅	18・360 上	張　琴	11・698 下
張寅斗	19・401 上		11・748 下
張寅恭	4・495 下	張　瑛	3・346 下
張　寀	8・401 上		3・410 上
	8・480 下		12・317 下
張　啓	7・675 上	張　琳	10・71 下
	10・504 上	張　琦	3・245 上
張啓心	13・649 上		3・724 下
	16・772 上		5・613 下
張啓英	12・33 上		5・722 上
張啓宗	11・609 下		13・461 下
張啓珍	1・536 上		20・230 下
	11・601 下	張　琡	13・383 上
張啓蒙	12・11 下		17・597 上
張啓緒	13・456 下		17・691 上
	20・44 下	張琨妻馬氏	7・725 下
張　隆	13・248 下	張　琠	18・534 上
	17・414 上	張　琮	10・379 下
張習書	8・663 下		13・678 上
張貫中	3・248 下		18・573 上

	19・701 上		19・512 上
	20・220 上		20・369 上
張　琔	19・702 上		20・651 上
	20・224 下	張斯翺	10・365 上
張　琯	13・632 下	張萬吉	10・319 下
張　琬	7・723 上		10・320 下
張　琛	1・468 下	張萬年	10・380 上
	7・672 上	張萬卷	12・491 上
	7・672 下	張萬美	13・258 上
	7・675 上	張萬紀	13・272 下
	11・692 上		14・498 上
	11・750 上		16・619 下
張堯行	7・675 上	張萬誠	19・702 上
張堯輔	7・672 下	張萬義	17・125 上
張　堪	12・144 上	張萬福	20・382 下
	12・628 下	張萬德	17・749 上
張　超	1・541 上	張萬選	13・502 下
	7・310 下		15・113 下
	11・28 下	張萬鎰	10・685 上
	19・492 下	張　萼	10・531 上
張博淵	16・702 下	張葆齡	13・505 下
張　喜	10・437 上		16・678 上
	11・417 上	張敬修	3・605 下
	12・144 上	張敬清	1・726 上
	12・627 下		5・387 下
張喜貴	11・435 上	張朝仁	5・116 下
張喜猷	10・377 下	張朝卿	11・306 上
張彭壽	10・163 上	張朝銑	5・469 下
張彭齡	13・423 下	張朝楨	13・346 上
	16・329 下		15・98 上
張　達	3・736 上	張朝麟	11・773 下
	8・564 下	張　根	18・372 下
	9・520 上	張　棟	13・90 上
	13・436 下		13・473 下
	13・681 下		14・648 上
	17・410 下		14・759 下
	18・588 下	張　軫	3・72 上

張　惠	3・769 下	張揚採	11・276 上
	4・171 上	張雅化	16・686 下
	13・411 下	張　敞	2・519 上
	15・321 下		6・345 上
	15・656 上		6・407 下
	16・124 下	張　鼎	2・624 下
	16・161 下		3・243 下
	16・299 下		13・344 下
	17・752 上		15・93 上
張惠隆	19・224 上	張鼎祥	11・688 下
張　厥	2・671 下	張鼎銓	8・268 上
張厥修	17・751 上	張閏河	1・654 上
張　雄	9・115 上		11・607 下
	10・22 下	張閏梁	1・536 下
	10・377 下		11・607 上
張　雲	17・606 上	張開泰	8・503 上
	17・706 下	張開基	7・680 下
	20・15 上	張遇留	3・603 下
	20・30 上		3・737 下
張雲山	2・420 下	張遇清	10・684 上
張雲錦	5・387 上	張　景	2・250 下
	17・123 上	張景元	11・542 上
張雲雕	9・678 下		13・397 上
張雲龍	5・375 上		16・762 下
張雲翼	1・432 下	張景良	3・607 下
	3・330 下	張景春	10・530 上
	3・394 下	張景城	12・146 下
	9・80 上	張景星	1・637 下
	9・402 下	張景彥	18・617 上
	9・770 下	張景泰	13・350 上
張雲鵬	3・290 下		15・111 上
	18・480 下	張景軒	13・420 上
張雲鷃	7・76 下	張景皋	14・426 下
	8・601 上		19・759 上
張雲鷺	5・506 上	張景純	10・380 上
	5・605 下	張景雲	17・124 上
	5・711 下	張景順	16・609 下

張景發	5・118 下		19・166 上
張景誠	12・217 下		19・667 下
張景福	1・383 上		20・135 上
	3・375 上	張集善	1・630 上
	9・654 上		8・504 下
	11・416 下	張傚銘	1・565 下
張景澍	1・491 上		6・375 下
	9・34 上	張　復	13・422 下
	9・557 下		16・326 下
張景耀	2・649 下	張復才	6・665 下
	3・498 下	張復元	19・724 上
張　勛	13・297 下		19・758 上
	14・701 下	張須摩	2・227 下
	16・541 上	張　舒	9・76 上
張喻信	13・509 上		9・767 上
	16・689 上	張舒纓	1・587 上
張　凱	17・691 上		4・702 下
張　智	17・611 下		4・772 下
	17・709 上	張　欽	1・636 下
張　程	7・652 上		6・497 上
張　策	2・706 下		7・34 上
	10・364 下		7・415 上
張順民	5・313 上		7・574 下
張順治	18・336 上		20・210 下
張　傑	3・245 上	張欽修	17・732 上
	3・331 下	張　鈞	12・386 上
	3・395 上	張鈕生	10・165 上
	3・766 上	張爲章	13・456 下
	4・167 上		19・692 下
	4・197 上	張舜民	5・248 上
	13・138 下		5・280 上
	13・326 下		9・77 上
	13・509 上		9・768 上
	13・530 下		13・128 上
	14・605 下		13・169 上
	16・690 上		15・266 上
	19・106 上		17・375 下

張舜典	3・766 上	張善誘	6・597 上
	4・167 下		6・665 上
張舜舉	8・363 上	張　翔	12・55 上
	8・452 上	張翔如	1・618 上
	9・421 上		10・272 上
張飭望	10・316 上	張奠川	20・715 下
張評事	2・615 下	張奠極	10・366 上
張　詠	7・150 上	張　道	13・384 上
張　詔	13・428 下		17・597 上
	18・67 下		17・691 上
	18・299 下	張道濟	8・770 下
	18・359 下	張　焜	5・211 上
張詔衡	12・333 下	張　焞	6・312 下
張　敦	8・359 上		6・388 上
	8・450 下	張　湛	2・528 下
	9・396 下		3・777 下
	10・423 上		4・464 上
張　斌	7・83 上		4・758 上
	7・90 下		6・299 下
	7・163 上		6・379 上
	7・173 上		9・645 上
	16・481 上		13・328 上
	18・62 下		18・539 下
	18・348 上		19・305 下
張　惺	17・611 上		19・323 下
	17・708 下		19・348 下
張　愉	10・263 下	張　湘	10・478 下
	10・367 上	張　湜	10・380 上
	10・379 下		10・382 下
張　惜	10・267 下	張　湯	2・514 上
	10・365 下		6・376 上
	10・367 上	張　溫	13・87 上
張　善	8・747 下		14・470 上
張善治	2・630 上		14・756 下
	6・74 下		15・66 下
	6・157 上	張溫如	18・108 上
張善卿	17・135 下	張　淵	6・81 下

	6・165 下	張發祖	10・262 上
	6・400 上	張　幾	2・633 上
張滁根	11・765 下		3・481 上
張富文	1・643 下		13・383 下
張　寔	14・404 上		17・598 下
	18・530 上		17・691 上
	19・483 上	張　瑋	5・647 下
張寓江	10・683 下		5・751 下
張運顯	13・678 下	張　瑞	1・763 下
	19・701 上		5・619 下
張　棨	6・593 下		5・753 下
	6・655 下		12・144 上
張　補	3・340 下		12・627 下
	3・405 上	張瑞明	12・66 下
張　裕	12・489 下	張瑞珍	13・78 下
	16・26 上		13・131 上
張　祺	1・435 下		19・672 上
張　祿	8・276 上	張瑞逢	5・114 上
	16・331 上	張瑞新	12・488 上
張祿堂	10・161 上	張瑞徵	20・291 上
張登山	2・283 上	張瑞璣	6・375 下
張登甲	1・599 上	張　瑜	16・479 下
	6・182 下	張　瑗	3・755 上
張登岱	13・396 下		4・319 上
張登奎	6・181 下		4・413 下
張登俊	5・315 下		17・750 下
	5・341 上	張　瑍	18・527 上
張登連	10・480 上	張　瑄	12・424 下
張登階	16・30 上		15・229 上
	16・66 上	張　載	2・681 上
張登榜	13・511 下		3・53 上
張登嶽	17・749 下		3・732 上
張登瀛	13・415 下		4・97 上
	16・26 下		4・581 上
張　發	7・76 下		4・581 下
張發中	19・207 下	張　彀	9・79 下
張發辰	3・181 上		9・401 下

	10・13 上	張　愚	1・697 上
張聖化	13・546 上		10・316 上
	15・324 上		10・316 下
	18・487 下	張　煦	1・322 下
張夢乾	2・719 上		13・313 下
	5・527 下		19・694 上
	5・653 上	張　暈	2・288 上
	5・760 上	張暈妻姚氏	2・288 上
張夢寅	11・440 上	張　暉	9・399 上
張夢蛟	17・296 下		10・595 上
張夢輔	8・618 下		12・111 下
張夢熊	13・417 下	張暉暘	13・214 上
	16・167 下	張照南	13・350 下
張夢齡	1・486 下		15・119 上
	9・674 上	張照晟	17・282 下
	10・312 上	張　署	6・555 下
張　蒲	3・180 下	張　嵩	16・629 上
張椿林妻張氏	17・35 上		20・435 上
張椿齡	13・509 下	張　筮	3・345 下
	16・680 上		3・409 下
張　楠	1・592 下	張　節	6・665 上
	3・333 上		10・497 上
	3・396 上	張傳香	17・610 下
	5・619 下		17・708 上
	5・729 上	張　魁	14・350 下
張楚林	1・550 下		16・641 下
張　楷	4・729 上	張魁爵	1・617 下
	7・720 下		10・266 下
	10・509 下		10・367 上
	10・663 上	張　鈺	12・159 上
	13・456 下	張鈺文	13・461 下
	20・44 下	張　鉞	6・395 上
張　楨	6・483 上	張　鉉	9・79 上
張榆元	18・157 下		9・401 上
張摺笏	13・444 上		10・13 上
張　業	10・380 上	張　鉊	16・370 下
張睢麟	1・467 下	張愈強	8・660 下

張詩伯	13・231 上		3・411 上
張　詵	13・118 上	張源澄	10・209 上
張　詢	7・70 下		10・251 上
	7・492 下	張　溶	1・637 下
張　廒	3・491 下		6・708 上
張新德	5・737 上		11・574 下
張　愫	1・466 上		11・591 上
	11・12 上	張　溴	7・83 上
張慎行	13・557 上		7・163 上
	15・705 下	張　福	1・642 下
	16・325 上		3・770 上
張慎言	14・361 下		17・24 上
	19・133 下	張福存	13・526 下
張慎修	13・633 下	張福來	10・320 上
	20・330 下	張福盛	1・606 下
張　愷	7・70 上	張福寅	4・771 下
張　義	4・684 上	張福慶	1・703 上
	4・767 下	張福緣	13・684 上
	13・561 上	張福臻	10・165 上
	15・717 下	張　禎	20・61 上
	18・531 上	張　肅	13・518 下
張義元	11・423 下		17・71 上
張義潮	13・224 上		17・295 下
	19・319 上		19・510 下
	19・342 上	張殿元	1・654 上
張　煒	17・78 下		3・67 上
	17・108 上		4・424 上
	20・337 下		7・260 上
張　煌	6・622 上		10・320 上
	6・655 下		10・380 上
張　煇	10・497 上		11・603 下
張　資	18・563 上	張殿杰	5・737 上
張　溥	10・380 上	張殿麟	10・317 上
	13・695 下	張際昌	1・631 下
	14・688 下		8・513 上
	15・719 上	張際泰	16・682 下
張源澈	1・445 上	張際隆	16・32 上

張　遜	9・80 上		5・604 上
	10・426 下		5・710 上
張　經	1・638 上		6・372 下
	1・725 下		7・69 下
	3・754 上		7・246 下
	4・226 下		9・80 上
	13・317 上		9・770 下
	13・394 下		10・275 下
	17・423 上		13・357 上
	18・46 下		16・637 上
	20・636 下	張壽鴻	18・176 下
張經世	8・70 上	張　壽	7・672 上
張經綸	13・624 上		9・517 上
	16・631 上		10・495 下
張　綉	20・716 上		10・637 上
張　璉	2・626 下	張壽熹	17・12 上
	5・17 下	張聚秀	20・331 下
	5・47 下	張慕載	16・221 上
	12・269 下	張蔚文	10・702 下
	17・386 上	張蔚林	19・191 上
張碧山	2・710 上	張　構	5・275 上
	5・759 上	張　榜	12・629 下
張髦士	13・165 上	張　輔	3・130 上
張嘉孚	13・297 上		9・64 上
	16・361 下	張輔辰	16・218 下
	16・368 上	張輔宸	10・541 下
	16・544 上	張輔堯	6・88 下
張嘉貞	5・265 下		6・175 下
	13・37 下	張碩弼	13・426 下
	15・252 下		15・719 上
	15・561 上	張爾介	13・172 上
張嘉謨	10・316 上	張爾公	10・272 下
	13・449 上	張爾苞	10・379 上
	19・685 下	張爾奇	20・640 下
	20・150 上	張爾周	13・481 上
張　翥	1・618 下		18・721 上
	5・503 下	張爾祉	10・387 上

張爾信	10・382 下	張鳴九	17・608 上
張爾振	10・380 下		17・692 下
張爾喜	14・615 上	張鳴岐	18・428 上
張爾惠	14・614 上	張鳴陽	7・75 上
張爾温	10・380 上	張鳴鳳	7・679 下
張爾照	5・732 上		9・688 下
張爾慎	10・380 上	張鳴謙	13・561 下
張爾猷	10・397 下		15・719 下
	10・406 上	張鳴鶴	13・431 上
	10・466 上		17・19 上
	10・474 下		18・157 下
	13・430 上	張鳴鸞	4・587 下
	18・146 下	張毓秀	1・466 下
	18・298 上		3・403 上
	18・364 下		5・107 上
張爾蔚	13・593 下		5・182 下
張爾戩	13・470 下	張毓貞	17・302 上
張爾榮	13・518 上	張毓瑞	18・722 下
張爾德	1・553 下	張毓蓮	13・508 上
	7・70 上		16・686 上
	7・251 下	張毓德	14・571 下
	13・482 下	張毓翰	9・713 下
張爾毅	10・379 下	張毓璸	10・263 上
張爾燕	7・275 上	張毓麟	6・396 上
	7・330 上	張　儆	6・70 上
張爾澤	10・380 上		6・154 上
張　霆	13・568 下	張僧延	3・402 上
張　戩	3・765 下	張僧妙	2・216 上
	4・100 下	張　銑	5・473 上
	4・581 下		5・700 下
	4・583 下		17・748 下
	8・359 下	張　銓	13・64 下
	8・450 下		17・21 下
	9・399 下	張　銘	10・701 下
張　對	2・233 上		13・484 上
張　聞	7・650 下		13・484 下
張　聞	7・762 上		14・426 下

	19・120 下		18・508 下
	19・260 下		18・513 下
張銘新	1・584 上	張鳳鳴	13・528 上
	13・376 上	張鳳儀	10・113 上
	13・483 下	張鳳翮	12・146 下
	19・501 下		12・217 上
張銘德	13・615 下	張鳳翼	3・72 上
	16・629 下	張鳳翱	5・650 上
張銘彝	10・318 下	張鳳麟	13・524 上
張　鳳	7・83 上	張　誥	10・426 下
	7・163 上	張　説	7・23 下
	8・563 下		7・146 上
	10・190 上		8・709 上
	10・240 下		13・37 下
	13・226 下		19・658 上
	13・410 上		20・118 上
	14・652 下		20・262 下
	15・320 下		20・285 上
	15・655 上		20・362 上
	18・479 上	張廣泗	20・447 上
張鳳池	13・165 下	張廣銓	12・408 上
	17・90 下	張　韶	6・485 下
張鳳羽	7・638 上	張韶清	10・377 下
張鳳岐	5・81 下	張　齊	9・448 下
	13・643 下		10・79 上
張鳳紀	19・697 下	張齊賢	13・41 下
張鳳珅	7・722 下	張　熉	6・710 上
張鳳翀	7・720 下	張　榮	12・159 下
張鳳翎	3・282 上	張榮升	1・394 下
	17・431 上		8・454 上
張鳳習	3・277 下		12・447 下
張鳳琯	13・398 上	張榮先	5・106 上
	16・766 上	張榮宗	1・763 上
張鳳達	13・537 上	張榮祖	14・360 上
張鳳翔	11・534 上	張榮閣	8・312 上
張鳳魁	10・685 下	張　漢	13・551 下
張鳳翯	13・189 下		15・699 下

	16・129 上		7・293 上
	16・174 上		7・348 上
	17・611 上		8・584 上
	17・708 下		8・594 下
張漢升	1・737 上		10・494 下
	12・138 上		10・508 下
張漢芳	13・157 上		13・201 上
	17・168 上		17・388 上
張漢英	5・649 上	張綱漢	17・752 上
	5・754 上	張　維	8・666 上
	17・301 下		10・380 上
張漢俊	1・627 上		17・22 上
	10・697 上	張維世	10・392 上
	13・618 上		10・467 上
	14・517 下	張維任	1・630 上
	16・631 上		8・503 下
張漢卿	11・541 下		10・397 上
張漢寮	5・50 上		10・473 上
	5・116 上	張維典	13・349 下
張滿元	10・537 上		15・107 上
張漸隆	17・140 下	張維岳	2・296 上
張　演	6・656 下	張維烈	20・334 上
張濚根	11・706 下		20・335 下
張　寬	15・670 下	張維域	13・505 下
	17・751 下		16・681 上
張　實	10・494 下	張維炯	12・294 上
張肇訓	11・612 上	張維清	3・139 上
張肇祥	11・601 上		10・704 下
張肇雯	7・680 上		13・209 下
張肇慶	15・661 下		19・673 上
張　隥	17・445 下	張維隆	8・11 下
張隥慶	14・425 下	張維紳	6・657 下
張　緒	8・270 上	張維焱	10・316 上
張緒宗	3・720 上	張維埠	13・507 上
張緒寵	10・693 上		16・684 上
張　綺	16・298 下	張維翰	11・47 下
張　綱	7・277 上	張維藩	16・698 下

張維瀚	1・505 下		3・394 下
張　綸	2・631 下		3・454 下
	6・312 下		12・567 上
	6・383 下	張遷壽	14・660 上
	6・478 上		14・703 上
	9・408 上	張　確	5・248 下
	13・43 下		5・313 下
	13・201 上	張　震	10・424 下
	13・470 下	張　霈	8・81 下
張綸音	10・256 上	張　撫	3・599 下
張綸炳	13・130 下		3・752 上
	19・671 上	張　矗	9・88 上
	20・140 上		9・771 下
張　綬	3・346 下	張　輝	12・144 上
	3・410 上		12・628 下
	13・426 上	張輝祖	17・731 上
	15・712 上	張輝雲	8・535 上
	18・483 下	張　閱	10・418 上
張　璜	9・88 下	張　嶙	10・262 上
	9・772 上	張　儉	2・567 上
張　鋆	18・691 上		3・203 下
張　增	1・592 下		7・23 上
	5・730 上		11・15 下
	6・617 下	張　億	3・370 下
	6・656 上	張億穆	13・554 下
	8・502 上	張　德	5・122 上
張增榮	12・496 下	張德有	3・497 上
張　樞	6・594 下	張德直	3・130 下
	6・656 上	張德林	11・532 上
	20・55 上	張德昌	7・58 上
張　敷	6・493 下	張德明	2・617 下
張　輗	7・74 上		6・91 上
	7・460 下		6・122 下
張　歐	2・512 上		6・172 下
張　毆	3・249 上		11・542 上
張　賢	2・623 下	張德華	1・634 下
	3・330 下	張德惠	6・617 下

	6・667 下		14・757 下
張德勝	13・255 下	張慶元	10・319 下
張德義	11・423 下	張慶和	1・431 下
張德福	1・650 上	張慶瑜	19・12 上
張德標	1・506 下		19・36 下
	8・93 下	張慶麟	3・404 下
	10・678 下		13・302 上
張德興	1・711 上		15・675 上
張德學	11・34 下	張　毅	7・616 上
張德譽	8・657 上	張　敵	5・175 下
張衛階	13・393 下	張養才	9・120 下
張衛鳴	9・30 下		9・538 下
張　徵	2・710 上		10・26 上
	6・96 上	張養元	6・488 下
張徵九	6・136 下		6・530 上
張徵音	10・254 下	張養中	9・136 下
張　銳	2・294 上		10・33 上
	2・627 上	張養心	11・225 上
	3・288 上	張養柱	10・68 上
	7・82 下	張養蒙	10・157 下
	7・162 上	張養廉	3・346 下
	8・618 下		3・410 上
	13・88 上	張　瑩	20・126 下
	13・301 下	張　熠	3・710 下
	13・435 下	張　潔	6・658 上
	14・367 上		10・382 下
	14・757 下		13・591 上
	15・67 下		18・654 上
	15・319 下	張　澍	1・574 下
	15・654 上		2・625 上
張銳堂	12・382 上		8・98 上
張　諏	3・70 上		13・475 上
張調燮	2・696 上	張　潛	1・689 上
張　諒	13・285 上		6・150 下
	17・177 上		9・708 上
張　誼	8・82 下		10・466 上
張　慶	13・88 下		10・472 上

			10・640 下
			13・410 上
	張翰仙	16・160 上	
	張翰奎	16・539 上	
張　潤		6・389 下	
	張翰淩	13・164 上	
		20・318 下	
張潤心	張　樹	10・77 下	
張　澂	張樹科	3・132 下	
	張樹茇	19・19 下	
張　澄		18・373 上	
張澄中		10・423 下	
張澄海	張樹森	17・17 下	
張寯聲	張樹櫄	10・165 下	
張　審	張樹勳	3・243 下	
張慰曾		10・380 上	
張履程	張　樸	1・360 上	
	張　橋	9・426 上	
張　選		4・584 上	
張選青	張　橘	9・693 上	
張樂賢		14・526 上	
	張　輯	16・638 上	
張　緝	張　整	2・540 下	
		3・251 上	
張　緯		2・629 下	
張　璘		1・593 上	
	張　勵	2・672 下	
張　璲		1・661 上	
張　璣	張勵治	10・686 上	
		11・222 上	
	張　奮	11・269 上	
張　操		8・628 上	
		17・748 下	
張　熹		6・397 下	
張　磬	張奮翼	10・201 下	
	張　霖	10・247 下	
張　翰	張霖澍	1・679 下	

	8・581 下
	10・466 下
張翰仙	1・447 上
張翰奎	13・683 上
	20・722 下
張翰淩	10・316 上
	10・316 下
張　樹	1・640 上
張樹科	6・183 上
張樹茇	1・473 上
	9・728 下
	10・478 下
張樹森	11・39 下
張樹櫄	10・161 下
張樹勳	17・736 下
	17・758 下
張　樸	7・750 上
張　橋	6・593 上
	6・657 上
張　橘	2・647 下
	11・9 上
張　輯	14・371 上
張　整	13・192 上
	18・132 下
	18・266 上
	18・342 上
張　勵	13・390 上
	16・360 上
張勵治	13・508 下
	16・688 上
張　奮	2・535 下
	13・431 上
	18・151 上
	18・366 下
張奮翼	18・720 下
張　霖	20・716 上
張霖澍	8・487 上

張霖潤	1・557 下	張學淦	13・648 上
張　曉	2・627 下	張學惠	19・206 下
	6・62 上	張學道	2・695 上
	6・146 上	張學愚	1・470 下
張器姐	11・613 上		11・354 下
張積業	12・138 下	張學詩	13・355 下
	12・485 下		16・625 下
張　篤	3・344 下	張學義	10・496 下
	3・409 上	張學顏	6・92 上
張　舉	5・517 下		6・174 下
	5・725 上	張　儒	8・21 下
	7・719 上		10・502 上
張　興	2・625 上		14・772 上
	4・682 下		15・84 下
	4・766 上	張儒茂	10・497 下
張興元	1・553 下	張儒珍	6・590 上
	7・259 上		6・655 下
張興技	18・727 下		13・377 上
張興信	10・698 上		19・492 下
張興祥	13・363 上		19・560 上
張興順	6・393 下	張　翱	6・578 下
	11・539 上	張　衡	7・153 上
張興然	18・710 下	張錫貞	13・522 上
張興魁	9・693 上		20・331 下
張　學	13・257 下	張錫堂	10・165 上
張學友	11・424 下	張錫祺	12・59 上
張學孔	3・607 上	張錫綏	6・655 下
	3・769 下	張錫齡	6・374 上
張學古	9・60 上		13・359 上
	11・394 下		16・676 上
張學生	11・532 上	張　錦	3・244 下
張學仲	1・628 上		6・584 下
張學政	13・692 上		6・639 上
	19・258 下		12・161 上
張學侯	10・539 下		12・553 上
張學書	13・487 下		13・294 上
	19・207 上		15・320 上

	15・653 下	張　緇	3・715 下
	16・123 下		7・94 上
	16・159 下		10・640 上
	16・537 下		18・157 下
張錦芳	13・348 上	張　駿	1・440 上
	15・105 上		6・384 上
張錦榮	12・496 下		14・404 下
張　錞	13・201 下		18・530 下
張獲達	17・750 下	張　璨	7・468 上
張　諷	10・365 上	張　璹	13・223 下
張　凝	13・44 下		19・315 下
	16・188 上		19・337 下
	16・480 下	張　璐	17・606 下
	17・375 上	張　璬	2・280 下
	20・266 下	張　壎	2・393 下
	20・288 下	張聲威	19・172 下
張　龍	20・213 上	張聰賢	1・350 下
張龍驤	1・516 上		10・469 上
	8・494 上	張聯乙	13・360 下
	9・725 下		16・676 上
張澧中	1・472 下	張聯元	13・486 下
	10・478 上		19・119 下
張　澤	10・601 下		19・173 下
張　憲	2・630 下	張聯甲	3・279 下
	5・505 上	張聯珂	13・474 下
	5・605 上	張聯星	13・487 下
	5・711 上		19・262 上
	6・577 下	張聯珠	1・476 上
	18・520 下		9・660 上
張憲成	1・618 下		10・109 上
	10・275 上	張聯第	8・14 下
張憲載	13・276 上	張聯輝	1・555 上
	14・531 上	張　蓋	7・41 下
	16・625 下		7・191 上
張　壁	13・684 下	張　橄	13・55 上
張　彝	15・557 上		17・379 下
張彝憲	15・716 上	張懋德	10・494 下

張　臨	2・522 下	張應祐	5・120 上
	18・148 上	張應泰	3・73 上
	18・156 下	張應悔	3・280 下
	18・171 上	張應魁	8・494 下
	18・373 上	張應賦	13・701 下
張　覬	18・537 下		19・758 上
張儲文	8・611 上		20・226 上
張龜年	11・112 下	張應徵	6・129 下
張　徽	6・588 上		6・134 下
	6・669 下	張應舉	3・76 上
張徽楷	6・656 下		11・37 上
張　鍊	6・591 上		13・125 上
	6・657 下		18・79 上
張錫源	17・120 下		18・349 上
張鍾英	3・602 下	張應爵	1・654 下
張　鍰	8・361 上		11・756 上
	8・451 上	張應蘭	13・357 下
	9・412 下		16・701 下
張　鎡	13・408 上	張應躍	10・365 上
張爵錫	6・657 上	張應鱗	7・723 上
張　謨	19・208 上		15・676 上
張　謙	13・355 下	張　燦	1・543 上
	13・539 上		13・451 上
	14・371 上		19・690 下
	16・635 下		20・160 下
張謙光	8・667 下	張　鴻	10・387 上
張　謐	1・597 下	張鴻才	1・756 下
	6・180 上		11・757 下
	10・430 上	張鴻遠	1・767 上
	10・480 上		12・394 下
張膺福	13・550 上	張鴻業	13・638 下
	15・690 上		19・542 下
張應斗	5・116 下	張鴻緒	6・181 上
張應召	5・599 上	張鴻儒	13・516 下
	5・701 上	張　濬	3・144 下
張應昌	7・57 下		12・30 上
張應佩	3・213 上	張濬川	16・86 下

張　濟	3・74 上	張　矗	19・123 下
	5・17 下	張　聽	7・28 下
	5・48 上	張覲顏	13・451 上
	5・104 上		19・690 下
	7・720 下		20・160 下
	13・297 上	張　蘊	7・413 上
	18・559 下		10・315 下
張　禮	7・86 下	張蘊美	20・721 下
	7・493 上	張豐翮	17・605 下
	7・546 下		17・694 下
張禮修	12・140 上	張　顋	6・71 上
	12・507 上		6・154 上
張嫻乾十	17・446 上	張　曜	19・678 下
張　翼	10・428 下		20・449 下
	11・774 上	張曜斗	1・555 上
	12・565 下	張　簡	12・525 上
	13・89 下	張翱如	10・380 上
	13・409 下	張　翶	3・243 上
	14・473 下	張　鎮	7・578 上
	15・319 上	張　鎧	10・114 上
	15・652 下	張　鎰	3・706 下
	16・123 上		15・254 上
	16・159 上		16・265 下
	16・597 下	張　爌	6・658 上
	19・432 上	張　鎣	13・51 下
張翼清	5・112 下		19・663 上
張翼儒	13・397 上	張　燿	8・14 上
	16・762 下	張　瀍	17・602 上
張　孺	4・488 上		17・694 下
張　績	1・425 上	張　壁	13・641 上
	9・117 上		16・366 上
	10・23 上	張　彝	7・90 上
	13・187 下		13・116 上
張　總	13・618 下	張　麗	8・611 上
	14・522 下		13・412 下
張總篤	14・686 上		15・667 上
張鮇化	3・579 下	張　翽	6・95 上

	6・178 下	張鵬翮	12・12 下
	13・473 下	張鵬翼	1・381 下
張　鵾	13・139 下		12・333 下
	19・11 下		13・136 上
張鵾鳴	6・583 上	張騰蛟	8・111 上
張疇五	10・266 上		10・363 上
張疇武	10・366 上	張騰霄	10・377 下
張羅俅	10・364 上	張騰霧	11・231 上
張　鏄	6・590 下	張騰蟾	6・93 下
	6・656 上		6・177 上
張　鏜	2・632 上	張　譚	18・565 上
張　鏞	13・104 上	張　贇	10・112 下
張　鵬	4・774 下	張懷珍	5・114 下
	7・59 下	張懷祖	10・264 下
	8・618 下	張懷智	15・330 上
	10・273 上	張懷璞	12・425 上
	10・380 上	張　燨	3・606 上
	11・299 上	張　瀚	6・657 上
	13・493 下		10・411 下
	14・510 下	張　瀛	1・515 下
	14・653 上		8・487 上
張鵬飛	1・691 下		9・723 下
	8・99 上		13・493 下
	13・442 上		14・509 下
	17・416 上		14・775 下
張鵬起	13・182 下		15・86 上
	18・463 下	張瀛震	11・773 下
張鵬翀	12・588 下	張瀛學	19・223 下
張鵬程	7・60 下	張繩祖	1・721 下
	11・754 上		11・338 下
張鵬翔	13・568 上	張　繡	6・372 下
張鵬翥	11・753 下		14・660 上
張鵬漢	17・748 上		14・703 上
張鵬翰	13・438 上		18・559 下
	17・411 下	張繡中	10・423 下
張鵬翠	13・378 上		10・478 下
	19・492 上	張繡宗	4・166 上

張馨如	17・134 下		4・157 下
張　蘭	13・55 下	張繼孔	17・602 下
	17・379 下		17・705 上
	17・752 下		17・708 下
張齡鏡	13・419 下	張繼志	3・141 下
	16・36 下		13・352 下
	16・173 上		15・119 下
張獻甫	5・267 上	張繼芳	11・699 上
張獻科	6・88 上		11・731 上
	6・174 下		11・748 下
張　耀	2・653 上	張繼良	13・356 下
	6・149 上		16・636 下
張耀林	8・495 下	張繼武	17・124 上
張耀祖	8・653 上	張繼昌	3・605 上
	16・43 下	張繼忠	8・99 下
張耀軒	20・345 上		8・731 上
張　曦	7・721 下	張繼孟	3・737 下
張　蟥	3・179 下		4・471 下
張　籍	16・277 上	張繼祖	3・66 上
張覺民	18・152 下		6・133 下
	18・176 上	張繼泰	11・764 上
	18・208 下	張繼善	10・539 下
	18・297 上	張繼樊	8・731 上
	18・359 上	張　鐸	1・516 上
張　敦	13・330 上		10・365 上
	19・321 上		11・309 上
	19・345 下		13・60 下
張　議	10・503 下		13・269 上
張　鶱	7・118 下		14・425 下
	7・179 上		14・525 上
	12・146 上		14・767 上
	12・215 下		15・81 下
	13・27 上		17・265 下
	19・296 上		17・381 上
	19・334 上	張　灃	9・581 下
	20・479 下	張顧行	8・277 上
張　繼	3・751 下	張　鶴	6・70 下

	6・154 上	張 瓛	3・242 下
	8・345 上		11・223 下
	9・407 下		16・479 下
張鶴年	13・410 上		18・62 上
	15・226 上		18・348 下
	15・655 上	張觀德	12・683 上
	18・480 上	張靈耀	18・531 下
張鶴鳴	13・57 上	張 鑪	1・639 下
	14・759 下		4・166 下
張 襘	8・581 上	張 鑰	6・395 上
	10・389 下		6・592 上
張 續	11・114 下		6・655 下
張 懿	2・239 下	張 驥	13・435 下
張體道	12・136 下		17・475 下
張體義	13・73 下	張 鸞	2・625 上
	19・168 上		
張 籛	8・603 下	**強**	
張 鑑	5・510 下	強九榮	19・190 下
	5・607 下	強牛兒	5・120 下
	5・714 上	強世璽	1・636 下
	6・383 下		6・496 下
	10・69 下	強存乾	1・624 上
	10・494 下		9・703 上
張鑑堂	1・446 上	強仲義	13・438 上
	3・400 下		17・429 上
	19・19 下	強 任	13・174 下
張 稇	10・466 上	強兆統	3・601 上
張 瓚	7・719 下		3・759 上
	16・603 下	強克捷	1・502 上
張 顯	3・715 上		8・312 下
	10・435 上		8・337 上
張顯揚	13・236 下		9・701 下
	19・515 下	強 思	4・587 上
張 钂	7・721 下	強振志	3・603 上
張 鑱	10・69 下	強致中	3・600 下
張 麟	13・293 上		3・758 上
	17・107 下	強逢泰	8・355 上

強逢恭	8・356 上			16・256 上
強　書	5・506 下			18・63 下
	5・606 上			18・350 下
	5・712 上		**隆**	
強恕一	11・306 上			
強望泰	8・336 上	隆　元		13・257 下
強清俊	9・704 上	隆　闡		2・273 下
強萬理	18・100 上		**習**	
強雲程	3・377 下			
強　循	12・159 上	習孔化		10・411 下
強　熙	18・326 下			10・467 上
強憚之	8・547 上	習孔言		3・537 下
強　練	2・718 上	習　玉		8・639 上
強　霓	13・45 下	習全史		2・663 下
	17・377 上			3・538 上
強嶽立	9・696 下	習明理		8・666 下
強　鍔	8・344 上	習　倫		3・537 上
強鴻烈	8・356 下	習朝用		8・641 上
	8・357 下	習　斌		8・772 上
強鵬飛	8・336 下			19・473 上
強　鐸	3・603 上	習爾熾		8・669 下
強顯烈	1・733 上	習　謨		3・537 上
		習　鸞		3・537 上
	隋		**貫**	
隋不矜	11・116 下			
隋恭帝	4・648 下	貫　友		13・30 上
	陽		**紹**	
陽　東	9・84 下	紹　巖		2・715 下
陽　猛	9・393 下		**巢**	
陽惠元	6・485 上			
陽　翟	6・407 下	巢永慶		5・737 下
	隗	巢　谷		15・285 上
				15・601 下
隗　禧	2・679 上	巢帝閣		5・520 下
隗　嚚	14・397 上			5・647 上
	16・152 上			

十二畫

習

習　空　　　　　　　　2・316 上

瑋

瑋　武　　　　　　　　13・79 上

琦

琦　齡　　　　　　　　19・461 上

塔

塔本伊　　　　　　　　20・470 上
塔塔圖該　　　　　　　20・470 下
塔喇齊　　　　　　　　20・475 上
塔爾通阿　　　　　　　13・261 上

項

項永德　　　　　　　　19・177 下
　　　　　　　　　　　19・188 下
項仲山　　　　　　　　2・698 上
項　忠　　　　　　　　5・418 上
　　　　　　　　　　　5・465 下
　　　　　　　　　　　5・698 下
　　　　　　　　　　　7・26 上
　　　　　　　　　　　13・52 上
　　　　　　　　　　　19・449 下
項　高　　　　　　　　10・496 下
項熠修　　　　　　　　11・429 上
項　謙　　　　　　　　13・654 下

超

超古禪師　　　　　　　11・402 上

賁

賁大用　　　　　　　　10・428 下

博

博羅哈雅　　　　　　　20・471 上
博羅特穆爾　　　　　　20・454 上
　　　　　　　　　　　20・476 下
博羅歡　　　　　　　　13・47 下

喜

喜　同　　　　　　　　13・448 上
　　　　　　　　　　　18・586 下
　　　　　　　　　　　19・609 上
　　　　　　　　　　　19・684 下
　　　　　　　　　　　20・148 下

彭

彭大賓　　　　　　　　13・190 上
彭文林　　　　　　　　1・637 上
　　　　　　　　　　　6・707 上
　　　　　　　　　　　13・229 上
彭以懋　　　　　　　　13・224 下
　　　　　　　　　　　19・343 上
彭玉興　　　　　　　　12・20 上
彭可義　　　　　　　　13・551 上
彭必達　　　　　　　　1・468 上
　　　　　　　　　　　1・698 上
彭永和　　　　　　　　13・150 下
　　　　　　　　　　　14・657 下
彭永祺　　　　　　　　10・426 上
彭永壽　　　　　　　　3・613 上
彭有義　　　　　　　　7・39 上
　　　　　　　　　　　7・152 下
　　　　　　　　　　　9・646 下
彭光藻　　　　　　　　13・166 上
　　　　　　　　　　　13・185 上
彭延齡　　　　　　　　3・602 下
彭汝爲　　　　　　　　18・598 下
　　　　　　　　　　　20・649 上

彭汝翼	18・690 下	彭 乾	13・108 上
彭見娥	9・734 上		17・321 下
彭 佐	7・39 上		17・331 上
	7・152 上	彭 啞	13・542 下
彭希武	8・362 上	彭得信	18・732 上
	8・451 下	彭得霖	19・215 上
彭宏才	1・651 下	彭 翊	1・714 上
	11・663 上		6・490 下
彭述謨	7・48 上	彭 清	7・70 下
	7・196 下		7・194 上
彭昌孔	12・66 下		7・458 上
彭 明	6・372 上		7・492 上
彭秉乾	13・467 上		13・258 下
	18・656 下		20・436 下
彭建美	11・770 下	彭淩雲	7・644 上
彭建榮	11・776 上	彭堯昇	7・606 下
彭 珏	13・391 上	彭散竹仄	8・595 上
	14・701 下	彭萬棟	13・502 上
彭柱天	13・674 上	彭 智	19・57 下
	18・16 上	彭 程	6・483 上
彭思忠	7・38 上	彭登謐	12・161 下
	12・72 下	彭 焯	1・395 下
彭衍堂	13・213 下	彭瑞俊	13・666 下
彭 宣	3・709 下	彭 椷	7・94 下
	4・437 下		7・493 下
彭 祖	8・579 上	彭 鉉	13・138 上
	18・28 上		18・613 下
	20・479 下	彭 廉	13・323 下
彭 恭	9・87 下		18・598 上
	9・771 下		18・651 上
彭 卿	7・76 下	彭福孫	13・147 下
彭效古	12・156 下	彭福魁	11・52 下
	12・378 下	彭際順	12・489 上
彭家貞	1・624 上	彭爾續	13・579 下
	8・771 上	彭圖南	5・117 上
	9・693 上	彭毓嵩	1・408 上
彭朗懷	11・769 上	彭綬昌	12・137 下

	12・482 上	**達**	
彭　慶	8・622 下		
彭慶雲	10・545 上	達什策淩衛	20・478 上
彭　樂	13・381 下	達什策楞	20・477 下
	19・483 下	達什策楞木	20・456 下
彭　璘	19・486 下	達奚武	9・67 下
彭樹林	13・479 上		9・393 上
	18・657 上		10・9 下
彭　翮	13・310 上	達奚長儒	8・4 上
	18・14 上	達奚甚	2・556 下
彭　興	9・414 下	達奚寔	18・341 下
	9・778 上	達奚實	13・191 下
彭　錠	13・270 下	達奚震	13・34 上
	14・494 上		19・444 下
	14・771 上	達　雲	13・139 上
	15・84 上		13・321 上
彭　澤	7・699 下		14・649 上
	13・271 上		18・588 下
	14・494 上		19・11 上
	14・687 下		20・621 下
	14・772 上	達爾瑪	20・477 上
	15・86 上	達爾黨阿	20・448 上
	19・450 上	達爾護	13・257 下
	20・421 上	達　實	20・472 下
彭懋謙	1・537 上	達　震	9・645 下
彭應參	3・276 下		10・585 下
彭應程	15・582 上	**壺**	
	18・415 上		
彭應麟	12・156 下	壺　公	10・663 下
	12・378 上	**葉**	
彭　濟	18・535 上		
彭繩祖	13・419 下	葉三益	1・698 上
	16・36 下	葉大玉	8・676 上
彭　齡	1・531 下	葉才元	1・652 下
	3・475 下		11・532 上
彭　覺	13・206 下	葉元福	13・250 上
			19・659 下

	20・121 下	葉秉貞妻趙氏	20・225 上
	20・264 下	葉依木	20・596 上
	20・286 下	葉法善	14・414 上
	20・363 上	葉泳林	7・274 下
葉 中	13・218 下		7・330 上
葉公亮	14・358 上	葉承宗	3・73 下
	20・228 上	葉 柳	6・480 上
葉文英	10・424 下	葉映榴	3・708 下
葉文馥	1・425 上		4・659 上
葉文麟	1・349 下		7・172 下
葉玉熊	8・669 上		7・237 下
葉世倬	1・347 下		7・415 下
葉占魁	11・655 下		7・661 下
葉生蓮	13・252 下		15・276 下
葉永賓	13・455 上		16・270 上
	19・697 上		17・281 上
	20・164 下		17・331 下
葉孕秀	12・146 下	葉映籀	14・699 下
	12・174 下	葉庭桂	7・750 下
	12・217 下	葉 華	14・768 下
葉邦威	10・426 上	葉華晟	12・147 上
葉有功	13・327 上	葉華晫	12・147 上
	19・106 下	葉标林	7・38 上
	19・168 上	葉 桂	13・369 上
葉志遠	18・735 上	葉逢春	1・584 下
葉 芬	11・343 上	葉 烶	12・136 下
葉克信	19・374 下		12・494 上
葉呈吉	11・253 上	葉 恕	10・496 下
葉見陽	18・157 上	葉國義	11・598 上
	18・226 下	葉得新	20・225 下
	18・376 下	葉康直	13・118 下
葉 沆	7・60 上		15・267 上
葉 青	13・245 上		15・572 上
葉茂春	8・674 下	葉清臣	5・417 下
葉枝松	3・607 上		5・464 下
	3・770 上	葉紹先	13・306 下
葉奇珍	11・488 下		18・141 上

	18・363 上	萬以襄	8・601 下
葉紹麟	17・390 上	萬玉鱗	1・630 上
葉琪	13・53 下		8・503 下
葉期化	12・161 上	萬世偉	18・415 上
葉夢熊	9・415 上	萬世清	8・504 上
	13・64 上	萬世德	13・63 上
	19・452 下		20・620 下
葉漣	14・657 下	萬代芳	6・377 上
葉壽	12・100 上		7・636 上
	12・201 下	萬邦英	13・220 上
葉爾忠	7・90 上		19・246 下
葉僎鼎	20・420 上	萬邦綏	13・660 上
葉鳳	12・285 下		16・33 下
葉鳳集	1・742 上	萬年新	13・257 上
葉德乾	19・203 上	萬廷和	8・507 上
葉穆濟	13・69 下	萬全	13・68 下
	14・762 上		14・699 下
葉憲	14・650 上	萬汝義	13・675 下
葉聯科	13・627 下		19・699 下
	14・519 下		20・14 下
	14・677 上		20・219 下
葉應春	20・218 上	萬言策	12・567 下
葉藩	1・352 上	萬青雲	19・516 下
	8・364 下	萬廻	2・713 下
	8・452 下	萬峘	19・55 下
	9・422 上	萬修	2・527 上
葉馨	12・659 下		4・463 上
葉蘭	1・549 上		6・295 下
	7・59 上		6・378 上
萬		萬恒	19・187 下
		萬恒印	7・527 上
萬人重	19・763 上	萬華	12・447 下
	20・222 上	萬家詩	19・516 下
萬士奇	13・165 上	萬家霖	1・383 上
萬天錫	1・633 下		9・654 上
萬化育	8・501 上		10・666 下
萬方煦	1・576 下	萬掄	13・699 上

	15・329 上
萬國績	1・630 上
	8・504 上
萬　章	3・75 上
	4・776 上
萬清雲	13・162 上
萬　喜	13・551 上
萬敬儒	13・697 上
	16・197 上
萬景霽	3・403 下
萬甯遠	8・491 下
萬　塏	13・632 下
萬　雍	12・685 上
萬　義	13・577 上
	19・721 上
	20・13 下
萬　傲	15・602 上
	18・500 上
萬齊融	5・466 下
萬　粹	3・408 上
萬錫爵	14・478 上
萬鵬程	12・137 上
	12・484 上
萬齡嶓	8・501 下
萬寶鐘	8・507 下

葛

葛三畏	6・401 下
葛大紀	10・400 上
葛少游	6・493 下
葛以簡	18・340 下
葛生茂	1・589 上
	6・388 下
葛　永	19・187 上
葛邦凝	10・323 上
葛邦憲	10・322 下
葛有鎡	10・318 下

葛光典	10・317 下
葛廷章	14・498 上
	15・89 下
葛廷璋	13・272 下
	14・775 下
葛如麟	10・392 上
	10・467 上
葛希旦	12・37 下
葛居林	1・630 下
	8・504 下
葛挺生	13・660 下
葛　洪	3・538 下
	11・231 上
	11・401 下
葛時政	13・196 下
	13・197 下
	18・135 下
	18・339 下
	18・346 上
葛　晨	5・600 上
	5・701 下
葛　越	10・663 下
葛夢捷	10・316 上
	10・316 下
葛毓英	17・24 下
葛　榮	3・603 上
葛　德	11・486 上
葛德新	5・375 上
葛慶凱	5・702 上
葛潤琴	10・378 上
葛　賴	18・614 下
葛　爌	3・278 上
葛　譚	10・273 下
葛懷敏	13・233 下
	19・511 下
葛　霸	17・274 下

董

董一元	7・33 上		13・81 上
	13・251 上		15・588 下
	19・665 下	董文煜	1・483 上
	20・131 上		9・671 下
董一奎	20・131 上		10・314 下
董八紘	13・671 下	董文獻	7・656 上
	17・424 上	董正兒	1・630 上
董三級	17・124 上		8・503 下
董三秦	13・289 上	董正誼	13・665 下
	20・303 上	董世貞	16・683 上
	20・331 上	董可善	14・351 下
董三策	13・289 上		14・798 上
	20・303 下		15・177 上
	20・331 上	董平章	13・119 上
董三謨	11・223 上		15・589 下
	11・387 下	董用廷	7・648 下
董士孝	8・273 下	董　立	2・694 上
董大仁	13・503 下	董永清	3・605 下
	15・115 下	董邦奇	3・66 上
董大成	13・372 下	董邦寧	8・306 上
	19・494 下	董成務	7・636 下
董大羣	6・397 下	董成梅	3・605 下
董天祐	14・523 上		3・769 下
	16・631 下	董朱衮	17・321 下
董天秩	20・717 下	董廷元	4・770 下
董日章	12・429 上	董廷爵	10・314 上
董仁德	13・582 下	董仲舒	4・488 上
董化必	13・522 上		6・315 下
	20・331 下		6・407 上
董文用	13・129 上	董旭兆	2・701 下
	19・573 上		3・78 下
	19・661 上	董汝漢	13・63 上
	20・43 上		20・619 下
	20・124 上	董汝豫	7・39 上
董文煥	10・160 下		7・47 上
			7・171 下
		董守志	3・775 上

董守義	13・158 上		12・494 上
董　志	12・486 上	董春綵	2・418 上
董志恭	1・617 上	董咸和	13・547 上
	10・267 下		15・686 上
董志敏	13・462 下	董　貞	13・175 下
	20・715 下	董思寵	2・590 下
董志敬	11・53 上		3・212 下
董　芬	7・643 上	董　俊	13・631 上
董　芳	1・432 下		20・333 上
董　秀	13・531 下	董俊和	13・547 上
董作睿	1・660 上		15・686 上
董伯齡	10・314 下	董彥林	17・124 上
董希曾	13・288 下	董彥威	13・118 下
	20・302 下		15・575 下
	20・331 上		18・455 上
董序爵	8・669 下	董祐誠	1・574 上
董良史	12・614 下	董陞官	13・377 下
董其祥	11・55 上		19・506 下
董其瑞	8・123 上	董　恭	5・495 下
董尚智	7・637 下		5・704 下
董　明	5・316 上		19・493 下
	5・341 下	董振雄	6・397 下
	13・288 下	董振源	10・162 下
	20・303 上	董　宰	7・652 下
	20・330 下	董　祥	13・155 下
董　旻	2・538 上	董　純	2・557 上
董秉純	13・120 下		12・645 上
	15・592 下		13・405 上
	16・148 上		15・304 上
董秉彝	10・577 下		15・631 下
董　京	13・697 上	董教增	1・318 上
董庚壽	1・623 上	董基成	19・698 上
	8・677 上	董乾元	10・495 下
董宗舒	9・679 下	董國光	13・65 下
	9・683 下		19・455 上
董定策	13・65 上	董　崇	4・463 下
董官策	12・137 上	董　敏	10・28 下

董淑英	18・41 下			19・561 下
董　紳	13・541 下			19・563 下
董萬祥	17・121 上			19・694 下
董　敬	13・113 上			19・783 上
	16・757 上			20・450 上
董朝鼎	7・419 上	董福增		10・380 上
董　厥	12・318 上	董　禎		10・497 下
董雲峰	17・172 上	董殿陞		10・71 上
董開疆	13・646 上	董際清		12・490 下
	14・707 下	董聚寶		19・28 上
董　遇	2・678 下	董爾經		10・74 上
	9・715 下			10・116 上
董景岩	9・138 下	董對策		10・313 下
	10・67 下	董鳳翀		3・289 下
董景道	9・447 下	董鳳彩		1・651 上
	11・218 上			11・488 上
董策賢	10・315 下	董鳳翀		6・96 上
董　詔	1・533 下	董　榮		6・665 下
	11・536 下			9・138 下
董道元	10・545 下			10・67 下
董　焜	13・245 下			13・181 下
	18・199 下			15・274 下
	18・338 上			16・480 下
董　湜	15・648 上	董漢儒		13・113 下
董　淵	8・595 上	董　寬		13・373 下
董運安	1・667 上			19・498 上
	11・428 上			19・554 下
董巽祥	11・699 上	董盡倫		13・121 下
	11・749 下			15・580 下
董發榮	17・135 下			16・272 下
董　傳	3・765 下			16・296 下
	4・168 上	董　鼐		9・517 上
董　溪	11・240 上			10・21 下
董福安	11・55 上	董　暹		9・138 下
董福祥	13・374 下			10・67 下
	14・388 上	董　魯		20・303 下
	19・499 下			20・333 下

董養勤	7・652 下		7・163 下
董遵誨	13・41 上		
	13・127 下	**敬**	
	17・376 上	敬山松	8・593 下
	19・660 下		9・82 下
	20・122 下	敬心一	1・701 上
	20・265 上	敬　危	9・108 下
	20・287 下		10・38 下
董遵謂	20・334 上		10・104 上
董樂善	20・330 下	敬　括	9・71 下
董　默	14・357 上		9・395 上
	17・441 下		10・10 下
	18・27 下	敬　釗	9・80 上
董學恭	20・723 上	敬　翔	9・111 下
董錫慎妻權氏	8・745 上		9・496 下
董　錦	13・356 上		10・78 下
	14・531 上	敬　節	2・267 上
	16・626 上	敬聯星	18・687 上
董　謁	13・427 下		
	18・354 下	**朝**	
董　龍	2・604 下	朝廷燧	17・440 上
	3・494 上	朝期維	2・649 上
董　壎	16・33 上	朝　弼	7・576 下
董聯璧	13・646 上	朝覲賓	9・419 上
	14・707 下		
董　襄	11・271 下	**辜**	
董應徵	12・86 下	辜大方	12・62 下
董　瞻	9・58 下	辜大寶	12・62 下
董　霈	3・581 下	辜正寶	12・62 下
董鵬飛	18・333 下	辜正煡	12・62 上
董繼舒	13・383 下	辜良弼	12・62 上
	17・599 下		
	17・694 上	**椏**	
董權文	8・452 下	椏聯芳	7・40 下
	8・601 下		
董　鑑	9・407 下	**椎**	
董麟奇	7・83 上	椎髻子	14・423 下

	20・725 上	惠鳴鏈	1・633 上
		惠鳳儀	1・495 下
惠			8・650 上
			9・552 上
惠　人	1・546 下		
惠大剛	12・159 下	惠　漸	7・46 上
惠　太	3・66 上	惠　德	8・622 下
惠户實	10・364 上	惠養柱	1・671 上
惠　印	18・500 上	惠選潤	9・692 下
惠光先	7・756 下	惠　儒	2・633 下
惠宏揚	1・663 上		3・56 上
惠虎凝	8・666 上	惠懋芳	7・396 上
惠　忠	3・107 下	惠繼綱妻由氏	2・385 上
惠　姓	2・712 上	惠　顯	7・45 下
惠　始	14・413 上	惠竉嗣	11・22 上
	19・761 上		
	20・229 上	**覃**	
惠承芳	7・392 下	覃太元	1・650 上
惠春田	11・41 上	覃石匠	11・528 上
惠思誠	3・489 下	覃　訓	11・755 上
惠思聰	1・606 上	覃應元	7・38 下
	11・31 上		7・151 下
惠修德	3・496 上		
惠彦漢	1・622 下	**粟**	
	8・669 上	粟爾璋	20・159 上
惠　莊	2・675 下		
惠　通	13・524 上	**雲**	
惠從順	2・615 下	雲門偃禪師	12・30 下
惠　隆	8・779 上	雲　峯	10・544 下
惠　博	5・316 下	雲　海	11・699 上
	5・342 上		11・749 上
惠萬錫	7・392 下	雲得臣	8・193 上
惠登甲	13・442 上		8・227 下
惠登泮	10・319 下		9・397 上
惠登鰲	10・319 下		10・11 上
惠靖凝	8・666 上	雲　極	14・420 上
惠　福	13・163 上	雲　敞	6・378 上
惠經禮	1・633 下	雲蔚桐	13・461 上

	20・674 下	**喇**	
雲　璘	11・416 上	喇卜丹	20・474 下
雲樵子	14・422 上	**喊**	
雲　麟	6・137 上	喊佛和尚	6・714 上
揚		**景**	
揚　喬	3・181 下	景大學	7・73 上
雅		景天相	1・562 上
雅爾堅里	20・420 上	景元吉	19・525 上
雅爾堅雅里	20・472 下	景　丹	2・526 下
雅爾蕭	20・474 上		3・163 上
紫			3・200 上
紫永年	10・496 下	景　文	13・235 上
紫衣真人	12・399 下		19・515 下
掌		景廷柱	1・538 下
掌　據	13・135 上	景　佐	13・55 上
間			19・454 上
間仲宇	9・88 下	景　坤	3・67 上
	10・14 上	景承芳	12・161 上
	10・493 下		12・628 上
閔		景思立	13・84 下
閔文叔	12・151 下		14・464 下
	12・273 上		16・598 上
閔文翰	6・621 下		19・429 上
	6・666 上	景　泰	13・43 下
閔以仁	9・417 上		13・126 上
	10・494 下		15・263 下
閔至忠	5・125 下		17・374 上
閔國士	13・490 上		17・550 下
閔德言	1・747 下		17・642 上
	12・161 下		18・270 上
			18・347 下
			19・448 上
		景理鶴	10・308 上
		景　清	5・314 上

	13・307 下	單修誠	13・559 上
	17・407 下		15・715 下
	17・474 上	單庭言	11・755 上
	18・12 下	單彥明	8・596 上
景　琪	19・695 下	單炳蔚	8・496 上
景　超	12・682 下	單垍賞	19・208 下
景萬富	17・737 下	單　祥	9・139 上
景　棟	3・404 下		10・67 下
景　覃	9・511 下	單康林	19・236 下
景運亨	16・766 下	單惟欽	8・480 下
景登第	13・161 上	單　超	3・163 下
	19・458 上	單道開	14・412 上
景　瑞	13・471 下		19・326 下
景瑞雲	18・709 上		19・356 下
景聖化	16・337 下	單稱德	7・90 下
景　廉	20・426 上		7・173 下
景　監	4・653 下	單興詩	11・486 下
景漢文	13・398 上	單應錦	11・755 上
	16・768 上	單　濱	19・486 下
景　潭	10・501 上	單疇書	13・72 下
景濃山	18・731 上		19・669 下
景禪師	3・503 下		20・44 上
景鍾庚	12・496 下		20・137 下
		單　鵬	7・66 下
跋			7・165 下
跋　異	3・777 上	單瀟之	7・90 下
單			7・173 上
單大業	7・90 下	**喻**	
	7・173 下	喻三元	13・105 下
單友才	10・165 上	喻大壯	3・278 下
單允昌	8・436 上	喻　升	19・507 下
	9・722 上	喻文璐	7・43 下
單占莊	10・115 上		7・512 上
單安國	3・79 上	喻吉貴	11・609 下
單好問	13・696 上	喻光容	13・150 上
	17・78 下		16・668 上

	19・374 下		20・229 上
	19・675 上	無畏三藏	3・107 上
喻長銘	19・674 下	無邊禪師	11・402 上
喻炎丙	13・150 上		
	13・190 上	**智**	
	13・225 上	智　山	10・76 上
	16・668 下	智　仙	9・171 下
喻　時	7・27 下	智　悟	2・293 上
	13・59 上	智　猛	2・712 上
	19・452 上		3・216 上
喻勝榮	13・237 下	智道人	18・565 下
喻　禮	13・215 下	智　暉	2・715 下
		智藏禪師	2・366 上
喀		智　嚴	18・565 下
喀爾庫守中	13・46 上		
		程	
買		程一敬	4・763 上
買賣宜牙子	20・595 下	程三樂	12・100 下
買賣提沙衣克	20・595 下		12・202 下
		程士奇	12・96 下
嵬			12・614 下
嵬咩思能	19・135 下	程大謨	3・606 下
			3・769 下
黑		程大鵬	8・346 上
黑齒常之	12・321 下	程上瑞	3・758 下
	13・36 下		4・160 上
	20・432 下	程千里	2・583 上
	20・614 上	程之邵	3・712 下
黑　遷	10・365 上		13・181 上
黑憲章	7・678 下		15・572 上
黑禪和尚	14・418 上	程之璠	13・148 下
	20・230 上		16・605 上
		程夫貴	10・272 上
無		程天錫	18・177 上
無名僧	17・444 上	程化樂	11・26 下
	18・52 上	程文斗	10・690 下
	19・760 下	程文席	1・752 下

	11 · 488 下	程其能	4 · 165 上
程文賢	1 · 666 上		4 · 164 下
	11 · 427 下	程　直	13 · 655 下
程文翰	11 · 537 下	程尚儒	8 · 597 下
程心傳	12 · 329 下	程明順	3 · 334 下
程功偉	11 · 684 下		3 · 397 上
程世賢	3 · 337 下	程忠貴	6 · 184 下
	3 · 398 下	程知節	20 · 434 下
程　包	12 · 134 下	程秉安	12 · 395 上
	12 · 477 上	程秉智	12 · 137 下
程立章	13 · 692 下		12 · 482 上
	19 · 229 下	程佩琳	11 · 590 下
程玄景	2 · 245 下	程定鈞	11 · 687 上
程必昇	8 · 269 上	程建賢	11 · 773 上
程　吉	3 · 268 上	程孟潔	1 · 700 上
程有覺	1 · 501 下	程　珏	10 · 212 上
	8 · 312 上		10 · 251 下
	9 · 698 下	程　相	3 · 247 下
程　光	8 · 113 上	程思廉	7 · 54 下
程廷盛	9 · 724 下		7 · 205 下
程仲昭	1 · 566 上	程修己	2 · 326 上
程行聰	11 · 657 上	程　俊	13 · 640 下
程全暉	9 · 74 上		13 · 653 下
	10 · 11 下		14 · 515 上
程守善	14 · 416 上		14 · 676 上
	16 · 648 下		14 · 706 上
程　异	2 · 603 下		16 · 550 上
	3 · 49 上		18 · 79 上
程　羽	5 · 2 上		18 · 300 下
	5 · 37 下		18 · 373 下
	5 · 75 下		18 · 485 上
	5 · 125 下	程冠邦	8 · 312 上
程克明	18 · 488 下		9 · 698 下
程材傳	15 · 279 下	程祖洛	1 · 534 下
程　伯	4 · 654 下		11 · 651 上
程伯休父	2 · 507 下	程　珣	12 · 111 下
程希舜	1 · 639 上	程　軑	7 · 26 下

程連璪	13・610 上		19・460 下
程振洲	8・345 下	程雲遠	11・6 下
程振遠	1・624 下	程雲路	12・590 下
	8・313 上	程雲漢	1・766 下
程振聲	9・703 上		11・26 下
程時建	8・265 上	程雲翼	3・755 下
程俱羅	13・675 上		4・159 上
	17・421 上	程　鼎	19・476 下
	19・615 上	程景雲	19・685 上
	20・279 上		20・150 上
程　訓	3・462 下	程　斌	11・364 下
程務挺	7・407 上		13・530 上
	20・435 上	程　富	13・50 上
程　梓	13・246 下		19・43 上
	18・139 下		19・300 下
程敏達	19・462 上	程登科	6・661 上
程得祿	1・593 下	程　琂	5・517 上
程　章	3・243 上		5・604 上
	3・723 上		5・703 下
程淩雲	3・297 下	程　瑞	3・136 下
程　寅	9・58 上	程　戡	13・102 上
程啓朱	7・39 下		17・57 下
	7・153 下	程匯京	9・705 下
程啓充	6・134 下	程業儒	10・496 下
程紹周	4・769 下	程　廉	9・165 下
程　琦	12・203 下	程際先	8・341 下
程　琄	2・683 上	程　模	10・494 下
程　達	2・618 下	程毓槐	8・274 上
	3・136 上	程　僖	11・225 上
程達人	11・345 下	程　銓	13・183 下
程達善	11・348 下		15・278 上
程萬仞	17・383 下		15・584 下
程萬里	8・211 下	程鳳儀	11・20 下
	8・276 上	程寧邦	10・380 上
程朝盛	11・529 上	程　緒	3・754 下
程朝鐸	18・708 上		4・158 下
程　棟	14・656 下	程維雍	3・283 上

程　震	7・53 下	程鵬翀	7・656 下
	7・205 下	程鵬遠	18・415 上
程　範	9・124 上	程覺玉	11・238 下
	9・664 下	程繼祖	6・494 下
	10・206 下	程　顥	3・318 上
	10・250 上		3・377 下
程　箴	11・366 下		9・749 上
程德元	12・111 下	程　瓚	11・337 上
	13・199 下	程　麟	1・693 下
程德音	17・91 下		3・281 上
程德潤	13・77 上		11・29 下
程賡起	9・91 上	程　灝	4・704 上
程履豐	13・121 上		
	13・159 下	**喬**	
	13・166 下		
	15・593 下	喬九齡	7・529 上
程　頤	5・126 上	喬大年	8・612 上
程　曇	7・47 下	喬大益	1・622 上
程興林	9・725 上		8・665 下
程興發	19・473 下	喬元相	11・119 上
程興魁	15・715 下	喬曰祿	7・91 上
程學孔	4・764 下	喬化南	1・443 上
程　駿	18・593 下	喬玉琛	1・487 下
程　壎	1・389 下	喬正明	11・33 上
程　邈	5・476 下	喬世威	7・75 上
	8・106 下	喬世寧	2・638 上
程　謙	12・330 上		3・551 下
程鴻翔	13・618 下	喬光烈	1・343 上
	15・95 下		3・182 上
程　濟	9・516 上		3・581 上
	10・184 上		3・725 下
	10・196 上		6・480 下
	10・245 下		8・17 上
	10・271 上	喬廷魁	13・557 上
程　鵬	3・320 下		16・338 下
	3・370 下	喬廷舉	13・557 上
	6・137 上	喬兆福	13・377 下
			19・506 下

喬　佑	5・420 下			17・387 上
	13・194 上	喬　馮	7・669 下
	18・335 下	喬嗣敒	7・90 下
喬君章	9・401 下		7・173 下
喬松齡	13・431 下	喬　誠	9・122 上
	18・71 下		10・211 上
	18・365 上	喬　義	13・88 上
喬　昆	15・654 下	喬福慶	9・677 上
	16・285 上	喬爾斗	11・21 下
	16・326 下	喬銓妻丁氏	6・574 下
喬昌年	11・37 下	喬漢儒	14・518 下
喬知之	9・476 上		17・20 上
	10・39 下	喬維華	11・18 上
喬和尚	17・191 上	喬維新	8・94 上
喬　京	7・61 下	喬遷高	10・390 上
喬承玉	11・34 上		10・407 下
喬承詔	7・152 上		10・467 下
喬　挺	13・667 下	喬　儀	14・757 上
	18・80 上		15・67 下
	18・305 下	喬鋐禮	1・752 上
	18・375 上		12・34 上
喬　彥	19・230 下	喬履信	1・354 下
喬　洛	11・30 上		3・280 下
喬真人	14・415 下		11・118 上
喬振綱	12・20 上	喬應庚	8・98 下
喬時春	10・496 上	喬應萃	15・222 下
喬師望	9・70 上	喬濟海	1・705 下
喬　著	10・377 下	喬　巍	2・652 上
喬國鼎	13・487 上		6・66 上
	19・207 上		6・149 上
喬　崇	19・116 下	喬　鑾	12・157 上
	19・229 上		**傅**
喬進助	13・557 上		
喬惟忠	11・16 下	傅士美	1・585 下
喬萬同	3・298 上	傅士選	6・495 下
喬萬鎰	18・424 下	傅大儒	15・223 下
喬雲鳳	13・203 下	傅　元	2・541 下

	13・433 下	傅　岐	17・374 下
	17・441 上		13・445 下
	17・461 下		19・607 上
	19・680 下		19・681 上
	20・142 上		20・143 上
	20・271 上		20・272 上
傅友德	7・31 下	傅　佐	8・493 下
傅介子	5・274 下	傅　佑	7・77 上
	13・432 下	傅希孟	9・89 上
	17・405 下		9・403 下
	17・458 上		10・14 上
	18・9 上	傅希舜	8・577 上
	19・313 上	傅宏之	2・543 下
	19・335 上		13・433 下
	19・481 下		17・406 下
	20・427 下		17・470 上
傅文治	19・476 上		19・681 下
傅以箕	13・212 上		20・272 下
	20・627 下	傅宏臣	3・607 下
傅正志	1・584 下	傅宏烈	13・204 下
傅世錦	12・144 下		17・383 下
傅仙宗	2・718 下	傅良臣	1・671 上
	3・107 上	傅良弼	7・407 下
傅　玄	19・606 下	傅尚智	10・497 上
傅永清	11・440 上	傅　迪	13・445 上
傅再悅	16・328 上		19・681 上
傅再說	16・286 下		20・142 下
傅先宗	13・231 下		20・271 下
	13・240 上	傅和鼎	1・448 下
	16・670 下		5・612 下
傅汝梅	12・681 下		5・720 上
傅汝楫	9・771 下	傅　佶	2・667 下
傅汝礪	12・161 上		6・314 上
	12・628 上	傅　育	13・566 上
傅好禮	5・470 上		18・521 上
	5・699 下		20・646 下
傅　求	13・200 上	傅性良	5・211 上

傅宗龍	13・66 上	傅梓材	11・345 上
傅　咸	13・433 下	傅唯寬	20・232 上
	17・406 上	傅得才	17・427 上
	17・464 下	傅　煥	12・147 下
	19・606 下	傅　清	13・74 下
	19・680 下	傅淮清	19・175 上
	20・142 上	傅　隆	13・445 上
	20・271 下		19・607 上
傅　映	13・445 下		19・681 下
	19・606 下		20・144 上
	19・681 上		20・272 下
	20・143 上	傅習英	6・490 下
	20・272 上	傅　瑛	7・457 下
傅　昭	13・445 下		7・575 上
	19・606 下	傅　琨	19・756 上
	19・681 上		20・228 下
	20・142 下	傅　琰	20・143 上
	20・271 下		20・272 上
傅　亮	13・445 上	傅　琯	18・464 下
	19・606 下	傅　敬	11・342 下
	19・680 下	傅景賢	3・496 下
	20・142 下	傅　詠	20・675 上
	20・271 下	傅　弼	10・492 下
傅恒文	1・633 下	傅　瑗	20・142 下
傅　恆	13・228 下	傅夢臣	13・86 下
傅　宣	13・433 下		14・470 上
	17・406 上		14・584 下
傅　祇	13・433 下	傅　幹	13・433 上
	19・680 下		17・406 上
	20・141 下	傅　㟆	3・612 上
	20・270 下	傅　楫	13・258 下
傅　珧	13・445 上	傅　嵩	6・401 下
傅起巖	3・275 下	傅　詩	1・470 上
傅振全	8・503 下	傅慎微	5・418 上
傅　釗	7・519 上		8・506 上
傅培峰	13・591 下		9・78 下
	18・706 上		9・769 上

	13・408 上		6・310 下
	15・648 下		6・400 下
傅義清	13・583 下	傅　潛	7・48 下
	20・723 上		7・460 下
傅　煥	1・740 上	傅樹崇	13・215 下
傅堅眼	12・2 上	傅樹棠	1・650 上
傅　嘉	13・491 上	傅　縡	13・446 上
	19・352 下		19・607 上
傅　煆	2・540 上		19・681 下
	13・433 上		20・143 下
	17・406 上		20・272 下
	17・460 下	傅鍾岳	3・280 下
	19・680 上	傅應相	12・164 下
	20・141 下		12・586 下
	20・270 下	傅應奎	8・333 上
傅　榜	13・494 下	傅應風	9・409 下
傅榜乾	14・685 下	傅應詔	12・136 上
傅爾正	12・648 上		12・480 下
傅爾忠	6・136 上	傅應鳳	8・598 下
傅　鋌	3・720 上	傅　燮	13・112 上
傅　榮	12・151 下		13・310 下
	12・273 下		15・239 上
傅　寬	2・510 上		15・552 上
傅　鼏	13・118 下		19・481 上
	15・273 下	傅　翽	13・445 上
	15・578 下		19・606 下
	16・474 下		19・681 上
	20・448 上		20・143 上
傅維新	7・215 上		20・272 上
傅　瑾	13・586 上	傅　燧	16・262 上
傅　賢	16・479 下		16・460 下
	18・62 上		19・510 上
	18・348 下		19・606 上
傅　德	7・46 上		19・680 上
傅　毅	2・688 下		20・141 上
	3・767 上		20・270 上
	4・464 下	傅覺世	5・105 下

焦

焦士範	6·660 下
焦大梁	8·771 上
焦之序	6·84 下
	6·168 下
焦之雅	2·671 上
	6·89 上
	6·176 上
焦 元	2·649 上
	8·611 上
焦元奇	13·396 上
	14·705 上
焦方茂	3·494 下
焦 正	13·343 下
	14·572 上
焦世爵	6·660 下
焦廷臣	10·642 上
焦廷雲	1·588 上
	6·389 下
焦廷節	10·642 上
焦汝超	1·587 下
	6·313 下
	6·387 下
焦均正	12·75 下
焦孝龍	10·663 下
焦志秦	1·601 上
	3·492 下
焦志賢	16·45 上
	18·423 上
焦芳夏	13·645 下
	14·706 下
焦克講	1·638 下
焦忠孝	1·737 上
	12·138 下
焦承光	11·115 下
焦 玹	6·72 下

焦 相	6·155 下
	13·145 下
	14·651 下
焦相棟	8·119 下
焦映岱	6·618 下
	6·660 下
焦映漢	6·618 上
	6·660 上
焦映龍	6·621 上
	6·660 下
焦思剛	2·649 上
焦 度	13·386 下
	14·356 下
	18·82 下
	18·378 下
焦炳林	17·734 上
焦 耿	1·627 上
	10·696 上
焦 桐	1·443 下
	3·335 下
	3·397 下
焦桐琴	20·706 下
焦國琢	17·733 上
焦國鼎	6·622 上
	6·660 上
焦萬水	3·346 下
	3·410 上
焦□棟	1·603 下
焦雲龍	1·377 上
	7·276 上
	7·330 下
	10·469 下
焦景紘	13·295 上
	14·705 下
焦貴錫	8·663 下
焦 甡	2·299 下
焦 傑	13·532 上

焦復澈	1 · 593 上		11 · 601 下
	5 · 732 上	焦耀隆	6 · 487 上
焦道光	17 · 321 上	焦繼先	3 · 495 上
焦道廣	10 · 663 下	焦繼烈	6 · 660 下
焦湧	12 · 137 上	焦繼勳	13 · 40 下
	12 · 484 上		15 · 254 下
焦勤	6 · 616 下		15 · 562 下
	6 · 660 上	焦顯	3 · 180 下
焦楫	13 · 559 下		
	15 · 715 上	**郇**	
焦源清	2 · 650 下	郇國長公主	2 · 265 上
	6 · 65 上		
	6 · 148 上	**粵**	
焦源溥	6 · 65 下	粵乾	11 · 52 下
焦禋	10 · 635 下		
焦經蘭	7 · 652 上	**奧**	
焦璉	19 · 454 下	奧屯貞	8 · 493 下
焦榮棟	1 · 603 下	奧林	13 · 332 下
	8 · 119 上		19 · 325 下
焦積	3 · 242 下		19 · 351 上
焦瓛	2 · 290 下		
焦據德	13 · 661 上	**復**	
焦爵	12 · 156 下	復揚清	3 · 727 下
	12 · 378 上		
焦應林	3 · 62 上	**舒**	
焦應鶴	12 · 614 下	舒士林	1 · 758 上
焦濟舟	17 · 607 上		12 · 67 上
	17 · 695 上	舒士興	12 · 32 下
焦鎬	8 · 622 下	舒大本	11 · 41 下
焦騰漢	13 · 298 上	舒全瑞	11 · 529 上
	14 · 706 上	舒秀松	1 · 421 上
焦韻清	8 · 770 下	舒良材	18 · 463 下
焦繩武	3 · 338 上	舒其紳	1 · 343 下
	3 · 399 上		3 · 324 下
焦獻猷	3 · 62 上		3 · 373 下
	6 · 376 下		7 · 37 上
	11 · 577 下	舒育財	11 · 422 上

舒　泰	20・478 下		**禽**	
舒得祿	1・642 下			
舒　翎	13・198 下	禽　息		3・705 下
	18・175 下		**勝**	
舒紹祥	1・389 上			
	5・81 下	勝　福		13・229 上
	6・375 下		**鄥**	
舒達政	12・20 上			
舒　鈞	6・137 上	鄥　佐		14・604 下
舒遠才	12・32 下	鄥俊彩		13・482 上
舒　亶	13・144 上			14・613 上
	19・429 下	鄥隆德		11・343 下
舒　暢	7・637 下		**然**	
舒鴻儒	13・206 上			
	18・41 下	然　果		10・430 上
舒鵬翼	12・136 上			10・480 上
	12・480 下	然肢和尚		16・346 上
		然逸期		2・719 下
	欽			5・653 上
欽　明	18・545 下		**鄒**	
欽　拜	20・446 下			
欽察臺	13・99 上	鄒十三		5・120 上
	19・431 下	鄒邦榮		9・21 上
欽　徽	12・164 上	鄒吉方		14・352 上
	12・584 下			14・688 上
		鄒光表		1・736 上
	鈕			12・198 上
鈕大紳	13・162 上	鄒廷賢		20・232 上
	19・461 上	鄒向魯		16・28 上
鈕廷彩	13・73 下	鄒均禮		7・676 上
	19・670 下			7・680 下
	19・778 下	鄒　岐		18・525 下
	20・27 上	鄒作聖		5・117 上
鈕　琇	8・363 下	鄒　昊		13・390 下
	8・452 下	鄒宗彝		7・383 下
	8・549 上	鄒　春		16・480 下
	9・421 下	鄒　相		2・649 上

鄒高祿	11・773 下
鄒　琳	7・588 上
鄒景桂	11・710 下
	11・765 下
鄒　楷	18・135 上
	18・345 下
鄒　瑤	13・605 下
	19・169 下
鄒　璘	12・615 上
鄒學商	7・586 下
鄒　澤	13・174 上
	16・760 上
鄒應龍	2・635 下
	3・57 上
	4・704 上
	4・776 上
	13・273 上
	14・498 下
	14・776 上
	15・89 下

哀

哀士繡	7・59 下

斌

斌雅尚師	14・421 下
	19・761 下
	20・230 上

童

童元吉	12・685 下
童有齡	16・298 下
童兆蓉	1・375 上
童志道	19・187 下
童奉先	12・288 下
童　鈞	1・699 下
童　鉞	3・55 上

童鳴玉	2・427 上
童德福	3・539 下
童顏舒	1・529 下
	12・281 上

善

善佩珩	13・628 下
善　卷	12・397 上
善　興	12・397 上
善　禧	12・408 上

普

普屯威	14・393 上
	16・659 上
普日孝	13・113 上
	16・757 下
普　安	2・712 下
	3・106 下
	5・528 上
	5・653 上
	5・759 下
	12・78 上
普音和尚	7・119 上
普寂義福	2・714 上
普　渡	14・420 下
	15・175 上
普　福	7・39 下
	7・153 上
普　慶	7・524 上
普　遵	3・454 上

道

道以德	13・457 下
	19・723 上
道　本	13・309 下
道　生	2・712 上
道　玄	5・760 上

道成和尚	17・67 下	曾　銑	7・27 上
道　因	2・231 下		13・59 上
道　安	2・233 上		19・451 下
	2・710 下		19・574 上
道　昭	14・414 下		19・665 上
道　泰	17・421 下		20・130 上
道　悟	14・414 下	曾廣嶽	13・222 下
道　通	20・454 上	曾彰泗	1・399 上
	20・477 上		12・104 上
道　碧	2・711 下		12・271 下
道　源	4・600 上	曾榮福	1・656 下
道　融	2・711 下	曾臚甲	7・701 下
曾		曾　穌	13・82 上
		曾麟綬	19・223 上
曾力行	13・209 上	**勞**	
曾王孫	12・90 上		
曾文受	13・470 上	勞啓恂	1・380 下
曾　玉	5・468 下	**馮**	
	5・699 上		
曾　成	10・700 下	馮三定	11・306 下
曾志道	12・499 上	馮士泰	11・37 上
曾志義	12・492 上	馮士標	13・68 上
曾希孔	18・41 下	馮大柱	7・71 下
	19・343 上		7・494 下
曾希冬	13・441 下	馮天運	7・95 上
曾若虛	3・777 上	馮天鸞	11・28 上
	4・267 上	馮元佐	1・691 下
曾星輝	11・753 下		8・99 上
曾國傑	13・471 下	馮元叔	6・372 上
曾望顏	1・319 下	馮元炘	1・587 上
曾貫元	18・725 下		4・685 上
曾紹一	1・766 上	馮　友	2・637 下
曾　琮	5・268 下		3・58 上
曾朝康	7・607 下	馮少墟	19・696 上
曾　道	10・700 下	馮曰恕	7・349 下
曾毓哲	13・594 下	馮仁□	2・268 上
	18・710 上	馮以引	1・467 下

馮允中	1・552 上		5・75 下
	7・68 下		9・72 上
	7・216 下		13・116 下
馮玉田	6・498 下	馮行己	15・262 下
馮玉泰	8・505 上	馮行襲	9・69 下
馮世奇	1・550 上		9・760 下
	7・61 下	馮兆奎	8・338 下
馮世和	13・486 上	馮兆慶	9・706 下
	19・119 下	馮如京	7・544 下
	19・173 下		13・67 下
馮世經	13・471 下		20・624 下
馮　本	2・254 上	馮　羽	5・274 下
馮甲榮	11・51 上	馮均臣	13・305 下
馮令德	7・701 下		15・323 上
馮　立	7・21 下		15・658 下
	7・144 下	馮　志	10・680 上
	7・192 上	馮克昭	6・405 上
	7・406 上	馮　辰	2・693 下
	9・475 上		3・205 上
	10・20 上	馮佐義	19・542 下
馮永昌	14・424 下	馮伯勳	4・764 下
馮吉品	13・362 下	馮希賢	10・545 下
馮成身	11・768 下	馮君洗	13・485 下
馮成泰	11・30 下		19・122 上
馮光明	13・240 下	馮奉世	2・518 下
	19・373 下		13・28 上
馮光修	3・36 上		13・143 下
馮廷理	1・631 上		15・234 上
	8・507 下		16・261 上
馮廷運	1・646 上		19・313 下
馮廷蓮	12・152 下		19・335 下
	12・290 上		20・429 上
馮仲陽	1・624 上	馮　玠	1・658 上
	9・703 下	馮　長	2・716 上
馮　亢	3・35 下		3・106 上
	5・1 下	馮　英	1・608 上
	5・37 上		12・98 下

	12・446 上	馮祖蔭	11・610 上
馮述武	3・728 上	馮飛雲	13・314 下
馮昌奕	9・419 上		20・11 上
馮昑	3・538 下	馮珣	11・749 上
馮明鏡	7・95 上	馮起龍	7・348 下
	7・495 下	馮致用	6・395 下
馮迪	7・749 上	馮致祥	7・309 下
馮忠	14・503 下		7・359 下
	15・72 下	馮時	13・435 下
馮侃	3・766 上	馮時貴	12・425 上
	4・470 上	馮益	15・251 下
馮金貴	17・133 上	馮恩	7・74 上
馮念祖	13・183 下	馮健	1・524 上
馮周祥	1・642 下		4・588 上
馮庚	10・470 上	馮豹	2・535 下
馮法漢	13・502 上		3・215 下
	15・113 下		18・521 上
馮河清	2・592 下	馮唐	2・511 下
	13・39 上		4・703 下
	19・511 上		4・776 上
馮宗洙	7・349 下		6・407 上
馮定	3・317 上	馮逡	3・716 下
	3・369 下		4・439 下
馮宛	11・638 下		13・83 上
馮珍	3・538 上		13・112 上
馮南斌	19・675 上		16・459 上
馮映彩	10・542 上	馮珵	5・616 上
馮星明	13・661 下		5・726 下
馮俊	3・331 上	馮琇	20・455 下
	3・391 下	馮盛明	10・391 下
	12・60 下		10・467 上
馮衍	2・687 下	馮野王	3・175 上
馮胤	4・164 下		7・272 上
馮前	4・423 下		7・328 上
馮洪	13・245 上		7・740 下
	18・336 下		8・193 上
馮祖悦	13・219 上		8・227 下

	9・84 上	馮雲杏	11・53 下
	10・7 下	馮鼎	13・642 下
	13・83 上	馮景運	4・776 下
	14・460 上	馮貴	3・537 上
	16・459 上		11・715 上
馮異	5・379 上		11・758 下
	13・29 上	馮傑	5・274 下
	15・235 上	馮舜漁	7・749 下
	15・550 下	馮勝	6・708 上
	16・261 下		10・389 下
	17・370 上		13・48 上
	19・443 上		14・756 上
馮崐	1・437 下		16・473 上
馮崑	4・761 上		19・50 下
馮進	2・622 上		19・201 下
馮從吾	2・685 下		19・299 下
	3・58 上	馮然	13・456 下
	7・678 下	馮道	9・74 下
馮庸	13・273 下		9・765 下
	14・521 上	馮道士	7・119 下
	14・768 上		7・179 下
	15・81 下	馮道催	14・424 下
馮翊治	12・280 下	馮運盛	11・306 下
馮商	2・686 下	馮瑋	6・561 上
	3・299 下	馮瑞	18・426 上
馮清現	1・699 上	馮聖朝	11・223 下
馮淑眉	11・14 上		11・271 上
馮寅	6・578 下	馮暉	13・40 下
馮參	2・522 上		19・572 下
	4・660 下		19・659 下
馮貫	5・503 下		20・121 上
	5・604 下		20・264 上
	5・710 上		20・286 下
馮琳	19・191 下	馮源	19・372 下
馮琦	14・509 下	馮禎	7・457 下
馮葆光	4・426 上	馮綉	20・217 下
馮朝用	3・207 下	馮嘉賓	20・453 下

馮　熙	2·550 上		14·665 上
	2·704 下	馮應元	6·491 上
馮爾暉	20·220 上	馮　霈	11·6 下
馮種玉	1·657 下	馮騰蛟	1·644 下
馮毓龍	4·769 上		12·138 下
馮榮光	18·718 上		12·485 上
馮滿才	7·95 上	馮　譚	15·234 下
馮　寧	2·626 上	馮繩祖	1·628 下
	3·537 上	馮蘭亭	11·342 下
馮盡善	9·419 下	馮耀璧	8·666 下
	10·361 下	馮　燨	16·298 下
馮緒宗	11·532 下	馮繼祖	6·400 下
馮　緄	15·238 上	馮繼業	9·75 下
馮維均	10·701 上		10·12 上
馮維京	13·531 上		20·265 上
馮維景	16·769 下		20·287 上
馮　綵	1·608 上		20·363 下
馮德昌	19·689 上	馮麟趾	12·331 上
	20·157 上	**湛**	
馮慶長	9·418 上		
	9·781 上	湛上人	14·414 下
馮慶曾	13·219 上		16·345 下
馮養志	7·685 上	湛光國	11·543 下
馮養性	1·762 下	**湯**	
	7·345 下		
馮　潮	18·424 下	湯子坤	1·532 下
馮　選	3·72 下	湯引績	7·193 上
馮　嫽	20·460 下	湯允勛	7·47 下
馮樹滋	7·350 上	湯廷玉	12·408 下
馮樹勳	1·762 下	湯　和	7·31 下
	7·287 下		7·150 下
	7·345 上		10·389 上
馮樹蘭	16·42 下		13·48 上
馮錫齡	7·350 上		19·661 下
馮　燃	19·697 下		20·124 下
馮　禧	13·628 上	湯　倬	11·770 上
	14·572 上	湯　浙	5·421 上

湯　浴	12・168 下		温自裕	15・705 下
	12・662 上		温向鼎	13・521 下
湯　敏	1・379 下		温多藝	1・605 上
湯萬玉	19・700 下			11・5 上
湯爲雯	6・136 上		温汝德	14・705 下
湯　斌	10・411 下		温孝伯	17・15 下
	10・467 下		温　序	13・29 上
湯殿元	12・428 下			15・236 下
湯銘新	11・417 上			15・550 上
湯　鼐	14・360 上			16・460 上
	14・362 下		温　良	7・656 下
湯範典	18・734 上		温其鏞	1・397 上
湯　霖	17・12 上			5・702 下
湯應武	12・13 上		温協長	12・448 上
			温承惠	1・332 下

温

				7・36 下
温士超	12・37 下		温彦博	2・225 上
温元春	13・531 上		温　恢	18・527 上
	16・198 上		温　洪	11・539 上
温日知	6・82 上		温素知	9・412 上
	6・166 下		温　訓	12・27 上
温以良	12・31 下		温　席	12・35 下
温予知	6・81 上		温　純	2・621 上
	6・165 上			6・63 下
温予巽	1・532 上			6・126 下
温世隨	1・689 上			6・146 下
温本知	6・92 下		温朝鳳	6・88 上
	6・175 上			6・174 上
温廷傑	16・88 下		温淵知	6・167 上
温廷鸞	6・182 上		温　遜	10・316 上
温仲舒	3・711 下		温　璇	9・703 上
	13・116 下		温　模	13・173 下
	15・256 下			16・759 上
	15・563 下		温　儀	1・451 上
	16・186 下			6・79 下
	16・465 上			6・161 上
温自知	6・167 上		温　編	6・67 下

	6・152 上		19・430 上
温樹珖	2・695 下	游　堅	14・351 下
	6・83 下		14・361 下
	6・167 下		14・798 上
温樹琴	6・88 下		15・178 上
	6・175 下		19・133 上
温興昌	1・590 上	游得宜	8・618 上
温　禧	13・194 下		8・620 上
	18・336 下		8・660 下
温　懋	1・752 下	游道亨	14・479 上
温懷璋	14・354 下	游　楚	13・83 下
滑			16・462 下
		游　靖	6・573 下
滑　崙	13・206 上	**渾**	
	17・391 上	渾　瑊	5・266 上
淵			6・484 下
淵安國	8・495 上		9・85 下
游			10・6 下
			11・251 下
游子遠	10・29 下		13・277 下
	10・104 上		14・765 上
游成麒	10・74 下		19・658 上
游光濟	6・573 上		20・118 下
游明根	2・704 下		20・262 下
	3・215 下		20・285 下
游師雄	5・2 上	渾　鎬	13・266 下
	6・573 上	**寒**	
	13・45 上		
	13・85 上	寒　貧	2・704 上
	14・466 下		12・504 下
	14・755 上	**富**	
	15・265 上		
	15・570 上	富井成	13・242 下
	16・598 上	富　成	15・595 下
	17・147 下		18・465 下
	17・165 下	富　兆	7・153 下

富　辰	6・564 下	甯述俞	1・564 下
	9・429 上		10・479 下
富明阿	11・675 下	甯佩卿	3・414 上
富星阿	12・408 上	甯時鎮	9・679 下
富　亮	13・213 下	甯　笏	12・525 下
富　祥	13・73 上	甯　泓	1・490 上
富　貴	19・475 下		9・682 上
富　喀	19・756 下	甯　娥	8・125 上
富甯安	13・71 下	甯　戚	3・771 下
	19・304 上	甯　參	8・546 下
	20・421 下	甯景仁	9・36 下
	20・444 上	甯　楓	9・60 上
富嘉謨	6・571 下	甯爾強	1・636 上
富僧阿	1・410 上		6・494 下
富　綿	10・666 下	甯鳳超	1・613 下
富　德	20・444 上	甯維垣	8・489 上
		甯養氣	7・274 下

甯

			7・329 下
甯一觀	10・496 上	甯　鎬	18・348 下
甯之翰	5・470 下	甯鑑堂	4・770 上
	5・699 下	甯顯魁	11・657 上
甯化龍	10・390 上		
	10・466 下		

補

甯心祖	12・650 上	補　艾	13・254 下
甯　正	13・250 下		20・626 下
	14・470 下	補嚴和尚	14・421 下
甯世延	13・167 下		17・67 上
	17・553 下		

裕

	17・644 上		
甯可棟	7・751 下	裕淑貞	2・420 下
甯朱枸	13・690 下	裕　曾	13・162 下
	19・189 下		19・461 下

費

甯延樞	10・420 上		
甯企政	9・684 上		
甯迎喜	13・657 下	費甲鑄	2・701 下
	15・681 下	費克長	6・393 上
甯　沛	3・73 上	費邑宰	3・64 下

費　灼	5・702 下	賀丹銘	18・94 上
費振篤	1・674 下	賀允光	7・117 下
	6・393 下	賀世達	16・273 上
費國興	19・123 下	賀世魁	7・77 上
費揚古	20・443 上	賀世賢	7・73 下
費　楷	13・208 上	賀甲第	8・118 上
	19・670 上	賀有年	2・631 上
	20・138 上		3・206 下
費　震	12・86 上		19・227 下
費養源	6・584 下		20・648 下
	6・639 上	賀有章	7・39 下
費緯祉	6・583 上		7・154 上
	6・638 下	賀廷選	7・581 下
費　穆	13・100 上	賀仲瑊	1・364 下
費　顯	10・189 下		12・570 上
費　瓛	13・49 上	賀仲軾	5・5 上
	19・300 上		5・38 下
賀		賀兆文	14・424 下
			19・762 上
賀人龍	7・295 下	賀多羅	18・538 下
賀九成	3・403 下	賀　均	3・330 上
賀士英	1・603 上		3・394 上
	8・117 上	賀含章	6・171 上
賀大成	11・488 下	賀免災	7・74 上
賀大雷	7・46 上	賀狄干	2・704 下
賀大德	7・66 下	賀若誼	9・65 上
	7・165 下		9・756 上
賀天保	13・675 下		10・585 下
	19・763 上		13・33 上
	20・63 上		13・207 下
	20・222 上		19・445 上
賀天爵	7・90 上	賀　英	1・682 上
賀太極	5・126 上		5・621 上
賀屯植	2・214 上		5・734 上
賀仁傑	2・616 上	賀來獻	20・638 下
	3・328 下	賀拔岳	5・379 上
	3・393 上		13・33 下

	13·95 上	賀　賁	3·328 下
	17·264 上		3·393 上
賀拔勝	7·22 上	賀萬年	10·316 下
	7·145 上	賀萬鍾	10·363 下
	7·191 下	賀雲龍	11·118 上
賀叔嗣	18·545 下	賀雲鴻	1·391 下
賀虎臣	7·34 下		9·423 下
	13·252 上	賀遇霖	1·592 上
賀昌業	7·589 下		3·413 上
賀承光	8·107 上	賀　勝	2·616 下
賀春元	17·621 上		3·329 上
	17·729 上		3·393 下
賀　珍	1·593 上	賀奠堃	8·118 上
	5·618 上	賀道士	7·119 下
	5·731 上		7·180 上
賀南松	1·654 下	賀登甲	7·701 上
	11·712 上	賀登捷	7·62 上
	11·755 下	賀瑞麟	1·454 下
賀　貢	11·223 上		11·35 下
	11·270 下	賀誠思	11·345 上
賀逢庚	8·117 下	賀福章	1·602 上
賀培芬	12·408 下	賀　樏	1·613 上
賀掄元	17·753 上		11·345 上
賀婁子幹	7·22 上	賀爾康	13·454 下
	7·145 上		19·697 上
	7·182 下		20·163 下
	13·178 下	賀爾德	19·692 上
	13·256 上		20·164 下
	15·250 下	賀　榮	7·66 上
	18·453 下		7·163 上
	18·541 下	賀增壽	13·681 上
賀進功	7·701 下		20·651 上
賀　從	3·338 上	賀霄鵬	1·763 上
	3·399 下	賀　暹	13·193 上
賀惟一	2·616 下		18·184 上
	3·329 下	賀　質	7·89 上
	3·393 下	賀　潤	13·434 下

	17・407 下	蓋廷章	11・24 下
賀　璠	3・247 上	蓋　延	10・8 上
賀　勳	7・42 下	蓋　苗	13・47 下
賀學禮	7・60 上	蓋　鈺	1・364 上
賀錫齡	7・299 下		9・424 上
	7・358 下		10・101 下
賀龍光	11・356 下		12・58 下
賀鴻儒	7・60 上	蓋嘉運	13・37 下
賀蘭二老	19・761 上		18・547 上
	20・46 上		19・341 上
	20・229 下		20・419 上
賀蘭祥	9・66 下		20・435 上
	9・757 下	蓋　猨	9・413 上
賀蘭譽	2・365 下		13・107 下
賀寶善	17・735 上	蓋　勳	13・329 下
賀靈秀	13・222 上		15・240 上
			15・553 上
			16・462 上
			19・320 下
			19・344 下

十三畫

麯

麯菉豆	6・423 上

瑚

瑚圖禮	17・170 上

瑞

瑞　光	3・613 上
瑞竹領占	14・417 下
瑞　清	10・168 下

鄢

鄢桂枝	3・275 下

蓋

蓋文達	9・690 下
蓋方泌	1・349 上

靳

靳一夒	10・602 上
靳之翰	3・345 上
	3・409 上
靳文藻	16・333 上
靳可教	20・10 上
靳孝謨	6・615 下
	6・668 下
靳茂湘	10・267 上
靳治兗	18・187 下
靳宗洛	16・330 下
靳　香	8・643 上
靳彥選	5・471 下
靳美玉	1・497 上
	8・620 上
	8・656 上

	9・691 上
靳桂香	13・252 上
	19・668 下
	20・136 上
	20・290 下
靳　能	10・199 下
	10・246 下
	10・271 下
靳能起	13・368 下
靳惟一	9・83 下
靳　善	13・104 下
	17・212 上
靳福海	1・625 上
	8・567 上
靳　榜	8・599 上
	9・419 下
靳　賢	13・366 下
	17・248 下
靳德彰	9・677 上
靳樹榛	3・323 下
	3・373 上
靳樹榮	13・555 下
	15・703 下
靳　歆	13・27 上
	15・233 下
	16・261 上
靳寶慶	20・721 上

夢

夢捷孫	10・317 下

蒼

蒼巖道人	14・422 下
	19・757 下
	20・228 下

蒲

蒲一鷗	15・661 上
蒲文振	5・383 上
蒲心浩	12・331 上
蒲玉京	5・383 下
蒲　卣	13・192 下
	16・467 上
	18・266 下
	18・342 上
蒲作新	16・29 上
蒲　茂	13・396 下
	13・538 上
蒲來舉	13・122 上
	15・276 上
	18・415 上
蒲述志	5・383 下
蒲　昇	13・96 上
蒲修政	13・415 下
	16・27 下
蒲　洪	12・640 下
蒲　珩	13・412 上
	15・328 上
	15・666 上
蒲師道	13・192 上
	18・269 下
	18・347 下
蒲國柱	3・276 上
蒲象元	5・383 下
蒲　庸	12・100 上
	12・201 上
蒲焱森	5・387 下
蒲嘉輪	4・242 上
蒲嘉輪母	4・242 下
蒲爾公	5・383 上
蒲察天吉	17・442 上
	18・51 下
蒲察仁亨	14・586 上
蒲察世祿	14・586 上
蒲察必達	14・586 上

蒲察仲	14・586 上
蒲察俊	13・267 上
	14・586 上
	14・765 下
蒲察菘	13・277 下
	14・586 上
	14・765 下
蒲察道淵	2・339 上
蒲　璋	13・412 上
	15・327 下
	15・666 下

蒙

蒙天麻	9・678 上
蒙天寵	12・295 上
蒙文華	8・664 上
蒙世澤	17・751 上
蒙生芳	1・617 上
	9・676 下
蒙永泰	5・618 下
	5・731 下
蒙　亨	5・383 上
蒙佩璋	10・536 下
蒙　恬	7・271 下
	7・328 上
	7・404 上
	13・27 上
	14・751 上
	17・370 上
	19・571 下
	19・657 上
	20・116 上
	20・260 上
	20・283 下
	20・361 上
蒙頒賜	13・424 下
	16・44 下

	18・422 上
蒙樹培	10・168 上
蒙蘭生	1・646 上
	12・153 上

幹

幹札簀	13・434 下
	19・661 上
	20・123 下
幹道沖	19・683 下
	20・147 上
	20・273 下
幹　欒	13・320 下

禁

禁　神	14・426 上
	17・445 下

楚

楚之翹	1・739 上
楚文璟	12・137 上
楚文暻	1・526 上
	12・481 下
楚白珩	1・739 上
	12・498 上
楚金禪師	2・301 上
	6・443 上
楚　或	13・109 上
楚　書	13・449 上
	19・609 下
	19・685 下
	20・150 下
楚　珵	12・137 上
	12・481 下
楚國夫人楊氏	2・328 上
楚國梁	13・425 下
楚淩雲	13・425 上

	16・45 下	楊　三	17・19 下
	18・420 上	楊三辰	18・464 上
		楊三知	7・47 上
楊			7・172 上
楊一正	6・661 下	楊三復	15・716 上
楊一桂	13・624 上	楊三鳳	11・488 上
	14・518 下	楊于果	13・417 下
	16・631 上		15・695 下
楊一清	7・26 下		16・128 下
	13・54 上		16・166 下
	14・648 上	楊于京	11・253 上
	17・378 下	楊于庭	13・295 下
	19・43 下	楊于棠	16・172 下
	19・450 上	楊士元	11・275 下
	19・574 上	楊士正	17・47 下
	19・664 下	楊士林	8・504 下
	20・129 上	楊士果	1・454 上
	20・268 下		6・162 上
	20・289 下	楊士達	9・470 上
	20・365 上	楊士廉	8・624 上
楊一鈞	12・86 上		13・145 下
楊一湖	6・661 下	楊士榮	10・365 上
楊一漳	6・618 下	楊士璣	13・146 上
	6・661 上		14・479 上
楊　卜	13・428 上	楊士諤	19・35 下
楊卜花	19・609 上	楊大士	7・47 下
	19・684 上		7・172 上
	20・148 上	楊大生	12・138 上
楊卜階	18・357 下		12・485 上
楊九容	10・267 下	楊大成	12・138 下
楊九鼎	6・376 上	楊大全	8・495 上
楊九澤	9・527 下		15・316 下
	10・501 下		15・648 上
	10・646 下	楊大坦	1・391 下
楊乃林	9・579 上		12・447 上
	10・539 下	楊大烈	13・467 下
楊又震	12・280 下		18・660 上

楊大眼	13・428 上	楊天瑞	9・136 下
	18・290 上		10・33 上
	18・358 上	楊天際	6・373 下
楊大脚	11・713 上	楊天德	1・637 上
	11・757 下		2・682 上
楊大雅	9・509 上		3・257 下
楊大爲	13・581 下		6・707 下
楊大淵	15・317 上		13・153 上
	18・68 下		16・327 上
	18・362 上		17・212 上
楊大節	10・362 下		20・297 下
楊大慶	6・395 下		20・315 上
楊大潮	11・679 下	楊天興	12・1 下
楊大寶	3・736 上		13・489 下
楊　才	20・719 上	楊天錫	16・329 上
楊上華	11・768 下	楊天澤	13・664 上
楊久芝	10・37 上		15・705 下
楊之傑	1・694 下		16・331 下
楊之璋	6・135 上		18・720 上
楊之翰	11・23 下	楊天縱	1・460 上
楊之璧	3・279 上		8・91 上
楊子才	13・516 上	楊　元	18・353 下
楊子江	6・67 下	楊元生	10・68 下
	6・152 上	楊元杰	11・32 下
楊子阿	14・425 上	楊元和	14・409 下
	15・293 上	楊元昭	13・690 下
	15・614 上		19・115 上
	16・153 上		19・190 上
楊子實	9・663 下	楊元就	9・713 上
楊天佑	12・497 上	楊元慎	9・461 下
楊天位	11・308 上	楊不花	13・448 上
楊天培	13・420 上	楊太徽	17・133 下
	16・38 下	楊友桂	10・317 上
	16・332 上		10・537 上
	18・689 下	楊巨海	13・518 上
楊天敍	9・691 上	楊日昇	2・661 下
楊天富	17・124 下		11・54 上

楊中彥	16・603 下		3・275 下
楊中炤	1・755 上		10・694 上
	11・528 下	楊文恩	3・166 下
楊中時	13・701 下	楊文淶	10・495 下
	19・758 下	楊文乾	7・274 下
	20・226 下		7・329 下
楊中清	1・627 下	楊文煥	7・38 下
楊　午	8・506 上		7・150 下
楊午蔭	10・699 上	楊文啓	12・157 上
楊　化	9・90 上		12・345 下
楊公則	13・544 上	楊文博	10・495 上
	15・297 上	楊文發	8・509 上
	15・621 上	楊文義	20・651 下
楊　月	1・614 上	楊文煜	8・114 上
	10・34 下	楊文蔚	1・602 上
楊月桂	10・192 上		13・510 下
楊　文	12・663 上		16・690 上
楊文安	13・408 下	楊文廣	13・43 上
	15・650 上		13・242 下
	18・69 上		19・447 下
	18・362 上	楊文選	6・530 上
楊文宏	14・409 下	楊文舉	19・113 上
楊文林	16・688 下	楊文興	13・523 下
	19・701 下		19・514 上
楊文忠	18・182 下	楊文耀	16・703 上
楊文孟	13・701 下	楊　方	9・730 上
	19・758 下	楊以偉	7・46 上
	20・46 上	楊以誠	3・484 下
楊文奎	13・366 下	楊允中	11・115 上
	20・303 上	楊允昌	6・480 上
	20・331 上	楊允賢	3・606 下
楊文思	9・472 上	楊水華	8・126 上
	10・499 下	楊　玉	1・660 上
	18・331 上		13・309 上
楊文泉	16・300 上		17・408 上
楊文紀	10・499 下	楊玉生	6・79 下
楊文泰	3・248 下		6・161 上

楊玉振	11・274 上	楊本古	13・296 下
楊玉章	1・392 下	楊本春	8・617 下
	3・282 上		8・619 下
楊玉祿	13・510 下	楊本植	13・400 上
	16・690 下	楊可立	13・293 上
楊玉德	8・342 下		17・107 上
楊玉潔	1・757 上	楊可教	17・107 上
楊玉潤	17・297 上		17・115 上
楊玉檜	11・393 下	楊可紹	13・566 下
楊　正	10・362 下	楊可棟	11・48 上
楊正芳	8・597 上	楊丕綏	1・597 上
楊正茂	6・611 上		6・179 下
	6・639 上	楊　甲	6・708 上
楊正轄	7・77 下	楊四聰	11・50 上
楊　世	18・353 上	楊生玉	11・611 下
楊世有	12・682 下	楊生芝	1・587 上
楊世芳	6・495 上		2・696 下
楊世茂	16・219 下	楊生茂	13・622 下
楊世英	6・627 下	楊生枝	17・137 下
楊世威	3・499 上	楊生榮	19・28 上
楊世俊	13・261 下	楊仕伊妻韓氏	6・551 上
	19・203 下	楊仕敏	13・390 上
楊世桂	5・475 下		16・535 下
	5・700 下	楊仕顯	8・500 上
楊世達	3・768 下	楊仙喬	3・82 上
楊世貴	10・683 上	楊令寶	13・428 上
楊世傑	3・66 上		18・290 上
楊世蔭	1・730 上		18・357 下
楊世榮	1・709 下	楊　必	13・244 下
楊世綱	8・112 上		18・132 上
楊世賢	1・664 上	楊必信	1・614 下
	7・91 上		10・36 下
	7・174 上	楊必澄	10・528 下
楊世蘭	13・596 上	楊永平	13・133 上
楊古本	17・47 上		13・534 下
楊古英	13・356 上	楊永明	20・383 下
楊本仁	6・661 下	楊永俊	9・657 下

	10・41 下	楊　炭	13・35 上
楊永華	13・681 上		13・238 下
	20・650 下	楊先升	3・539 上
楊永儀	11・770 下	楊先合	1・694 上
楊永慶	9・58 上		11・35 上
楊永錫	5・351 上	楊廷元	18・489 上
	5・373 下	楊廷秀	10・621 上
楊弘武	10・500 上	楊廷俊	6・495 下
楊弘禮	10・500 上	楊廷桂	6・610 下
	20・434 下	楊廷梓	10・69 上
楊邦基	9・511 下	楊廷清	8・500 下
楊邦梁	5・194 下	楊廷棟	11・32 上
楊邦棟	8・767 上		13・398 下
楊邦憲	7・35 上		18・424 上
	7・152 上	楊廷湖	8・508 下
楊在甲	13・678 下	楊廷翠	13・668 下
楊在陛	2・662 下	楊廷璋	13・40 下
	6・76 下		17・265 上
	6・159 上	楊延宗	6・516 下
楊有恆	19・12 上	楊仲武	7・787 下
楊有德	20・20 下		13・86 下
	20・231 下		13・200 上
楊　存	20・478 下		14・469 上
楊成喜	19・519 下		16・603 上
楊成談	10・315 下		17・377 下
楊　光	7・147 上		19・431 下
楊光才	13・672 上	楊仲昌	8・4 下
	17・423 上	楊仲紀	13・383 下
楊光昭	4・775 下	楊仲傑	7・527 上
楊光訓	2・642 上	楊仲瓊	8・361 上
	8・67 下		8・451 上
楊光熊	19・223 下		9・412 下
楊光樑	11・428 上	楊任甲	20・45 下
楊　同	8・2 上	楊自元	3・604 上
	15・716 下	楊自敬	9・692 下
楊　屾	1・439 下	楊自澤	12・385 下
	6・386 上	楊自謙	8・71 上

楊向榮	10・74 下		19・575 上
楊行恕	13・344 下		19・665 上
	14・525 下		20・130 上
	16・635 上	楊　異	9・471 下
楊　舟	3・246 上		10・499 下
	6・588 下		12・2 上
	6・652 下	楊　收	9・110 下
楊兆昇	19・233 下		9・493 上
楊兆陞	1・648 下		10・39 下
	12・592 下	楊朶兒只	13・311 上
楊兆龍	16・327 上		19・608 下
楊兆麟	8・630 下		19・684 上
楊名才	13・462 下		20・148 上
	20・715 上	楊如桂	13・414 上
楊名世	6・480 上		15・674 下
楊名颸	7・778 上	楊均誠	14・517 上
	12・651 上		14・772 上
楊名顯	13・411 下		15・84 下
	15・326 上	楊志泉	5・121 下
	15・663 上	楊志烈	18・545 下
楊名鱣	10・422 上	楊志勝	13・255 下
楊米嘉	6・396 下	楊志善	14・351 下
楊汝士	9・72 下		14・361 上
	10・500 下		14・797 下
楊汝舟	12・16 下		15・177 下
楊汝宮	3・753 下		19・193 下
楊汝清	3・334 上	楊志學	19・575 上
	3・396 下		19・630 上
楊守川	11・115 上		19・775 上
楊守正	12・100 下	楊　芸	2・331 上
	12・202 上	楊　芬	11・766 下
楊守春	1・731 下	楊　芳	1・413 下
	4・519 下		13・76 上
楊守信	3・287 下		19・466 下
楊守謙	7・30 下		20・443 下
楊守禮	13・57 下	楊芳燦	1・573 下
	19・574 上	楊芳譽	9・679 下

楊克己	8・613 下	楊伯通	10・398 上
楊克明	11・770 下		10・471 下
楊克忠	11・74 下	楊伯醜	9・140 下
楊克讓	9・75 上		9・469 下
	9・112 上		10・76 上
	9・498 上		10・510 上
	10・20 上	楊佛保	17・20 下
楊步月	17・124 下	楊希顔	3・495 下
楊呈秀	9・543 上	楊豸	16・630 上
	10・502 上	楊孚光	3・605 上
楊秀元	6・171 上	楊含章	13・535 上
楊秀芝	6・170 上		17・50 上
楊秀成	11・343 下	楊含蔚	10・319 下
楊秀廷	10・418 下		10・320 上
楊何	20・419 下	楊奐	6・511 上
楊佐	9・509 下	楊奐元	6・491 下
楊佐國	11・222 上	楊彤庭	7・750 下
楊佐堯	6・711 上	楊言	13・294 下
楊佐龍	6・661 下		17・46 下
楊佑	3・371 上	楊亨	13・673 下
楊伸	3・538 上		18・15 上
楊作舟	1・510 下	楊汪	10・499 下
	9・577 下		13・178 下
	10・536 上		15・250 下
	12・491 下		15・560 上
楊作梅	13・594 下	楊沛	2・540 上
	18・707 上		3・201 上
楊作棟	3・347 下	楊沛生	14・426 上
	3・410 下		18・52 下
	5・49 上	楊沛霖	13・361 上
	5・104 下		16・674 下
楊作楫	10・700 上	楊沖遠	12・135 下
楊作新	13・561 下		12・478 下
	15・720 上	楊汭	13・415 下
楊作榕	13・652 上	楊沉	8・402 下
楊作霖	13・152 下	楊完	8・607 上
楊伯明	3・604 上	楊宏	13・234 上

	19・450 上		8・113 下
楊宏禮	7・23 上	楊茂華	8・103 上
	7・183 上	楊茂清	8・618 上
	9・476 上	楊茂搜	12・640 下
楊牢	10・500 下		14・408 下
楊初	18・352 下	楊英	6・492 上
楊君妻裴氏	2・287 下	楊苓	3・347 上
楊君惠	11・119 下		3・410 下
楊君寵	6・662 上	楊苞	16・330 上
楊附麟	1・587 上	楊枝茂	1・560 下
	4・683 下	楊枝壽	13・667 上
	4・767 上	楊來俊	9・726 上
楊邵惟	2・386 下	楊來鳳	16・72 上
楊武	3・753 下		17・422 上
	4・318 下	楊松齡	4・769 上
	4・363 下	楊郁	13・677 上
	4・413 下		19・700 上
楊武通	9・713 上		20・221 上
	10・499 下	楊奇	9・446 下
楊青山	19・232 下		10・498 下
楊青雲	10・691 上	楊叔京	6・584 上
楊長春	10・316 上	楊尚希	9・470 下
	18・142 上	楊尚誠	19・235 下
	18・210 上	楊果	20・623 上
楊長清	8・630 下	楊昌年	2・407 下
楊坦	3・82 上	楊昇	13・395 下
楊其高	15・324 上	楊明	7・77 上
	18・487 上	楊明真	2・340 下
楊其馨	13・395 上	楊明盛	12・151 下
	17・47 下		12・274 上
楊茂	3・599 上	楊明禎	3・132 上
	3・750 上	楊忠	2・279 下
	3・769 上		9・66 下
	4・170 上		9・464 下
	10・198 下		9・758 上
楊茂枝	11・609 上		12・682 下
楊茂春	1・602 下		18・155 上

	18・372 上	楊　郊	9・717 下
	19・613 上		10・541 上
	19・717 下	楊於陵	9・490 上
	20・12 下		10・500 下
	20・210 下		10・591 下
楊　迥	2・316 下	楊　炎	3・597 下
楊　和	13・439 下		3・779 下
	17・414 上		4・163 下
楊季昌	6・655 上		4・177 上
楊季琦	8・596 上	楊　法	18・15 上
	9・408 下	楊法震	13・394 上
	9・645 下	楊　泳	6・371 下
楊　秉	4・438 上	楊治法	8・310 上
	9・437 下	楊宗仁	13・71 上
	10・498 下		14・478 下
楊秉中	6・589 上		14・763 上
	6・653 上		16・605 下
楊秉仁	13・492 上		18・187 上
楊秉信	1・766 上		18・339 下
楊秉恒	1・651 下		20・625 下
	11・662 下	楊宗明	2・669 上
楊秉乾	4・373 下		3・72 下
	4・419 下	楊宗泗	6・707 下
楊　侃	9・451 上	楊宗起	11・527 下
	10・499 上	楊宗氣	7・70 下
楊佩珍	10・689 下		7・493 上
楊佩瑜	10・703 下	楊宗閔	7・44 上
楊　阜	13・299 下		7・150 上
	16・214 上		7・185 下
	18・182 上	楊宗道	3・287 上
	18・255 上	楊宗震	10・496 上
	18・328 下	楊宗魯	11・539 下
	18・527 上	楊宗澤	3・63 下
楊　欣	18・536 上	楊　定	14・409 上
楊所修	8・14 上		18・288 下
楊念昔	9・683 上		18・353 上
楊　京	9・90 上		18・558 下

楊定國	11・45 上		3・729 上
楊宜瀚	1・407 上		13・242 上
	3・583 下		13・382 下
	6・375 上		13・641 下
楊　官	14・608 下		16・366 上
楊建中	8・617 上		17・589 上
楊建烈	8・260 下		17・697 下
楊居仁	19・206 下		18・459 下
楊承烈	13・644 下		19・512 上
楊承基	17・284 下	楊　某	9・693 下
楊承棟	18・185 上	楊　荇	5・12 上
	18・336 下		5・42 下
楊承賓	12・2 上		5・98 上
楊承震	7・724 上	楊　威	1・468 下
楊承霖	14・359 上		3・597 下
	20・725 上		3・737 上
楊孟芳	10・642 下		5・193 上
楊　春	6・561 下		7・41 上
	8・280 上		7・191 下
	10・659 上		10・493 上
楊春芳	3・278 下		11・310 上
	6・166 下	楊映奎	13・394 下
	10・691 下	楊星海	14・428 下
楊春茂	10・319 上		14・800 上
楊春和	19・479 上		15・170 上
楊春華	13・629 上	楊　昱	9・455 上
	20・678 下		10・499 上
楊春魁	12・664 上		18・158 上
楊春蔚	1・602 上	楊　昭	13・535 下
	13・486 上	楊昭儆	2・612 上
	19・118 下		3・51 上
楊　玳	11・114 上	楊畏知	3・596 上
楊　珍	11・39 上		3・737 上
楊　城	1・763 下	楊　胄	13・36 上
	12・592 下		19・317 下
	13・185 下		19・340 上
楊　政	2・678 上		20・435 上

楊　畋	7・52 下	楊彥德	3・538 上
	7・159 下	楊彥鶴	1・710 上
楊思道	13・366 上	楊　恆	12・295 上
	17・156 下	楊前豐	11・770 上
	17・189 下	楊炳華	13・127 下
楊思權	5・279 上	楊炳基	10・702 下
楊香海	10・162 下	楊　洪	7・28 上
楊香錯	20・722 下		12・136 上
楊　重	17・106 下	楊洪謨	8・598 上
楊重訓	7・146 下	楊　津	3・710 下
楊重雅	13・80 下		9・65 下
楊　修	9・444 下		9・456 下
楊保宗	18・353 下		9・756 下
楊　信	7・31 下		10・499 上
	7・146 下		10・585 上
	7・415 上	楊　宣	13・224 上
	13・409 下		19・315 下
楊　俊	12・592 下		19・338 上
	18・353 上		20・481 上
楊俊士	10・311 下	楊　祐	3・320 下
楊俊英	11・41 下	楊祖震	13・664 上
楊衍嗣	10・361 下		15・705 下
楊　勉	13・51 下	楊祖興	2・212 下
	19・453 下	楊陞級	11・544 上
楊　矣	2・342 上	楊　泰	8・596 上
	3・348 下		9・408 下
	3・415 下	楊泰初	20・304 上
楊逢春	10・398 下		20・331 下
楊胤第	3・715 下	楊泰來	6・705 下
楊胤賢	3・768 下	楊泰運	13・519 上
楊　亮	10・499 上		20・303 下
楊　庭	8・588 下		20・337 下
	8・640 下	楊　珪	10・200 上
楊彥文	9・730 上		10・246 下
楊彥修	1・441 下		13・339 下
楊彥偉	13・636 下		14・506 下
楊彥魁	9・669 上		16・619 上

楊珠樹	10・531 上		18・660 下
楊　珣	2・280 下	楊桂蕊	18・488 上
	3・83 上	楊　桓	9・447 下
	3・747 下		18・536 上
	13・646 上	楊桐蔭	10・699 上
	14・707 上	楊　根	3・715 上
楊　素	10・499 下	楊　速	20・649 下
	10・615 下	楊速南巴	13・318 下
楊素芝	1・618 上	楊　振	6・487 下
	10・269 下		6・509 上
楊起芳	10・365 下		6・529 上
楊起祥	10・682 上	楊　哲	4・163 下
楊起隆	13・548 上	楊致和	12・485 上
	15・685 下	楊　時	3・72 上
楊起潛	3・491 上		13・324 上
楊　華	13・428 下		14・612 下
	18・291 下	楊時中	8・617 上
	18・358 下	楊時英	10・361 上
楊　恭	3・751 上	楊時泰	11・114 上
	4・318 上	楊時甯	13・63 下
	4・363 上		19・455 上
	4・413 上	楊時禮	10・208 下
	9・122 下		10・251 上
	9・516 下	楊　恩	13・392 下
	10・198 上	楊　剛	3・248 上
	10・246 上		8・585 上
	13・308 下		8・596 上
楊恭仁	9・473 上	楊　倧	1・608 下
	13・35 上	楊　倫	10・496 上
	13・140 下	楊傚程	3・604 下
	18・543 上	楊師孟	6・596 下
	19・165 上		6・653 上
楊恭懿	2・700 下	楊師程	10・533 上
	3・258 上	楊師震	20・672 上
	6・492 上	楊　舫	1・634 下
楊桂芳	3・279 上	楊　脩	10・499 上
楊桂英	13・477 下	楊卿雲	1・483 下

	9・667 下	楊　基	2・365 上
	10・369 上	楊　著	13・437 上
	10・372 上		17・410 下
楊逢齡	12・552 上	楊　菀	13・462 上
楊　訒	1・472 上		20・716 上
	9・728 上	楊乾晉	8・600 上
楊高年	19・228 下		9・425 上
楊　庫	3・539 上	楊乾運	12・2 上
楊　涉	9・111 下		12・10 上
	10・78 下	楊　彬	1・465 下
楊浣雨	19・697 上		2・392 下
楊　浚	11・46 下		10・316 下
楊宸謨	19・12 上		11・43 下
楊家坤	1・537 上		19・191 下
	11・751 上	楊　梧	3・728 下
楊家柱	1・710 上		5・558 下
	10・538 下	楊梧妻李氏	5・560 下
楊　祥	3・750 下	楊　堅	9・107 上
楊祥明	11・224 下		10・17 下
楊　通	6・483 上		10・499 下
楊　能	6・138 下	楊　爽	18・542 下
楊能格	13・78 上	楊　盛	12・167 下
	19・671 下		12・641 下
楊　純	13・438 上		14・409 上
	17・428 下		18・353 上
楊純臣	13・297 上	楊　授	10・500 下
	13・644 上	楊　彪	1・736 下
	17・47 上		3・279 上
楊　琜	13・372 下		9・443 下
	19・495 下		10・498 下
楊教應	15・176 上		12・199 上
楊　培	1・672 上	楊問奇	17・383 下
	3・131 上	楊　冕	13・124 下
	4・771 上		16・477 下
楊培芬	17・17 下		18・184 上
	17・32 上		18・334 下
楊執一	18・544 下		20・351 下

楊　國	18・353 上	楊得春	8・588 上
楊國光	13・189 上		8・639 下
楊國治	17・93 上	楊得貞	13・597 下
楊國柱	2・646 上	楊得榮	13・516 上
	5・514 下	楊從義	2・333 下
	5・609 下		3・718 下
	5・732 下		12・135 下
楊國俊	13・461 下		12・253 上
楊國華	13・396 下		12・268 下
楊國培	17・13 上		13・242 下
楊國棟	13・638 下		15・576 上
	19・542 下		18・460 下
楊國欽	1・620 上	楊　彩	3・413 下
	9・35 上	楊　逸	9・458 下
楊國富	8・110 下		10・499 下
楊國楨	2・428 下	楊許玉	7・41 下
楊國模	18・668 上		7・190 下
楊國選	10・689 上	楊　麻	13・540 上
楊國瓚	13・159 上	楊翊清	11・48 上
	13・196 下	楊惟昇	13・566 下
	13・198 上	楊惟勤	17・423 下
	18・135 下	楊　悰	1・659 下
	18・346 上	楊　烱	9・476 下
楊　崙	3・604 下	楊　清	3・244 下
	11・516 上		8・360 下
楊崇本	9・765 上		8・451 上
楊　偕	7・719 上		9・412 上
楊　偉	9・108 上		10・437 上
	9・447 上		13・409 上
	10・29 上		15・652 上
	10・104 上		18・418 上
楊偉然	10・365 上		19・722 上
楊進思	13・538 下		20・218 下
	16・770 下	楊清化	14・430 上
楊進隆	1・606 上		20・381 上
楊　假	9・111 上	楊凌雲	18・706 下
	10・78 上	楊凌霄	13・394 下

	20・380 下		8・610 下
楊淑京	6・639 上	楊　琳	3・142 上
楊　淳	2・632 下	楊　琮	7・407 下
	3・206 下	楊　琯	13・646 上
楊　深	11・22 下		14・707 上
楊　寅	3・259 下	楊琛熨	12・67 下
	6・487 下	楊堯堦	11・312 下
	6・529 上	楊　超	13・666 上
	8・193 下		15・713 上
	8・228 上		18・483 上
	9・84 下	楊　博	3・36 下
	20・478 下		3・461 下
楊寅娃	1・630 下		10・401 上
	8・505 下		13・59 下
楊啓充	13・272 上		13・700 下
	14・497 上		16・268 上
	16・617 下		17・439 上
楊啓蒙	13・617 下		19・166 下
	14・522 下		19・245 下
	16・630 下		19・303 上
楊啓聰	11・19 下	楊　喜	9・430 下
楊　隆	11・222 上		10・498 上
	11・387 上		13・612 上
楊　紹	9・468 下		13・694 上
楊紹先	3・131 上	楊達夫	2・616 上
楊紹武	1・465 下		3・319 下
	11・18 下		3・378 上
楊紹玠	15・107 下		6・65 上
楊紹程	4・319 下		6・148 上
	4・365 上	楊達春	6・529 下
	4・414 上	楊萬年	3・67 上
楊紹震	10・242 上	楊萬茂	11・704 上
	10・361 上	楊萬春	18・186 上
楊紹襄	3・606 上		18・338 下
楊　琪	6・708 上	楊萬貴	1・652 下
	7・126 下		11・531 下
	7・159 下	楊　敬	7・754 上

楊敬述	18・544 下	楊雲璈	19・21 下
楊朝列	11・113 上	楊雲鳳	13・671 上
楊朝佐	1・751 下		17・412 上
	12・33 上	楊敞	9・432 上
楊朝柱	19・112 上		10・498 上
	20・455 下	楊貽清	1・466 上
楊朝晟	7・50 上		11・12 下
	7・524 下	楊鼎	1・657 上
	13・125 下		2・624 下
	13・446 下	楊鼎昌	1・558 上
	17・372 上	楊開春	1・468 上
	19・682 下	楊開泰	5・519 上
	20・145 下		5・615 下
楊朝極	10・74 下		5・726 上
楊朝榜	1・655 上	楊閎泰	9・424 下
	11・712 下		10・242 下
楊朝銓	12・652 上		10・361 上
楊朝鳳	13・308 上	楊遇春	1・312 下
	17・428 下		9・409 下
楊植	8・617 上		11・750 上
楊森	12・138 下		12・127 下
	12・485 下		12・320 下
楊森寶	10・163 上		12・660 上
楊棟	6・583 下		13・75 下
	6・639 上		19・168 下
楊棟姑	8・126 下		19・466 下
楊樓鶯	12・344 下		20・442 下
楊軻	3・771 下	楊景	14・774 上
	13・699 上		15・87 下
	15・294 下	楊景全	9・725 上
	15・617 下	楊景青	7・519 下
	16・548 下	楊景泰	1・655 下
楊惠	8・109 下	楊景學	10・184 上
楊覃	9・510 上		10・246 上
楊雄	9・470 上	楊景濂	1・742 下
楊雲外	2・717 上		12・281 上
楊雲梯	9・21 上	楊蛟	13・439 下

	17・429 下	楊道清	11・435 上
楊智積	2・232 上	楊道寅	6・90 上
	9・68 上		6・178 上
	9・393 下	楊遂用	17・47 上
	10・3 上	楊湛	3・236 下
	10・156 下	楊渭	3・213 上
楊順	8・615 上	楊滋甲	6・655 上
楊順德	12・66 上	楊渾	1・456 下
楊傑然	3・342 下		3・490 上
	3・406 下	楊富章	10・538 下
楊集鱣	10・317 下	楊運熙	5・727 下
楊復振	13・634 上	楊裕	13・409 下
	17・335 下		15・222 上
楊復蕙	16・220 下		15・653 下
楊復興	18・402 上		16・284 下
楊舒	6・483 上	楊登	12・37 上
楊鉅	1・629 上	楊登科	17・106 下
	8・501 上	楊發	1・708 上
楊鈍	7・761 下		9・711 下
楊欽	2・618 下		10・20 上
楊鈞	9・715 下		10・78 上
楊勝	5・503 上		10・682 上
	5・604 上		13・232 下
	5・710 上	楊發甲	3・769 上
楊勝賢	9・405 上		4・170 下
	10・598 上	楊發林	3・538 下
楊詔清	1・597 上	楊發枝	1・588 上
	6・179 下		6・391 上
楊惺	18・616 上	楊發旺	13・541 下
楊惜	9・458 下	楊發春	20・719 上
	10・499 上	楊發智	9・422 上
楊惲	9・432 下	楊發榮	13・606 下
	10・498 上	楊瑒	3・717 上
楊善會	9・472 下		9・479 下
	10・499 下		10・500 上
楊道士	17・191 上		10・587 下
楊道南	15・221 下	楊瑞	1・587 下

		楊 煦	13・517 下
	3・749 下	楊 暄	8・3 上
	4・157 上	楊 照	10・532 上
	6・313 下	楊嗣強	10・69 上
	13・297 上	楊嗣復	9・491 上
楊瑞元	6・710 下		10・500 下
楊瑞霆	10・378 上	楊嗣檜	1・646 上
楊瑞鱣	9・727 下		1・767 上
	10・419 下	楊嗣徽	1・628 下
楊聖朝	1・612 下		10・528 下
楊 蓁	3・246 下	楊圓迪	10・545 上
楊 勤	11・118 上	楊 筠	5・49 下
楊夢益	9・36 下		5・105 上
	9・558 上	楊 鼠	12・645 上
楊 椿	9・452 下	楊魁甲	13・449 下
	10・499 上	楊魁斌	8・669 上
楊椿齡	12・164 下	楊 鈺	7・755 上
	12・586 上	楊愈茂	13・439 下
楊 楠	2・646 上	楊愈懋	9・726 下
	3・489 上		10・474 下
	4・319 上	楊 廉	3・210 下
	4・364 下		13・87 下
	4・414 上		14・756 下
	5・514 下		15・67 上
	5・609 下	楊靖邦	8・770 上
	5・717 上		9・692 上
楊楚材	19・223 下	楊靖渤	10・535 下
楊 楨	13・650 上	楊新國	9・37 上
楊楨娃	13・553 下	楊新期	8・14 上
	15・700 下	楊 煜	10・538 下
楊楊村	16・87 下	楊 煒	13・206 下
楊 楫	10・419 上		17・391 上
楊 輅	10・668 下	楊資乾	8・597 下
楊 業	1・552 上	楊 溥	1・553 上
	7・44 下		7・216 上
	7・68 上	楊 福	6・579 上
	7・146 下	楊殿甲	15・101 上
	7・218 下		

楊殿祚	13・665 上		20・226 下
	15・331 上	楊毓森	8・492 下
	15・709 下	楊毓瓆	14・383 下
	18・426 下	楊　銘	13・296 上
楊殿原	19・514 上	楊　祕	13・75 上
楊殿貴	13・498 下	楊鳳元	13・568 下
楊殿試	17・611 下	楊鳳起	6・373 下
	17・709 上	楊鳳義	13・521 下
楊殿瑃	10・70 上	楊鳳鳴	13・378 下
楊際春	17・19 下	楊鳳翔	13・650 下
楊際清	4・373 上		16・221 下
楊　經	20・44 下	楊　廣	13・543 下
楊經緯	13・412 下		15・614 上
楊　臺	1・759 上	楊廣宗	11・710 下
楊　蠹	20・437 上		11・765 下
楊壽楠	7・36 下	楊端本	10・418 上
楊蔚林	13・562 上		10・475 下
楊　槮	2・631 上	楊端憲	13・477 下
	3・206 下		18・662 上
楊　碩	9・430 下	楊齊碧	11・24 上
	10・498 上	楊粹中	12・646 下
楊爾材	12・371 上	楊　榮	7・88 下
楊爾恪	6・83 上		13・49 上
	6・167 下		19・299 下
楊爾楨	12・371 上		19・661 下
楊爾楫	12・371 上		20・125 上
楊爾櫄	12・371 上	楊榮允	13・106 下
楊臧陰	10・316 上	楊榮春	13・429 上
楊戩山	16・477 上		18・155 下
楊鳴鶴妻康氏	17・31 下		18・208 下
楊毓江	1・552 下		18・298 下
	1・665 上		18・362 下
	7・68 上		18・376 下
楊毓芳	6・638 上	楊榮胤	17・149 上
	11・331 下		17・167 上
	13・701 下	楊　漢	6・705 上
	19・758 上	楊漢公	9・72 下

	9・762 下		3・206 下
楊漢興	1・721 上		9・727 下
楊濂	17・16 上		10・419 上
楊寬	9・463 上	楊標	13・297 上
	13・201 下		17・47 上
	17・385 上	楊敷	9・467 下
楊實儒	18・338 下		10・499 下
楊肇基	7・34 下	楊敷政	7・720 上
楊盡忠	9・716 上	楊遷榮	1・585 上
	10・508 下	楊震	7・44 上
楊維芑	9・728 上		7・171 上
楊維仁	14・429 上		7・185 下
	15・170 上		7・574 下
楊維池	13・521 下		9・434 上
楊維勤	13・672 上		10・498 上
楊維楨	19・119 上		10・621 上
楊維新	1・608 下	楊震西	12・281 下
楊維謙	1・472 上	楊震謨	17・12 上
	9・728 上	楊播	4・163 下
楊維藩	1・494 下		9・65 上
	9・688 上		9・450 下
楊綸	13・307 下		9・756 下
	17・409 上		10・499 上
楊綵	9・405 下	楊輝	6・372 下
	10・599 下		10・365 下
楊縉	9・488 下	楊賜	3・577 下
	10・500 上		10・498 下
	10・610 上	楊稷	13・172 下
楊慧	2・372 上		14・698 上
楊璜	12・137 下	楊範	2・212 下
	12・482 上		9・65 下
楊瑝	10・70 下		11・309 下
楊璋	16・481 上	楊箵	9・727 上
楊增年	19・243 上		10・398 上
楊增全	13・505 上		10・475 上
楊增魁	11・424 上	楊儉	9・66 下
楊樞	1・472 上		9・392 上

	9・757 下
楊　儀	3・281 上
	5・192 下
楊儀鳳	13・672 下
	17・422 上
楊　德	13・499 下
楊德全	1・767 上
楊德時	1・600 下
	3・491 下
楊德裔妻李氏	16・663 下
楊德榮	1・653 上
	11・532 上
楊德慶	10・318 下
楊德潤	13・243 上
	15・597 上
楊德興	6・707 上
楊德懿	1・437 下
	6・712 下
楊　腥	1・405 下
	11・590 下
楊盤珠	1・730 上
	4・375 下
	4・420 下
楊調元	1・406 下
	3・583 下
	4・734 下
楊　慶	13・296 上
楊　毅	18・352 下
楊遵四	1・627 下
楊遵時	1・451 上
	6・79 下
	6・161 下
楊　澍	8・765 上
	12・683 下
楊潮曾	13・213 上
	13・663 上
	16・39 下

楊　潤	5・474 下
	5・700 上
楊潤身	16・82 上
楊　選	13・525 下
	19・541 下
楊選青	18・424 下
楊罳鳳	8・507 下
	13・173 上
楊　豫	5・373 上
楊　樂	8・666 下
楊　璘	7・47 上
	7・171 下
	20・210 下
楊　璣	10・70 下
楊燕奇	9・483 上
	10・500 上
楊　薦	18・541 上
楊　翰	12・152 上
	12・287 下
	13・113 下
	16・187 下
楊翰宵	10・469 上
楊翰藻	7・527 上
楊樹林	13・562 上
楊樹椿	1・486 上
	9・676 上
	10・546 上
楊樹聲	10・699 上
楊　橋	6・493 上
楊　機	9・65 下
	13・300 上
	16・216 上
楊　穆	8・615 下
楊　勳	8・674 上
楊　舉	10・363 上
楊興霖	13・460 下
	20・674 下

楊學文	10·699 下	楊鍾沼	8·342 下
楊學易	1·653 下	楊鍾麟	1·433 下
	11·599 上	楊　爵	2·635 下
楊學程	9·417 上		11·2 上
	12·156 下	楊謙光	1·672 上
	12·344 下		1·721 下
楊學讓	8·674 下		6·705 下
楊儒魯	11·221 上	楊　膺	18·326 下
楊　皡	4·518 上	楊應元	19·486 下
楊錫桂	8·339 下	楊應升	7·669 下
楊　錦	7·544 上	楊應昌	13·115 上
楊　諶	13·285 上		18·389 下
	17·157 上	楊應時	13·521 下
	17·177 上	楊應教	14·423 上
楊　熾	12·66 下	楊應宿	8·481 下
楊濃洲	19·19 上	楊應琚	13·73 下
楊　澤	6·617 上		20·671 上
	6·653 上	楊應瑞	11·544 上
楊澤玉	13·624 下	楊應椿	11·663 下
楊　縉	10·363 上	楊應魁	13·550 下
楊　爛	10·500 上	楊應震	9·714 上
楊　駿	3·237 上	楊應儒	11·222 下
楊　壎	13·533 下	楊應鍾	11·658 上
楊聲陶	11·767 上	楊應鱣	10·319 下
楊聲琳	11·771 上	楊鴻春	1·653 上
楊聲醇	11·764 上		11·532 上
楊　聰	6·92 上	楊鴻鈞	10·163 下
	6·134 上	楊　濬	13·344 上
	6·174 下	楊　濮	13·191 上
	7·39 上		18·028 下
	7·152 下	楊濟泰	10·365 上
楊聯甲	13·688 下		10·379 下
楊懋功	13·644 上	楊　禮	9·136 上
楊懋桂	16·81 上		10·32 下
楊懋德	11·32 下		13·409 下
	14·657 下	楊　翼	13·471 上
楊　黻	11·48 上	楊翼武	1·510 下

	10・534 上	楊　騰	9・715 上
	13・187 上		18・311 上
	16・298 上		18・352 下
楊　瓊	19・660 下	楊懷仁	10・703 下
	20・123 上	楊懷賓	20・145 下
	20・267 上	楊懷賓	19・607 下
	20・288 下	楊懷德	18・668 下
楊轉向	1・589 下	楊　寶	10・498 上
楊　豐	13・488 下	楊　繪	12・85 下
	19・305 上		12・637 下
楊　瞻	3・721 上	楊繡春	13・543 上
	4・440 下	楊　馨	8・3 上
楊　馥	13・579 上		13・531 上
楊　簡	10・497 下	楊馨沅	6・137 上
楊謹行	9・87 上		9・426 下
	9・403 上		10・413 下
	9・771 上		10・469 上
楊難當	14・409 下	楊　獻	1・611 上
	18・64 下	楊耀世	1・625 上
	18・353 下	楊籌妾王氏	2・328 上
楊難敵	16・156 上	楊　纂	3・710 下
	18・63 下		9・393 下
	18・352 下		9・713 上
楊藻鳳	13・127 上		10・499 下
	17・383 下		10・586 上
楊　櫓	1・675 下	楊　敨	1・551 下
	3・292 上	楊　敫	7・67 下
	11・35 上		7・218 上
楊　礪	2・693 下	楊臚賜	10・361 下
	3・328 上	楊　竇	9・434 上
	3・392 下	楊繼尹	13・228 下
楊　嚴	9・111 上		13・274 上
	10・78 上		15・88 下
楊　鵬	3・66 上	楊繼白	7・120 上
	19・664 上		7・252 上
	20・129 上	楊繼杰	17・31 下
楊鵬舉	13・472 上	楊繼盛	13・89 下

	16・249 上		19・134 上
	16・606 下	**甄**	
楊繼榮	17・143 下		
楊繼禮	7・92 上	甄天衡	4・282 下
	7・220 下	甄希賢	3・752 上
楊躍龍	6・661 下		4・282 上
楊儼	3・771 上	甄希翰	4・282 上
	10・509 下	甄祖禮	12・429 上
	12・164 下	甄婆兒	2・615 下
	12・586 下		3・340 上
楊鶴	11・223 上		3・405 上
	11・270 上	甄琛	18・539 下
	11・328 上	甄喜	13・579 上
	13・635 下	甄儀	3・749 下
楊懿	8・483 上		4・280 上
	9・723 上	甄履	12・12 上
楊霽	9・567 下	甄繼庭	13・656 下
楊體元	18・418 下		
楊鑄	6・622 上	**賈**	
	6・661 上	賈一敬	6・479 下
楊瓚	2・554 上		13・122 上
楊顯文	6・183 上		18・414 下
楊馦	9・22 下	賈一鶚	5・351 下
楊鑣	3・726 上		5・374 上
	12・138 下	賈九霄	7・95 上
楊鷺	10・480 上		7・495 上
楊灝	7・117 卜	賈大玉	13・690 下
楊鑽	6・596 下		19・116 上
	6・655 上	賈之楷	10・685 上
楊鑽緒	13・204 下	賈子坤	13・169 下
	17・384 上		16・470 上
楊鸞	1・472 上		18・389 下
	2・382 下	賈天培	1・453 上
	9・727 下		6・161 下
	10・422 上	賈天祿	1・547 下
	10・477 下	賈天錫	10・694 下
	14・361 下	賈元	11・33 上

賈元敏	8・593 下		賈伯麟	9・703 下
賈元濤	13・162 上		賈希周	3・320 下
	13・221 上		賈希适	6・483 上
	19・223 上		賈希載	7・237 上
	19・461 上		賈宏祚	8・263 下
賈太初	11・116 下		賈奇珍	7・702 上
賈升高	18・424 下		賈尚福	1・747 下
賈仁元	7・31 上			12・554 上
賈化醇	9・90 下		賈　昌	3・79 下
	9・772 下		賈季玉	18・519 上
賈文茂	11・51 下		賈秉衡	1・659 下
賈文海	10・685 上			7・699 上
賈允相	6・88 下		賈侍舜	13・385 上
	6・175 下			17・609 上
賈玉珍	12・152 上			17・693 下
賈正己	15・88 下		賈治軍	20・62 下
賈世興	16・26 下		賈治策	5・618 上
賈古昇	12・146 上			5・731 上
	12・216 上		賈建凝	9・685 上
賈仕義	10・685 上		賈　某	13・645 上
賈卯娃	8・771 上		賈　奎	8・611 上
賈　疋	13・319 下		賈思伯	18・567 上
	18・564 上		賈　俊	13・53 上
賈式古	19・191 下			19・575 上
賈　亙	6・581 下			19・663 上
賈光大	6・479 下			20・126 下
賈光輝	3・412 上		賈待價	3・321 上
賈廷翰	17・739 上			3・371 下
	17・754 下		賈待舉	10・495 上
賈自公	1・591 上		賈彥登	1・705 上
	3・339 下		賈　洪	2・689 上
賈汝棟	13・165 下			3・201 下
賈芳林	12・651 上		賈洪順	19・517 上
賈克昌	1・541 下		賈時泰	8・15 上
賈克明	6・91 上		賈　剛	5・462 上
	6・173 下		賈師逵	2・645 下
賈我琪	1・520 下			3・209 下

	13・413 上		13・213 上
	15・669 下		20・713 上
賈師順	3・742 下	賈　嵩	13・126 上
	13・224 上		17・375 上
賈　島	11・27 下	賈　策	16・480 上
	11・230 下	賈　循	2・582 上
賈　案	5・316 下	賈　曾	12・321 下
	5・342 上	賈　淵	8・212 上
賈純昇	17・611 下		8・276 下
	17・709 上		9・696 上
賈　逵	2・677 上	賈　絟	5・654 上
	3・767 上		5・759 下
	4・464 下	賈載期	12・566 上
	6・305 上	賈夢周	7・85 上
	6・385 下		7・210 上
	7・23 下	賈夢虞	13・647 下
	7・147 下		16・774 上
	7・185 上	賈　粲	18・567 上
	7・744 下	賈　鈙	3・724 下
	13・242 上	賈　會	2・597 上
	15・263 下	賈　詡	9・63 下
	15・569 上		13・464 下
賈　冕	8・76 下		18・557 上
賈畧策	1・593 上	賈慎行	1・433 上
賈國棟	17・138 上		2・667 上
賈從衆	17・134 下	賈　墉	3・407 下
賈　清	3・457 上	賈　摹	18・561 下
賈凌雲	1・666 上	賈　熙	1・682 下
	11・430 上		5・735 下
賈　喦	7・29 下	賈熙載	7・42 下
賈葆業	13・384 上		8・547 下
賈朝相	12・489 下	賈　構	7・701 下
賈雲蛟	1・593 下	賈　模	18・561 上
	5・648 下	賈爾璽	16・25 上
賈　雅	19・443 下	賈毓彩	12・497 上
賈遇隆	19・233 下	賈毓鴞	10・159 下
賈　勛	13・166 下	賈榮芳	17・736 下

賈　實	6·479 下	賈懷德	20·646 上
賈　蕃	3·718 下	賈獻策	1·594 上
賈　震	10·110 下		5·649 下
賈　質	8·606 上		5·754 下
賈樂山	12·165 上	賈耀廷	10·73 上
	12·587 上	賈　騫	18·562 上
賈締芳	8·354 上	賈　爔	17·410 下
	9·696 上	賈　龕	18·561 上
賈　倲	8·8 上	賈　鑫	3·400 下
賈　曉	17·386 下		
賈　嶼	2·641 上	**雷**	
賈積中	3·402 上	雷一聲	3·498 下
賈積玉	19·235 下	雷乃元	10·265 上
賈　穆	18·560 上	雷乃發	10·316 上
賈錫智	3·401 下	雷于霖	9·667 上
賈隱林	6·482 下		10·258 上
賈　彝	13·319 下	雷士俊	1·447 下
	18·566 下	雷士瑛	1·766 上
賈　璵	8·107 下	雷士楨	9·126 上
賈聯芳	1·445 上		9·665 上
	3·400 上		10·253 下
賈藍玉	8·624 上	雷大受	10·274 上
賈　薰	8·611 下	雷大柱	10·275 下
賈　謨	19·719 下	雷大俊	10·270 上
賈應春	7·26 下	雷大烈	10·275 下
	13·59 上	雷大備	8·670 上
	19·451 下	雷大道	10·254 上
賈應隆	3·345 上		10·319 上
	3·409 上	雷大猷	10·275 下
賈鴻增	19·469 下	雷大德	10·428 上
賈　蘊	5·619 下	雷大曉	8·768 下
	5·729 上	雷子堅	7·457 上
賈　曜	18·563 上	雷子質	10·207 下
賈攀鱗	13·470 上		10·250 下
賈　羅	17·389 下	雷王保	14·412 上
賈　騰	18·562 上		18·439 上
賈　麒	6·479 上	雷王賓	10·366 上

雷天作	13・653 下	雷丕元	10・316 上
	15・649 下	雷由之	10・362 下
雷天壯	8・108 上	雷生甲	10・320 上
雷天柱	1・556 上	雷代式	10・316 下
	5・108 上	雷代述	1・616 下
雷元利	10・274 下		9・559 下
雷元真	10・275 下		10・266 上
雷元善	10・255 上		10・367 上
雷元德	9・724 上	雷永平	1・602 上
雷元儒	10・274 上		8・104 下
雷五堃	1・702 下	雷永清	10・163 上
	9・678 上	雷加赤	3・539 上
雷五福	1・484 上	雷幼初	2・427 下
	1・617 上	雷在丙	1・622 下
	9・669 下		8・676 下
	10・311 下	雷百行	10・275 上
雷太初	8・397 下	雷有終	9・13 下
	8・506 上		9・128 上
雷太和	9・22 下		9・498 下
雷曰舒	10・274 上		15・257 上
雷曰履	8・93 下	雷存德	11・763 下
雷　牛	14・414 上	雷成杞	10・317 下
	18・439 下	雷成基	14・429 下
雷化龍	8・766 下	雷成樸	1・484 下
雷文淵	16・20 上		9・669 下
雷文遠	18・415 下		10・311 下
雷以動	1・492 下	雷成霜	10・314 下
	9・681 下	雷光前	10・363 上
	10・317 下	雷光耀	10・363 上
雷　正	12・386 上	雷廷蘭	9・683 上
雷正印	7・701 下		9・704 上
雷正縉	1・416 上	雷行春	10・363 下
	13・80 下	雷全祿	10・113 下
	19・467 上	雷兆清	10・73 上
	19・679 上	雷兆霖	11・774 下
雷世鳴	10・365 下	雷汝現	10・33 下
雷丙陽	9・688 上	雷孝若	9・58 上

雷孝恭	9·58 上	雷星南	1·702 下
雷孝傑	9·58 上		9·673 下
雷孝緒	9·58 上	雷星漢	9·676 上
雷見龍	8·271 上		10·314 下
雷佑精	1·704 上	雷　修	9·58 下
雷　伯	10·116 上	雷俊彥	7·721 下
雷伯籲	5·758 下	雷風恒	10·319 上
雷沖漢	8·770 下	雷　亮	2·648 下
雷沖邁	9·58 下		10·497 上
雷沖霄	1·477 上	雷　恒	1·459 下
雷良能	11·774 下		8·90 下
雷長祺	10·368 下	雷　首	9·689 上
雷長綱	10·322 上	雷　約	9·138 下
雷長緝	9·562 上		10·67 下
	10·322 下	雷紀明	10·114 下
	10·371 上	雷起祥	10·274 下
雷長灝	10·317 下	雷起鳳	10·318 下
雷　坤	10·316 下	雷　恭	8·587 下
雷幸考	8·772 下		8·618 下
雷茂林	1·620 下		8·638 上
	9·685 上		9·130 上
雷　松	9·22 下	雷　校	8·670 下
雷東生	12·144 下		8·761 上
	12·629 下	雷振邦	10·319 下
雷　雨	8·621 上	雷　哲	9·58 下
	8·669 上	雷致福	1·430 上
雷明智	11·772 下	雷時亮	10·36 下
雷　忠	12·386 上	雷時夏	1·498 下
雷　和	18·25 下		8·618 上
雷秉陽	1·494 下		8·621 上
雷府君	2·243 下		8·770 上
雷育民	8·499 下		9·691 上
雷沐驤	14·357 上	雷師易	8·637 上
雷宗盛	12·33 下	雷逢源	14·428 上
雷宗煥	10·320 上	雷悅成	5·117 下
雷宗道	11·230 上	雷海清	3·64 下
雷　珍	10·265 下	雷　祥	8·579 上

	9・166 上	雷　貴	5・473 上
雷祥雲	12・488 上		6・133 下
雷　翀	9・20 上		10・192 下
	9・538 上		10・243 上
雷　捷	10・266 上	雷　蛟	15・663 上
	10・365 下	雷復震	1・617 下
雷　堂	11・227 上		10・367 上
雷　動	10・497 下	雷舒和	13・412 上
雷動之	3・283 上	雷　湛	9・36 下
雷　敏	8・622 下	雷潎震	10・266 下
雷堃祥	1・704 下	雷運高	10・274 下
雷煥章	10・313 上	雷登甲	1・703 下
雷　清	8・587 上	雷　發	1・668 下
	8・617 上	雷發財	1・602 上
	8・637 下	雷　瑜	8・499 上
	9・141 下		10・624 下
	9・514 上	雷　鉞	8・588 下
雷啓秀	1・691 上		8・640 上
	3・486 上	雷　詢	2・277 上
雷啓祥	7・521 上	雷慎行	11・30 下
雷啓蟄	11・531 下	雷慎言	11・30 下
雷啓瀛	13・492 上	雷蔚琛	9・730 上
雷　紹	18・540 上	雷榜榮	1・487 上
雷　琰	1・620 上		10・315 上
	9・34 上	雷爾臣	9・37 上
雷　瑄	7・719 上	雷爾杰	1・479 上
雷萬春	9・655 下		10・264 下
	10・105 上		10・367 上
雷雲孚	7・529 上	雷爾卿	10・317 下
雷雲漢	1・707 下	雷　鳴	6・81 下
	8・339 上		6・165 下
	9・706 上	雷鳴尚	10・70 下
雷鼎甲	8・501 上	雷鳴陞	9・22 上
雷開祉	10・365 下		9・683 下
雷遇復	5・702 上	雷鳴夏	10・163 下
雷遇福	1・494 下		13・674 上
雷景遇	9・25 上		16・637 上

雷鳴時	3・132 上			19・665 下
雷鳴瀛	1・610 上			20・131 下
雷毓秀	10・427 下	雷　澤		7・754 下
雷鳳至	9・136 上	雷聲震		16・35 上
	9・668 下	雷懋德		10・422 下
	10・33 上			10・477 下
	10・313 上	雷鍾德		1・534 上
	13・159 上	雷　爵		9・664 下
雷鳳鰲	10・319 下			10・202 上
雷震亨	13・408 上			10・247 下
	15・649 下	雷　應		10・265 上
雷震遠	10・382 上			10・364 下
雷德久	11・338 上	雷應志		10・502 上
雷德驤	2・612 上	雷應龍		10・315 下
	3・51 下	雷翼極		7・71 上
	9・13 下			7・494 下
	9・128 上	雷賓長		8・618 下
	9・497 下	雷簡夫		9・14 下
雷慶雲	8・674 上			9・77 上
雷　潔	7・637 上			9・128 下
雷　澍	10・497 上			9・499 下
雷　豫	9・34 上			9・768 上
雷奮揚	7・755 下	雷　鎰		13・568 下
雷　霖	9・517 上	雷攀桂		13・656 上
	10・365 下			15・672 下
	10・501 下	雷　闢		12・615 上
雷篤萬	10・267 下	雷　鐃		8・399 下
雷興智	1・700 下	雷寶光		10・314 下
	9・663 上	雷　鐸		8・399 下
	10・119 下			8・500 下
雷　學	3・130 下	雷鑑瑩		1・631 下
雷學謙	1・490 上			9・724 下
	9・25 下	雷靈雨		18・34 上
雷衡信	13・408 下	雷　鐬		8・490 下
雷　龍	13・410 下			
	15・657 下		**頓**	
	16・546 下	頓　弱		2・509 上

頓　謙　　　　　　　16・286 上

裘

裘肇業　　　　　　　11・119 下
裘　龍　　　　　　　12・526 下

訾

訾　虎　　　　　　　7・150 上

當

當醜奴　　　　　　　2・219 下

虞

虞友光　　　　　　　9・427 上
　　　　　　　　　　10・413 下
　　　　　　　　　　10・469 上
虞世南　　　　　　　16・275 下
虞仲文　　　　　　　16・196 下
　　　　　　　　　　16・534 上
虞　英　　　　　　　12・135 下
　　　　　　　　　　12・479 上
虞真人　　　　　　　3・146 下
虞　舜　　　　　　　12・397 上
虞　詡　　　　　　　13・124 上
　　　　　　　　　　16・461 上
　　　　　　　　　　18・59 上
　　　　　　　　　　18・182 上
　　　　　　　　　　18・253 下
　　　　　　　　　　18・327 下
　　　　　　　　　　18・452 下
　　　　　　　　　　18・501 上
虞　預　　　　　　　12・317 下
虞慶則　　　　　　　3・203 下
虞樂鳴　　　　　　　12・591 下

睦

睦　祥　　　　　　　9・139 上

睢

睢士標　　　　　　　1・397 上

暗

暗　普　　　　　　　2・617 下

路

路一鶚　　　　　　　13・454 上
　　　　　　　　　　19・691 上
　　　　　　　　　　20・161 下
路一鰲　　　　　　　8・624 下
路一鶴　　　　　　　8・652 下
路一麟　　　　　　　1・495 上
　　　　　　　　　　8・624 下
　　　　　　　　　　8・651 下
　　　　　　　　　　8・735 上
　　　　　　　　　　8・738 上
　　　　　　　　　　9・556 上
路于兗　　　　　　　17・604 下
　　　　　　　　　　17・705 下
路于袞　　　　　　　13・384 下
路小千　　　　　　　8・741 上
路天基　　　　　　　13・418 上
路元錫　　　　　　　1・456 上
　　　　　　　　　　3・485 上
路文秀　　　　　　　8・621 上
　　　　　　　　　　8・673 上
路世光　　　　　　　8・628 上
路世美　　　　　　　8・619 下
　　　　　　　　　　8・624 上
　　　　　　　　　　8・645 下
　　　　　　　　　　8・733 上
路世榮妻党氏　　　　8・736 上
路世龍　　　　　　　8・619 下
　　　　　　　　　　8・724 上
　　　　　　　　　　8・733 上

路由中	11・7 上		5・699 下
路　生	3・81 下	路振揚	1・423 下
路立孔	11・23 下		2・673 上
路同科	8・643 上	路振聲	13・72 上
路先登	8・620 下	路致祥	11・342 上
路廷詔	13・676 下	路　恕	6・69 下
	19・700 上		6・153 下
	20・221 上	路　純	7・701 下
路　均	10・162 上	路得奉	6・627 下
路　車	8・619 上		6・639 上
	8・641 上	路從度	8・724 上
	9・540 上	路從應	8・628 上
路步康	11・41 上	路從廣	8・628 下
路　迎	13・55 上	路彩雲	18・723 下
	17・379 下	路　淡	19・697 下
路坦然	13・416 下	路　瑛	13・281 上
	15・326 上		14・496 下
	15・693 下		14・652 下
	16・126 上		14・659 上
	16・164 上		19・664 上
路　英	13・132 上		20・129 上
路　典	8・620 下	路博德	13・28 上
路　金	8・589 上		19・163 下
	8・640 下		19・201 下
路屆遠	13・628 上		19・245 上
路思恭	19・572 下		19・296 下
路　峘	1・690 下	路雲程	3・606 下
	3・486 上		3・768 下
路　保	19・109 上	路雲鳳	8・623 下
	19・186 下	路雲鵬	8・645 上
路　俊	2・625 上	路斌生	14・686 下
	11・6 上	路道庸	13・699 下
路恃慶	9・67 上	路登俊	1・711 上
	9・758 上	路嗣恭	2・589 上
路　前	8・620 上		6・69 上
路振飛	5・471 上		6・153 上
	5・598 下		8・5 下

	13・39 上	圓　相	5・528 下
	18・550 上		5・653 下
	19・446 上		5・760 下
	20・120 下	圓　海	12・320 上
路　詮	2・230 下	圓　滿	2・251 上
路慎莊	3・485 下	圓　懃	17・52 上
路慎莊繼母劉氏	2・410 上		
路慎興	3・485 下	**雉**	
路際大	17・751 上	雉脚僇	11・728 上
路　經	14・653 下		11・802 下
路增盛	10・169 上		
路　德	1・456 下	**僅**	
	3・490 上	僅惜守忠	8・9 下
	6・483 下		
路遵皇	13・668 下	**傳**	
路學宏	1・358 上	傳　鏞	10・495 上
	7・666 下		
路鴛班	17・750 下	**牒**	
路憲章	1・618 上	牒云具仁	18・569 上
	10・270 下	牒云舍樂	18・569 上
路　應	6・69 下		
	6・119 下	**傷**	
路　驪	10・117 下	傷大妃	2・226 上
路　鑫	1・616 上		
		鉗	
農		鉗耳文徹	9・121 上
農興治	6・183 下		10・195 上
			10・244 上
嵩			
嵩　苹	7・39 下	**鉢**	
	7・153 上	鉢盂先生	16・345 下
嵩　真	14・425 上		
	19・544 上	**會**	
嵩壽長	13・136 下	會　通	2・713 上
圓		**愛**	
圓　妙	6・598 下	愛　申	3・596 上

	13・46 下		
愛馬特	20・477 下	**解**	
愛隆阿	20・449 上	解文佑	10・496 上
愛瑪特	20・456 下	解文英	13・572 下
愛　薛	2・617 下		19・720 上
			20・215 上
詹		解文源	20・338 下
		解引樾	8・267 下
詹　今	10・496 下	解允樾	9・696 下
詹文治	8・123 上	解光紳	8・274 下
詹尹吉	20・686 上	解光纓	9・695 下
詹永仁	18・733 下	解含章	1・503 上
詹永堂	18・714 下		8・270 上
詹　合	12・329 上	解秉智	13・217 下
詹良德	18・733 下	解宗賢	11・345 下
詹明遠	1・755 下	解　原	18・263 下
	11・528 下	解國泰	10・266 上
詹思謙	10・390 上	解惟一	8・267 上
	10・467 上	解煥榮	9・704 下
	10・480 上	解啓元	1・588 下
詹道人	14・414 下		6・388 下
	17・443 上	解　琬	9・71 上
	19・761 上		13・250 上
	20・46 上	解幾貞	8・264 上
	20・229 下	解　經	2・628 上
詹　榮	13・58 下		5・16 下
詹慶萬	11・599 下		5・47 上
詹澤霖	19・12 上		5・104 上
		解經邦	9・694 下
鳩		解經達	8・267 下
		解經傳	8・260 上
鳩摩羅什	2・711 上	解經鉉	8・267 下
	3・106 下	解榮祖	9・645 下
	14・412 下	解學進	1・675 下
	18・592 下		2・391 下
鮮		解　繼	14・351 上
			14・532 下
鮮　元	7・787 上		

	19・433 上
解　鏘	6・139 下

廉

廉　介	8・563 上
廉仲祥	8・588 上
	8・640 上
廉希賢	20・471 下
廉希憲	13・46 下
	20・297 下
	20・315 下
	20・471 下
廉　范	2・533 上
	7・21 上
	7・181 下
	7・192 上
	13・124 上
	16・460 下
	18・59 上
	18・181 下
	18・327 下
廉和斯哈雅	20・471 下
廉　傑	12・146 上
	12・216 上
廉　褒	16・524 上

新

新　柱	13・231 上
	20・438 上

雍

雍大武	13・616 下
	14・516 下
	16・630 上
雍大記	6・82 上
雍　元	15・223 下
雍　亨	15・222 上
雍　沖	12・151 下
	12・273 上
雍　周	13・654 上
	15・323 下
雍　泰	2・621 下
雍　恭	13・411 上
	15・321 下
	15・656 下
	16・286 上
	16・326 下
雍　庫	16・619 下
雍康年	16・324 下
雍　清	13・409 上
	16・284 上
	16・326 上
雍啓魁	3・75 下
雍朝相	17・275 下
雍遇堯	10・688 上
雍　勛	14・525 上
	16・634 上
雍　焯	13・273 上
	14・497 下
雍載慶	12・408 上
雍　肅	14・350 上
雍緝文	13・664 下
	16・328 下
雍　締	19・720 下
	20・13 上
	20・216 上
雍　勳	13・340 下
雍　諝	13・695 上
	16・638 下
雍　鎬	16・285 下
雍　嚴	16・328 下
雍　蘭	14・515 上
	16・630 上

慎

慎　莊　1・457上

義

義忠禪師　12・308下
義　柔　2・337上
　3・453下
義　蒼　12・497下
義　福　3・145下
義　瓊　2・344上

溥

溥　僎　19・194上

源

源子恭　13・316上
　20・632上
源子邕　13・315下
　20・631下
源子雍　7・22上
　7・527下
　9・85上
源　延　20・631上
源延伯　7・22上
　7・527下
源思禮　20・631上
源　師　13・316上
　20・633上
源　彪　13・316上
　15・558上
　20・632下
源　崇　13・578下
　20・647下
源　雄　13・458下
　20・117上
　20・261下
　20・284上
　20・362上
　20・632下
源　賀　13・315下
　20・630下
源　溥　6・148下
源　懷　13・315下
　18・539上
源　纂　13・458下
　20・632下

塗

塗　惲　6・310上
　6・385上
塗　詳　17・421上

寘

寘　鐇　19・621上

褚

褚　亮　14・350上
　14・361上
　14・532上
　14・796下
　15・177上
　19・132下
　19・193上
褚泰珍　13・145下
　16・605上
褚　珪　5・726下
褚　凰　13・493下
　14・510上
　14・776下
褚　順　8・13上
　20・333下
褚遂良　9・70上
　9・394上

	10・3 下		15・715 下
褚裕仁	13・460 下	**碧**	
	20・674 上		
褚　鳳	15・89 下	碧峯先生	20・231 下
褚　錦	1・620 下	**趙**	
	9・16 上		
	9・679 上	趙一元	3・604 下
褚　環	3・36 上	趙一岩	18・426 下
褚　鏞	2・635 上	趙一珍	9・692 上
褚　懷	11・55 下	趙一韓	2・672 下
褚　寶	17・389 下	趙一嚴	15・661 下
福		趙一夔	13・671 上
			17・422 下
福　公	9・170 下	趙一麟	7・83 上
福　長	13・235 上		7・164 上
	19・516 上	趙人鑑	3・132 下
福通阿	8・231 上	趙九成	5・519 上
	9・647 下		5・545 下
福康安	13・75 下		5・615 下
福　壽	20・149 上		5・726 上
福　盡	9・170 下	趙九筵	5・521 上
際			5・620 下
		趙乃普	3・583 上
際　鍾	19・136 下		10・469 下
經		趙　三	5・618 上
		趙三極	17・383 上
經文岱	19・467 上	趙三廣	14・705 上
		趙三麒	9・780 上
十四畫		趙于京	3・181 上
			7・418 下
		趙于逵	3・484 上
瑪		趙于達	2・645 下
		趙士式	10・274 上
瑪星阿	6・638 上	趙士勉	8・342 下
瑪　瑞	20・449 上	趙士倬	5・617 下
瑣			5・730 下
		趙士能	13・96 上
瑣喜隆	13・559 上		

趙士偉	1・588 上		20・163 下
	6・390 上	趙子三	6・488 下
趙士達	5・194 上		6・530 上
趙士魁	6・493 上	趙天一	6・489 上
	7・59 下		6・531 上
	7・701 下	趙天好	10・365 下
趙士增	8・507 下	趙天佑	3・242 上
趙士學	13・687 下	趙天祐	10・659 下
	14・614 下	趙天泰	2・623 上
趙士衡	8・605 上		6・60 上
趙大用	3・67 上		6・143 上
趙大良	1・586 上	趙天秩	10・258 下
趙大威	7・66 上	趙天眷	10・542 上
	7・164 上	趙天宿	10・364 下
趙大貞	10・377 下	趙天賜	3・278 上
趙大唐	10・426 下	趙天錫	1・763 下
趙大勳	13・664 上	趙　元	7・83 上
	16・43 下		7・162 上
	16・331 下	趙元中	1・604 上
	16・350 下	趙元孝	10・426 下
趙大黌	14・614 下	趙元品	13・688 上
趙　才	13・325 下		14・614 下
	19・108 上	趙元淑	5・497 下
	19・164 下		5・652 上
	19・305 下		5・706 上
趙上交	15・254 下	趙元惺	12・146 下
趙之庠	7・606 下		12・218 上
趙之彥	11・249 下	趙元普	13・477 上
趙之琴	5・422 上	趙元德	3・81 下
趙之璜	3・279 下	趙太君	7・622 下
趙之潔	13・582 上	趙友梧	5・521 上
	20・679 上		5・620 下
趙之璞	13・188 下		5・734 上
趙之璧	3・372 下	趙友烺	3・182 上
	19・691 下		3・280 下
趙之璧	3・323 上	趙日睿	3・291 下
	13・454 下	趙曰慧	5・422 上

趙曰璞	10・684 下			19・228 下
趙中元	10・119 上	趙允亨		3・36 下
趙升昌	8・503 上	趙允良		2・614 下
趙　介	8・111 上	趙允明		19・234 上
趙介臣妻王氏	2・401 上	趙允隆		12・266 上
趙公祐	3・80 下	趙允傑		5・617 上
趙公輔	16・643 上			5・728 下
趙公儀	8・5 上	趙　玉		5・730 下
趙公諒	3・205 下			13・366 下
	6・133 下			17・74 上
趙　卬	13・402 下	趙玉秀		19・724 下
	15・613 上	趙玉恒		13・611 上
	16・320 上	趙玉家		1・662 上
趙　文	19・455 下			7・291 下
趙文中	14・608 下			7・346 上
趙文表	12・135 上	趙玉堂		1・524 上
	12・478 上			1・643 上
	13・544 下			4・284 下
	15・301 下	趙玉崑		10・319 上
	15・627 下	趙正言		6・494 上
趙文明	10・365 下	趙正林		16・689 上
趙文典	8・676 下	趙世延		13・305 上
趙文昭	10・692 下			18・417 上
趙文渙	13・665 下	趙世英		8・480 上
	18・427 上			8・574 下
趙文盛	11・37 下			9・722 上
趙文傑	6・562 上			12・567 下
趙文源	16・41 上	趙世卿		12・525 下
趙文蔚	10・315 下	趙世清		16・683 下
趙文德	16・699 上	趙世雄		11・327 下
趙文翰	5・361 上	趙世勛		7・461 上
	5・381 下	趙世模		2・559 下
趙文舉	13・292 上	趙世賢		11・529 上
	17・295 上	趙世德		3・67 上
趙以乾	11・311 下			10・397 下
趙以鐇	11・589 下			10・473 上
趙允升	12・551 下	趙世霨		2・614 下

趙世錫	13・71 下	趙匡胤	9・75 上
	20・626 上	趙邦玠	1・617 上
趙世爵	10・319 下		9・676 下
趙　本	16・618 上	趙邦泰	11・37 上
趙本植	13・130 下	趙邦清	13・308 下
	19・671 上		17・413 上
	20・140 上		18・11 上
趙札提	19・35 上		18・13 下
趙可行	2・645 上	趙邦瑜	13・314 上
	3・483 上		20・10 上
趙可臺	1・439 下	趙邦寧	10・319 下
	6・401 上	趙邦驥	12・552 上
趙丕緒	19・232 上	趙吉士	7・39 下
趙占魁	3・382 上		7・153 下
趙生苓	18・714 上	趙　老	11・26 上
趙　仙	14・419 上	趙芝秀	13・553 下
	17・443 下		15・700 下
趙令安	15・623 下		16・174 上
趙令續	2・614 下	趙有正	4・776 下
趙印臨	20・332 上	趙有烈	3・408 上
趙包牙	13・555 上	趙有盛	10・380 上
趙立義	1・602 下	趙有徽	11・24 上
趙必達	15・596 上	趙存約	6・489 下
趙永在	13・344 上	趙成英	11・542 下
	16・624 下	趙成珖	7・93 上
趙永安	13・611 上	趙成琳	8・621 下
趙永志	13・122 上	趙　至	11・553 上
	18・415 上	趙光逢	6・487 下
趙永和	14・652 上		6・529 上
趙永清	13・482 下	趙光普	11・763 上
趙永貴	11・542 下	趙光裕	2・721 上
趙永祿	7・637 上		3・208 上
趙民牧	10・421 下	趙光瑞	13・361 上
	10・477 上		14・660 下
趙　匡	3・709 下	趙光遠	13・139 上
	4・437 下		14・605 下
趙匡允	9・766 上	趙光顯	1・644 上

	12・137 上		13・402 上
	12・483 下		14・454 上
趙同翩	18・465 下		14・698 下
趙先甲	1・588 下		14・751 下
	6・401 下		15・291 上
	17・168 下		15・350 上
趙廷臣	11・223 下		15・611 上
	11・387 下		16・278 上
趙廷伋	13・171 上		16・319 下
趙廷金	3・76 上		16・347 上
趙廷俊	12・615 下		16・523 上
趙廷桂	8・116 上		19・426 下
趙廷健	1・466 上		20・610 下
	11・14 上	趙　江	12・135 上
趙廷琦	13・111 下		12・478 上
	17・90 下	趙汝申	6・372 上
趙廷幹	1・660 上	趙汝珪	9・136 下
趙廷錫	1・538 上		10・33 上
趙廷璧	16・34 上	趙汝楫	13・340 下
	20・218 下	趙汝嬲	18・343 上
趙廷鑑	7・577 上	趙汝翼	13・340 下
趙延年	19・243 上	趙汝嚮	13・124 下
趙延義	13・406 下	趙汝鐸	11・47 上
	15・309 下	趙守文	3・344 下
	15・639 下		3・409 上
趙延齡	18・725 上	趙守成	3・345 上
趙仲玉	4・469 下		3・409 上
趙仲俞	2・614 下	趙守貞	13・349 下
趙仲連	2・614 下		15・107 上
趙仲卿	13・405 上	趙守廉	13・429 下
	15・630 上		18・364 上
趙仲魁	1・642 上	趙　安	13・267 下
趙向榮	5・648 上		14・530 上
	5・752 下		16・623 下
趙　合	1・696 上	趙安平	6・388 下
趙兆麟	11・9 下	趙安秦	1・589 上
趙充國	2・518 上	趙安泰	6・388 下

501

趙　夋	12・134 下	趙希雲	13・139 上
趙那孩	8・6 下		14・605 下
趙那海	20・219 上	趙希喬	6・593 下
趙如玉	11・768 下		6・651 上
趙志印	13・463 下	趙希魁	2・650 下
	20・723 下	趙希顏	10・377 下
趙志汴	13・175 上	趙含芳	13・613 上
趙志論	10・317 下	趙含宏	11・488 下
趙　芬	13・405 上	趙　亨	7・650 下
	15・303 下		8・313 下
	15・630 下	趙　忻	2・638 下
	16・281 上		3・482 上
	16・322 上	趙　弟	15・290 下
趙克紹	13・609 下		16・277 上
趙克欽	13・299 下		16・319 下
	16・196 下		20・427 下
趙克懷	13・62 上	趙　沖	13・31 上
	14・758 下		18・521 下
趙　酉	7・638 下	趙沖谷	14・429 上
	13・412 上		15・170 下
	15・329 上	趙　汴	11・119 上
	15・664 下	趙　宏	18・520 下
趙　岐	2・677 下	趙宏允	7・66 下
	4・677 上		7・164 下
	4・761 下	趙宏印	1・423 下
趙岑翰	1・643 上		3・61 下
趙作舟	1・708 上	趙宏祚	1・596 上
	8・339 上		2・643 下
	9・706 下		6・89 下
趙伯祿	5・502 下		6・176 下
	5・709 下	趙宏嗣	3・405 下
趙希仲	3・275 下	趙宏燦	13・450 下
趙希壯	11・6 下		19・687 下
趙希忠	1・600 下		20・154 下
趙希孟	18・714 上	趙宏爕	13・452 上
趙希梁	13・503 下		19・688 下
趙希彭	6・650 下		20・156 下

趙良規	9 · 76 上		14 · 493 上
趙良琇	11 · 250 上		14 · 769 上
趙良棟	1 · 542 下		16 · 623 下
	7 · 578 下		18 · 614 上
	12 · 320 上	趙 苞	18 · 522 下
	13 · 311 下	趙林經	10 · 380 上
	19 · 686 下	趙來章	15 · 638 上
	20 · 153 上	趙 述	11 · 17 上
趙良瑾	10 · 701 上	趙東生	13 · 462 上
趙良璧	12 · 659 下		20 · 719 下
趙君妻張氏	2 · 319 上	趙東陽	18 · 419 下
趙君寬	10 · 703 上	趙 奈	14 · 515 上
趙君璜	13 · 385 下	趙 奇	5 · 196 下
	17 · 733 上	趙抱一	14 · 415 上
趙君德	10 · 322 上	趙尚仁	19 · 697 下
趙阿哥昌	13 · 169 下	趙尚策	7 · 83 上
趙阿哥潘	13 · 340 上		7 · 164 上
	14 · 487 下	趙尚寬	9 · 76 下
	16 · 623 上		9 · 398 下
趙 武	4 · 775 下		10 · 5 上
趙武孟	13 · 327 上	趙 昆	10 · 593 上
	19 · 105 上		13 · 406 下
	19 · 189 下		15 · 308 下
趙青藜	13 · 519 上		15 · 638 上
趙 玫	5 · 648 下		16 · 618 下
	5 · 753 上	趙昌言	6 · 650 下
趙長兒	15 · 702 上		13 · 101 上
趙長庚	13 · 217 下	趙昌宗	9 · 25 下
趙 坤	3 · 768 上	趙 昇	13 · 616 下
	4 · 169 上		14 · 516 下
	13 · 452 上		14 · 676 下
	19 · 689 下	趙昇雲	7 · 61 下
	20 · 158 下	趙 明	6 · 284 上
趙茂亭	1 · 705 下	趙明俊	6 · 597 下
趙茂曾	6 · 557 下		6 · 667 下
趙 英	13 · 270 上	趙明盛	13 · 563 上
	13 · 342 上		18 · 295 上

	18・367 下	趙 治	13・645 下
趙 昂	6・86 上	趙治琨	10・490 上
	6・139 上	趙治琮	10・490 上
	6・172 上	趙宗孟	6・495 上
趙 典	4・438 下	趙宗普	7・91 下
趙 岢	7・58 上		7・175 上
趙知禮	13・387 上	趙宗禮	19・110 下
	15・297 下	趙定鼎	13・700 上
	15・622 上		18・72 下
	16・281 上	趙宜暄	13・171 下
	16・321 上		19・460 下
趙和璧	6・651 上		19・671 下
趙秉南	1・753 上	趙宜煒	7・38 上
趙秉鈗	5・722 上	趙宜煊	1・385 上
趙秉儒	13・621 上		11・338 下
趙秉鐸	19・691 下	趙建棠	1・652 下
	20・162 下		11・531 下
趙 佺	5・417 下	趙始成	20・427 下
	5・465 上	趙承先	13・571 上
	16・98 上		19・718 下
	16・321 下		20・213 上
	16・349 上	趙承訓	13・460 下
趙依仁	4・588 下		20・674 上
趙依言	1・505 上	趙承勳	7・75 上
	9・729 下	趙承獻	7・424 下
趙金簠	1・700 下	趙孟春	9・141 下
趙金耀	10・693 上	趙孟乾	15・224 上
趙 周	3・235 上	趙春芳	8・262 下
趙周誥	13・252 上		9・695 下
	19・673 下		10・362 下
趙京仕	12・146 下	趙 珂	6・592 上
	12・217 上		6・650 下
趙於庭	18・336 下	趙 胡	3・145 上
趙性粹	13・372 上	趙 相	3・728 上
	19・486 下	趙相南	13・475 下
趙 券	10・365 上	趙相國	1・662 上
趙 河	3・71 下	趙相普	14・654 下

趙　軌	13・100 下		7・161 下
	17・549 上	趙修士	13・655 上
	17・640 下		15・329 上
	19・445 上		15・664 下
趙　奎	10・496 下	趙保成	6・394 上
趙持滿	18・544 上	趙　信	8・586 下
趙按竺邇	18・416 上		8・617 上
趙　貞	12・294 上		8・637 下
趙映奎	2・402 下		11・387 上
	7・709 下	趙　禹	6・565 下
	10・312 下	趙　俊	20・707 上
趙　星	13・196 上	趙俊卿	7・622 下
	18・338 下	趙衍序	13・417 上
趙思仁	12・201 下	趙食其	2・513 下
趙思明	7・255 下		3・537 上
趙思哲	10・316 下	趙　勉	2・648 下
	10・317 上		9・666 上
趙思清	7・679 上		10・257 下
趙思普	16・172 下	趙風漣	1・602 下
趙思誠	7・254 下	趙庭實	8・617 上
趙思義	1・708 下	趙彥之	5・505 上
	9・712 下		5・605 上
	10・699 上		5・711 上
	13・585 上	趙彥昭	13・327 上
	14・613 下		18・547 上
趙思齊	5・520 上		19・105 上
	5・647 上		19・165 下
	5・751 上	趙恒祚	4・665 下
趙思蓮	12・137 下	趙　恢	13・656 下
趙　泉	13・388 下	趙　美	7・654 下
	18・59 下	趙　炳	9・407 上
趙重三	8・120 下		10・242 上
趙重琮	13・618 上		13・47 上
	14・522 上		20・298 上
趙重喜	14・488 上		20・315 下
	16・623 上	趙　炯	13・145 下
趙重福	7・53 下		14・585 上

趙　咨	13・223 下	
趙　洵	6・481 上	
趙　津	13・107 上	
趙　宣	12・134 上	
	12・476 下	
趙　昶	12・137 下	
	12・484 下	
	13・387 上	
	15・248 下	
	18・258 下	
	18・330 下	
趙屏晉	1・467 下	
	3・538 上	
趙飛熊	13・701 下	
	19・758 下	
	20・46 上	
	20・227 上	
趙　柔	13・277 上	
	14・521 上	
	14・764 下	
	15・75 下	
趙　紀	1・658 上	
	7・681 上	
趙　泰	4・708 上	
趙泰來	1・729 下	
趙　珪	10・623 上	
趙　珙	3・768 下	
趙珮珂	6・495 下	
趙　珣	13・238 下	
趙　敖	9・138 下	
	10・67 下	
	10・115 下	
趙　珝	9・69 下	
	9・760 上	
趙　玹	13・653 上	
趙貢玉	13・369 下	
趙　都	2・519 下	

趙　恭	13・435 下	
趙桂芳	13・152 下	
	13・159 上	
	13・171 下	
	16・149 上	
趙桂林	18・419 下	
趙　桐	11・114 下	
趙根由	6・397 下	
趙破奴	13・27 下	
	19・313 上	
	19・334 下	
	20・429 下	
趙逐仙	14・362 下	
	19・311 下	
趙　振	7・148 下	
	13・238 下	
	13・247 下	
	17・266 下	
	17・376 下	
趙振蕃	6・501 上	
趙致和	10・380 上	
趙　晉	8・377 上	
	9・720 上	
	20・382 上	
趙晉卿	7・679 上	
	17・754 上	
趙　禹	13・248 上	
	17・375 上	
趙虔章	2・330 下	
趙　時	6・479 下	
趙時春	13・284 上	
	17・73 下	
	17・82 上	
	17・189 下	
趙　剛	10・596 下	
趙　倢	13・674 上	
趙　倫	5・248 下	

	5・280 下	趙野雲	14・416 上
	10・492 下		17・730 上
趙　健	12・82 下	趙　冕	10・364 下
趙　釗	1・700 下	趙　異	16・245 下
	9・662 下	趙　㮙	15・302 下
	10・114 下	趙　國	7・66 上
趙　翁	16・691 下		7・163 下
趙　卿	6・383 下	趙國才	11・545 上
趙效孔	13・627 上		11・609 下
趙效忠	13・506 下	趙國安	13・408 下
	16・682 下		18・417 上
趙益童	18・26 上	趙國良	9・117 上
趙海秋	8・536 上		9・521 上
趙家全	13・506 上		10・23 下
	16・681 下	趙國忠	7・28 上
趙家相	7・685 下	趙國珍	13・665 上
趙　宷	3・343 下		15・709 下
	3・407 上		18・427 上
趙　朗	3・66 上	趙國相	7・291 下
趙陰棠	16・85 上		7・346 上
趙　娥	19・310 上		9・89 上
趙　通	10・495 下		9・772 下
趙通溪	14・424 上	趙國泰	16・551 上
趙　翀	13・90 下		18・79 下
	14・760 下		18・374 下
	15・68 下	趙國棟	3・484 上
趙　規	8・584 下		16・89 上
	8・605 下	趙國寶	1・751 下
	8・710 下		12・32 上
	9・401 下		13・305 上
趙　逌	16・283 上		18・416 下
趙　彬	3・491 上	趙崇文	11・393 下
	7・76 下	趙崇閱	10・70 上
趙　梅	1・652 上	趙崇賢	18・37 下
	11・530 下	趙　崛	2・695 上
趙匾頭	10・529 上		3・483 下
趙　彪	8・617 上	趙第魁	9・663 上

	10・119 上		19・429 上
趙　敏	19・207 下		20・616 上
趙敏翰	13・558 下	趙　紳	7・415 下
	15・710 上	趙　絅	9・646 上
趙　偗	18・15 下	趙琴一	16・684 下
趙得亨	13・104 上	趙　琳	11・705 下
趙得時	19・723 下	趙　琦	13・341 上
趙得魁	14・363 下		16・643 下
趙得賢	5・652 上	趙　琰	12・476 下
趙從舜	3・491 上		15・298 上
趙　逸	13・403 下		15・622 下
	15・298 上		16・549 下
	15・622 下	趙　琮	11・222 下
趙　許	1・639 上		11・269 上
	5・316 上		11・303 下
	5・341 下	趙　琯	12・294 下
趙　章	12・144 下	趙　琛	12・551 上
趙牽奴	8・211 上	趙超宗	13・404 上
	8・270 下		15・298 下
趙　率	14・511 上		15・623 上
趙率教	7・35 下	趙　喜	12・665 下
	13・281 上	趙喜拊	12・268 下
	14・660 上	趙彭永	5・651 下
趙惟彥	1・659 下	趙彭年	5・654 上
趙　煥	13・549 下		5・759 下
	15・688 下	趙彭籛	1・449 下
趙煥文	8・549 上		5・613 下
	9・422 上		5・722 上
趙淑聰	10・429 上	趙　壹	13・698 下
趙　淮	20・152 上		15・293 上
趙　梁	13・343 上		15・614 下
	16・624 下		16・280 下
趙　隆	13・407 上		16・320 下
	15・311 下		16・547 下
	15・641 下		18・82 下
	16・217 下		18・378 下
	16・608 上	趙萬年	10・319 上

趙　敬	5・519 下	趙　御	13・256 下
	5・647 上		18・615 下
	5・751 上	趙循祖	3・539 上
趙　植	6・489 上	趙舒翹	1・431 上
	6・531 上	趙　欽	11・48 下
趙　棟	13・420 上	趙　勝	6・627 下
趙雲鳳	3・484 下	趙　斌	13・283 下
趙雲龍	13・501 上		13・667 上
	15・112 下		17・73 上
趙　援	13・357 下	趙　善	13・300 上
	16・638 上		16・216 上
趙　揮	8・584 下	趙善拊	12・103 上
趙　鼎	13・45 下	趙善慶	19・764 上
	13・118 下	趙翔鴻	8・263 上
	15・572 上		9・697 上
	18・513 上	趙翔鶴	7・672 上
趙　煚	13・405 上	趙　普	9・75 上
趙　遇	6・499 下	趙　曾	6・669 下
趙遇泰	13・426 下	趙　湘	9・503 下
	15・712 下		10・619 下
趙景梅	6・651 上	趙　淵	1・479 下
趙景雲	9・693 上		9・559 下
趙景溫	10・364 下		10・263 下
趙景淵	10・267 下	趙　滋	13・43 下
	10・367 上		19・448 下
趙　貴	13・33 下	趙　遐	13・404 上
	13・387 上	趙　弼	2・617 下
	14・421 上		5・501 下
	15・175 下		5・603 上
	15・216 下		5・709 上
	15・558 上	趙登高	1・638 下
趙智侃	2・248 下		5・361 下
趙　順	6・489 上		5・383 上
	6・531 上	趙登席	19・207 下
	13・359 上	趙登第	11・342 下
	16・708 上	趙登選	13・508 下
趙集成	12・683 下		16・687 下

趙登舉	13・461 下		15・305 下
趙　統	3・208 下		16・281 下
趙　瑞	12・162 上		16・322 上
	12・551 上	趙福淵	13・551 上
	13・680 上		15・691 下
	19・764 上	趙福聚	13・668 下
	20・15 上	趙殿甲	13・501 上
趙　遠	13・101 上		15・112 上
趙聖治	7・592 下	趙殿瑛	18・401 下
趙夢璧	6・651 上	趙　瑤	12・134 上
趙　蒲	10・262 下		12・476 下
	10・366 下	趙嘉肇	6・138 上
趙蓉鏡	13・367 下		11・518 下
趙　楫	7・35 上	趙壽泇	13・491 上
	19・462 下	趙　碬	6・491 下
趙賈芳	12・684 下		8・8 下
趙暉宗	8・666 下	趙　輔	10・642 上
趙　嵩	12・134 下	趙爾守	3・482 下
	12・493 下	趙爾巽	7・372 上
趙嵩三	7・295 上	趙爾楷	3・324 上
趙　節	12・321 下		3・373 上
趙與鴻	13・111 上	趙　戩	2・538 下
	17・554 下		4・677 上
	17・644 下		4・758 下
趙　鉞	19・722 上		6・371 下
	20・218 上	趙鳴軒	10・379 下
趙　鉉	13・342 上	趙鳴喬	13・206 下
	16・624 上	趙毓秀	5・737 上
趙　稞	16・38 下	趙毓清	9・704 上
趙試元	7・71 下	趙毓隆	1・621 上
	7・494 下	趙毓璋	10・316 下
趙　誠	20・279 上	趙　銓	7・37 上
趙新年	13・509 上		9・662 下
	16・688 下		10・114 下
趙　義	11・226 下	趙　銘	13・436 上
趙慈景	9・395 下		13・590 下
	10・671 下		17・408 下

趙　鳳	13・439 下	趙慧福	3・76 上
趙鳳昌	10・111 上	趙　瑾	8・596 上
趙鳳略	13・377 下	趙　璋	6・494 上
趙鳳喈	3・539 上		8・375 下
趙鳳輅	19・503 上		17・422 上
趙鳳漣	8・116 上	趙　增	11・41 上
趙鳳翥	1・704 下		11・48 下
趙鳳雛	5・360 下	趙增錫	10・113 下
	5・381 上	趙穀璧	13・356 下
趙麼哥	7・662 上		16・636 下
趙　榮	4・467 上	趙樞贊	13・624 上
	4・517 下	趙樞贊勣	16・631 上
	13・294 上	趙輝斗	8・116 上
	16・536 上	趙賞瀛	15・224 上
	16・762 上		18・418 下
趙榮秀	5・613 下	趙德芳	12・85 下
	5・722 上	趙德昭	12・85 下
趙濟心	13・408 上	趙德興	13・373 下
	15・650 上		19・498 下
	18・418 上	趙德麟	1・634 上
趙　演	3・604 下	趙　銳	8・717 下
趙　賓	5・422 上	趙　憬	13・387 下
	11・224 上	趙養性	10・364 下
趙隣幾	5・467 上	趙遵南	3・413 下
趙維世	13・689 上	趙　瑩	9・497 上
	19・27 上	趙　潘	13・86 下
趙維垣	11・684 上	趙　澄	16・680 下
趙維柱	18・15 下	趙　璠	4・284 下
趙維晉	13・640 上	趙　璘	19・13 下
	20・382 上	趙　薦	3・718 上
趙維鼎	3・538 下	趙　翰	8・547 下
趙維楷	18・16 上		9・413 下
趙維楨	4・764 下	趙　頤	20・435 上
趙維禎	13・342 上	趙輯瑞	13・558 下
趙維熙	19・677 上		15・710 上
趙維藩	11・339 上	趙　整	18・537 上
趙　慧	13・655 下	趙　勵	16・30 下

趙　默	18・568 上
趙　積	3・712 上
趙積遠	11・543 上
趙興雋	13・210 下
	19・674 上
趙興基	13・574 下
趙興第	19・20 下
趙學勤	16・33 上
趙學詩	13・491 下
	19・352 上
趙　儒	9・524 上
	10・646 上
趙儒廉	5・382 上
趙　儵	7・580 下
趙　翱	13・653 上
	14・355 下
趙錫徽	18・715 下
趙　錦	13・58 下
	19・46 下
	19・302 下
趙錦堂	10・82 上
趙　縉	12・615 下
趙　諴	20・219 上
趙　凝	1・445 下
	3・400 下
趙　龍	10・503 下
趙澤民	6・581 下
	6・637 上
趙　頵	2・614 下
趙　隱	6・494 上
趙韓家	13・550 上
	15・690 上
趙　穟	5・517 下
	5・725 上
趙鍾琳	16・85 上
趙　謙	19・375 上
趙　謐	2・627 上

	5・504 上
	5・546 上
	5・604 下
	5・726 下
趙　襄	18・339 下
趙應元	5・509 下
	5・607 上
	5・713 下
	6・73 上
	6・156 上
趙應玉	1・592 下
趙應林	1・696 下
趙應垣	4・768 下
趙應桂	16・234 上
趙應魁	18・37 下
趙應龍	2・640 上
	5・509 下
	5・607 上
	5・713 下
趙鴻孝	19・230 上
趙鴻漸	3・402 下
趙　濟	13・343 上
	16・634 下
趙　燾	12・526 上
趙　瞻	2・614 上
	3・478 下
	9・76 下
	9・398 下
	10・12 上
趙瞻武	13・694 下
趙瞻淇	13・491 下
趙　翿	15・634 上
趙　鎮	7・456 下
趙　璧	2・694 上
	5・16 上
	5・47 上
	5・104 上

	5・517 上
	5・651 上
趙　彝	6・530 下
	17・413 下
趙　彝	13・113 下
趙　藻	3・491 下
趙　璽	6・403 下
	13・644 下
	20・210 下
趙　贊	7・742 下
趙　鵬	19・208 下
趙鵬超	10・489 上
趙騰光	16・22 上
趙　鯤	12・86 上
趙懷玉	11・344 下
趙懷珝	18・368 下
趙懷翊	13・668 下
趙　瀚	8・582 上
	9・421 下
趙　瀛	2・637 上
	6・72 上
	6・155 下
趙繩先	10・161 上
趙繩祖	6・621 上
	6・650 下
趙獻玉	13・370 下
趙　蠎	10・365 上
趙鯁臣	16・685 下
趙寶卿	10・166 下
趙寶德	13・581 上
趙　績	3・279 上
趙繼芬	11・338 下
趙繼汴	13・175 上
趙繼昌	1・705 下
趙繼祖	5・735 下
趙繼聲	3・416 下
趙繼爵	9・116 上

	9・521 上
	10・23 上
趙　瓘	10・213 上
	10・363 上
趙躋昌	4・664 下
趙巖秀	5・736 上
趙體坤	6・584 上
	6・639 上
趙體鼎	6・169 下
趙　鑑	4・734 上
	11・416 下
	13・318 下
	20・343 上
	20・649 下
趙　襄	3・79 上
趙顯榮	13・556 下
	15・706 下
趙麟定	10・365 上
趙驤恒	6・651 上

嘉

嘉魯克鼐達實	20・475 上

赫

赫生奇	20・15 上
赫生蓮	19・701 下
赫明德	14・430 上
	20・381 下
赫連昌	14・403 下
赫連定	14・403 下
赫連勃勃	7・529 下
	14・403 下
赫崇德	7・463 下
赫　赫	13・73 上
赫爾喜	20・456 上
赫嚕世	20・469 上

臺

臺　産	11・230 上
	11・298 上

綦

綦公直	20・481 上
綦毋潛	3・471 上
綦志遠	2・351 上

慕

慕大壓	17・751 下
慕天保	3・214 上
慕天顏	13・287 下
慕元春	17・689 下
	17・753 上
慕永忠	17・728 上
慕佑份	17・606 上
	17・706 上
慕宏義	13・136 上
慕　典	17・611 上
	17・708 下
慕　忠	13・287 下
慕性生	13・529 上
	17・706 下
	17・748 上
	17・753 下
慕容三藏	13・211 下
	18・542 下
	20・613 上
慕容三讓	13・287 下
慕容德豐	5・269 下
	13・208 上
	13・247 上
	20・266 上
	20・287 下
慕翊宸	17・751 下

慕　寅	13・373 下
	19・497 下
慕聖志	17・611 下
	17・709 上
慕維城	12・59 下
	13・385 上
	17・731 下
慕　暲	13・385 上
	17・734 下
	17・758 下
慕暲妻許氏	17・759 上
慕　德	17・753 下
慕　曉	17・739 下

蔣

蔣三重	20・212 下
蔣三捷	13・67 上
	13・85 下
	14・467 上
	16・602 下
	19・429 下
	20・317 下
	20・624 下
蔣方直	13・162 下
	19・461 下
蔣允祥	12・55 上
蔣允焄	13・186 上
	16・148 上
蔣　玉	19・432 上
蔣占元	1・429 下
蔣　成	13・673 上
蔣光晉	13・257 下
蔣兆奎	1・461 下
	8・94 上
蔣汝艾	11・702 下
蔣志元	11・750 上
蔣志章	1・322 上

蔣　況	3・240 上	蔣煥林	13・399 下
蔣　沉	4・662 上	蔣紹裘	14・353 下
蔣　沈	3・35 下	蔣　琬	12・9 下
	3・459 下	蔣　貴	13・50 上
	4・729 下		19・166 下
蔣良輔	3・728 下		19・302 上
蔣若采	1・555 上	蔣順達	17・169 上
蔣　昂	13・226 下	蔣復勝	19・471 下
	19・432 上	蔣欽緒	10・594 上
蔣　於	13・108 上	蔣　斌	12・9 下
	20・318 上		12・565 下
蔣　泂	13・72 上		13・99 上
蔣居仁	5・375 下		19・432 上
蔣承祿	13・133 上	蔣善興	13・613 下
	20・623 上	蔣湘南	1・575 上
蔣　昺	11・514 上	蔣登甲	1・721 上
蔣桐姐	6・714 下		6・703 上
蔣時芳	13・622 上	蔣　詡	2・698 上
蔣特昇	16・338 上	蔣嘉印	13・494 下
蔣　俓	7・687 上		14・777 下
蔣益封	19・215 下		15・92 上
蔣　洞	19・11 上	蔣嘉年	13・73 下
蔣陳錫	11・117 下		19・670 下
蔣　基	5・211 下		20・139 下
蔣　梓	13・597 下	蔣爾墉	12・615 上
蔣　常	8・481 上	蔣　銘	6・705 下
	9・514 下	蔣鳳翔	13・259 上
蔣常垣	1・532 下	蔣　榮	18・340 下
蔣　偕	9・77 下	蔣　漢	13・616 下
	9・507 下		14・516 上
	10・620 上		14・771 下
	13・164 下		15・84 下
	17・551 下	蔣　賢	7・74 下
	17・642 下	蔣翰周	1・741 上
蔣得春	13・690 上	蔣應捷	1・595 上
蔣得魁	13・514 上	蔣應蕃	13・595 下
蔣　康	19・677 下		14・614 上

蔣應蘭	14・614 上	蔡希寂	8・7 上
蔣騏昌	12・5 上	蔡宏聘	10・424 下
蔣蘊生	1・460 下	蔡尾巴	10・383 下
	8・92 下	蔡長達	11・610 下
蔣繼勳	14・510 上	蔡長發	11・606 下
	19・436 上	蔡英珍	11・423 上
		蔡英剛	11・434 下
蔡		蔡英遐	11・426 上
蔡之俊	11・393 上	蔡英瑤	11・426 上
蔡天藻	13・455 下	蔡奇聞	19・764 上
	19・692 下	蔡奇謀	19・693 上
蔡日逢	15・330 下	蔡金貴	13・664 上
	15・694 上		16・43 下
	16・127 上	蔡宗孔	6・585 上
	16・164 下		6・639 上
蔡曰璽	15・221 下	蔡宗茂	10・468 上
蔡文田	3・283 上	蔡封度	7・591 下
蔡可教	10・466 下	蔡相卿	6・482 下
蔡永泰	13・619 下	蔡　挺	13・126 上
蔡光先	11・229 上		17・58 下
	11・393 上		17・376 上
蔡　同	13・148 上	蔡　昧	20・467 上
蔡同慶	13・663 下	蔡思和	13・194 下
	16・40 上		18・185 上
蔡廷棟	16・172 上		18・264 上
蔡延慶	13・102 下		18・336 上
	17・58 上	蔡　祐	13・34 上
蔡仲回	13・211 下		17・727 下
	20・708 上		19・444 下
蔡兆蘭	1・761 下		19・484 下
蔡名輔	11・337 上	蔡　珽	13・103 上
蔡汝霖	8・109 上	蔡起傑	11・421 上
蔡均發	20・719 下	蔡振甲	13・554 上
蔡　抗	13・180 下		16・42 下
	15・264 上	蔡振鐸	19・760 上
	15・569 下	蔡　倫	8・579 下
蔡　佑	17・620 上		9・165 下

	12・294 上			16・36 下
蔡　祥	3・724 下	蔡　澄		13・584 下
蔡　邕	3・143 下	蔡　勳		3・716 下
	7・118 下	蔡興讓		11・686 上
	7・179 上	蔡應昌		19・720 下
	12・660 下			20・215 下
蔡黄裳	3・579 上			20・279 上
	3・718 上	蔡豐蓮		8・601 上
蔡國熙	7・34 下	蔡寶善		3・583 上
	13・208 上	蔡繼昌		13・554 下
	19・667 下			15・701 上
	20・134 下			16・175 上
蔡　第	7・684 上	蔡繼襄		7・580 下
蔡啓允	13・303 上		**斡**	
	15・693 上			
	16・125 下	斡道中		19・608 上
蔡啓胤	15・327 上		**熙**	
	16・163 上			
蔡啓蔭	15・660 上	熙　齡		11・417 上
蔡景炌	13・455 上		**蔚**	
蔡景歷	3・166 下			
蔡　順	2・346 下	蔚本秀		6・583 上
	2・703 下			6・638 下
	8・58 下	蔚作霖		10・272 下
蔡傑選	11・429 上	蔚若璠		10・365 上
蔡　愔	20・480 上	蔚　宙		8・228 下
蔡道紀	11・528 上			9・416 下
蔡登霄	13・521 上	蔚　能		9・122 下
蔡際昌	11・572 下			10・215 上
蔡嘉善	14・426 上			10　251 下
蔡輔清	13・419 上		**輔**	
	16・37 下			
蔡　睿	13・684 上	輔德一		2・318 上
蔡　蕃	13・671 上		**爾**	
	17・422 上			
蔡　賢	18・45 下	爾朱逵		2・332 上
蔡　潮	13・661 上			9・127 下

爾朱敞	9・68 下	裴　均	3・460 上
爾朱欽	11・8 上	裴志鴻	3・408 上
		裴芬之	3・710 上
臧		裴　君	10・663 上
臧景明	15・178 上	裴　玢	20・469 上
臧　瑜	11・339 上	裴松之	12・317 下
臧懷恪	6・116 上	裴　珀	11・112 下
		裴　迪	3・144 上
裴		裴知古	2・709 上
裴子餘	3・315 下	裴　佶	9・72 上
	3・369 上	裴炎之	9・397 上
裴夫民	2・275 上	裴承章	2・303 上
	8・637 上	裴　貞	8・67 上
裴公妻賀蘭氏	2・256 下	裴思敬	3・408 上
裴文舉	8・583 上	裴　矩	13・34 下
	8・615 下		19・165 上
裴可久	2・234 下		19・317 上
裴　立	8・604 上		19・339 下
裴　向	3・177 下		20・480 下
	8・4 下	裴　修	13・258 下
	9・69 下		19・40 上
	9・395 上		19・164 下
	10・10 上	裴　宣	13・191 上
裴行儉	13・36 上		18・258 上
	15・253 上		18・330 下
	15・561 下	裴宣明	9・65 上
	16・263 下		10・585 下
	19・317 上	裴　莊	3・242 上
	19・339 下	裴　倫	14・463 上
	19・445 下	裴紹芳	13・170 下
	20・418 下	裴琰之	9・73 下
	20・432 下		10・4 下
裴汝清	3・289 下	裴　賁	10・491 下
裴守貞	18・269 下	裴　雯	8・593 下
	18・347 上	裴　斐	2・624 下
裴守真	13・191 下		8・76 上
	18・60 上	裴蒲亨	9・79 上

裴　詵	18・593 下	暢世族	11・74 下
裴　粹	18・537 下	暢　亨	5・468 下
裴　榮	2・648 下		5・598 上
	3・262 下		5・699 上
裴榮貴	10・119 上	暢茂元	11・74 下
裴　滿	8・607 下	暢所欲	11・74 下
	9・769 下	暢孟樂	8・597 下
裴　寬	9・71 下	暢星朗	11・74 下
	9・395 上	暢　宣	13・120 上
	10・10 下		16・106 上
裴　慧	8・79 下		16・146 下
裴　璜	17・389 上	暢　華	13・391 上
裴　積	2・272 上		16・540 上
裴　遵	13・223 下		
	19・314 下	**聞**	
	19・336 下	聞尚選	1・754 下
裴　濂	10・592 下		11・527 下
裴澣妻杜氏	2・317 上		
裴　寰	8・5 上	**圖**	
裴　濟	13・208 上	圖明額	13・78 上
	20・210 上	圖　海	13・69 上
	20・278 上	圖勒炳阿	13・213 下
裴　邃	8・615 下	圖爾炳	13・74 上
	13・116 上	圖薩布	1・333 下
裴　蘊	12・321 下		
裴　識	7・408 上	**管**	
	13・40 上	管大音	1・495 上
	17・265 上		8・619 下
	17・371 下		8・645 上
	19・659 上		8・734 下
	20・120 上		9・21 下
裴耀卿	3・35 上		9・682 下
裴　覺	2・251 下	管文運	5・618 下
裴繼度	10・480 上		5・731 下
暢		管世強	8・627 下
		管世銘	6・483 下
暢文桂	11・74 下	管　均	9・729 上

	10・480 上		6・63 上
管　青	13・565 上		6・146 下
管　真	2・236 下		7・37 上
管　涝	13・166 上	雒建基	6・92 上
管孫翼	13・172 下		6・175 上
	14・698 上	雒兼善	4・322 下
管　笙	13・222 下		4・367 下
管遇鮑	13・564 下		4・416 上
管　楫	2・633 上	雒　祥	20・332 上
管維韶	13・564 下	雒從洛	5・618 上
			5・731 上
毓		雒鼎新	13・694 上
毓　秀	11・416 上	雒　遵	2・634 下
			5・509 下
僕			5・548 下
僕仲長	10・501 上		5・607 上
僕固懷恩	2・588 上		5・713 下
			6・64 上
僧			6・147 下
僧　伽	2・713 下	雒遵道	6・72 下
僧伽大師	14・413 下		6・155 下
僧明月	16・201 下	雒錫麟	13・421 下
僧　和	3・145 下		
僧　宗	9・171 下	**廣**	
僧　涉	2・710 下	廣成子	14・411 上
僧　海	2・228 上		17・68 上
僧　朗	2・711 上	廣東和尚	20・230 下
僧　道	2・712 上	廣治和尚	19・762 上
僧　肇	2・711 上	廣　厚	10・412 下
			10・468 上
雒		廣　惠	2・324 上
雒于仁	5・512 下		
	5・608 下	**瘋**	
	5・715 下	瘋子張	4・774 下
	6・64 下		
雒守一	6・71 上	**廖**	
	6・154 下	廖　化	18・131 下
雒　昂	2・634 上		

	18・341 下	端　竹	13・578 下
廖世祿	12・32 上		20・648 上
廖有方	3・610 下	端竹領占	16・648 下
廖成德	11・679 上		
廖　莊	13・88 上	**齊**	
	14・471 上	齊士雄	8・17 上
廖逢節	13・57 下	齊大成	7・763 上
廖　恕	14・517 下	齊大鵬	3・728 下
	16・629 下	齊之鸞	19・664 上
廖培午	16・683 上		20・128 下
廖隆遇	10・426 上	齊天祥	8・617 上
廖葆泰	13・150 下	齊太岳	1・540 下
	13・210 上		7・763 上
	16・669 上	齊仁治	11・46 下
	19・676 下	齊文淮	13・345 下
	20・292 上		15・97 上
廖朝義	1・751 下	齊玉生	1・634 下
	12・32 上	齊　正	11・43 下
廖　森	13・123 上	齊正訓	13・216 下
	15・273 上		18・617 下
	15・577 下	齊世武	13・71 上
	18・513 上	齊式武	14・478 下
廖　斌	10・436 下		14・762 下
	14・652 上	齊至道	20・221 下
廖登明	13・503 下	齊先裕	11・342 上
	15・115 下	齊廷來	1・695 上
廖發棟	18・424 上		11・36 上
廖溥明	13・162 下	齊志道	7・762 下
	13・167 下	齊宗道	8・361 下
	17・646 上		10・602 下
	19・461 下	齊　映	6・486 上
廖　綸	13・248 下	齊　陞	13・441 下
	17・414 上		17・416 上
廖靜庵	19・474 上	齊原芳	6・487 下
端			6・529 上
		齊　恩	13・519 上
端　方	1・325 上		20・302 下

	20・331 下
齊　球	5・375 上
	12・57 上
齊國儒	7・762 下
齊　敏	13・518 下
	20・302 下
	20・331 下
齊朝棟	10・365 下
齊登榜	7・521 下
齊　塘	3・131 上
齊聞道	7・762 下
齊齊克	20・474 上
齊　整	9・87 上
齊默慎	1・398 下
	12・194 上
齊　禮	13・288 下
	20・302 下
	20・331 上
齊瀛洲	1・611 下

鄭

鄭士蕙	1・507 下
鄭士範	1・521 上
鄭大綸	1・354 上
鄭之杰	1・467 下
	3・557 上
鄭之釗	12・398 下
鄭之壽	1・582 下
鄭之縉	7・657 上
鄭　己	13・53 上
鄭子真	12・627 上
鄭子惠	12・496 上
鄭王選	1・521 上
	3・759 上
	4・160 下
鄭天玉	13・572 上
鄭天魁	11・757 上

鄭元佐	16・329 下
鄭元挺	3・135 上
鄭元素	2・700 上
鄭　友	10・585 上
鄭友周	7・38 下
	7・151 下
鄭　仁	2・668 下
鄭仁心	1・586 上
鄭仁表	3・66 上
鄭仁泰	18・544 上
	20・432 下
鄭仁恭	13・36 上
鄭文孝	12・551 下
鄭文命	7・644 上
鄭文祿	13・410 下
	15・658 下
	18・509 上
	18・518 上
鄭文煥	1・433 上
鄭文寶	7・25 上
	20・266 下
	20・288 上
	20・363 下
鄭玉珆	13・524 下
	19・519 下
鄭世甲	3・73 下
鄭　札	8・619 上
	8・641 下
	9・130 下
鄭可篤	7・655 上
鄭　仔	7・43 上
	8・17 下
鄭　玄	4・488 下
鄭玄果	2・255 下
鄭永甲	12・488 上
鄭永昌	5・121 上
鄭　弘	3・709 上

鄭　吉	13・28 上		7・493 下
	19・313 下	鄭叔敖	9・396 下
	19・335 下	鄭尚仁	18・186 下
	20・417 上		18・339 上
鄭吉慶	5・112 下	鄭庚申	1・710 下
鄭　朴	2・698 上		9・726 上
	12・144 上	鄭　治	13・455 下
鄭存仁	13・122 上		19・693 下
鄭光溥	8・585 下	鄭建充	7・761 上
	8・597 上		9・78 下
	8・718 下		9・401 上
	9・409 上		9・759 下
	10・599 上		10・12 下
鄭先義	1・585 下	鄭居中	5・211 上
鄭廷英	7・42 下		7・41 下
	7・237 上		7・419 下
鄭延昌	3・749 上	鄭居安	16・284 上
鄭仲光	5・427 下	鄭春保	12・496 上
鄭兆志	17・748 下	鄭　柄	8・722 上
鄭兆慶	8・121 下	鄭拱卿	7・655 下
鄭　旭	13・637 上	鄭　昭	7・640 上
	19・540 下	鄭　畋	3・707 下
鄭汝璧	7・31 上		8・8 下
鄭　玖	8・16 上	鄭思敬	1・394 上
鄭芇南	1・508 上	鄭思義	13・611 下
鄭佐效	17・749 上	鄭　修	3・771 上
鄭　谷	3・317 下	鄭　勉	17・147 下
	3・369 下		17・165 上
鄭　宏	8・78 下	鄭庭秀	5・39 下
鄭宏錦	1・409 上	鄭彥文	6・478 下
鄭君愛	2・651 上	鄭炳蔚	12・498 上
	8・103 下	鄭　洛	13・63 下
鄭　英	8・586 下		19・44 上
鄭　東	7・86 下		20・619 下
	7・461 上	鄭　勇	10・215 下
	7・493 下		10・363 下
鄭　炁	7・86 下	鄭　琪	8・584 上

鄭華國	11・416 上		18・520 下
鄭恭止	7・70 下	鄭訴	7・643 下
	7・494 上	鄭詥	10・189 下
鄭連拔	13・232 下		10・240 上
	13・255 上	鄭道邕	3・710 下
鄭時	13・51 上	鄭温球	2・266 上
鄭師元	7・152 上	鄭渾	9・63 上
鄭師湜	13・637 下		9・390 下
	19・540 下		10・8 上
鄭純臣	13・367 上	鄭遨	10・663 下
	17・335 上	鄭聖時	12・14 下
鄭國	5・417 上	鄭楚相	2・299 上
鄭國昌	5・281 下		8・583 下
鄭國治	17・737 上		8・594 上
鄭國華	5・110 下		9・396 下
鄭國禎	7・651 下	鄭輅	3・275 下
鄭崑璧	11・116 下	鄭感民	19・720 下
鄭崇	2・523 下		20・216 上
	6・347 上	鄭暘	7・28 上
	6・407 下	鄭僅	13・248 上
鄭崇儉	19・668 下		15・266 下
	20・136 上		17・375 下
鄭敏	3・498 上	鄭裔綽	8・7 下
鄭敏純	8・119 上	鄭福	8・122 上
鄭偉	9・393 下		12・627 下
	10・586 上	鄭福田	8・771 上
鄭訪	7・652 下	鄭羣	3・316 下
鄭琰	11・336 下		3・369 下
鄭達	3・461 上	鄭經	8・588 上
鄭敬儒	18・735 上		8・623 上
鄭朝毓	13・525 下		8・639 下
	19・519 上	鄭壽麟	1・405 上
鄭貴	1・757 上	鄭戩	13・44 上
鄭策	10・495 下	鄭僑柱	13・485 上
鄭傑	7・701 下		19・106 下
鄭集	7・651 下		19・168 上
鄭衆	10・8 上	鄭鳳彩	12・664 下

鄭　誥	13・411 下	鄭　寰	12・330 上
	15・656 上	鄭　隱	10・663 下
	16・285 上	鄭　懋	5・106 上
	16・326 上	鄭　謐	7・655 下
鄭榮輝	5・112 下	鄭應奎	7・655 上
鄭　演	2・550 下	鄭　璧	9・90 上
鄭寬中	2・676 上		9・404 上
	6・385 上		10・5 下
鄭實活	2・271 下	鄭　彝	4・171 上
鄭緒章	12・115 下	鄭蘭芝	12・496 上
	12・527 上	鄭蘭和	12・496 上
鄭緇衣	10・688 下	鄭　譯	7・655 下
鄭　儋	3・239 下	鄭繼同	3・282 上
鄭德潤	12・398 下	鄭繼昌	12・498 上
鄭盤格	4・769 下	鄭繼周	12・66 下
鄭慶崧	1・369 下	鄭　敫	8・618 下
鄭選士	13・412 下	鄭　鐸	13・217 上
鄭豫泰	5・375 下		14・607 上
鄭　樸	5・11 下	鄭　鑑	8・453 上
	5・97 上		8・638 下
	5・516 下		11・637 下
	5・600 下	鄭　瓚	8・587 下
	5・757 下		8・622 下
鄭　曉	7・162 下		8・638 上
鄭　興	8・4 下	鄭觀養	12・496 上
	14・355 上	鄭　鑫	10・698 下
	15・600 上	鄭　讚	7・643 下
	16・248 上	鄭　驤	6・478 下
	16・274 下		9・77 下
	16・482 上		9・399 上
	18・520 下		10・5 上
鄭興基	13・679 下		13・144 上
	19・701 下		
	20・219 下	榮	
	20・279 下		
鄭學詩	5・119 下	榮天倫	3・287 上
鄭熾敏	11・533 上	榮　伯	2・506 下
		榮　毗	9・394 上

		10・586 下
榮　華		3・137 上
		12・157 上
		12・378 上
榮　寀		3・138 上
榮　清		2・626 上
		3・136 下
榮結友		1・751 下
		12・32 下
榮鳴珂		3・138 下
榮　頡		3・138 上

漢

漢元帝		4・648 上
漢元帝昭儀馮氏		4・650 上
漢文帝		4・647 上
漢成帝		4・648 上
漢平帝		4・648 下
漢成帝倢仔班氏		4・650 下
		4・723 下
		6・352 下
漢孝昭皇帝上官皇后		16・287 上
漢武帝		4・647 下
漢明帝馬皇后		6・353 上
		6・415 下
漢昭帝		4・647 下
漢哀帝		4・648 下
漢宣帝		4・648 上
漢宣帝后王氏		4・650 上
漢桓思竇皇后		6・355 下
		6・415 下
漢高帝		4・646 下
漢高祖太穆順聖皇后竇氏		6・358 上
漢章德竇皇后		6・355 上
		6・415 下
漢惠帝		4・647 上
漢景帝		4・647 上

漢景帝王皇后		6・352 上
		6・415 下
漢順帝梁皇后		19・481 上
漢睿宗昭成順聖皇后竇氏		6・358 上
漢　德		13・695 上
		14・521 下
漢繼業		14・571 下
		14・588 上
漢靈帝宋皇后		6・355 下
		6・415 下

滿

滿　存		18・454 上
滿　福		20・455 上
滿瑪爾德濟		20・419 下
滿綽爾圖		20・456 上
滿　震		19・135 下

漆

漆正一		13・357 上
		16・637 下
漆　金		16・219 下
漆　堅		13・493 上
		14・510 上
		17・18 上
漆聯捷		14・362 上
		19・232 上

寬

寬徹普化		14・356 下
		18・379 下
寬懷和尚		7・119 下
		7・179 下

察

察　罕		7・54 上
		20・436 下

	20・475 下	熊兆麟	1・392 上
察罕特穆爾	20・476 下		9・651 上
察的兒	3・319 下		10・102 上
察　童	10・494 下	熊汝疇	5・736 上
寧		熊含章	1・385 下
			5・81 上
寧　昫	9・36 下	熊長才	11・763 下
實		熊　玻	2・630 上
			5・518 上
實　保	20・473 下		5・615 上
實　際	14・420 上		5・725 上
	16・346 上	熊　奎	13・559 下
禡			15・715 上
			18・490 上
禡木特	20・478 上	熊胤豐	3・722 下
隨			4・442 上
		熊　炳	5・727 下
隨清娛	2・226 上	熊　飛	11・602 下
	8・297 下	熊師旦	13・60 上
	8・302 上		14・760 上
	9・583 上	熊常錞	7・37 下
鼐		熊萬美	12・284 下
		熊善長	11・598 上
鼐滿台	13・47 下	熊　焯	1・431 下
熊		熊　載	18・184 下
			18・335 上
熊士伯	3・279 下	熊　概	13・88 下
熊日強	1・593 上		14・471 下
	5・617 下		16・604 上
	5・730 下	熊虞夔	5・617 上
熊文蔚	5・752 上		5・728 上
熊文瀾	1・392 下	熊　鉓	2・671 上
熊方壽	12・424 上	熊　煉	12・408 上
熊甲榮	10・480 上	熊殿吉	17・122 下
熊永發	1・757 下	熊維男	5・613 下
熊廷玉	11・489 上		5・722 上
熊自信	10・427 下	熊維藩	7・86 下

	7・493 下		12・496 下
	7・546 下	鄧　先	12・146 上
熊　震	10・423 下		12・215 下
熊學烈	5・613 下	鄧廷楨	13・77 上
	5・722 上	鄧兆璈	1・408 下
熊嶽秀	12・526 上	鄧名州	4・228 上
熊應元	3・715 上	鄧志禹	13・561 上
熊應周	13・153 下		15・718 下
	17・212 下	鄧志敏	1・665 上
熊　繡	3・714 下		7・92 下
	7・29 上		7・223 上
熊觀國	13・235 下	鄧秀芝	19・175 上
	19・517 下	鄧　坤	11・656 下

鄧

		鄧承藩	9・406 下
		鄧南琦	16・30 上
鄧一峯	1・495 上	鄧　禹	5・379 上
	9・582 上	鄧彦海	13・380 下
鄧三多	12・382 下		17・273 上
鄧士英	3・132 下		19・483 上
鄧　山	5・465 下	鄧美儀	12・442 下
鄧元挺	2・691 下	鄧　訓	13・30 上
鄧仁恩	10・377 下		14・461 上
鄧文治	16・26 上		14・753 上
鄧　艾	8・439 上		19・427 上
	15・242 上		20・611 下
鄧生桂	15・229 上	鄧　敏	20・703 下
鄧仕榮	11・663 上	鄧　琦	11・221 上
鄧立志	12・348 上	鄧朝佐	11・698 下
鄧必安	13・175 下		11・730 上
鄧永芳	8・363 下		11・748 下
	8・452 上	鄧雲梯	7・550 上
	9・421 上	鄧雲路	7・550 上
鄧永忠	11・429 上	鄧虞昌	12・281 上
鄧邦靖	1・577 下	鄧夢丹	13・173 下
鄧　至	3・502 上		16・759 上
鄧光泮	1・650 下	鄧夢琴	1・345 下
鄧光禹	1・738 上		3・582 上

		翟子元	11・536 上
鄧　愈	11・517 上	翟巨鵬	10・319 上
	13・48 下	翟　公	8・73 上
	16・608 上	翟　方	9・415 上
	19・299 上		10・183 下
	19・431 下	翟方進	3・235 下
	20・617 上		7・21 下
鄧福益	3・408 上	翟方善	10・360 下
鄧銘堂	13・420 下	翟方震	19・460 下
	16・39 上	翟玉龍	12・665 上
鄧　榮	13・181 下	翟世琪	8・230 下
	16・106 上		9・420 上
	16・146 下	翟用章	10・313 下
鄧榮武	20・351 下	翟用儀	10・312 上
鄧榮高	17・23 下	翟　弁	5・504 上
鄧漢勳	7・676 下	翟廷俊	13・185 上
鄧　增	1・417 上	翟廷楠	5・470 上
	13・82 上	翟守素	3・711 下
	19・468 上		7・24 上
	20・693 上		7・147 下
鄧　德	13・572 下	翟羽翱	3・498 下
	19・720 下	翟吾道	10・208 下
	20・215 下		10・252 上
鄧德祥	13・261 上	翟步璋	8・621 上
鄧　遵	19・657 上		8・677 上
	20・116 下	翟長發	1・742 上
	20・261 上	翟事心	9・666 下
	20・284 上		10・256 上
鄧興仁	3・247 下	翟法言	2・717 上
鄧　鏜	13・182 上	翟宗器	3・246 上
	15・276 上	翟宗儒	10・362 下
	15・581 上	翟春壽	5・379 下
	16・272 上	翟貞吉	10・207 下
	16・296 下	翟　益	9・417 上
鄧獻昌	6・405 上		10・494 下
翟			10・602 上
翟士端	10・663 下	翟　黄	2・508 下

翟從諭	5・648 下		十五畫
	5・753 上		
翟　清	3・131 上		
	3・247 下		**慧**
翟　棟	10・364 下	慧　了	2・228 下
翟運晉	10・364 下	慧　音	19・137 上
翟　瑥	13・334 上	慧　悟	4・601 下
	14・527 下	慧　球	3・772 下
翟　義	12・139 上	慧　達	18・594 上
	12・486 上		19・311 下
翟　酺	13・142 上	慧　嵬	2・711 下
	15・284 下		3・106 下
	16・275 下	慧　遨	10・664 下
	18・592 上	慧　遠	14・417 上
	19・297 下	慧　嵩	14・412 上
翟鳴鳳	1・646 下	慧圓禪師	11・402 上
翟鳳梧	8・452 上	慧　齡	13・249 上
翟鳳翔	6・137 上		
翟樹滋	13・132 下		**頡**
	19・671 上	頡　壎	13・395 上
翟　懋	18・184 上		17・48 上
	18・334 下		17・54 下
翟應祥	7・67 下		
	7・210 上		**鞏**
翟　鵬	13・57 上	鞏兆泰	5・729 下
翟繼恩	7・148 下	鞏辰極	13・399 下
翟繼業	8・670 下		16・219 下
緒		鞏我造	13・443 上
			18・25 下
緒　程	7・308 下	鞏我騰	13・443 上
綺			18・25 上
		鞏　固	12・275 上
綺里季	3・143 下	鞏　侃	13・443 下
	11・216 下		18・25 下
綿		鞏建豐	13・300 上
綿曲律不花	2・618 上		16・253 上

鞏帝疆	13・443 下		20・149 上
	18・26 上	**樗**	
鞏國柱	13・309 下		
	17・413 上	樗里子	2・508 下
	18・11 下		4・718 下
	18・14 上		4・757 上
鞏國家	18・24 下	**樓**	
鞏國楨	13・309 下		
	18・13 下	樓汝濟	13・213 上
	18・37 下	樓安文	2・552 上
鞏敬緝妻蒲氏	16・253 上	樓　護	2・703 下
鞏　焴	13・441 上	**樊**	
	17・431 上		
	18・29 上	樊一蘅	7・35 上
鞏爾盤	18・25 上	樊子蓋	13・135 下
鞏　賓	18・571 下		18・542 上
鞏維甲	3・493 下	樊王佑	10・365 上
鞏　遵	3・479 上	樊天敘	2・643 下
鞏興林	13・540 下		3・71 下
鞏龍江妻馬氏	16・246 下	樊中選	13・588 上
鞏　燿	18・25 上	樊文明	12・492 下
鞏懷真	14・354 上	樊可允	10・495 下
摯		樊必大	13・432 上
			18・72 下
摯　育	18・528 下	樊永豐	10・68 上
摯　恂	2・678 上	樊邦彥	3・342 下
	3・40 上		3・406 下
	3・488 下	樊吉祥	16・21 下
摯　峻	2・697 下	樊有爵	11・30 下
	3・77 上	樊成德	13・593 上
摯　虞	2・689 上		18・713 上
	3・40 上	樊　廷	20・439 上
	3・415 上	樊仲子	3・75 上
邁		樊向榮	1・611 上
			11・308 上
邁里古思	13・448 上	樊兆鳳	10・166 上
	19・684 下	樊守思	10・363 下

樊志張	12・134 上
	12・476 上
	13・702 下
	20・651 下
樊志賢	5・194 上
樊克銘	1・675 下
	3・292 上
樊扶漢	13・566 下
樊□言	2・297 下
樊青	8・595 下
樊茂	5・518 下
	5・615 下
	5・726 上
樊英	3・206 上
	5・720 上
樊東謨	8・379 上
	8・482 上
樊尚禮	11・16 上
樊明儒	7・657 下
樊金美	19・20 上
樊於禮	19・18 下
樊育	3・79 上
樊宗玉	3・265 下
樊宗璽	3・290 上
樊珍	12・137 上
	12・484 上
樊垣	4・470 下
樊咸修	1・452 下
	6・78 下
	6・160 上
樊咸敘	6・159 下
樊奎文	19・20 上
樊思秀	11・34 下
樊屏	4・469 下
	4・515 下
樊珽	1・592 下
	5・616 上

	5・727 上
樊珣	7・654 下
樊執牛	12・152 上
樊梓	10・320 上
樊盛	11・15 下
	12・151 下
	12・273 下
樊處約	13・292 上
樊冕	10・184 下
	10・198 上
樊得仁	10・207 下
	10・250 下
樊釭	11・16 上
樊望	5・516 下
	5・611 下
	5・718 下
樊深	8・4 下
樊琳	13・205 下
	17・390 下
	18・41 上
樊景善	3・297 上
樊景顔	1・442 下
樊尊義	13・702 下
樊曾德	19・206 下
樊楚約	17・295 上
樊靖	19・205 上
樊煜	13・177 下
樊資	9・664 下
	10・251 下
樊曄	16・460 下
樊毓麟	1・655 上
	10・320 上
	11・757 上
樊滿清	1・582 下
樊增祥	7・667 上
樊儉淮	11・609 下
樊儀	7・654 下

樊德鄰	1・644 上	歐陽袞	13・602 上
樊興隆	19・207 下		19・109 下
樊聲顯	19・20 上		19・187 上
樊嶷	3・463 下	歐陽衮	14・512 上
樊鍾秀	7・656 上		16・628 下
樊鍾岱	5・469 下	歐陽瑛妻裴氏	2・332 上
樊騰霄	13・700 下	歐陽詹	7・118 下
	17・440 下		7・179 下
樊繼芳	10・70 下		9・171 上
樊讓	14・419 下	歐陽詢	2・222 下
	18・225 下	歐陽煖	5・421 下
	18・294 下	歐植	12・144 下
	18・376 上		12・628 下
橄		歐經禮	1・649 下
橄君錫	8・492 下	**暴**	
歐		暴公	2・508 上
		暴孟奇	13・63 上
歐汝孚	12・628 上		14・473 下
歐思誠	10・191 上		14・758 下
	10・241 上	**噶**	
	10・360 下		
歐約禮	1・650 下	噶爾弼	19・465 下
歐陽燧	6・479 下	噶爾默特	20・478 上
歐陽元	13・144 下	**墨**	
	14・651 上		
歐陽永禘	18・41 下	墨興世	3・290 上
歐陽永祺	13・215 下	墨麟	2・622 下
歐陽芳	10・480 上		3・261 下
歐陽建	9・63 下	**黎**	
	9・390 下		
	10・8 下	黎士宏	13・69 上
	10・183 上		13・219 上
	10・189 上		19・669 上
	10・240 上		20・137 上
歐陽信	13・104 上	黎玉田	6・488 下
	17・211 下		6・516 上

	6・529 下	德　銳	1・408 上
黎丙甲	6・490 上		3・376 上
黎長卿	12・161 下		
	12・551 上	**衛**	
黎東明	1・645 下	衛子忠	8・313 下
	12・492 下	衛王道	8・267 下
黎東曜	1・714 下	衛天命	6・582 上
黎昌期	7・750 下	衛引文	8・262 下
黎宗萬	12・19 下		9・545 下
黎建三	13・220 上	衛丕良	9・703 上
	19・247 上	衛占魁	19・19 下
黎屏極	12・159 下	衛在田	8・313 上
黎國富	1・645 上	衛先範	8・260 下
	12・489 上		9・533 下
黎　幹	5・417 下	衛兆雲	11・578 下
黎維南	16・735 上		11・602 上
黎澤庚	13・228 下	衛多俊	10・529 下
黎懷德	16・707 下	衛次公	8・7 下
黎　獻	13・270 上	衛如玉	1・536 上
	14・571 下		11・601 下
	14・770 上	衛如琥	1・536 下
	15・82 下		11・606 上
		衛伯玉	20・434 上
儀		衛良佐	10・312 上
儀　光	2・714 上	衛　青	13・27 上
儀光禪師	3・772 下		19・571 下
			19・657 上
德			20・116 上
德　元	13・257 下		20・260 上
德　明	10・412 下		20・283 下
	10・468 上		20・361 下
德　享	20・482 下	衛叔卿	9・730 下
德　亮	1・365 上		10・663 上
	3・281 下	衛居寶	7・148 下
	12・408 上	衛祖頊	8・270 上
德呼威蘇	20・470 上	衛秦翰	8・264 上
德　海	9・512 下	衛起隆	10・272 下

衛起鳳	12·147 下	徹伯爾	20·471 下
衛時劭	8·342 下	徹空和尚	14·422 上
衛浚都	15·602 下		17·67 下
衛執蒲	8·264 上	徹爾特穆爾	20·476 上
衛晞駿	1·499 下		
	8·310 下	**虢**	
	9·698 上	虢文公	2·508 上
衛景瑗	8·261 下		3·595 下
	9·544 下	虢仲	3·732 上
衛傑	10·360 下	虢叔	3·595 下
衛甯樸	12·58 上		3·732 上
衛瑗	14·351 下		
衛楨固	8·263 上	**縢**	
	9·546 上	縢天綬	12·87 上
衛靖中	9·697 上	縢元鼎	5·471 下
衛瑤	13·30 下	縢廷伯	13·620 下
衛榮光	8·336 上		15·102 下
衛賢	3·82 上	縢佐	13·268 下
衛緝	11·603 下		14·492 上
衛璟	10·316 上		14·766 下
衛學詩	1·500 上	縢尚誠	13·354 上
	8·310 下	縢宗諒	13·102 上
	9·564 上		13·125 下
衛衡	12·134 下		15·262 下
	12·476 下		17·373 下
衛錫恩	11·638 上	縢樹標	13·511 上
衛穎	13·260 上	縢躍龍	13·504 下
	17·177 下		
	19·52 上	**魯**	
	19·302 上	魯一清	13·483 下
衛瓊	19·437 上		19·19 上
衛籍	14·660 上	魯大誥	13·689 上
		魯女生	10·663 下
徹		魯曰孝	16·481 上
徹一上人	14·421 下	魯丕	2·678 上
	19·761 下		3·766 下
	20·230 上		4·462 下

	6・297 下		3・215 上
魯　芝	3・747 上		3・734 上
	4・153 下		4・462 上
	4・574 上		4・511 上
	13・177 下		6・295 下
	15・241 下		6・380 下
	15・553 下	魯剛泰	13・501 上
魯存義	6・394 下	魯　般	14・425 下
魯光昌	7・519 下		19・326 下
魯行昌	20・649 上		19・357 上
魯兆鶴	12・137 下	魯　爽	3・779 上
	12・484 下		4・575 上
魯　旭	2・539 上	魯進賢	7・525 下
魯守道	1・738 下	魯得之	11・486 上
	12・497 上	魯悉達	3・741 上
魯安仁	13・192 下		4・577 上
	14・395 下	魯復德	1・678 上
	18・132 上	魯尊周	5・757 下
	18・175 上	魯登甲	6・394 下
	18・342 下	魯登闕	3・337 下
魯如列	13・683 上		3・399 上
	20・720 下	魯　幹	6・380 下
魯克寬	13・130 下	魯　鈺	1・683 上
	19・670 下		5・736 上
	20・139 下	魯爾良	10・270 下
魯述周	7・520 上	魯廣達	3・741 下
魯秉川	19・236 上		4・577 下
魯泮林	13・517 上	魯　寧	3・613 下
魯宗之	3・747 上	魯潮江	3・344 上
魯宗道	12・100 上		3・408 下
	12・201 上	魯興邦	1・589 上
魯宗聖	7・522 上		6・389 上
魯　祈	3・771 上	魯學浩	12・408 下
魯映昌	13・585 下	魯　謙	2・369 下
魯炳業	7・529 上		13・83 下
魯炳愷	1・704 上		14・462 上
魯　恭	2・533 下	魯　瓚	9・690 上

魯　鑑	13・466 上
魯　麟	13・683 下
魯　變	6・581 下
	6・637 上

諸

諸保宥	12・122 上
	12・649 下
諸能定	11・637 上
	12・73 上
	12・408 上
諸葛京	3・717 上
諸葛亮	12・267 上
	13・31 上
	15・241 上
	16・462 下
	18・415 下

論

論　卜	20・149 上
論弓仁	18・575 上
論惟賢	18・575 下

談

談世德	13・459 上
	20・639 下
談定邦	13・459 下
	20・645 下
談保和	13・240 上
談　誠	13・681 上
	20・640 下
談經世	13・681 上
	20・644 下

摩

摩　阿	14・412 上

賡

賡　元	13・684 下

慶

慶山奴	7・65 下
	7・161 上
	7・748 下
	9・769 下
慶虬之	2・686 下
慶　桂	20・422 下
慶　祥	20・456 上
慶　祿	10・468 上

羯

羯　兒	12・645 上

潭

潭　啓	17・213 上

潤

潤光老人	20・230 下

潘

潘一躍	3・72 上
潘九齡	13・449 上
	19・685 下
	20・151 上
潘之善	13・362 上
	19・465 下
	20・441 下
潘元揚	7・38 上
潘元凱	20・227 下
潘友直	8・617 下
	8・638 上
	9・515 上
潘友德	11・342 上

潘中吉	13・480 上		20・652 上
潘　文	12・86 下	潘　林	13・471 下
潘文光	11・541 上	潘育龍	13・281 下
潘文典	10・118 上		14・501 下
	10・573 下		14・661 下
潘允敏	13・73 上		19・464 下
潘玉慶	13・509 下		20・443 下
潘世奇	7・590 上	潘性敏	13・625 下
潘世濟	1・688 下		14・520 上
潘用忠	4・685 上		16・696 上
	4・767 下	潘宗信妻田氏	10・551 下
潘立勳	7・46 上	潘　衸	14・663 下
潘永昇	1・626 下	潘孟舉	9・129 下
	10・693 下	潘拱宸	5・518 上
潘永敏	14・699 下		5・725 上
潘永福	18・733 上	潘衍慶	13・359 下
潘永嘉	3・55 下		16・708 下
潘　尼	3・237 下	潘振泰	10・428 上
潘光祖	13・344 下	潘振基	10・537 下
	16・618 下	潘挹奎	13・476 下
潘廷諤	4・770 上	潘效蘇	8・763 上
潘廷麟	1・587 上	潘　祥	13・362 上
	4・685 上		14・662 下
	4・767 下	潘通儒	10・116 下
潘汝愈	17・213 上	潘純德	13・480 上
潘步雲	11・758 下	潘國臣	7・46 上
潘秀雄	1・599 上	潘國奇	7・46 下
	6・183 上	潘國俊	7・46 上
潘希賢	5・503 上		12・136 下
	5・604 上		12・494 上
	5・709 下	潘　敏	5・473 上
潘希濂	11・341 下		5・700 下
潘　宏	15・662 上	潘敏建	13・356 上
潘若水	14・351 上	潘敏健	16・636 上
	14・359 上	潘　偉	8・17 下
	14・798 上	潘從恭	9・60 上
	15・177 下	潘翊宸	11・344 上

潘清泰	1・478 上	潘澤溥	14・659 上
潘　淮	10・494 下	潘應彪	11・609 上
潘　涵	1・659 下	潘應龍	3・66 上
潘紹周	1・424 上	潘謹言	12・269 上
潘　琱	13・631 上	潘羅支	19・661 上
	17・183 上		20・123 上
潘　堦	7・752 下		20・267 上
潘朝魯	1・614 上	潘羅文	19・573 上
	10・36 上	潘繼昌	1・641 上
潘雲昇	13・165 下		3・605 上
	17・90 下		

澄

潘雲程	19・460 上	澄　觀	2・714 下
潘雲騰	7・46 下		

憨

潘景儒	10・113 上		
潘　凱	9・417 上	憨　休	3・612 下

遲

潘智昭	2・278 上		
潘欽岳	16・219 下		
潘尊賢	13・414 上		
潘富生	7・519 下	遲士玉	19・460 上
潘　祺	13・362 上	遲鳳翔	13・60 下
	14・663 下		17・268 下
潘瑞元	10・530 上	遲維城	9・421 上

樂

潘瑞奇	12・56 下		
潘遠曜	13・205 下		
潘　福	13・362 上	樂思順	9・83 下
	14・662 上	樂彥瑋	3・43 上
潘　褘	13・362 上	樂　恢	2・535 上
	14・663 下		4・677 上
潘鳳聲	13・413 上		4・758 下
潘　綱	20・211 上	樂　運	3・176 上
潘維南	10・168 上	樂　韶	8・604 上
潘　震	20・595 下		8・716 上
潘　魴	14・362 下		9・415 上
潘潤苞	18・137 下	樂肇麟	12・681 下

練

潘　澄	8・628 上		
潘積功	13・598 下		
潘錫齡	20・370 上	練子甯	13・267 上

練子寧	14・798 上	劉三才	5・512 下	
緱			5・551 下	
			5・715 下	
緱山鵬	1・540 下	劉三旺	13・657 下	
	7・764 上		15・681 上	
緱甲卯	16・85 下	劉三峯	12・683 上	
緱作鎮	13・414 下	劉三顧	7・685 下	
緱連魁	13・414 下	劉于仁	8・114 下	
	15・677 下	劉士芳	12・291 上	
緱振家	8・509 下	劉士宏	16・198 上	
緱家駿	7・764 下	劉士英	7・576 上	
緱　極	7・763 上	劉士忠	9・535 下	
緱　隧	7・763 下	劉士孟	1・638 上	
緱錦章	13・414 下		5・381 下	
緱　燧	1・540 下	劉士信	8・501 上	
緱　顯	8・618 下	劉士琚	6・92 下	
劉			6・175 下	
劉一中	8・596 下	劉士傑	16・329 下	
	9・100 上	劉士璉	2・645 上	
	9・408 下		6・73 下	
劉一全	3・482 下		6・156 下	
劉一明	14・423 上	劉士璋	1・665 上	
	15・176 上		7・94 上	
劉一泰	7・755 下	劉士龍	2・694 下	
劉一鳴	5・475 下		11・20 上	
	5・700 下	劉士藻	8・277 下	
劉　二	3・408 上		9・697 上	
劉　七	5・115 上	劉士麟	7・392 上	
劉人傑	18・730 上		13・665 上	
劉　几	5・269 上		18・421 上	
	15・263 下	劉大成	11・434 上	
劉九思	1・475 上	劉大年	6・313 下	
劉九容	7・56 上		6・388 上	
劉九經	4・586 下		7・467 下	
劉九韶	3・498 上	劉大任	10・427 下	
劉九齡	19・235 上	劉大全	12・144 下	
			12・630 上	

劉大武	13・111 下	劉之藹	17・731 上
	17・90 下	劉之霶	13・385 上
劉大昕	12・19 下	劉小桂	9・587 下
劉大受	1・618 下		10・367 下
	9・561 上	劉子正	6・136 下
劉大炳	5・212 上	劉子羽	12・85 下
	12・272 下		18・455 上
劉大敖	20・152 上	劉子南	18・522 上
劉大夏	14・362 下	劉子翊	3・177 上
	19・311 上		15・251 下
劉大鼎	13・546 上	劉子誠	7・675 上
	15・324 上		7・679 上
	15・660 上		7・685 上
劉大智	12・39 下	劉子煥	4・764 上
劉大魁	3・67 上	劉子徵	1・592 上
劉大猷	13・429 下	劉子澂	3・142 上
	18・142 下	劉子顒	3・217 上
	18・210 下	劉天仁	11・770 上
	18・298 上	劉天和	13・56 下
劉大勳	10・427 上		19・451 上
劉大謨	8・361 上		19・574 上
	8・451 上		19・665 上
	14・353 上		20・130 上
	20・312 上		20・268 下
	20・316 上		20・290 上
劉大鵬	3・403 上		20・365 上
劉大鯤	10・425 上		20・617 下
劉大觀	7・390 下	劉天恩	17・738 上
劉之元	10・270 上	劉天培	7・720 下
劉之臣	10・77 下	劉天惠	10・434 上
劉之何	5・758 下		10・473 上
劉之勃	3・736 下	劉天福	10・168 下
	4・107 上	劉天繒	12・38 下
	4・162 上	劉天寵	1・527 上
	4・203 下		12・147 下
劉之望	6・373 上	劉元向	2・282 上
劉之傑	3・768 上	劉元祀	10・371 上

	11・518 下	劉中漢	10・428 上
劉元珍	10・420 上	劉中禮	13・400 上
劉元泰	4・283 下	劉　壬	6・180 上
劉元善	10・692 下	劉升嶽	13・590 下
劉元登	10・209 上	劉　仁	7・721 上
	10・251 上		13・669 上
劉元瑲	10・427 上		18・156 上
劉元標	8・600 下	劉仁罕	9・78 下
劉元勳	1・583 上		9・769 上
	2・664 上	劉仁杰	1・626 下
	3・74 上	劉仁軌	3・177 下
	4・678 上		3・578 下
	4・760 上		3・727 上
劉元孺	10・311 下		4・666 上
劉元績	13・186 下		4・736 上
	13・218 上		9・85 上
	16・20 上		10・6 上
	16・150 下	劉仁師	3・241 上
劉元灝	6・664 上	劉化文	10・380 上
劉太華	1・587 上	劉化雨	10・109 下
劉太階	1・666 下	劉化源	2・614 下
	11・428 上		3・718 下
劉少涵	3・498 下		4・257 下
劉曰俊	6・75 上	劉　介	7・389 下
	6・158 上	劉　公	12・12 上
劉曰彦	5・51 下	劉公濟	9・72 上
	5・112 上		9・762 上
劉曰萃	13・368 下	劉月順	10・700 上
劉曰猷	10・425 上	劉　文	7・33 上
劉曰福	8・601 上		13・439 上
劉曰銳	2・667 上		17・414 下
	4・684 下	劉文灼	17・141 上
	4・767 下	劉文事	11・56 下
劉曰獻	10・429 上	劉文莊	9・713 下
劉中正	6・582 上		10・502 上
劉中和	13・550 下		10・646 上
	15・690 下	劉文振	12・164 下

劉文烜	5・654 上	劉　斗	13・68 下
劉文海	13・175 上		14・477 上
劉文煥	6・706 上		14・761 上
	7・418 下		16・599 下
	13・520 下	劉心傑	3・737 下
	13・627 上	劉心維	17・621 下
	16・699 下		17・729 下
劉文雅	8・665 下	劉允中	2・618 上
劉文傑	13・664 下		11・14 下
	16・43 上	劉允桂	13・205 下
	16・329 下		17・390 下
劉文焯	10・317 下	劉允淑	7・721 上
劉文瑋	5・616 上	劉允濟	8・6 下
	5・727 上		10・195 下
劉文溥	8・620 下	劉　玉	7・28 上
	11・424 下		9・407 下
劉文曄	9・710 上		13・53 上
劉文廣	8・654 上		13・274 上
劉文輝	12・138 上		14・571 下
	12・485 上		14・766 下
劉文篆	1・637 上		15・80 上
	6・707 上		19・449 下
劉文質	13・180 上		19・506 下
	15・565 上		19・543 上
劉文德	13・640 下	劉玉甲	11・533 上
	16・367 下	劉玉江	13・363 下
	16・550 上	劉玉堂	10・316 上
劉文靜	6・569 下	劉玉彩	19・399 下
劉文翰	11・534 下	劉玉琦	11・50 下
劉文謨	12・380 上	劉玉魁	19・507 上
劉文爍	3・323 上	劉玉銘	13・525 下
	3・372 下		19・519 下
劉文顯	3・602 上	劉玉璞	8・6 上
劉　方	2・557 下	劉玉衡	17・646 上
	3・40 下	劉玉凝	11・34 下
劉方夏	9・420 下	劉　正	11・221 下
劉火猷	18・153 上		13・341 上

	16・616 下		5・716 上
劉正名	13・354 上	劉可宏	11・35 上
劉正昕	1・653 上	劉可德	13・458 下
	11・537 上		19・122 上
劉正修	13・539 下	劉丕基	10・537 下
劉世延	13・619 下	劉丕業	1・592 下
劉世名	15・330 上		5・729 下
劉世甫	1・582 下	劉丕福	10・537 下
劉世杰	17・752 上	劉丕獻	10・700 下
劉世奇	1・452 上	劉平	3・263 上
劉世昌	12・333 上		7・746 上
劉世忠	14・653 上	劉占川	13・637 上
劉世官	17・752 上		19・525 上
劉世俊	20・452 上	劉甲	12・85 下
劉世洪	8・601 下	劉史嘉	13・556 上
劉世策	1・756 下		15・704 上
	11・757 下	劉四科	2・640 下
劉世瑞	1・645 下		5・510 上
	12・148 上		5・607 下
劉世綸	13・113 上		5・714 上
	16・757 下		11・752 下
劉世熹	6・136 下	劉生韻	7・685 下
劉世諫	7・720 上		7・701 上
劉世澤	10・266 上		7・702 上
	10・366 上	劉仕	7・720 上
劉世績	10・35 上	劉仕俌	2・329 下
劉世讓	2・564 上	劉付俊	14・607 上
	5・14 下	劉仙	11・26 下
	5・43 上	劉印景	13・254 下
	5・98 下	劉必行	5・617 下
劉本恭	13・539 下		5・730 上
劉本善	1・675 下	劉必通	1・606 下
	2・667 下	劉必逵	19・174 下
	3・288 下	劉必達	11・227 下
劉本福	4・171 下		11・390 上
劉可行	5・512 下		11・404 下
	5・608 下	劉必壽	1・591 上

	3・345 下	劉邦正	10・641 下
	3・409 下	劉邦俊	9・712 下
劉　永	3・493 下		10・696 下
	5・48 上	劉邦彦	17・135 上
	5・104 下	劉邦域	15・323 下
	13・228 下		15・659 上
	14・655 下	劉邦聘	3・537 上
劉永才	12・489 上	劉邦遜	6・401 上
劉永年	6・663 上	劉　吉	6・639 上
	13・164 下	劉　考	6・498 下
劉永守	6・179 下	劉　芝	7・723 下
劉永亨	7・61 上		11・239 上
	13・416 上	劉在朝	8・566 上
	14・387 下	劉在霄	1・565 下
	16・25 上	劉有餘	8・598 上
	16・96 上	劉　成	10・436 上
劉永茂	17・749 上	劉成周	12・291 下
劉永昌	7・74 下	劉成宣	12・375 下
劉永和	17・607 上	劉成都	13・550 上
	17・695 上		15・689 下
	20・716 下	劉成得	10・416 上
劉永科祖母任氏	7・265 上	劉至順	13・163 上
劉永保	1・600 上		13・209 上
劉永宦	6・179 下		19・462 下
劉永祚	8・310 上	劉光大	7・720 上
劉永清	5・121 下	劉光文	7・675 上
劉永貴	12・492 上	劉光斗	13・468 下
劉永椿	13・461 下	劉光世	7・761 上
劉永廣	1・665 上	劉光武	1・650 下
	7・93 上	劉光祖	16・691 下
劉永緒	1・714 下	劉光祚	7・75 下
	6・490 下	劉光然	3・580 下
劉永興	6・405 上		3・725 上
劉弘基	5・13 下	劉光裕	7・77 上
	5・498 上	劉光遠	13・430 下
	5・706 下		18・96 下
劉加猷	18・368 上		18・366 下

劉光業	15・226 上	劉仲山	11・772 下
劉光賁	1・438 上	劉仲升	10・362 下
	4・762 上	劉仲武	13・407 上
	5・126 上		14・465 下
	5・703 上		15・311 上
劉光燦	7・723 上		15・641 上
劉同義	3・298 下		16・218 上
劉　廷	11・658 上		16・532 下
劉廷臣	10・496 上		19・429 上
劉廷佐	13・497 上		20・616 上
	15・99 下	劉仲和	5・469 上
劉廷珍	10・319 下	劉仲始	2・699 上
劉廷連	13・644 上		3・78 上
	17・48 下	劉仲祥	19・486 上
劉廷彬	12・347 下	劉　价	5・736 下
劉廷棟	18・729 下		7・721 下
劉廷傑	7・45 下	劉仰秀	17・750 下
	7・463 上	劉自化	2・639 下
劉廷瑚	7・675 上		3・285 上
	13・398 上	劉自成	1・657 下
劉廷鉞	1・648 下	劉自昌	20・14 上
	12・663 下		20・221 下
劉廷徵	11・223 上	劉自美	17・751 上
劉廷選	1・653 下	劉自唐	1・520 下
	11・600 上		3・759 上
劉廷謨	7・723 上		4・160 上
	12・161 上	劉自敏妻陳氏	11・368 上
	12・550 上	劉自新	8・265 下
劉廷夔	7・45 下	劉自漢	17・751 上
	7・463 下	劉　行	2・705 下
劉廷鑑	10・102 上		3・215 下
劉延仁	12・291 上	劉全生	10・272 上
劉延明	18・594 上	劉全孝	9・729 上
劉延祐	8・6 下		13・379 上
劉延賞	8・9 上		20・381 上
劉延慶	7・761 上	劉全信	1・590 上
	7・785 上		3・296 下

劉全福	19・214 下	劉好禮	13・224 下
劉兆才	19・22 上		19・342 下
劉兆熊	1・585 上	劉玒	7・55 下
	13・590 下	劉玭	3・724 下
劉兆慶	13・384 下	劉赤烏	1・734 上
	17・706 上		12・157 上
劉兆鵬	13・415 上		12・424 下
劉旭	16・328 下	劉孝	13・626 下
劉名翰	2・672 下		16・699 上
	3・72 下	劉孝女	10・817 上
劉江	5・115 下		10・818 上
劉汝功	10・542 上	劉孝子	1・616 上
劉汝桂	13・161 上		9・548 上
劉汝達	13・503 上	劉志	6・558 下
劉汝靖	8・106 下		8・4 上
	8・172 上		9・462 上
劉汝新	8・603 下		13・191 下
劉汝霖	17・12 下		18・269 上
劉宇	11・486 下		18・347 上
劉宇揚	12・83 上	劉志孝	10・365 上
劉宇曜	5・518 上	劉志沂	10・468 上
	5・615 下	劉志剛	1・585 上
	5・725 下	劉志德	6・598 下
劉守仁	3・604 下		6・667 下
劉守正	3・768 下	劉芬	10・469 上
劉守本	17・739 下	劉芳	2・642 上
劉守臣	3・283 下		7・91 下
劉守青	10・363 上		7・175 上
劉守忠	2・235 下		8・70 下
劉守法	6・93 下		10・496 上
	6・176 下		17・120 上
劉守德	3・285 下	劉芳名	13・450 上
劉安	3・245 下		19・686 下
劉安民	18・664 下		20・7 下
劉癹	12・161 上		20・152 上
劉如預	1・594 上	劉芳雨	19・112 上
	5・754 下	劉芳猷	20・152 下

劉芳馨	7・76 下	劉希簡	11・114 上
劉克宅	10・496 上	劉含輝	2・647 下
劉克念	7・720 上		3・555 上
劉克修	17・737 上	劉　亨	12・11 上
劉克勤	13・367 上	劉亨柱	13・218 上
	13・598 上	劉　序	2・648 下
	17・334 上		3・56 下
	19・21 下	劉　兌	11・115 下
劉克榮	6・404 下	劉　灼	12・331 上
劉甫田	13・236 上		13・659 上
	19・517 上	劉　沛	1・594 上
	20・370 上		5・755 下
劉步雲	10・319 下		18・733 下
	12・492 上	劉　沔	2・369 下
	14・421 下	劉　沈	6・484 上
	19・409 下	劉宏祉	10・426 上
劉見清	19・113 下	劉宏禹	10・366 上
劉秀升	1・626 下	劉宏基	2・563 下
	10・693 下		5・43 下
劉秀京	11・314 下		5・99 下
劉　佐	7・719 下		5・601 下
	16・481 上		6・67 上
	18・62 下		6・151 下
劉　佑	8・609 下	劉宏達	7・48 上
	9・416 上		7・189 下
劉作垣	13・472 下	劉宏善	19・176 下
劉伯鳳	10・377 下	劉宏道	12・159 上
劉伯燮	13・63 上	劉宏發	20・452 上
劉伯燦	16・476 上	劉宏猷	10・365 上
劉伯鷗	13・631 下		13・115 上
劉近顔	18・141 下		18・390 上
	18・210 上	劉宏毅	19・696 下
劉希文	2・337 下		20・161 上
劉希孟	1・767 下	劉良臣	13・259 上
劉希寬	1・403 上	劉良弼	7・723 下
	12・681 上	劉良駟	4・341 下
劉希賢	5・105 下	劉君召	7・90 上

劉君妻霍氏	2・323 下		14・471 上
劉奉圭	8・345 下		16・641 上
	9・706 上	劉述先	13・414 下
劉奉芝	2・290 上		15・677 上
劉　武	1・667 下	劉述武	13・471 上
	12・76 上	劉述寬	13・148 上
劉武當	18・545 下	劉東星	8・362 上
劉青雲	1・638 上		8・451 下
劉　玠	10・644 上	劉廼皋	15・98 上
劉長庚	9・746 上	劉　郁	13・169 下
	10・31 上		16・480 下
劉其清	10・689 上	劉叔堂	13・480 上
劉其遠	9・773 上		18・666 下
劉其德	11・710 下	劉肯堂	16・24 下
	11・753 上	劉肯構	7・82 下
劉若水	10・494 上		7・163 下
劉若椿	17・604 下	劉　卓	13・99 下
	17・706 上	劉　尚	11・14 下
劉茂文	8・495 下	劉尚朴	19・455 上
劉茂林	8・495 下	劉尚志	13・203 上
	10・700 上		17・389 上
劉　英	7・546 下		18・40 上
	13・684 上	劉尚智	13・182 下
	17・423 下		15・581 下
	17・439 上		18・414 下
	19・717 上	劉尚傑	14・513 下
	20・210 上		15・175 下
劉　林	13・584 下	劉尚義	10・191 下
	13・697 下		10・241 上
劉林甫	6・668 下		10・360 下
劉來儀	10・685 上	劉尚樸	13・65 下
劉松山	1・414 下	劉尚禮	11・114 下
	13・79 下	劉　旺	7・92 下
	19・678 上		7・222 上
劉松齡	10・420 上	劉　果	19・123 下
劉　杭	16・327 上	劉　昌	6・135 下
劉　杰	14・350 下		10・493 下

	13・39 下	劉 岸	16・616 下
	13・668 下		3・284 上
	17・57 上	劉垂芳	3・484 上
劉昌引	18・270 下	劉知俊	6・486 下
劉昌允	18・62 下		9・74 上
劉昌孕	13・355 下		9・765 上
	16・635 下	劉知幾	1・755 上
劉昌胤	18・349 上		11・527 上
劉昌祚	1・658 上	劉 秉	18・521 下
	7・56 下	劉秉政	13・67 下
	7・653 下		19・635 上
	13・180 下		19・670 下
	13・239 上		20・139 上
	15・569 上	劉秉裁	13・687 上
	17・58 下		18・734 下
	18・260 上	劉秉鈞	8・501 下
	18・332 上	劉秉鉞	6・639 上
劉昌華	11・773 上	劉秉廉	3・297 下
劉昌蕃	1・406 上	劉秉潔	1・590 下
劉 昇	2・648 下	劉 侃	7・721 上
劉昇之	1・599 下	劉佩璜	13・618 下
	6・184 上		15・97 上
劉昇朝	2・367 下	劉金稍	10・34 上
劉明彥	12・168 下	劉 放	9・67 上
	12・662 上		9・81 下
劉明義	19・243 下	劉性善	10・427 上
劉 昂	3・714 下	劉 炎	12・550 上
	8・560 下	劉 泌	5・612 下
	9・131 上		5・720 下
劉 昉	6・495 下	劉治亮	14・359 上
劉 典	1・320 下	劉宗仁	5・648 上
	13・80 上		5・753 上
劉 忠	1・636 下	劉宗沛	8・490 下
	6・498 上	劉宗森	5・724 下
	7・31 上	劉宗道	2・720 下
	8・609 下		6・96 上
	13・341 上	劉宗湛	1・619 下

劉宗漢	10・73 下	劉玲貞	20・466 上
劉宗實	9・661 下	劉垠	13・589 上
	10・109 上	劉柘	10・377 下
劉宗璋	19・471 下	劉相	1・439 上
劉定師	2・372 下		6・313 上
劉定國	1・661 上		6・384 上
	7・724 上		6・447 上
劉建滋	11・603 下		6・561 下
劉建塘	15・101 下		6・581 下
劉建韶	1・363 上		6・637 上
	8・333 下	劉相坤	8・121 上
	9・653 上	劉柏森	11・344 下
	11・416 上	劉柱	1・623 下
	12・408 上		9・693 上
劉建漢	7・255 下	劉勃	12・9 下
劉建勳	12・491 下	劉迺皋	13・346 上
劉居午	11・539 上	劉厚	4・321 上
劉屈氂	2・513 下	劉厚基	1・419 上
劉承芳	7・89 下	劉厚福	13・255 上
劉承祖	6・584 上	劉拱	12・647 上
劉承恩	1・668 上		13・425 上
劉承基	19・477 上	劉貞亮	11・770 下
劉承綬	4・283 上	劉昰	1・478 下
劉承謨	7・580 上		10・263 上
劉承纓	3・757 上		10・366 下
	4・283 下	劉昞	13・331 上
劉春	2・649 上		19・322 下
劉春生	15・114 上		19・347 下
劉春芳	11・440 下	劉映莨	1・598 下
劉春茂	11・440 上		6・182 下
劉春泰	1・666 上	劉映菁	1・599 上
	11・430 上		6・182 下
劉春景	11・8 下	劉映蓮	1・598 下
劉玨	7・70 上		6・182 上
	7・251 下	劉映藜	1・584 上
劉珍	7・48 下	劉星	10・213 下
	7・511 下		10・363 上

劉星庚	13・416 上	劉追儉	13・210 下
劉星涵	4・425 下	劉迥	19・208 上
劉昭	5・249 上	劉俊	3・599 上
	5・281 上		3・751 上
	13・96 下		7・792 下
	16・603 下		13・423 下
	19・431 下		16・43 上
劉思金	1・631 上		16・329 上
	8・508 上	劉俊升	13・367 下
劉思敬	13・412 上		17・75 上
劉思聖	1・531 下	劉俊彦	2・405 上
	12・168 下	劉俊揚	1・754 上
	12・662 下		11・526 上
劉思慎	13・690 下	劉俊聲	13・186 下
	19・117 上		15・593 下
	19・257 下		16・273 上
劉思賢	12・663 下		16・297 上
劉峙嶽	1・759 上	劉待宣	12・288 下
劉峒	7・751 下	劉勉	1・583 上
	10・261 上		3・74 上
劉幽求	10・189 下		12・146 上
	10・360 下	劉風惠	13・556 上
劉矩宗	2・663 上		15・706 上
	8・86 上	劉亮	6・139 下
劉重昭	10・317 下		8・609 下
劉重恩	10・319 上		9・393 上
劉重霄	10・319 上		9・415 上
劉重輝	8・116 下		10・672 上
劉重慶	10・313 上		18・258 下
劉重麟	1・481 上		18・330 下
	9・576 上	劉庠	13・103 上
	10・317 下	劉弈庚	3・538 上
劉修才	17・738 下	劉弈煜	13・444 上
劉修身	11・39 上	劉音保	10・437 上
劉保元	3・298 上	劉彦芳	3・413 上
劉俁	10・423 下	劉彦忠	10・437 上
劉禹錫	9・72 上	劉彦書	1・698 下

劉彥程	10・316 上	劉　約	13・344 下
劉帝襄	1・603 上	劉　紀	13・409 下
	8・116 下		15・220 下
劉恒久	14・427 上	劉紀治	10・377 下
	19・759 上	劉紀焞	12・148 上
	20・231 下	劉泰通	13・529 上
劉　恬	4・176 上		17・748 上
劉恤民	10・365 上	劉　珪	6・383 上
劉美錦	4・518 下	劉　珩	12・159 下
劉　炳	13・109 下	劉珮環	16・683 上
	17・279 下	劉　琓	13・154 上
劉炳宗	1・752 下	劉　班	17・212 下
劉炳堃	16・299 下	劉起祥	6・705 上
劉炳濟	11・48 上	劉起鳳	19・496 下
劉　洪	12・525 下	劉　耽	6・134 上
劉洪遠	8・607 下	劉　華	1・566 下
劉洪潤妻楊氏	2・314 下	劉　荇	2・696 下
劉　洽	14・614 上		6・83 上
劉　宣	7・49 上		6・167 下
	13・242 上	劉　恭	13・411 上
	15・271 上		18・522 下
	15・575 下	劉真友	1・651 下
劉　宥	10・494 下		11・663 上
	15・572 上	劉　栻	16・328 下
	18・60 上	劉　桂	1・639 下
	18・348 上	劉桂芳	7・676 上
劉　祐	2・669 上	劉　桓	13・139 上
劉祖任	7・467 上		14・605 上
劉祖昆	18・401 下		16・328 下
劉祖賜	11・423 下	劉　格	9・692 下
劉神藻	12・645 上	劉　根	2・716 下
劉　袟	15・252 下		3・106 上
劉　祚	3・248 上	劉　連	3・287 下
劉　昶	1・591 上	劉振邦	13・644 上
	3・409 下	劉振海	10・320 上
劉盈科	11・487 上	劉振基	16・30 下
劉　紆	13・144 上	劉振國	8・654 上

劉振清	10・319 下		7・545 上
	10・320 上		7・579 上
劉振喜	11・432 下	劉　般	14・359 下
劉振綱	13・581 上		18・592 上
劉　哲	2・719 上	劉　釗	13・87 下
	12・78 上		13・133 上
	13・676 下		14・470 下
	19・763 下	劉倉應	1・700 上
	20・223 上	劉　卿	11・486 下
劉　虔	13・31 上	劉　逢	1・359 下
	18・525 下	劉逢庚	1・633 下
劉　時	7・587 下		8・502 下
劉時中	13・285 下	劉效渠	13・663 上
	17・178 下		16・39 下
	17・194 下	劉唐英	8・126 下
劉時雨	3・298 下	劉　益	3・146 下
劉時通	18・41 上	劉兼濟	13・43 下
劉時達	11・486 上		17・551 上
劉時蓀	2・627 上		17・642 上
劉　晟	13・297 上		19・448 上
	16・360 上	劉　涇	3・714 下
	16・536 上	劉　浩	11・541 下
劉　晏	3・718 上	劉海賓	13・238 上
	4・257 上		17・274 上
	13・38 下	劉海嶽	3・279 下
	17・372 上	劉煥然	14・588 下
劉　恩	12・146 下	劉家楨	1・666 下
	12・217 下		11・432 下
	17・446 上	劉　容	2・671 下
劉恩惇	6・95 上		6・89 上
	6・179 上		6・176 上
劉　倬	7・723 下		13・316 上
劉　倫	7・55 下		20・633 下
劉　倌	7・719 下	劉　袷	7・723 上
劉健行	5・108 上	劉　祥	10・497 下
劉師立	3・706 上		13・682 上
劉　殷	7・88 上	劉　恕	3・278 上

劉恕田 13·148下
劉 通 10·466上
劉 純 2·710上
劉純成 10·379下
劉純性 1·641下
劉 烝 10·437上
劉 逵 9·415上
10·601下
劉培陽 2·662上
6·76下
6·158下
劉培榮 13·684下
劉培藜 16·703上
劉 彬 1·721下
6·705下
7·721下
劉 梅 7·45下
劉雩昭 3·342下
3·406下
劉 彪 6·667上
劉常泰 2·720下
劉 冕 3·288上
13·169下
劉國仕 9·711上
劉國奇 4·587下
劉國柱 1·659上
7·580下
劉國華 13·592下
18·708上
劉國琦 18·691上
劉國棟 19·513上
劉國順 10·428下
劉國輔 7·580上
劉國銘 7·55下
劉國鏞 7·56下
劉 崎 10·498下
劉 崐 1·668下
劉 崟 2·316下
劉 崙 3·758下
4·284下
劉崙麟 1·524上
劉 崇 1·531下
12·15上
劉崇厚 20·383下
劉崇儒 12·329上
劉 敏 3·537上
劉敏寬 7·30上
13·65上
19·453上
20·621上
劉 偲 13·383上
劉 偉 9·664上
10·200下
10·247上
10·377下
劉 偁 1·725下
劉進才 13·533上
劉進孝 19·721下
20·217上
劉進純 1·613下
10·419上
劉進賢 19·231下
劉進禮 17·24下
劉得生 13·622下
劉得地 10·688上
劉得成 10·466上
劉得政 13·311上
20·10上
劉得炯 13·458上
劉從一 8·7上
劉從禹 9·79下
劉 釴 17·75下
劉 釧 20·617下
劉 庶 11·272上

劉庶基	1・638 下	劉 紳	5・249 下
劉 堃	19・472 上	劉 紹	6・560 下
劉商議	8・584 上	劉紹先	6・664 上
	8・594 下	劉紹昌	13・494 下
劉惟輔	9・75 下		15・93 下
	13・528 下	劉紹敆	1・451 下
	14・468 下		6・169 上
	16・598 下	劉紹宗	14・609 下
	17・275 上	劉紹卿	14・523 上
	19・435 下	劉紹能	7・748 上
劉煥廷	12・32 上		7・785 上
劉煥章	10・365 下	劉紹遠	13・686 下
	11・33 下		18・727 下
	11・37 下	劉紹虞	13・557 下
劉煥然	14・522 下		15・711 上
劉清安	7・581 下	劉紹聞	10・317 下
劉清晏	6・395 下	劉紹謙	18・719 下
劉清濂	17・296 下	劉 琪	11・516 下
劉 湣	7・720 上	劉 琳	1・765 下
劉 淮	7・34 上	劉 琦	7・699 上
劉 淳	7・720 上		20・301 上
劉 涵	5・612 下	劉 琰	7・672 下
	5・720 下		7・675 上
劉 寅	11・313 下		19・228 下
劉啓東	9・88 上	劉 琮	10・497 下
	9・403 下	劉 琬	6・495 下
	10・13 下	劉 琛	7・672 上
劉啓拔	1・357 下		7・675 上
劉啓珍	1・653 下	劉堯裔	1・460 下
	11・603 上		8・92 下
劉啓華	13・507 下	劉 堰	3・344 下
	16・685 下		3・408 下
劉 袷	1・661 上	劉 越	16・539 下
劉 張	20・429 下	劉 超	10・318 下
劉習之	13・197 下		10・427 下
劉 紱	3・280 下	劉彭年	13・58 上
	17・752 下		17・380 上

劉斯和	13・219 下		14・772 上
劉萬才	11・542 下		15・76 下
劉萬良	13・541 下		15・84 下
劉萬倉	6・627 上		16・627 下
	13・625 上	劉雄鳴	3・145 上
	16・696 上	劉　雲	5・419 上
劉萬策	7・39 下	劉雲章	1・560 下
	7・153 下		2・419 下
劉萬富	1・536 上	劉雲翱	13・276 下
	11・605 上		14・779 上
劉萬晟	13・504 上		15・95 上
劉萬齡	10・700 上	劉雲霞	6・709 下
劉朝山	13・595 上	劉　鼎	6・497 下
劉朝宗	11・428 下		13・435 上
劉朝笏	10・274 下		17・407 下
劉朝海	1・682 上	劉鼎新	3・279 上
	5・735 上	劉開文	1・651 下
劉朝善	1・617 下		11・663 下
	10・268 下	劉開印	11・423 上
劉朝樊	11・433 下	劉開第	1・385 上
劉朝輝	12・157 上		5・81 上
	12・345 下		13・477 上
劉朝麒	13・272 上	劉　遇	8・611 上
	14・497 上	劉遇清	10・319 下
	16・617 下	劉　景	12・646 下
劉朝繪	12・329 上	劉景向	13・384 上
劉　葵	7・30 上	劉景堂	11・658 上
劉　棟	19・458 下	劉景虞	17・734 上
劉惠宗	1・459 上	劉景藜	9・703 下
	8・88 下	劉景簾	12・39 上
劉惠聲	13・356 上	劉無邪	7・118 上
劉　雄	7・406 下	劉　智	2・285 上
	13・492 下		8・123 上
	13・617 下	劉智臨	10・683 上
	14・505 上	劉喬杶	3・539 上
	14・517 上	劉　順	2・694 上
	14・764 下		11・15 上

劉順受	17・737 下	劉道通	18・500 上
劉 傑	2・625 下	劉道揆	13・467 上
	3・263 下		18・665 下
	7・93 上	劉道開	12・293 上
	13・215 下	劉道斌	3・710 上
	18・614 上	劉 曾	2・665 上
劉復至	17・738 上		3・211 下
劉復初	3・285 下		13・385 上
劉復周	3・74 下		17・609 下
劉復性	3・537 下		17・693 上
劉復清	20・719 上	劉 湛	13・209 下
劉 欽	2・619 上		19・673 上
	5・16 上	劉渤然	6・582 下
	5・46 下		6・637 下
	5・109 上	劉 湜	5・468 下
劉 鈞	13・699 下		5・699 上
劉舜卿	13・85 下		11・113 上
	13・102 下	劉 淵	9・414 上
	14・466 下		9・774 下
	16・602 下		13・170 上
	19・430 下		16・40 下
	19・448 下		16・479 上
劉然亮	13・206 上		17・751 下
劉敦德	8・608 上	劉湧清	8・343 上
劉 斌	1・434 下	劉寓春	13・203 上
劉斌惇	10・35 上		17・386 下
劉善述	16・330 上	劉運惇	10・35 上
劉 道	10・362 下	劉 榮	12・526 下
劉道人	9・170 上	劉 裕	13・531 下
	10・77 上	劉 祿	13・244 下
	10・123 上		18・138 上
劉道立	9・406 下	劉 弼	10・502 上
	10・190 上	劉弼寬	7・152 上
	10・240 上	劉登甲	17・737 下
	10・360 下	劉登科	17・748 下
劉道廷	9・561 下	劉登第	7・669 下
	10・321 下	劉登閣	10・316 下

劉登禮	13・547 下	劉　幹	6・557 下
	15・686 上	劉蔭芝	13・478 上
劉發祥	1・608 上		18・666 上
	5・113 下	劉蔭楫	8・266 上
	10・531 下	劉蔭樞	8・264 下
	10・576 下		9・697 下
劉　綖	13・228 上		20・443 上
	16・608 下	劉　楷	7・720 上
劉　絡	1・541 下	劉　楨	3・719 上
	7・723 上	劉　楹	5・382 上
劉　統	13・291 上	劉　感	2・281 下
劉統勳	20・422 下		3・736 上
劉　琨	6・313 上		4・316 上
	6・384 上		4・361 上
	6・446 下		4・412 上
	10・319 上		13・100 下
劉　瑞	13・157 下		17・274 上
	13・607 下	劉當柱	12・144 下
	17・214 上	劉　煦	1・646 下
劉瑞雲	12・53 上		11・114 下
	13・252 下		12・373 下
	19・673 下	劉　暉	1・559 下
劉瑞麟	10・123 下	劉照黎	12・289 上
劉　瑜	13・125 上	劉照藜	19・19 下
	18・63 上	劉　路	19・430 下
	18・349 下	劉　蛻	10・491 下
劉遠源	13・168 上	劉蛻母姚氏	2・323 上
	17・646 上	劉嗣孔	1・543 上
劉　塙	7・723 下		7・470 上
劉蓋玉	11・600 上	劉嗣昌	3・496 上
劉　勤	2・627 上	劉嗣季	12・271 上
	3・267 上	劉　嵩	1・752 上
劉夢祥	10・703 上	劉節婦	12・441 下
劉夢陽	8・547 下	劉節禮	18・729 上
	9・413 下	劉　僅	17・408 下
劉夢龍	12・37 上	劉　傳	10・494 下
劉　蓉	1・320 上	劉　鈺	1・598 上

	6・181 上	劉窣和	14・417 上
劉 鉦	7・720 上	劉 裨	1・541 下
劉愈勳	1・542 上	劉 福	3・607 上
劉 愛	9・141 上		13・373 上
	10・259 上		19・497 上
劉稟秀	8・512 上		20・481 上
劉 鷹	19・133 上	劉福陞	13・246 上
劉 裔	10・364 下	劉福寅	6・397 下
劉 靖	9・58 上	劉福彙	3・770 上
	9・511 上	劉福斌	10・690 上
劉 新	6・376 下	劉福義	17・748 下
劉新姐	14・367 下	劉 禋	7・722 下
劉 慎	3・345 上		10・189 下
	3・409 上	劉 肅	7・654 上
劉 愷	12・664 下		19・511 下
劉愷制	1・692 上	劉殿邦	13・556 上
劉 義	8・503 上		15・704 上
	13・608 上	劉殿衡	13・70 上
劉義化	10・36 下		20・625 上
劉義成	3・408 上	劉際昌	3・298 上
劉義明	19・229 下	劉 預	3・723 下
劉 煜	13・634 下	劉 遜	10・37 上
	17・610 下	劉經天	12・137 下
	17・708 上		12・183 下
	18・424 下		12・484 下
劉煥廷	1・751 下	劉經帶	13・650 上
劉 源	7・40 下	劉 綏	15・661 上
	7・188 下	劉 絃	1・541 上
	7・272 下		7・704 下
	7・328 下	劉 璉	10・644 下
	10・495 上		10・686 上
	13・270 下	劉 墺	8・102 上
	14・492 下	劉嘉芳	12・283 上
	16・616 下	劉嘉德	20・595 下
劉源澄	13・127 下	劉嘉績	10・365 上
	18・40 下	劉 壽	7・672 下
劉 準	7・723 上		7・675 上

劉　聚	5・193 上	劉毓秀	7・94 下
	7・28 上	劉毓桂	18・709 下
	7・48 上	劉　鋌	14・474 下
	13・409 上	劉　銑	1・518 上
	15・652 上		3・287 上
	18・418 上		6・488 下
劉熙古	13・116 下		6・530 上
	15・563 上	劉　銘	6・91 下
劉蔚清	10・695 下		6・173 下
劉　模	13・349 下	劉銘勛	2・411 下
劉　輔	2・521 上	劉銘新	1・624 上
劉　碩	14・361 上		9・703 下
	19・132 下	劉銘勳	1・589 下
	19・193 下	劉銘瀚	1・761 下
劉　愿	14・366 上	劉　鳳	3・613 上
	15・312 上	劉鳳年	1・610 下
	15・642 上	劉鳳池	8・79 上
	18・67 下	劉鳳岐	4・321 上
	18・359 上		4・364 下
劉爾完	7・723 下		4・414 上
劉爾怡	1・542 上	劉鳳雄	7・669 下
	7・720 下	劉鳳翔	13・492 上
劉爾信	10・37 上	劉　誥	13・703 上
劉爾恒	7・723 下	劉　廣	13・141 上
劉爾極	7・720 上	劉廣生	13・65 下
劉爾順	7・92 上		17・381 上
	7・219 上	劉廣秀	6・498 下
劉爾魁	10・35 下	劉廣金	5・124 下
劉爾慎	7・723 上	劉廣效	1・703 上
劉爾德	7・720 上	劉彰木	7・792 下
劉爾璽	7・723 下	劉　端	5・465 下
劉爾驥	7・723 上		5・698 下
劉　戬	18・359 下	劉　鄰	7・672 下
劉戬吉	6・711 下	劉榮基	13・414 上
劉　輈	16・602 上		13・548 上
劉鳴世	10・365 下		15・676 下
劉鳴珂	8・400 上		17・12 上

劉榮緒	6・182 下		13・128 下
劉　漢	15・100 下		17・385 下
劉漢周	6・666 上	劉維輔	19・431 上
劉漢柱	18・488 下	劉維灝	13・625 上
劉漢客	7・679 上		14・523 下
劉漢華	20・221 上		16・697 上
劉漢卿	12・614 下	劉　綸	6・488 上
劉　漸	13・344 上		6・529 下
	14・571 下	劉　綜	13・41 下
劉　漳	13・271 下		19・446 下
	14・774 下		19・660 上
	15・88 上		20・122 下
劉　滬	13・102 上		20・265 上
	13・233 下		20・287 上
	17・58 上	劉　慧	4・203 上
	17・165 下	劉　瑾	6・368 上
	17・210 上		6・407 上
	17・330 下		7・89 上
	19・447 下	劉　璋	7・719 上
劉　寬	1・517 下		13・141 上
	7・457 上		14・496 上
	7・754 上		19・245 下
	9・437 上	劉　璵	7・419 下
	10・498 下	劉　橙	7・725 下
	10・664 上	劉　蕘	16・360 下
	13・326 上	劉　賢	6・373 上
	19・105 下	劉　遷	3・284 上
	19・173 上	劉　震	8・481 上
劉肇瑞	13・214 上		9・720 上
劉肇漢	17・134 下	劉震甲	13・559 下
劉盡孝	10・434 下		15・715 下
劉　緒	13・695 下	劉　鞈	13・45 上
劉緒岱	11・229 上		13・118 下
	11・391 下		14・467 下
劉緒俶	1・761 下		15・268 上
劉　綱	7・40 下		15・572 下
	7・186 上		16・146 上

	16・467 下	劉餘慶	1・428 上
劉　罷	10・363 上		2・425 下
劉黎光	17・12 上	劉調梅	7・91 下
劉儀恕	1・448 上		7・175 上
	5・611 下	劉　誼	13・343 下
	5・719 上		14・498 下
劉　質	12・269 上		16・618 上
劉質慧	1・599 下	劉賡年	11・339 上
	6・184 上	劉慶陞	10・317 下
劉　德	1・551 上	劉慶祥	1・600 上
	7・66 上	劉養慧	7・723 下
	7・165 下	劉養賜	8・644 下
	8・397 下	劉養鋒	13・423 上
	8・498 下		16・327 上
	13・119 上	劉遵禮	2・329 下
	15・580 下	劉　瑩	1・688 下
	16・272 上	劉　潔	7・721 下
	16・296 上	劉　潮	7・56 上
劉德尚	11・423 上	劉　澄	5・250 上
劉德昌	5・619 下		5・281 上
	5・729 上	劉選元	13・659 上
劉德威	9・761 上		16・24 上
劉德厚	1・639 下	劉豫泰	13・453 下
	4・166 下		19・696 下
劉德富	12・67 上		20・161 上
劉德潛	11・533 上	劉　禰	10・497 下
劉徵璧	11・225 下	劉　璞	1・535 下
劉　銳	13・124 下		1・767 下
	16・469 上		3・322 上
	18・133 上		3・371 下
	18・175 上		11・535 下
	18・220 上		13・258 上
	18・266 下		19・474 下
	18・342 下	劉靜女	8・125 上
劉　鏑	13・504 下	劉　瑤	13・169 上
劉餘僡	3・289 下		15・249 下
劉餘儆	3・290 下	劉　璨	2・630 上

	8・563 下		15・312 上
	9・131 下		15・642 下
劉　薦	14・361 上		16・218 上
劉翰華	20・13 下		16・250 上
劉樹堂	17・47 下		16・467 下
劉樹棠	13・395 上	劉錫名	12・105 上
劉樹義	6・587 上	劉錫金	1・487 上
	6・668 下	劉錫禹	13・162 上
劉樹勳	13・538 上		19・461 上
劉　檟	13・226 上	劉錫勇	13・353 下
	14・588 上		15・116 上
劉　懋	2・647 上	劉錫恩	19・175 上
劉　整	9・404 下	劉錫祺	1・737 下
	10・598 上		12・495 下
劉　嶼	13・546 下	劉錫銘	10・166 上
劉　篤	1・660 下		12・271 下
	7・723 下	劉錫儒	4・419 下
劉篤生	13・138 下	劉錫爵	13・504 上
	13・216 上	劉　錕	12・281 下
	18・615 下		12・682 上
劉篤妻任氏	7・724 下	劉　錦	9・405 上
劉篤慶	1・428 上	劉錦棠	13・80 上
劉　篙	7・720 下		19・679 上
劉犖天	12・291 下		20・424 上
劉興沛	17・62 上		20・672 下
劉興哥	3・596 上	劉　繒	7・73 上
	3・736 上		7・511 下
劉興堂	12・683 上	劉　憑	4・600 下
劉　學	9・59 下	劉龍洲	2・670 上
劉學坤	8・509 上		3・342 上
劉學敏	11・489 下		3・406 上
劉學貴	10・699 下	劉　澡	8・5 上
劉學禮	3・247 下	劉　澤	3・607 下
	11・543 下		5・360 上
劉學寵	1・619 上		5・380 下
劉　儒	7・679 上		7・524 上
劉　錡	13・407 下		8・562 上

劉澤長	1・647 上	劉應卜	9・646 下
	12・159 下	劉應世	1・661 下
劉　濰	13・179 上	劉應奇	18・296 上
	15・253 下		18・368 上
	16・464 下	劉應秋	11・487 下
劉　憲	3・276 上	劉應科	3・724 上
	19・540 上		7・385 上
劉彞鼎	7・462 下		7・751 上
劉駿聲	6・377 上	劉應桂	18・40 下
劉　璵	15・679 上	劉應聘	13・97 上
劉聲琦	1・386 上		14・474 下
	3・375 下		16・604 下
劉　聰	7・719 上	劉應熊	13・391 下
劉　懋	3・209 上		16・540 下
劉懋功	12・272 上	劉　燦	6・663 上
劉懋森	10・529 上		6・709 上
劉懋蔭	3・283 上	劉燦藜	13・424 下
劉臨榜	1・754 上	劉鴻玉	12・290 下
	11・657 上	劉鴻宣	12・375 下
劉　霞	1・586 下	劉鴻業	5・610 下
	4・682 上		5・732 下
	4・766 下	劉鴻緒	20・380 上
	5・315 上	劉鴻聲	7・67 下
	5・341 上		7・151 下
劉儲秀	2・628 下		7・214 上
劉徽典	15・330 上	劉　濬	7・749 上
	15・665 下	劉　濟	6・479 上
劉鍾衡	12・683 上		6・513 下
劉鍾錡	1・661 下		13・122 下
劉　鎡	15・646 上		13・227 下
劉　謙	5・268 下		13・256 下
	9・416 下		14・612 下
	13・102 下		14・653 上
	13・666 上		15・273 下
	15・713 下		16・477 下
劉　謐	13・685 上		18・462 下
劉襄世	10・365 下	劉濟川	8・111 下

劉濟資	13・467 下			10・260 上
劉濯翼	9・714 下			14・360 上
劉翼傳	19・207 上	劉　霈		13・125 上
劉　蘊	7・723 下			18・135 上
劉蘊玉	12・259 下			18・345 下
	12・288 下	劉　翾		8・12 下
劉　醫	11・543 上	劉　鏞		7・388 下
劉　曜	8・582 下			17・151 下
	17・109 下	劉　鵬		11・365 上
劉　穡	8・637 上	劉鵬聲		1・551 下
劉雙元	18・708 下			7・68 上
劉　翶	7・680 上			7・215 上
劉　翔	3・201 上	劉　騰		11・701 下
	3・723 上	劉騰蛟		8・491 下
劉　鎮	7・460 上	劉　謁		9・660 下
	12・164 下			10・109 下
	12・586 上	劉　贇		8・560 下
劉鎮邦	3・290 下	劉贇之妻馬氏		8・576 上
劉鎮國	13・666 上	劉　龐		6・407 下
劉　鎬	1・660 下	劉　懷		15・683 下
劉謹身	13・132 下	劉懷珍		5・730 上
	20・7 下	劉懷遠		13・640 上
	20・136 上			20・382 下
劉　鎣	6・181 上	劉懷義		1・625 上
劉　璧	13・384 上	劉懷德妻張氏		7・265 上
	17・107 下	劉　瀚		10・273 下
劉　彝	6・559 上	劉　寵		4・164 上
劉　織	7・723 下			7・47 上
劉　藻	3・729 上			7・171 上
	11・114 上	劉繩武		1・479 上
	13・116 上			1・617 上
	15・245 上			9・669 上
	15・556 下			10・312 上
劉攀桂	15・226 上			10・373 下
劉　璽	3・78 下	劉　繪		6・584 下
	7・678 下			6・639 上
	9・549 下	劉　蘭		7・389 下

劉蘭馨	17・734 上		19・428 上
劉獻祕	13・620 上	劉躍龍	16・366 下
	15・102 上	劉鶴壽	13・431 上
劉獻猷	10・691 下	劉鶴鳴	1・613 下
劉獻賡	19・174 上		10・420 下
劉耀材	18・707 上		10・476 上
劉耀坤	12・491 下		13・91 下
劉耀祖	17・141 上		14・763 下
劉耀棋	18・713 上		15・69 上
劉　寶	6・383 下	劉懿宗	8・71 上
	13・547 下	劉懿德	12・374 上
	15・686 上		12・405 上
劉寶善	1・435 上	劉聽祖	10・316 上
劉　鑾	7・723 下	劉　鑒	12・281 下
劉　繼	2・320 下	劉　霽	7・675 上
	7・675 上	劉　鑑	1・432 上
劉繼文	11・529 上		13・416 下
劉繼孝	13・412 上		19・464 上
劉繼昕	11・537 上	劉鑑涵	13・166 下
劉繼美	10・315 下		13・352 下
劉繼高	10・536 下		15・119 下
劉繼棠	10・319 上	劉　鑌	3・267 上
劉繼善	10・118 上	劉顯才	13・377 上
劉繼業	1・593 上	劉顯世	13・292 下
	5・617 下		17・295 下
	5・730 下	劉顯甫	12・290 上
劉繼愷	10・319 上	劉顯財	13・526 上
劉繼榮	17・621 上		19・506 下
	17・729 上		19・521 上
劉繼漢	1・643 上	劉顯祥	13・559 下
劉繼勳	9・74 下		15・716 上
劉繼寵	10・314 下	劉顯謨	12・571 下
劉毅宣	12・373 下	劉　麟	13・658 下
劉　權	3・76 上	劉觀俗	10・494 下
	13・35 上	劉鸝吉	12・586 上
	19・316 下	劉　讓	10・184 下
	19・339 上		10・200 上

	10・246 下
劉　灝	1・448 下
	5・612 下
	5・720 下
劉　鑰	9・58 下
劉纘業	13・550 上
	15・689 下
劉麟舉	15・98 上
劉　鑾	15・323 上

十六畫

靜

靜　之	2・713 上
靜　業	2・274 上

駱

駱天驤	2・701 上
	3・78 上
駱　仁	7・331 上
駱文藻	13・650 上
駱丕宗	11・657 上
駱　甲	8・493 上
駱先貴	11・424 下
駱起明	13・158 上
	17・215 上
駱異孫	9・108 上
	10・77 下
	10・103 上
駱　森	5・517 下
	5・615 上
	5・725 上
駱復旦	6・135 下
駱賓王	6・555 上
駱興周	13・618 上
	14・777 下

	15・92 上
駱錫璸	10・543 下
駱鍾麟	3・324 下
	3・373 下
	3・463 下
駱應斗	5・737 上

燕

燕　丹	2・702 下
	4・703 下
	19・135 上
燕　伋	2・507 下
	3・732 上
燕　邠	12・134 上
	12・493 下
燕　忠	13・55 下
	17・379 上
燕　達	7・413 上
	7・748 上
	13・242 上
	15・569 下
燕　濟	10・663 下

薛

薛一鶚	13・146 上
	14・476 上
	15・68 下
薛　八	5・122 上
薛三元	13・568 上
薛大中	2・642 下
	6・75 上
	6・157 下
薛大用	10・368 下
薛大烈	13・347 上
	14・531 下
	15・99 下
薛大鼎	12・637 下

	12・646 上	薛成德　13・376 上
薛大觀	12・379 上	19・502 下
薛之奇	7・651 上	薛成龍　13・542 下
薛之鳳	7・651 上	19・399 下
薛中巖	1・391 上	薛光前　3・580 下
	11・517 上	薛光熙　12・392 上
薛仁貴	13・36 上	薛廷瑞　8・338 下
	19・317 下	薛廷璋　13・543 上
	19・340 上	19・399 下
	20・433 下	薛自海　17・138 上
薛化鳳	6・627 上	薛　向　5・269 下
薛公達	3・711 上	7・745 上
薛文思	20・335 上	薛　安　10・494 下
薛文龍	6・620 下	薛孝通　2・552 上
	6・667 下	薛　芳　8・259 下
薛文曜	9・402 下	薛克成　7・672 下
薛文耀	8・595 下	薛甫棠　7・87 上
薛允升	1・427 上	薛伯高　12・144 上
薛玉鑑	7・681 上	薛　亨　8・208 下
薛　正	13・366 上	8・258 上
	17・157 上	9・135 下
薛正廷	11・313 下	9・529 上
薛世表	18・725 下	9・694 上
薛世雄	13・332 上	薛良佐　2・275 上
	19・324 下	薛良明　11・116 下
	19・350 上	薛青蘭　8・347 下
	20・480 上	薛長瑜　9・392 上
薛世賢	8・117 上	薛　苹　3・35 下
薛可光	12・100 上	薛拔英　20・334 下
	12・201 上	薛叔褻　10・477 上
薛平章	12・372 下	薛　昌　11・515 上
	12・403 上	薛佩蘭　13・185 下
薛申錫	4・424 下	15・598 下
薛　田	9・76 上	薛所習　11・221 下
	9・767 下	薛　周　5・2 上
薛永福	12・348 下	薛育忠　1・695 上
薛成寅	11・393 下	薛　治　7・40 下

薛治成	12・379 上	薛桂林	9・705 上	
薛宗州	13・370 上		12・372 上	
薛宗泗	1・618 上		12・404 下	
	10・269 上	薛桂潔	9・700 下	
薛　孟	10・495 下	薛　夏	15・294 上	
薛孟華	1・703 上		15・616 上	
	9・667 下	薛破胡	9・67 上	
	10・271 上		9・758 上	
薛　珏	3・178 上	薛　烈	6・407 下	
	6・478 上		11・635 上	
薛　珊	1・485 下	薛振翔	1・632 下	
	9・670 下	薛峻德	8・271 下	
薛南暲	9・702 下	薛　剛	2・247 下	
薛柱斗	1・539 下	薛　翁	3・79 上	
薛　奎	12・638 上	薛　郭	6・582 上	
	13・101 上		6・638 下	
	13・117 上	薛悦之	8・107 上	
	15・260 上	薛海母閻氏	17・193 下	
	15・566 上	薛　祥	9・698 上	
	16・465 上	薛　能	3・472 下	
	17・147 下	薛務本	1・618 上	
	17・165 下		10・270 下	
薛　胄	8・255 下	薛培滋	12・383 下	
	9・133 下	薛國□	18・400 下	
	9・473 下	薛國用	11・300 下	
薛炳南	12・389 上	薛國光	10・266 上	
薛　津	10・497 下		10・271 下	
薛　宣	3・34 上		10・366 上	
	9・645 上	薛國相	13・301 上	
	10・1 下		19・398 上	
薛　約	6・174 上	薛國彦	8・265 上	
薛起鳳	8・265 下	薛國魁	15・661 下	
薛　恭	6・387 上	薛國觀	8・261 上	
薛　真	8・212 下		9・695 上	
	8・272 下	薛得中	6・669 下	
薛真度	9・65 上	薛得霖	17・137 上	
薛桂一	1・435 下	薛　訥	13・37 上	

	14・753 下	薛道光	9・393 上
	18・550 上	薛道光	3・775 上
薛惟精	7・90 下	薛湘	17・183 上
薛紹正	12・389 上	薛裕	7・792 下
薛紹慶	8・103 上		8・266 下
薛琰	8・4 上		9・133 上
薛萬均	2・564 下		9・469 下
	4・719 下	薛登第	10・319 下
	4・759 上	薛瑞麟	15・106 上
	13・332 下	薛蓁	10・368 下
	19・325 上	薛蒙倫	1・632 上
	19・350 上		9・725 上
	20・434 上	薛義	2・278 下
薛萬徹	2・564 下	薛煒塏	17・136 上
	4・720 上	薛煊培	12・379 下
	4・759 上	薛福正	12・664 下
	13・332 下	薛際昌	8・265 下
	19・325 上	薛經	6・152 上
	19・350 下	薛瑤華	2・228 下
薛萬鎰	10・363 上	薛嘉族	9・65 下
薛敬之	2・684 上		9・757 上
	8・65 上	薛爾昌	8・273 下
	8・173 下	薛暢	18・546 上
	8・174 下	薛鳳	13・344 上
	8・175 下	薛鳳鳴	13・507 上
	8・176 下		16・683 下
薛朝難	10・495 下	薛廣	7・94 下
薛遇庚	6・395 上		7・493 下
薛景儒	3・578 上	薛廣發	11・36 下
	3・717 上	薛端	8・255 下
薛順	6・482 上		9・132 下
薛順興	10・697 上		9・469 上
薛欽	8・593 下	薛榮	2・618 上
薛勝	1・664 下		8・75 下
	7・91 上	薛肇庚	12・384 下
	7・174 下	薛綸	3・36 下
薛善	9・84 上	薛播	6・555 下

薛　稷	9・165 下			8・343 下
薛　儀	3・370 上	薛寶辰		1・559 下
	8・211 上	薛繼州		13・417 上
	8・270 下			15・228 下
薛　潤	6・392 下			16・165 上
	13・669 上	薛繼英		8・213 上
	18・157 上	薛　瑾		8・110 上
薛　選	12・151 下	薛　辯		9・391 上
	12・273 下	薛麟駒		8・255 上
薛　璟	6・483 上			9・132 下
薛　舉	14・399 上			9・462 上
	14・801 上			
	15・172 上	**薊**		
薛興信	12・394 上	薊子訓		3・216 上
薛學兼	10・316 上	薊　蒼		14・424 下
	10・316 下			19・762 上
薛學禮	13・561 上			
	15・718 上	**薄**		
薛錦濃	17・135 上	薄　后		4・649 上
薛　謙	13・94 下	薄養年		20・719 上
	14・472 下			
	14・584 下	**蕭**		
薛應旂	7・749 下	蕭士雙		13・474 上
薛　濬	3・176 下	蕭大中		3・280 下
	8・272 下	蕭大圜		2・705 上
	9・133 下	蕭天德		3・413 下
	9・474 上	蕭元義		5・359 下
薛　醞	1・469 上			5・380 下
	2・374 下	蕭文奎		13・62 上
薛鎮三	16・43 上			20・621 下
薛　騰	7・91 上	蕭文選		12・386 下
薛騰蛟	2・637 下	蕭以成		8・361 下
	8・66 上	蕭以咸		8・451 下
薛懷讓	9・74 下	蕭　允		2・705 下
	9・766 上	蕭　由		13・100 上
薛獻童	9・71 上			17・263 下
薛　瀾	1・503 下			19・443 上

蕭　史	3・533 上	蕭良慶	13・188 上
蕭永諧	9・685 上		13・189 下
蕭邦傑	6・133 下		15・594 下
蕭至忠	3・44 下		18・415 下
蕭光盛	13・687 上	蕭罕嘉努	20・469 下
	18・727 下	蕭　坦	18・341 下
蕭光漢	13・276 上	蕭尚遜	13・656 上
	14・523 上	蕭　炅	18・545 上
	14・779 上	蕭　育	3・709 上
	15・95 上		4・439 下
蕭光蘭	2・669 下		6・371 上
	4・681 下	蕭法願	2・231 上
	4・766 下	蕭　注	13・128 下
蕭光灝	9・78 下		15・263 上
蕭廷傑	11・221 上		17・375 下
蕭廷輔	1・591 上	蕭　定	2・590 上
	3・347 上		3・47 下
	3・410 下		13・84 下
蕭汝玉	16・88 上		14・754 上
蕭汝芬	11・540 上	蕭承之	12・85 上
蕭汝芳	5・470 上	蕭承恩	13・147 下
	5・598 上		13・163 上
	5・699 下		19・462 上
蕭汝霖	13・173 上		20・693 下
蕭如薰	13・129 下	蕭　政	14・356 上
	19・456 下		15・602 上
	19・666 下		18・499 下
	20・43 上	蕭　咸	19・163 下
	20・133 上	蕭思亮	2・253 下
蕭如蘭	13・228 下	蕭思話	12・84 下
	14・654 上	蕭　俛	9・72 下
蕭克家	10・319 下		9・395 下
蕭宏士	1・587 上		10・4 上
	4・683 下	蕭　泉	10・497 上
蕭良玉	13・483 上	蕭　俊	13・528 下
蕭良金	3・62 上	蕭　恒	2・663 下
蕭良貴	3・766 上		6・77 上

	6・159 上	蕭　勝	3・42 上
蕭　陞	2・647 下	蕭　斌	2・227 上
蕭　貢	2・616 上		9・123 上
	4・707 下		10・184 下
	4・759 下		10・199 下
	5・468 上		10・246 下
	13・160 下	蕭　道	10・159 上
	19・449 上	蕭道壽	2・618 下
蕭　華	3・44 下		6・312 下
蕭致中	8・3 上		6・387 下
蕭晉昌	13・168 下	蕭登榮	4・766 下
	17・91 上	蕭　瑀	2・561 下
蕭時雍	18・167 下		13・116 下
蕭　造	9・68 下		15・560 下
	9・759 下		18・453 下
蕭　傲	2・605 上	蕭　遘	3・50 上
	3・49 下	蕭　嵩	2・579 下
蕭　翀	5・465 下		3・44 上
蕭國本	13・151 下		13・37 下
	13・184 下		18・544 下
	15・586 下	蕭　圓	5・597 上
蕭望之	2・515 下	蕭　靖	12・151 下
	10・1 上		12・273 下
蕭　貴	9・71 下	蕭福祥	13・513 下
	9・395 上	蕭福祿	13・363 上
	9・761 下	蕭毓炎	1・758 下
蕭　鼎	2・649 下	蕭鳳池	17・300 上
	3・262 上	蕭漢輔	4・373 上
蕭嶙芳	16・297 上		4・419 上
蕭　復	2・594 下	蕭　察	7・750 上
	3・48 下	蕭德言	2・679 下
	9・71 下	蕭樹森	13・508 上
	9・395 上		16・686 上
	10・11 上	蕭　興	14・356 上
	10・101 上		15・602 上
蕭　循	12・85 上	蕭穎士	3・348 下
蕭　鈞	2・572 上		3・415 上

蕭　憲	14・770 下
	15・83 下
蕭聲和	16・697 下
蕭聯苾	4・685 下
蕭　謙	3・54 下
蕭應宮	10・390 上
	10・466 下
蕭鎮東	8・346 下
蕭　燿	3・71 下
蕭　勸	12・317 下
蕭　鵬	10・248 上
蕭鵬舉	5・37 下
蕭　斗	2・682 上
	3・54 上
	4・599 下
蕭　籍	13・429 下
	18・141 下
	18・153 上
	18・363 下
蕭　懿	12・85 上

薩

薩奇蘇	20・473 上
薩拉爾	20・477 下
薩繼勳	3・66 上

橋

橋　玄	13・177 下
	15・551 下
橋　勤	10・80 下
	10・124 上
橋　勸	9・169 上

樵

樵　忠	13・533 上

賴

賴光德	12・395 下
賴志道	1・752 下
賴明潤	1・744 下
	12・348 上
賴明鑑	12・396 上
賴運淑	12・377 上
賴　禮	6・558 上

霍

霍一正	10・380 上
霍大中	10・379 下
霍大奎	10・380 上
霍文玉	7・384 下
霍去病	13・27 下
	14・751 上
	19・296 上
	19・334 下
	20・610 上
霍光先	1・546 上
霍　奇	5・475 下
	5・700 上
	6・483 上
霍　忠	14・652 上
霍　珍	8・82 下
霍　俊	10・493 上
霍彥威	5・268 上
霍　泰	16・478 下
霍泰山	16・187 下
霍　紳	3・607 上
	3・770 上
霍　達	1・422 下
	3・60 下
	6・595 下
霍集斯	20・478 上
霍爲茱	1・483 下
	9・671 上
霍爲楷	10・318 下
霍爲棨	1・488 上

霍　瑄	3・749 下		冀　雋	9・67 上
	4・157 上			9・758 上
霍勤烈	1・488 下		冀爲行	9・417 下
霍勤煒	1・564 下		冀枞中	14・475 上
霍勤勳	1・488 下		冀　僑	2・552 上
霍勤燾	1・489 上		冀懋中	13・97 上
霍槐清	10・313 下			16・604 下
霍　煜	13・258 上		冀　嶸	19・167 下
	18・616 下		冀　鍊	3・36 下
霍鳳彩	10・379 上		冀蘭泰	12・407 下
霍　榮	2・649 下		冀獻英	1・699 上
霍潤堃	10・382 上		冀鶴齡	8・502 上
霍樹清	1・479 下			
	9・566 下		**盧**	
	10・311 上			
	13・111 上		盧九峰	17・36 上
霍　冀	13・61 上		盧士元	1・618 上
	19・451 下			10・273 下
	19・631 下		盧士宏	12・102 下
霍　誵	13・83 下			12・268 上
	14・462 上		盧士瓊	9・86 上
霍　鴻	6・284 上			10・7 上
霍　璽	13・227 下		盧大謨	12・525 下
霍璽忠	14・653 下		盧元清	10・71 上
霍　鏘	3・277 下		盧友竹	7・417 下
霍　鵬	5・469 上		盧巨載	9・58 下
	5・699 上		盧巨鎮	9・58 下
霍顯周	12・138 上		盧文廷	12・197 下
霍觀顧	7・395 下		盧文秀	3・35 下
霍　驥	19・665 下		盧文進	10・494 下
	20・130 下		盧世法	9・58 下
			盧世堃	20・318 下
冀			盧可兆	12・103 下
			盧可柱	18・401 下
冀九齡	10・493 上			18・407 上
冀立志	19・758 下		盧生華	13・479 上
冀宣明	11・553 下			18・662 下
冀　進	3・724 下		盧生英	13・479 下

	18・666 下	盧旺枝	11・337 上
盧生蓮	13・479 下		13・592 下
	18・666 下		18・707 下
盧生輝	13・512 下	盧　秉	13・103 上
盧生薰	13・479 下		17・58 下
	18・666 下		19・430 上
	18・757 上	盧法原	12・656 下
盧永金	17・740 上	盧建中	13・140 上
盧永高	17・36 上	盧建勛	13・689 下
盧永高妻冉氏	17・36 上	盧承慶	13・179 上
盧吉義	1・608 上		15・252 上
	5・115 上		15・561 上
盧　光	9・67 上	盧　春	8・102 下
盧全昌	13・324 上	盧　政	13・174 上
	18・598 下		13・350 下
	18・658 下		15・121 下
盧安撫	5・464 上	盧拱極	9・19 上
	5・698 上		9・543 上
盧　芳	5・357 下	盧　信	11・220 下
	14・398 上	盧　奕	3・316 上
	19・620 下		3・369 上
盧克忠	7・748 下	盧　津	9・58 下
盧　杞	9・86 上	盧祖齡	1・585 下
盧呈琮	9・58 下	盧起瑞	10・36 上
盧呈瑞	13・460 上	盧起鳳	10・365 下
	20・674 下	盧莊道	3・34 下
盧忻章	20・674 上	盧真人	14・411 下
盧　玠	18・402 上	盧逢辰	18・722 下
盧　坤	1・319 上	盧逢慶	18・725 上
	13・76 下	盧海如	18・407 下
	20・423 上	盧　祥	7・150 下
盧　茂	13・250 下	盧黃甲	1・648 上
	19・663 上		12・585 下
	20・127 上	盧　彬	2・623 下
	20・267 下	盧　崇	9・15 下
	20・289 上		9・515 上
盧　英	10・273 下	盧崇光	14・685 下

盧崇雅	8·83 上	盧　賢	10·191 下
盧　敏	8·76 上	盧　質	3·75 下
盧　訪	13·703 上		9·74 下
	18·667 下		9·765 下
盧　庸	13·46 上	盧徵五	13·491 下
	13·200 上		19·352 上
盧　清	13·316 下	盧調琳	18·401 上
	20·637 上	盧調鼎	18·401 上
盧　紳	2·636 下	盧調爵	18·401 上
盧　琚	7·417 下	盧興枝	18·719 上
盧萬銀	1·590 上	盧　璵	10·424 上
	3·292 下	盧藏用	3·79 下
盧　植	4·488 下	盧　點	3·769 上
盧　鼎	11·304 上		4·165 下
盧　景	3·769 上	盧　濤	18·401 下
盧　鈞	2·605 上	盧簡求	13·40 上
	3·135 上	盧　繡	12·55 上
	10·594 上	盧　獻	12·329 上
盧　斌	9·400 下	盧寶倫	18·726 下
	10·595 上	盧　鑑	7·747 下
盧道裕	13·100 上		13·101 下
盧道熙	11·772 上		13·180 下
盧運熙	11·229 下		19·448 上
盧　炅	13·480 上	盧　鑛	13·467 上
	18·663 上		18·656 下
盧勤國	8·5 上	盧　讓	13·467 下
盧楞伽	3·80 下		18·664 下
盧照鄰	2·706 上		
	3·771 下	**曇**	
	16·275 下		
盧　熙	3·767 下	曇　始	3·503 上
	4·168 下	曇　邕	3·503 下
盧毓菜	18 727 上	曇無成	3·772 上
盧齊卿	3·167 上	曇無讖	18·594 上
盧　綸	3·179 下	曇　猷	14·413 上
	3·501 下		19·357 上
盧　綰	2·510 上	曇　霍	14·412 下
			20·656 下

曇　獸	19・326 下	穆　涵	10・272 上
		穆隆阿	13・230 下
穆		穆　敦	2・550 下
穆天護	13・370 上	穆善圖	19・673 下
穆　卞	5・417 下	穆甯中	6・134 下
穆世文	6・152 下	穆　弼	9・65 下
穆世傑	2・633 上		9・756 下
	5・505 上	穆傳心	12・385 上
	5・605 上	穆　詢	15・302 上
	5・711 上	穆爾庚布	13・235 上
穆永春	10・314 上		19・516 上
穆青雲	3・539 下	穆圖善	13・79 上
穆　坤	11・553 下	穆　覷	2・551 上
穆　林	12・405 下	穆應詔	10・319 下
穆　京	5・465 上	穆鎮甸	10・316 下
	5・698 上	穆鎮基	12・376 上
穆　相	2・633 下	穆　顒	13・32 下
	6・71 下	穆騰額	16・20 上
	6・155 上		
穆　衍	13・85 下	**興**	
	14・755 上	興　綬	8・333 下
	16・600 下		9・653 上
	19・430 上		
穆　亮	13・32 下	**衡**	
	13・244 上	衡　信	15・650 上
	15・244 上		
	15・555 下	**錢**	
	18・256 下	錢一龐	8・452 上
	18・329 上	錢文焯	16・703 下
穆起棨	3・67 上	錢邦彥	19・515 上
穆振鐸	13・237 上	錢廷琛	11・338 上
	19・469 下		11・415 下
穆　姬	2・722 上	錢自選	10・115 上
	4・61 下	錢兆沅	12・569 上
	4・178 上	錢汝霖	7・37 上
穆　崇	15・302 下	錢志彤	17・554 上
穆　深	15・230 上		17・644 下

錢志祖	13・525 下			19・107 上
	19・518 下	錢　軹		7・376 下
錢作楨	19・464 上	錢開遂		13・525 下
錢　宏	13・158 下			19・518 下
	17・215 下	錢　鈞		10・666 上
錢　坫	1・396 上	錢　經		17・421 下
	6・482 下	錢潤身		11・600 上
錢若水	9・78 上	錢　徽		10・593 上
	9・400 上	錢禮麟		11・532 上
	10・5 下	錢寶善		1・701 下
錢若愚	5・351 上	錢鶴年		10・665 下
	5・373 下			12・5 上
錢茂律	9・87 下			
	9・403 上		**錫**	
	10・13 下	錫　光		11・484 上
錢明逸	13・180 下			12・167 下
	15・568 下			12・640 上
錢　秉	6・557 下			13・543 下
錢秉高	10・494 下			15・292 下
錢佳祥	11・600 下			15・614 上
錢佳祥	1・653 下	錫　慶		19・698 下
錢金生	13・173 上	錫齡阿		11・684 上
錢受祺	11・219 下			
錢　柏	20・13 上		**鮑**	
	20・212 上	鮑三綱		7・520 上
錢　界	3・581 上	鮑　出		2・540 下
	3・725 上			3・212 下
錢　起	3・144 上	鮑汝桂		13・632 上
錢烏娘	2・330 下	鮑　珊		1・361 下
錢　通	13・132 下			6・481 下
錢崑秀	13・198 上			9・423 下
	18・136 上	鮑　恢		3・744 下
	18・346 下			4・153 上
錢崇基	18・689 下			4・465 上
錢萬德	19・542 下	鮑道明		7・27 下
錢萬選	9・647 上	鮑　德		13・194 上
	13・485 上			18・184 下

	18・264 上	龍血禪師	12・308 下
	18・335 下	龍伯高	2・529 上
獨		龍受炳	12・495 下
		龍家佐	11・589 下
獨孤及	10・491 上	龍萬育	3・281 上
獨孤伏陁	2・548 下		12・194 上
獨孤陁	2・548 下	龍雲	19・177 下
獨孤信	13・33 上	龍登	13・437 上
	15・246 下		17・415 上
	15・558 下	龍登雲	1・647 下
獨孤羅	18・542 上	龍殿元	13・561 下
獨孤懷恩	3・34 下		15・720 上
獨恒興	1・627 上	龍鳳	7・55 下
	10・696 下	龍澍霖	13・426 下
諤		龍錫慶	13・81 上
諤爾根薩里	20・474 下		13・212 下
鄺			19・169 下
鄺埜	13・49 下		19・674 下
龍			20・672 下
龍九成	19・177 上	龍膺	13・211 下
	19・188 下		20・622 下
龍九經	19・177 上	**嬴**	
	19・188 下	嬴公子市	3・235 上
龍天輝	1・651 上	**營**	
龍玉成	13・565 上	營大經	1・657 下
	18・371 下	**憲**	
龍正	13・700 上	憲超	2・306 下
	18・225 下	**窺**	
	18・294 下	窺基	2・713 下
	18・376 上		3・107 上
龍有雲	12・161 下	**闍**	
	12・550 下		
龍光	13・429 下	闍那屈多	2・712 下
	18・294 下		

閻

閻人鶴	10・380 上
閻大成	3・413 下
閻大典	19・228 下
閻天倫	13・642 上
閻日新	9・76 上
	9・767 上
閻中選	13・612 上
閻化湇	13・392 下
閻公貞	10・240 上
	10・377 下
閻　丹	10・383 上
閻文芳	18・719 上
閻文科	13・565 上
閻文炯	13・484 上
閻文琳	10・380 上
閻文會	1・592 上
	3・413 上
閻文曒	10・273 上
閻允殻	13・204 上
	17・385 下
閻　玉	6・627 下
閻玉堂	13・503 上
	15・115 下
閻正叔	2・701 上
	8・122 上
閻　本	5・249 上
閻可茂	12・330 下
閻可陞	8・260 下
閻用之	2・579 下
閻立春	3・411 下
閻必成	4・424 上
閻永安	3・411 下
閻永清	10・316 上
閻加謨	14・611 上
閻邦教	3・395 上

閻邦寧	12・269 下
閻有安	3・412 上
閻有倫	10・319 上
閻有敘	10・319 上
閻廷琳	7・68 下
閻仲宇	3・751 下
閻仲實	3・751 下
閻　价	3・752 下
閻　行	13・333 下
閻次閎	10・380 上
	10・382 下
閻守印	10・380 上
閻克鑑	3・606 上
閻步青	1・447 下
閻　佐	11・224 下
閻佐堯	12・333 下
閻伯儉	18・527 下
閻　汶	13・693 下
閻　宏	10・639 下
閻宏亮	7・94 上
閻　良	14・361 上
	19・232 上
閻茂亭	1・710 下
	9・726 上
閻忠義	13・561 上
	15・717 下
閻秉彝	10・317 上
閻　性	3・340 上
	3・405 上
閻建元	1・682 上
	5・735 上
閻相師	13・328 下
	20・440 上
閻　毗	7・49 下
閻思孝	7・749 下
閻秋靈	18・499 上
閻重鑑	13・152 下

	14・480 上		15・294 上
閻風寧	20・11 上		15・616 下
閻亮閣	1・553 上	閻　欽	3・754 上
	7・68 上		4・264 下
閻炳照	12・497 下	閻　溫	13・544 上
閻　洵	8・595 下		15・293 下
閻泰臨	1・591 上		15・615 下
	3・343 上	閻　榮	10・315 下
	3・406 下	閻登雲	1・444 下
閻　珠	1・732 下	閻蒼舒	12・201 上
閻起德	1・629 下	閻槐堂	3・411 下
	8・502 上	閻　鉦	13・292 上
閻　莊	14・571 下	閻會壬	10・382 下
	14・766 下	閻會賡	10・382 下
	15・80 上	閻　筴	10・316 上
閻根官	5・735 上	閻　詢	3・598 上
閻振軍	1・446 上		3・749 上
	1・678 下		4・156 下
	3・411 下		9・76 下
閻振清	10・317 下	閻煜閣	7・68 下
閻振澤	3・411 下	閻　溥	2・636 下
閻振驛	1・678 下		6・312 下
閻致祥	13・562 上		6・383 下
閻書堂	3・413 上	閻福成	12・664 下
閻　摹	3・767 下	閻殿元	3・411 下
閻掄閣	1・552 下	閻際元	3・411 下
閻敏政	10・365 上	閻際盛	3・140 下
閻從王	10・380 上	閻　碧	1・656 下
閻紹世	10・310 下	閻　模	1・633 上
	10・379 上	閻爾貴	13・484 上
閻堯年	6・373 下	閻　暠	3・36 上
閻萬祥	13・562 上	閻鳴陽	17・424 下
閻敬銘	1・481 下	閻毓芳	13・686 上
	10・311 下		18・659 下
閻敬輿	10・314 下	閻鳳甯	13・314 下
閻朝宰	1・656 下	閻　寧	10・269 上
閻　鼎	13・544 上	閻　震	10・480 上

	13・392 上	閻　鐸	6・383 上
閻德潤	3・412 上	閻　瓛	16・545 上
閻調化	11・226 下	閻　讓	2・569 上
	11・273 下		5・250 上
閻　澍	13・539 上		5・281 上
閻　翰	3・395 上		
閻樹基	10・315 下	**彊**	
閻　樸	13・423 下	彊　霓	18・387 下
	16・43 上		
	16・327 下	**十七畫**	
閻　勵	13・440 上		
閻興可	3・412 上	**璩**	
閻　錫	13・494 下		
閻錫春	1・710 下	璩元會	11・343 下
	9・726 上	**戴**	
閻錫乾	14・655 下		
閻錫靖	14・513 上	戴　才	7・27 下
閻錫璜	6・483 上		13・61 上
	13・479 上		19・303 上
	18・665 上		19・452 上
閻　繒	13・392 上	戴　天	13・531 下
	16・545 下	戴天庥	20・62 上
閻興量	13・525 下	戴文亨	11・749 上
	19・541 上	戴光啓	14・697 下
閻應公	3・411 下	戴休琔	3・459 下
閻應真	3・411 下	戴休顔	6・485 上
閻應時	1・710 下		7・50 上
	9・726 上		7・524 下
閻應瑞	4・423 下		13・310 下
閻應儒	13・440 上		19・608 上
	17・423 上		19・683 上
閻濟世	10・379 下		20・146 上
	10・382 下	戴延春	7・67 上
閻　禮	10・74 上		7・208 下
	10・123 下	戴　辰	7・84 上
閻蘭生	10・379 下		7・206 上
	10・382 下	戴　宏	13・221 下

	19・297 下	戴錫章	7・371 下
戴其員	12・330 下	戴耀先	13・520 下
	13・196 上	戴　纓	6・313 下
	18・186 下		
	18・338 下	**鞠**	
戴　旺	13・88 上	鞠思讓	8・548 上
	14・757 上		9・414 上
	15・67 下	鞠鼎衡	12・629 下
戴　治	8・602 上	鞠　鏞	10・189 下
戴宗孔	17・140 上		
戴承恩	13・162 上	**藍**	
	19・516 上	藍田玉	1・649 上
戴保履	11・573 下		12・54 上
戴　洋	14・425 上	藍伯亮	12・498 下
	19・544 上	藍茂暢	11・428 上
戴祖啓	1・572 上	藍佩青	18・722 上
戴殊遇	8・548 下	藍思縮	12・646 下
戴　浩	13・170 上	藍　盛	12・31 上
	16・474 上	藍啓延	13・175 下
戴章甫	8・194 上		18・390 上
	8・228 下	藍　瑄	10・398 上
	9・410 上	藍　臺	13・219 上
戴淑身	12・64 上		19・187 下
戴紹祖	14・428 上	藍毓青	13・592 下
	19・760 上		18・706 上
	20・232 上	藍　璋	12・319 下
戴　貴	12・429 上	藍　銳	13・507 下
戴　欽	7・34 上		16・685 上
	7・458 上		
戴　淵	13・180 上	**十八畫**	
戴聖聰	6・479 下		
戴　義	10・495 上	**韓**	
戴鳳翔	3・728 上		
戴　滿	2・230 上	韓一良	8・617 下
戴　緒	17・121 下		8・619 下
戴輝宗	10・74 下		8・643 下
戴興仁	12・488 下		8・729 上

	8・737 上	韓文經	13・561 下
	9・543 下		15・719 下
韓一麟	13・274 下	韓文鏡	2・661 下
	14・512 下	韓斗耀	8・490 下
	14・777 下	韓允嘉	5・374 上
	15・92 上	韓孔淑	17・47 下
韓九有	8・619 下	韓玉	3・713 下
韓九成	10・318 下	韓正茂	10・694 上
韓三接	13・171 上	韓正德	19・474 上
韓三傑	12・590 下	韓世臣	7・93 上
韓士文	6・138 下	韓世奇	19・233 上
韓士充	10・363 下	韓世忠	7・453 下
韓士俊	13・297 上	韓世貴	13・637 上
	17・47 上		19・540 下
韓士傑	5・121 上	韓世勳妻拓氏	7・622 上
韓士裕	13・547 下	韓可立	11・755 上
韓大進	1・667 下	韓可精	10・307 下
韓之衡	8・624 下	韓丕	3・215 下
韓子堅	12・144 上		9・503 上
	12・627 上		10・619 上
韓天順	11・424 下	韓北城	3・716 上
韓元士	8・666 上	韓永	2・623 上
韓友范	7・47 上	韓永春	13・501 下
	7・171 下		15・112 下
	13・203 下	韓永泰	1・641 上
	17・383 上	韓加業	13・587 上
韓公武	7・742 上	韓幼	5・651 上
韓文	2・662 下	韓幼孺	5・516 下
	11・18 下	韓邦杰	8・505 下
韓文本	7・764 下	韓邦奇	9・124 下
韓文星	1・605 下		9・525 下
	2・673 上		10・184 下
	11・23 上		10・204 下
韓文煥	5・514 上		10・248 下
	5・716 下	韓邦彦	10・206 下
	10・34 上	韓邦靖	9・125 上
韓文煜	12・573 上		9・524 下

	10・184 下	韓汝臣	7・396 上
	10・203 上	韓守愚	13・309 上
	10・248 上		17・411 上
韓有節	10・365 上		18・45 上
韓有榮	1・751 下	韓守賢	5・113 上
	12・32 上	韓安保	20・480 上
韓有鴒	18・713 下	韓　均	13・381 上
韓有鶴	13・594 下		17・273 下
	18・710 上	韓克昌	18・710 上
韓成璘	13・582 下	韓步雲	1・643 上
	20・757 下		4・228 下
韓光英	13・582 下	韓呈罵	8・646 上
	20・758 下	韓秀春	15・684 上
韓光瑞	14・424 上	韓伯熊	8・751 下
韓廷玉	1・671 下	韓希天	13・637 下
韓廷芝	18・688 下		19・524 上
韓廷桂	18・154 下	韓希仁	2・640 下
韓廷學	5・17 下		5・510 下
	5・104 上		5・607 下
	5・505 下		5・714 上
	5・605 下	韓　灼	3・72 上
	5・711 下	韓完卜	13・319 上
韓　休	2・580 上		20・757 上
	3・43 下	韓良輔	13・485 上
韓延壽	2・516 上		19・168 上
	3・235 卜	韓長世	8・620 上
	10・1 下	韓　坤	8・378 上
韓仲良	2・227 下	韓亞熊	1・498 下
	2・568 上		8・618 上
	6・69 上		8・621 上
	6・153 上		8・770 上
	15・252 上		9・692 上
韓仲恭	3・176 上	韓若谷妻袁氏	8・754 下
	8・4 下	韓　茂	13・380 下
韓自得	7・592 上		17・273 上
韓全義	7・408 上	韓林蔚	8・656 下
韓　次	8・646 上	韓　果	9・393 下

	10・586 上	韓　奕	1・540 下
韓昌學	12・294 下		7・36 下
韓　牧	20・418 上		7・764 下
韓秉泰	13・431 上		13・308 上
	18・143 下		17・411 下
	18・366 下	韓彦直	7・456 上
韓　佩	12・152 下	韓恒仁	8・771 下
韓佩儒	1・707 上	韓　洪	15・251 下
	8・772 下	韓洪珍	13・132 下
韓　飲	3・49 下		19・667 下
韓受天	19・37 上		20・7 下
	19・37 下		20・134 下
韓念祖	8・754 上	韓　泂	3・48 上
韓　建	9・69 上	韓　洲	2・635 上
	9・397 上	韓起鳳	11・540 上
	9・760 上	韓起麟	5・618 下
韓建極	20・216 下		5・731 下
韓姑娘娘	17・141 下	韓　耆	13・380 下
韓承宣	10・401 上		17・273 上
韓　珂	8・630 上	韓　莊	8・595 下
韓　珍	3・492 下	韓桂姐	19・195 上
韓　相	8・619 上	韓振五	13・442 上
韓相儒	10・365 下	韓致中	13・682 下
韓　軌	13・116 下	韓晉卿	9・76 下
韓則裕	1・496 上		9・399 上
	8・619 下		10・5 上
	8・654 上	韓　皋	5・697 上
韓思復	2・584 下	韓師古	8・617 上
	3・45 上	韓　悦	17・144 上
	4・599 上	韓　浩	2・583 上
韓思愛	3・277 下		3・64 上
韓思靖	5・505 下	韓　容	11・20 下
	5・550 上	韓執信	8・676 上
	5・605 下	韓執魏	10・275 下
	5・711 下	韓　盛	8・97 下
韓　侯	9・132 上	韓　堂	13・565 上
韓俊聲	8・510 下	韓國英	6・582 下

韓國琮	18・156 上		12・268 下
	18・170 下		13・42 下
韓國棟	19・228 上		15・261 下
	19・463 上		15・567 上
韓崇訓	5・269 下		16・266 上
	7・24 上		16・466 上
	7・147 下		17・207 下
	7・528 上		17・266 上
韓過春	16・286 上		17・373 上
韓偉英	6・496 上		17・483 上
韓皋	5・473 下		19・447 上
韓皋新	5・427 下		20・297 上
韓偓	2・606 下		20・314 上
韓得法	10・700 下	韓堦	15・719 上
韓脈	11・484 上	韓彭年	13・149 上
韓康	2・698 下		14・651 下
	3・77 下	韓期維	3・333 下
韓章	12・627 下		3・396 下
韓翊珍	8・664 上	韓萬	3・601 上
韓惟賢	3・606 下	韓敬	9・729 上
韓淩雲	12・587 下	韓敬中	10・320 上
韓淑輿	8・623 下	韓朝江	2・649 上
	8・642 下		5・48 上
韓將傑	8・115 上		5・102 上
韓紹武	1・622 上	韓朝宗	3・45 上
韓紹宗	9・123 下		3・501 下
	9・664 上		12・164 下
	10・201 下		12・587 上
	10・251 下	韓厥	9・132 上
	13・557 下	韓雯鵬	13・459 下
	15・710 上		20・645 上
	18・425 下	韓貼	5・617 下
韓琳	5・515 上	韓貽	1・593 上
	5・609 下		5・730 上
	5・717 上	韓鼎	13・309 上
韓琦	7・413 上		17・409 上
	7・743 下		18・45 上

	19・664 下		20・273 上
	20・129 上	韓 弼	7・606 下
韓鼎晉	1・327 下	韓登瀛	1・551 下
韓鼎發	1・735 上		7・67 下
韓遇春	13・304 下		7・214 下
	15・230 上	韓 絳	13・125 下
	15・330 下		17・373 下
	15・704 下	韓瑞東	8・630 上
	16・324 上		8・766 下
韓景文	4・425 上	韓瑞連	10・318 下
韓景芳	5・38 下	韓 瑗	2・573 上
韓景陽	7・618 上		6・59 上
韓 嵲	5・517 上		6・141 下
	5・652 上	韓 塏	9・89 下
	5・758 上		9・404 上
韓 備	17・273 下		10・14 下
韓 順	13・698 下	韓 塘	13・427 上
	15・613 下	韓 幹	3・135 下
韓 皓	13・31 上	韓 楷	11・113 下
韓 衆	10・664 上	韓嗣奇	7・94 上
韓 鈐	18・157 下	韓 稜	8・4 下
韓鈐文	13・669 上	韓 鉞	3・248 上
韓 鈞	7・607 上	韓 愈	11・365 下
韓舜璹	8・640 下	韓 詩	2・695 下
韓敦節	19・19 上		6・167 上
韓遊瓌	13・446 下	韓慎行	5・117 下
韓 湘	11・401 下	韓慎銘	1・696 上
韓湘子	11・253 上		5・120 下
韓 滇	10・192 上	韓義鐸	6・405 上
韓 温	14・756 下	韓 煋	3・600 上
	15・66 下		3・757 下
韓游環	5・266 下	韓 溥	2・693 上
	6・485 上		3・51 下
	17・372 上	韓 滉	2・591 下
	19・607 下		3・47 下
	19・682 下	韓 福	2・630 上
	20・145 下		3・54 下

	13・170 上	韓　擇	13・309 下
	16・473 下		17・432 上
韓福恒	5・116 下	韓　擇	2・683 上
韓福純	5・124 下		3・54 下
韓際泰	1・636 上	韓樹南	12・139 下
	6・495 上		12・507 上
韓嘉會	11・114 下	韓樹桐	5・117 上
韓嘉爵	20・45 上	韓　霖	10・468 下
	20・216 上	韓　暸	1・541 下
韓輔清	10・319 下	韓　勳	19・168 下
韓　睿	8・546 下	韓興原	17・432 下
韓鳳揚	7・701 下	韓學古	17・121 上
韓　齊	8・585 下	韓學程	8・668 上
	8・596 下	韓　衡	9・416 上
	9・100 下	韓錫恩	13・590 下
	9・408 下	韓錫綬	12・289 下
韓肇基	12・590 下	韓錫麟	10・167 下
韓維翰	8・667 下	韓　縝	12・268 下
韓　震	7・606 下	韓　縉	13・389 下
韓擒虎	18・542 下		16・535 下
韓賜麟	13・188 下	韓　薰	12・152 上
	15・596 上	韓　魏	13・206 下
韓　億	12・268 上		17・387 上
韓德修	11・516 上	韓　謙	1・558 上
韓德盛	5・106 上		13・274 上
韓　徵	10・492 下		14・777 上
韓　褒	13・33 上		15・91 下
	13・135 下		18・93 下
韓慶雲	13・425 下		19・470 上
	18・422 下	韓應元	8・497 上
韓養正	6・530 下	韓應忠	5・113 下
韓　潭	19・572 下	韓應春	13・622 上
	19・659 上	韓應奎	10・494 上
韓　選	13・570 上	韓應琦	7・35 下
	19・718 上	韓應試	8・623 下
	20・211 下	韓應韶	10・363 上
韓　瑤	8・661 上	韓　璜	17・47 下

韓　豐	10・656 下	19・356 下
韓璽聖	5・459 上	
韓　鏞	13・47 下	**魏**
韓　譚	13・39 上	魏十二　　　4・775 下
韓　識	6・597 下	魏八娃　　　15・702 下
	6・665 上	魏人文　　　12・62 下
韓懷珹	6・497 下	魏力仁　　　7・724 下
韓懷珽	6・497 下	魏大用　　　13・670 下
韓懷瑋	6・491 下	17・421 上
韓獻臣	13・669 上	魏大素　　　9・76 上
韓競秀	13・115 上	魏大徐　　　18・730 下
	18・389 下	魏之杰　　　4・764 下
韓寶才	2・235 下	魏之玫　　　10・365 上
韓繼思	5・514 下	魏子建　　　12・655 下
	5・609 下	18・453 上
	5・717 上	魏天章　　　10・494 上
韓　鑑	13・90 上	魏元忠　　　3・501 下
	14・760 上	19・572 上
	15・68 下	20・262 上
韓鑑吾	1・466 下	20・284 下
韓　瓚	3・131 上	魏元勳　　　19・759 下
		20・232 上
檀		魏　午　　　20・707 上
檀特師	18・594 下	魏　介　　　3・487 下
		魏公清　　　13・648 下
轅		16・773 下
轅　豐	3・34 上	魏　卞　　　8・637 上
		魏文政　　　13・342 下
臨		16・617 上
臨孝恭	2・709 上	魏本立　　　6・491 上
		魏　四　　　6・501 上
矯		魏　印　　　13・227 下
矯　慎	2・717 上	14・655 上
	6・311 下	魏必明　　　18・490 上
	6・391 上	魏邦彥　　　13・225 上
	14・411 下	19・343 下
	19・326 上	魏成甲　　　1・646 下

魏光明	18・710 下	魏述祖	13・517 下
魏光祖	13・517 下	魏叔玉	8・636 上
魏光晉	1・610 下	魏叔瑜	8・709 上
魏光遠	11・6 下		9・165 下
魏廷彥	13・539 下	魏　尚	2・511 上
魏廷揆	9・17 上		6・276 上
魏　延	12・84 上		6・377 下
	18・525 下		7・21 上
魏自友	13・400 下		7・181 上
	19・407 下	魏明遷	1・744 上
魏自祿	1・465 下		12・349 下
	11・19 上	魏　忠	10・496 下
魏似韓	3・372 下	魏忠義	13・522 下
魏汝孝	11・6 上	魏知微	5・610 下
魏汝翼	5・610 上		5・733 下
	5・717 下		11・702 下
魏守相	13・649 下	魏　秉	8・481 上
魏守寧	4・221 上	魏秉孝	8・377 下
魏如復	11・755 上		8・401 下
魏克己	9・70 上	魏秉貞	20・717 下
	9・760 下	魏　河	6・590 下
魏克明	8・636 上		6・655 上
魏克承	13・501 下	魏宗諫	13・624 下
魏克儉	18・422 下		16・632 上
魏　扶	8・636 上	魏建昌	1・626 下
魏扶徵	9・129 上		10・694 下
魏作謀	13・622 上	魏居慶	10・697 下
	15・119 下	魏承勳	13・228 上
魏良槐	2・645 上		14・655 上
	6・74 上	魏春元	11・770 下
	6・157 上	魏型禮	6・709 下
魏　壯	1・625 上	魏　相	2・515 上
魏勘國	18・730 上		4・439 上
魏奉琦	3・333 下		4・757 下
	3・396 上		6・343 上
魏武功	2・385 下		6・371 上
魏　英	13・333 下		6・407 下

魏相臣	13・312 上	魏國才	16・699 下	
	19・692 上	魏國成	3・341 上	
	20・12 上		3・405 下	
	20・29 上	魏國志	13・610 下	
魏昭昞	9・75 下	魏國柱	8・400 下	
魏思温	3・470 下		8・480 上	
魏　信	13・570 上		9・720 下	
	19・717 下	魏國卿	8・482 上	
魏侯植	5・357 下		9・721 上	
魏彦直	8・637 上	魏國祥	19・698 下	
魏　恂	13・623 上	魏象先	3・496 下	
魏炳蔚	10・468 上	魏象蔭	1・465 下	
魏　炯	13・651 下	魏象廕	11・18 上	
魏　津	9・16 上	魏　章	11・772 下	
	9・521 下	魏惟野	3・341 下	
魏紀鋆	13・236 下		3・406 上	
魏泰徵	6・138 下	魏惟紫	2・670 上	
魏振先	13・318 下		3・335 上	
魏晉相	1・586 下		3・397 下	
	4・682 上	魏惟慎	6・622 下	
魏　時	13・441 上		6・666 下	
	17・415 下	魏啓明	13・583 下	
魏　卿	15・661 上		20・719 下	
	15・662 上	魏　紳	8・596 下	
魏效文	11・364 下	魏紹開	3・260 上	
魏　益	13・226 下	魏堯啓	3・244 下	
	14・509 下	魏　超	7・255 下	
	14・654 下		12・161 下	
魏　浩	2・694 上		12・550 下	
	4・702 下	魏萬捷	11・12 下	
	4・772 下	魏朝宗	7・384 上	
魏　浚	2・542 下	魏朝璉	1・463 下	
魏容買	13・642 上		11・8 上	
	16・220 下	魏景仁	3・262 下	
魏　祥	7・45 下	魏　傑	10・183 下	
魏　茱	1・643 上		10・190 下	
	4・285 上		10・240 下	

	10・641 上		11・27 上
魏復秦	11・354 上	魏慶余	19・410 上
魏尊德	13・348 上	魏樹德	1・515 上
魏道嚴	8・637 上		1・629 上
	9・78 下		3・281 下
魏焯	6・655 上		8・501 下
魏富通	13・502 上	魏整	12・1 上
	15・113 上	魏勵國	18・719 上
魏裕祿	13・319 上	魏勳	13・327 上
	20・715 下		19・122 上
魏登闕	13・623 上		19・176 下
魏發春	13・693 上		19・432 下
魏椿	16・675 上	魏興	2・378 下
魏殿選	13・651 上		11・502 上
魏際隆	5・650 上	魏學曾	5・507 上
	5・755 下		5・606 上
魏模	13・509 上		5・712 上
	16・689 上		11・709 上
魏毓澂	1・766 上		11・752 上
魏端齡	13・609 上		13・63 下
魏齊卿	3・777 下		19・44 下
魏演	8・605 上		19・452 下
魏寬	11・715 下		19・574 下
	11・759 上		19・666 下
魏賓	13・344 上		20・133 上
魏綱	3・344 上	魏錕	13・440 下
	3・408 下		17・414 上
魏綸	3・258 上	魏寰	13・459 上
魏樞	3・338 下		20・639 上
	3・399 下	魏遷	2・305 上
魏震	7・41 上	魏遷妻趙氏	2・320 上
	7・190 上	魏聯奎	13・686 下
魏德厚	16・371 上	魏聯魁	18・718 下
魏德深	9・68 下	魏薈	8・617 上
魏衛覬	6・371 下		8・636 上
魏徵	8・583 上		9・129 下
	8・615 下		9・495 上

魏謙吉	19・452 上	鍾文明	12・168 下
魏鴻學	13・560 下		12・665 上
	15・718 上	鍾先鳴	14・428 上
魏　瞻	18・368 上		19・760 上
魏　鎮	7・47 上		20・232 上
	7・171 下	鍾其偉	13・430 上
魏鎮虎	11・6 下		18・70 上
魏藻德	13・393 上		18・304 下
魏　璽	6・579 上		18・364 上
	13・566 上	鍾其碩	13・563 上
	17・417 上		18・69 下
魏贊國	18・728 下		18・214 上
魏　勸	13・71 上		18・220 下
	14・478 下		18・304 下
	14・762 下		18・374 下
魏懷玉	5・342 下	鍾茂先	7・77 下
魏蘭根	3・710 上	鍾　音	1・318 上
魏耀祖	16・794 上	鍾　華	19・701 上
魏　寶	14・571 下	鍾　振	13・260 上
魏繼宗	11・502 上		13・607 下
魏繼萬	18・713 上	鍾　倫	7・465 下
魏權中	3・723 下	鍾　浩	14・362 上
魏續曾	20・342 下		19・134 下
魏麟圖	11・17 上	鍾乾健	7・77 下
魏　纘	6・374 上	鍾得顯	10・435 下
		鍾　旭	11・402 上
儲		鍾　琪	18・589 下
		鍾　瑛	13・205 上
儲光羲	16・276 下	鍾萬璋	13・145 下
儲明海	11・531 上		14・475 下
儲思廣	1・656 上		16・607 上
儲國富	11・543 下	鍾湛靈	12・525 下
儲萬端	11・775 上	鍾　暘	7・89 上
		鍾　瑢	18・589 下
鍾		鍾儀傑	1・535 下
			11・534 下
鍾一元	6・136 下	鍾賡起	13・219 下
鍾大永	11・707 上		
鍾大成	10・429 上		

鍾學渠	11・416 上		10・319 上
鍾 濬	18・591 上	謝世萼	13・559 上
鍾 絲	13・31 下		15・714 下
鍾離簡	2・717 下		18・488 上
鍾離權	3・533 下	謝世瑞	11・435 下
鍾 蘭	13・131 下	謝 艾	13・134 下
	19・672 下		18・534 下
謝			19・298 上
		謝永修	12・498 上
謝三詔	5・374 上	謝永寶	10・314 下
謝士仰	10・275 下	謝 存	10・315 下
謝士倬	10・275 下	謝存惠	10・317 上
謝大成	18・722 下	謝夷甫	3・717 上
謝大和	10・275 下	謝同升	2・389 上
謝大舒	19・673 下	謝先生	18・84 下
謝王賓	13・480 下	謝仲温	7・54 上
謝王寅	18・665 上		7・161 下
謝王寵	13・452 上	謝全寶	10・317 下
	19・689 下	謝兆球	7・542 上
	20・158 下	謝名魁	13・478 上
	20・274 上		18・657 下
謝天位	18・733 上	謝如尚	9・407 上
謝天眷	18・664 下		10・242 上
謝天福	12・591 下		10・361 上
謝天錦	15・93 下	謝 豸	12・525 上
謝日章	18・728 下	謝含英	13・552 下
謝仁全	11・679 上		16・42 上
謝仁懷	11・679 上	謝迎桂	18・722 下
謝 文	11・486 上	謝良佐	13・118 上
謝文華	4・765 上	謝阿蠻	3・220 上
謝文溥	13・187 下	謝奉璋	11・574 下
	16・299 上		11・590 上
謝方琪	7・752 上	謝 表	7・71 上
謝玉成	13・516 上		7・495 上
謝玉榮	13・591 下	謝長年	12・408 上
	18・707 上	謝茂林	12・138 下
謝正原	1・619 上	謝茂實	6・561 下

謝述孔	10・314 上	謝家裕	8・602 下
謝奇齡	13・112 下	謝國久	1・582 下
	16・477 上		11・427 下
謝叔方	2・570 下	謝國治	11・428 下
謝尚錫	10・190 下	謝崇道	1・653 下
謝明允	13・186 上		11・599 下
	15・592 上	謝偉	10・316 上
謝明教	3・137 下	謝煥章	13・560 上
謝明詠	15・280 下		15・717 上
	16・107 上	謝紹源	18・724 上
	16・147 下	謝萬寶	10・315 下
謝明遠	13・181 下	謝葆燾	13・481 上
	15・577 下		18・663 下
	18・462 下	謝朝宣	2・630 下
謝旻	3・36 下	謝開基	10・275 上
謝河清	13・560 上	謝景安	12・271 上
謝泌	9・76 上	謝集成	11・675 下
謝治	13・487 下		18・720 下
謝宗道	18・717 上	謝集梧	18・726 上
謝宗誠	18・722 上	謝復振	11・529 上
謝建南	13・673 上	謝復新	1・755 下
	17・425 下		11・529 上
	18・46 下	謝欽	7・71 上
謝承芳	7・56 上		7・492 下
謝孟金	13・58 下	謝詔	19・256 下
	14・758 下	謝游	3・175 上
謝威鳳	19・676 上	謝裕三	11・679 上
謝思道	12・161 上	謝弼	9・689 下
謝庭蘭	4・775 下	謝弼漢	13・482 下
謝炳南	11・528 下	謝弼翰	14・612 下
謝珮	13・641 上	謝睍	11・540 上
	16・220 上	謝琫	20・717 上
謝起鳳	9・683 下	謝睦勸	7・161 下
謝桓	13・152 上	謝睦歡	7・54 上
	14・479 下	謝嵩齡	6・480 上
謝連陞	11・435 下	謝圓	14・351 上
謝恩浩	11・637 下	謝愷	12・161 上

	12・627 下		13・182 下
謝福寶	10・313 下		13・195 上
謝 璉	9・414 上		15・582 上
	9・776 下		18・62 下
謝 歷	13・345 上		18・88 上
	15・95 上		18・270 下
謝爾墉	10・365 下		18・349 上
謝闇祚	13・167 下		18・463 下
	17・554 下	謝 馨	11・679 下
	17・645 上	謝繼昭	15・660 下
謝毓麟	13・687 上		16・550 下
	18・728 下	謝 顯	13・88 下
謝鳳威	19・757 下		14・757 下
謝鳳鳴	13・689 上		15・67 下
謝 詁	9・20 下	謝靄吉	12・164 下
謝賢寶	10・317 下	謝 鑫	10・318 下
謝質卿	1・363 下	謝 灝	10・314 上
	6・481 下	**謙**	
謝 銳	13・194 上		
	18・184 下	謙 屯	18・536 上
	18・335 下	**襄**	
謝調元	10・317 上		
謝慶祥	18・687 上	襄宏德	13・65 上
謝 毅	10・377 下	**應**	
謝瑤璵	11・539 上		
謝樹森	18・731 下	應昌士	16・366 下
謝錫圭	19・463 上	應 壽	13・690 下
謝錫齡	13・580 下	**鴻**	
謝錄朋	18・665 上		
謝 聰	12・156 下	鴻 賓	6・151 下
	12・393 下	鴻 顯	6・151 下
謝應泰	6・374 下	**濮**	
謝 鍪	13・686 上		
	18・658 下	濮斗衡	12・681 上
謝 鎮	7・94 下	濮光政	19・234 上
	7・493 上	濮光愛	19・229 下
謝 鏞	6・134 下	濮 英	13・136 上

濮　垚	9・653 下
	10・666 上
濮　俊	12・386 上
濮　恩	20・231 上
濮鴻度	19・234 上

濟

濟　喇	20・469 下

蹇

蹇王臣	1・648 下
	12・664 上
蹇利仁	13・665 下
	16・45 下
	18・427 上
蹇利涉	18・426 上
蹇來亨	13・429 下
	18・363 上
蹇　叔	3・705 下
	4・412 上
蹇保容	12・685 上
蹇逢泰	13・429 下
	18・295 上
	18・364 上
蹇遇泰	13・563 上
	18・295 上
	18・367 下
蹇魁斗	12・664 上
蹇　賢	5・519 下
	5・605 上
	5・751 上

彌

彌文玉	8・771 上

翼

翼立志	13・701 下

縱

縱司燭	14・480 上

繆

繆延福	3・376 上
繆樹本	1・400 下
繆寶鈞	13・174 上
	16・759 下

聶

聶王賓	10・365 上
聶文新	10・316 下
聶夷中	10・491 下
	10・597 上
聶廷章	13・193 上
	18・348 上
聶守中	13・89 下
	14・473 下
	19・432 上
聶　宏	2・670 上
	3・341 上
	3・405 下
聶　武	11・115 上
聶宗孔	1・593 上
	5・618 下
	5・731 下
聶宗佑	12・329 上
聶　相	5・472 上
	5・700 下
聶　信	6・86 下
	6・172 上
聶庭義	13・139 上
聶炳南	18・722 上
聶　豹	10・390 上
	10・466 下
聶盛年	18・724 下

聶從志	17・156 下
	17・182 上
聶紹祖	5・614 下
	5・723 下
聶夢陽	13・113 下
	16・187 下
	16・478 下
聶　溶	3・278 上
聶　璉	5・650 上
	5・755 上
聶　榮	6・581 上
聶瑩思	13・414 上
聶　澧	5・723 下
聶　謙	13・136 上
聶　燾	1・357 上

藥

藥子昂	9・85 下
	10・6 下

醫

醫　和	2・707 下
醫　竘	2・708 上
醫　緩	2・707 下

豐

豐昇額	1・584 上

叢

叢　蘭	13・55 下
	19・664 上
	20・128 下
	20・268 上

瞿

瞿三益	13・456 上
	19・693 上

瞿大興	12・552 上
瞿良斌	13・456 上
	19・693 上
瞿　桂	19・719 上
	20・213 下
瞿景元	1・740 上
	12・144 下
	12・630 上
瞿樹鎬	11・416 下

瞻

瞻　岱	13・74 上

闔

闔　慶	2・553 上

闖

闖　詔	17・298 下

簡

簡仁瑞	3・463 上
	13・105 下
	17・59 下
簡廷佐	8・601 上
簡　放	13・372 下
簡庭佐	9・421 上
	9・648 下
簡原輔	18・334 上
簡敬臨	19・678 下

雙

雙　興	13・77 上

邊

邊三益	6・384 下
邊元鼎	7・54 上
	7・161 下

邊文同	6・392 上	歸　真	3・145 下
邊文鏡	6・392 上	**顏**	
邊方棟	6・313 下		
	6・388 上	顏之琺	6・136 下
	6・446 上	顏之儀	2・690 上
邊世鰲	6・389 上	顏天熙	13・501 上
邊生仁	7・522 上		15・112 下
邊永昌	19・36 下	顏日愉	13・105 下
邊　和	6・388 上	顏文絢	13・351 上
邊　定	14・358 上		15・114 下
	20・227 下	顏　甲	13・546 下
邊　玨	9・498 上	顏永貴	1・748 下
	10・618 上		12・665 上
邊盛貴	6・392 上	顏永齡	20・719 上
邊登元	6・392 上	顏廷彥	13・220 下
邊登瀛	6・392 上		19・247 上
邊　軿	1・440 上	顏廷傑	13・395 上
	6・390 下	顏　英	10・183 上
邊　詢	10・390 上	顏杲卿	2・580 下
	10・466 下		3・45 上
邊　熙	15・73 下	顏和宗	15・114 下
邊　蔚	9・397 下	顏宗魯	13・271 上
	10・671 下		14・521 上
邊毓英	13・358 下		14・768 下
	16・674 下		15・81 下
邊鳳朝	6・389 下	顏咸吉	19・470 下
邊　榮	13・334 下	顏　俊	18・560 上
	15・73 下	顏真卿	2・581 上
邊　頡	12・55 上		3・45 下
邊樹梅	17・122 下		7・22 下
邊獻璧	1・672 下		7・145 下
	6・392 上		9・71 下
邊寶泉	1・323 上		9・395 上
邊　鐸	6・558 下		10・4 上
歸		顏師古	2・679 上
			3・41 下
歸子傅	2・624 上	顏　彩	2・635 上

	3・71 下
顏　儉	10・493 上
顏德榮	3・539 下
顏　銳	13・272 上
	14・775 上
	15・89 上
顏履敬	13・497 上
	15・104 上
顏豫春	7・526 上
顏頤壽	13・55 上
顏學正	13・500 上
顏學德	13・503 上
	15・114 上
顏　檢	20・482 下
顏鴻都	13・350 上
	15・111 上
顏　鸞	10・496 下

額

額貝都拉	20・593 上
額　敏	20・593 下
額森鼐爾	20・475 上
額爾德錫爾	20・594 上
額樂春	8・602 上

璧

璧　昌	20・422 上
	20・595 上

繞

繞　朝	3・706 上

十九畫

藺

藺光元	7・67 上

	7・214 上
藺芳仁	1・765 上
	7・85 下
藺佳選	9・780 下
藺承德	7・47 上
	7・171 下
藺　真	8・622 下
藺　益	3・56 下
藺普整	7・67 上
	7・206 上

蘇

蘇九成	13・639 上
蘇　元	12・615 下
蘇不韋	2・537 上
	4・765 下
	6・304 下
	6・387 上
	6・566 下
	14・356 下
蘇升宜	3・67 上
蘇升階	18・46 下
蘇　仁	11・715 上
	11・758 下
蘇文品	5・755 上
蘇文炳	13・167 上
	13・216 上
	17・282 下
蘇心逸	13・212 上
	20・627 上
蘇玉華	2・222 下
蘇玉麟	12・289 上
蘇正和	13・427 下
	18・284 下
	18・354 下
	18・525 下
蘇世長	3・34 下

	6・570 上		17・380 下
蘇可選	1・709 下		19・432 上
	10・536 下	蘇　芳	1・658 上
蘇石麟	10・262 下		7・652 下
	10・366 下	蘇伯珠	5・427 上
蘇四埏	11・253 上	蘇含章	9・705 上
蘇生泰	13・646 下	蘇　甸	6・664 上
蘇永祥	8・344 下	蘇沙羅	3・742 上
蘇永犖	3・403 下		4・153 下
蘇　民	3・55 上	蘇宏珍	14・430 上
	13・410 上		19・544 下
蘇民牧	3・36 下	蘇良嗣	6・570 下
蘇　弁	6・482 上	蘇　武	2・513 上
	6・572 上		6・564 上
蘇　伋	6・379 下		13・28 上
蘇自欽	3・495 上	蘇長存	8・339 下
蘇自新	10・508 下	蘇長豐	8・336 下
	10・624 上	蘇其沂	7・68 下
蘇全禮	6・491 上	蘇其焰	7・43 下
蘇企韓	13・174 下		7・512 上
	16・188 上	蘇　林	1・611 上
蘇兆明	19・723 上		3・262 下
蘇州俊	8・229 上		3・287 下
	12・88 上		11・309 上
	12・98 下	蘇東麒	10・319 下
	12・446 上	蘇　協	6・567 下
蘇汝心	3・298 下	蘇尚義	13・622 上
蘇安世	6・587 下		15・120 上
	6・669 上	蘇忿生	2・507 下
蘇　孝	6・558 上	蘇　泳	6・588 上
蘇孝慈	3・747 下		6・669 下
	4・153 下	蘇定方	13・35 下
	4・466 下		19・317 上
	8・95 上		19・340 上
蘇志皋	13・60 下		20・418 下
	13・99 下	蘇官枕	10・272 下
	14・473 上	蘇官懋	12・496 上

蘇　建	2・513 上		20・433 上
	6・564 下	蘇致堯	6・588 上
	20・116 下		6・669 上
	20・260 下	蘇　晉	2・691 上
	20・361 下		3・135 上
蘇　琞	12・111 下	蘇脩軾	7・93 下
蘇　相	6・664 上	蘇逢吉	2・609 下
蘇　威	6・569 上	蘇家良	13・377 下
蘇　拯	6・587 下	蘇　寀	18・133 上
蘇　晒	6・573 上		18・342 下
蘇　則	4・596 下	蘇　朗	3・777 下
	6・567 上	蘇　純	6・381 上
	13・31 下		6・566 上
	13・190 下	蘇捨而罷	13・527 上
	14・462 下		15・718 上
	14・753 下	蘇　勖	6・570 下
	18・255 上	蘇　冕	19・724 上
	18・328 下	蘇偉元	8・673 上
蘇映垣	12・496 上	蘇進智	13・378 上
蘇重熙	16・20 下	蘇得中	7・680 上
	18・690 上	蘇　釱	18・488 上
蘇　俊	3・493 上	蘇　庶	20・231 上
蘇　亮	6・567 下	蘇　章	2・537 上
	15・249 下		4・758 上
蘇亮節	13・165 下		6・304 下
蘇彥文	13・564 下		6・381 上
蘇炳南	19・492 上		6・566 下
蘇　洪	6・668 上		7・654 下
蘇　祐	6・567 下	蘇　竟	2・676 下
蘇　秦	2・702 下		4・758 上
蘇　珣	2・576 上		6・302 上
	3・134 下		6・379 下
	3・315 下		6・566 上
	3・369 上	蘇清翰	10・529 下
蘇　烈	2・568 下	蘇　隆	6・627 下
	6・350 下	蘇　紹	6・586 下
	18・544 上		6・668 上

蘇紹泉	8・341 上		3・713 上
蘇堯卿	8・584 上		12・292 下
	8・594 上		12・660 下
蘇　超	1・707 下	蘇　稚	6・567 下
	8・346 下	蘇　詵	6・571 下
	9・707 上	蘇　慈	2・218 上
蘇　達	16・85 下		8・439 上
蘇萬元	7・85 下	蘇源明	6・572 上
	7・220 上	蘇福貴	1・767 下
蘇　雅	7・217 下	蘇　肅	6・587 上
蘇　鼎	1・457 下		6・668 上
	3・487 下	蘇　彙	13・449 下
蘇開朝	12・553 下		20・213 下
蘇遇春	10・167 上	蘇爾約蘇圖和琳	20・472 上
蘇遇龍	1・552 下	蘇爾璽	19・701 上
	7・68 上	蘇爾麟	10・316 上
蘇景泉	7・655 上	蘇　槃	9・406 下
蘇景泂	10・545 上		10・183 下
蘇　順	2・689 上		10・190 上
蘇順達	7・93 上		10・240 下
蘇就大	3・132 上		10・360 上
蘇　愉	3・767 下	蘇　銑	13・136 下
	6・567 下	蘇　綽	6・568 上
	18・536 上	蘇維龍	4・642 上
蘇　湛	6・567 下	蘇　璜	7・749 下
蘇溫甫	7・150 下		8・597 下
蘇甯阿	19・169 上	蘇　穀	7・219 下
蘇　榮	1・553 上	蘇　蕙	4・63 下
蘇登榮	13・526 下		4・485 下
蘇統武	16・24 下		4・538 上
蘇勤詩	19・22 上		6・361 上
蘇　幹	6・571 上		6・416 下
蘇　椿	3・578 上		6・574 下
	6・568 下	蘇　震	6・571 下
蘇楞泰	10・412 下	蘇踐言	6・587 下
蘇　槐	19・764 下		6・669 上
蘇　軾	3・476 下	蘇　頣	6・571 上

	8・439 下		6・570 下
蘇　儇	6・587 上		9・70 下
	6・668 上		9・394 下
蘇　徹	6・587 上		10・10 下
	6・668 上	蘇　獻	6・587 下
蘇　潮	19・20 上	蘇　鶚	6・572 下
蘇　澄	6・587 下	蘇　夔	6・569 下
	6・669 上	蘇　霸	18・536 下
蘇　璘	12・663 上	蘇　藩	18・305 下
蘇　曉	6・573 上	蘇顯允	10・320 上
蘇　暻	13・471 上	蘇靈芝	6・587 下
蘇　衡	6・587 上	蘇　讓	3・578 上
	6・668 上		6・568 上
蘇聯桂	12・685 上	蘇　灝	13・378 上
蘇　蓋	16・84 下		19・724 上
	18・426 上	**斄**	
蘇　檢	6・572 下		
	14・357 上	斄　允	13・276 下
	17・441 下		14・503 下
蘇　謙	6・381 上		14・764 上
	6・566 下		15・73 上
蘇應眉	8・344 上	斄　嘉	14・398 下
	9・702 下		15・173 上
蘇　濬	11・219 下	**闚**	
蘇濟舟	10・271 下		
蘇　鏊	19・173 上	闚自立	10・437 上
蘇　藩	1・664 下	闚　駰	13・331 下
	7・92 上		18・537 上
	7・220 下		19・323 上
	13・668 上		19・348 上
	18・80 上	**關**	
蘇藩業	18・377 下		
蘇　轍	12・292 下	關山龍	17・125 上
蘇鏡湖	17・23 下	關山巍	17・123 上
蘇　鵬	7・92 下	關元儒	14・662 下
	7・223 下	關中俊	9・667 上
蘇　瓌	2・253 下		10・261 下

關文新	12·383 下
關尹喜	19·326 上
	19·356 上
關世安	13·640 下
	16·550 下
關　仝	3·82 上
關永傑	13·294 下
	16·544 下
關邦幹	8·601 下
關廷訪	12·329 上
關志友	13·475 下
關志仁	3·347 下
	3·410 下
關含章	17·297 下
關　苞	17·300 上
關尚志	17·125 下
關　和	17·279 下
關　並	2·525 上
關居靜	13·384 下
	17·299 下
關　陡	7·754 上
關振鐸	10·319 下
關師古	13·244 下
	18·333 上
	19·431 下
關　琇	8·363 下
	8·452 下
	9·421 上
關　隆	10·435 下
關登科	1·585 下
關殿元	13·515 上
關　寬	10·433 下
關維藩	17·137 上
關　暹	10·268 上
關論古	17·299 上
關　鍵	10·430 下
	10·466 上

	10·472 上
關應年	13·413 下
	15·672 上
關　鏞	13·659 下
	16·29 下
關騰霄	18·157 下
關　瀚	8·510 下
關　寵	20·453 上
關　巒	13·635 下
	17·297 下

嚴

嚴一青	1·391 上
	11·572 上
	11·590 上
嚴士良	10·244 上
嚴子休	9·112 上
	10·40 上
	10·105 上
嚴天祥	9·124 下
	9·665 上
	10·209 上
	10·251 上
嚴公均	1·531 上
	12·164 上
	12·585 上
嚴文麟	12·164 上
嚴方約	10·244 上
嚴玉森	1·577 下
嚴永善	3·492 上
嚴司業	10·244 上
嚴邦佐	1·602 上
	8·104 下
嚴光甲	13·589 下
嚴廷臣	10·364 下
嚴廷俊	10·364 下
嚴廷選	10·364 下

嚴自學	11・488 下		3・339 下
嚴安之	9・479 上	嚴品鈁	8・96 下
嚴如煜	1・336 下	嚴修己	10・270 下
	11・750 上	嚴振清	10・319 下
	12・660 下	嚴逢裯	13・222 上
嚴如熤	11・517 下	嚴書麟	12・571 上
	12・407 下	嚴黃甲	12・164 上
嚴克和	13・480 下	嚴國佐	13・579 下
	18・665 上	嚴　淳	7・737 下
嚴克焌	13・480 下	嚴　密	2・327 上
	18・665 下	嚴堯畂	10・213 下
嚴肖聰	6・496 上		10・363 上
嚴良訓	13・77 上	嚴　達	3・500 上
	15・586 下	嚴葆銛	1・462 下
嚴　祀	6・558 上		8・98 下
嚴　武	9・489 下	嚴景雲	12・164 上
	10・500 上		12・585 下
嚴長明	1・572 下	嚴　詔	20・9 下
嚴長宦	13・120 下	嚴善思	9・121 上
	13・177 上	嚴　尊	8・765 下
	15・593 上	嚴　登	1・546 下
	16・148 下	嚴夢鷥	3・580 上
	19・373 上	嚴　幹	9・446 下
嚴　協	10・244 上		10・38 上
嚴　昇	1・640 下		10・103 下
嚴　宗	10・75 下	嚴損之	10・244 上
嚴　宜	13・460 上	嚴　稜	9・108 下
	20・674 上		10・19 上
嚴　相	10・497 上	嚴　煜	8・603 下
嚴厚培	13・198 下	嚴　蕭	10・365 下
	18・350 上	嚴蔚春	10・168 上
嚴挺之	9・478 上	嚴輔德	20・674 上
	10・500 上	嚴　綏	10・500 下
嚴　郢	10・500 下	嚴邁祖	13・552 下
嚴思慎	10・265 下		16・42 上
	10・365 上	嚴　震	13・179 下
嚴思義	1・591 上		18・454 上

嚴慶雲	12・164 上	羅大興	1・600 下
	12・185 下		3・492 上
	12・264 下	羅仁夫	5・457 上
	12・585 上	羅公遠	12・308 上
嚴遵	3・34 上	羅氏	14・371 上
嚴翰林	10・244 上	羅文秀	13・564 上
嚴樹森	1・462 上		18・370 上
嚴霜	12・614 上	羅文思	1・351 上
嚴謙德	13・475 下		8・452 下
嚴攀桂	3・70 上		11・332 上
嚴礪	12・637 下		11・337 上
	12・655 下	羅文俊	1・328 下
嚴璽	13・321 上		9・90 下
	19・20 下		9・404 上
嚴譔	9・480 下		10・15 上
	10・183 下	羅文楷	19・460 下
	10・195 下	羅文蔚	10・191 下
	10・244 上		10・360 下
嚴瓛	13・392 上	羅以丙	10・102 下
嚴觀瀾	8・770 下	羅世昌	7・353 下
羅		羅世錦	13・305 下
			15・658 下
羅一貫	13・326 下		18・509 上
	19・109 上		18・518 上
	19・187 上	羅世濟	11・656 下
羅人琮	9・419 上	羅百中	12・486 下
	10・242 下	羅廷士	13・660 下
羅士範	13・589 下	羅廷貴	7・62 上
羅大任	7・756 下	羅廷弼	8・306 上
羅大虎	13・451 下		9・428 上
	19・688 下	羅廷照	12・76 上
	20・156 上	羅仲玉	13・151 下
羅大紘	3・502 下		14・658 上
羅大程	12・138 上	羅任	9・407 上
	12・482 上		10・242 上
羅大鳳	1・753 上	羅全亮	20・13 下
	11・489 下	羅全詩	13・314 下

	20・12 上	羅映臺	13・245 下
羅汝敬	13・50 下	羅映漢	1・721 下
	19・300 上		6・705 上
	20・126 上	羅映霄	17・283 下
羅如倫	13・314 下		18・93 下
	20・11 上	羅　星	11・119 下
羅克顯	11・544 下	羅星點	13・198 下
羅佐清	13・190 上	羅重熙	5・375 下
羅　佑	4・320 下	羅　俊	13・454 上
羅良禎	3・462 上		19・691 上
羅長祐	20・450 下		20・161 下
羅奇錦	13・305 下	羅俊傑	13・326 下
	15・658 下		19・109 下
	18・509 上		19・187 上
羅尚朴	3・248 上	羅奇錦	18・518 上
羅　具	3・496 下	羅洪元	7・680 上
羅　明	13・53 下		11・553 上
	19・300 下		11・577 上
	19・663 下	羅　華	11・536 上
	20・128 上	羅時義	11・435 上
羅秉學	12・650 上	羅　冔	12・526 上
羅佳文	11・734 上	羅　倫	13・452 上
羅　佶	12・55 下		19・690 下
羅金壯	1・625 上		19・724 上
羅金章	6・706 上		20・160 下
羅　性	2・706 下	羅浮鳳	1・735 下
羅定約	12・408 上		12・196 上
羅孟相	10・496 上	羅通微	10・76 下
羅　堸	11・698 下	羅　理	14・425 下
羅南英	7・707 下	羅　堂	1・583 上
羅柱銘	12・572 上	羅進賢	13・229 上
羅　奎	5・458 上	羅　琪	11・748 下
羅　拯	13・117 下	羅　琦	19・663 上
	15・263 上		20・126 下
	15・568 上	羅　琯	19・756 上
羅映台	18・338 下		20・228 下
羅映西	4・373 下	羅萬里	7・153 上

羅萬秋	19·233 下		18·346 下
羅萬倉	13·574 上	羅鳳耀	7·550 上
	19·721 下	羅　榮	13·410 下
	20·217 下		15·323 上
羅雲錦	10·678 上		15·658 下
羅開科	1·751 下	羅漢章	9·725 下
	12·32 上	羅　綺	13·50 下
羅　景	7·39 下	羅綺華	12·554 上
	7·153 上	羅維藩	13·561 下
羅策勳	4·763 上		15·720 上
羅　循	11·577 上	羅增女	18·498 上
	11·601 上	羅　蕃	13·114 上
羅　斌	13·206 上	羅輝昇	11·734 上
	17·390 下	羅　暲	13·426 下
羅　焜	7·764 上		15·719 上
羅渭家	1·625 下	羅錦芳	16·28 上
羅登科	1·652 上	羅錦齡	3·756 下
	11·530 下	羅　謀	11·530 上
羅　節	10·496 下	羅　諭	7·273 下
羅傳銘	11·339 上		7·329 上
羅　魁	1·432 下	羅凝青	18·733 下
羅新邦	13·562 上	羅隱之	10·663 下
羅新蔚	13·426 下	羅應西	4·419 下
羅　蕭	11·536 上	羅應誥	14·517 上
羅經文	11·734 上	羅　藝	2·566 上
羅經權	5·118 上		5·499 下
羅壽昌	11·417 上		5·652 上
羅　熙	11·514 下		5·707 下
	13·171 上	羅鎮嵩	19·461 下
	16·479 下	羅鵬元	17·432 下
羅　睿	13·269 下	羅　鰲	1·391 上
	14·769 下		6·374 上
羅鳳彩	17·137 下		11·516 下
羅鳳翔	13·62 下	羅　讓	4·668 下
	19·666 下	羅　驤	1·394 上
	20·132 下		12·447 下
羅鳳鳴	18·136 下		

贊

贊上人	14・414 下
	18・84 下

簫

簫　史	4・172 下

譚

譚上連	20・451 上
譚　石	9・13 下
譚吉聰	7・36 下
譚赤心	3・494 下
譚拔萃	13・252 下
	19・674 上
譚京魁	1・621 上
譚　宗	3・613 上
譚　衍	12・55 上
譚珠祥	10・496 上
譚連生	11・544 上
譚萃拔	20・452 上
譚處端	9・170 上
	10・77 上
	10・123 上
譚　啓	9・407 下
	13・155 上
譚啓瑞	10・468 下
譚達文	1・748 下
譚鼎昌	12・491 上
譚集成	12・682 下
譚　斌	11・429 下
譚　瑀	12・681 上
譚詩琪	1・610 上
譚　福	1・736 下
	12・138 上
譚德懋	12・490 下
譚　錦	9・415 上

譚鍾麟	1・316 上
譚孺直	3・241 下
譚　麎	1・577 上
譚繼洵	13・81 下
	16・19 下

譙

譙仕雄	7・384 上
譙　登	13・191 上
	18・131 下
	18・266 上
	18・341 下

龐

龐大鵬	4・374 上
	4・419 下
龐仁顯	6・400 下
龐文輔	11・754 上
龐　玉	2・564 上
	5・499 下
	5・602 下
	5・707 下
龐玉麟	12・66 上
龐　延	4・153 下
龐交勉	11・772 上
龐交贊	11・753 下
龐守謙	12・104 上
	12・271 上
	13・174 下
	16・188 上
龐步瀛	4・372 上
	4・418 下
龐林春	11・769 上
龐尚志	12・428 下
龐尚鵬	19・44 上
龐　迪	3・747 上
	4・153 上

	10 · 596 下		13 · 109 下
	13 · 86 下		17 · 280 上
	13 · 126 下	龐源妻王氏	3 · 450 下
	16 · 602 下	龐　輔	5 · 468 下
	17 · 377 下		6 · 134 上
龐赴瀛	4 · 372 上		13 · 193 下
	4 · 418 下	龐　德	13 · 530 上
龐　查	14 · 469 上	龐德威	2 · 242 下
龐　貞	5 · 616 下	龐　篤	17 · 286 下
	5 · 728 上	龐　禮	13 · 182 上
龐　修	11 · 119 下	龐　蘊	14 · 417 下
龐　俊	5 · 506 下		16 · 345 上
龐　晃	7 · 49 下	龐　籍	7 · 149 上
	7 · 199 上		7 · 743 上
	13 · 34 下		9 · 76 下
	19 · 445 上		10 · 5 上
龐　涓	19 · 305 上		10 · 101 上
龐娥親	14 · 365 上	**懶**	
	17 · 192 上		
	19 · 545 上	懶翁仕	3 · 773 上
龐　通	13 · 89 上	**懷**	
	14 · 759 上		
	15 · 68 上	懷　丙	9 · 170 下
龐　堅	2 · 582 下	懷　暉	2 · 714 下
	5 · 501 上	**瀛**	
	5 · 732 上		
龐國柱	13 · 700 下	瀛虛道人	14 · 421 上
	17 · 440 上		18 · 500 下
龐清俊	13 · 487 下	**寶**	
龐　淯	13 · 488 下		
龐　參	13 · 30 下	寶　雲	18 · 565 下
	14 · 462 上		
	15 · 551 上	**二十畫**	
	16 · 461 下		
龐　欽	8 · 622 下	**壤**	
龐　敦	10 · 494 下		
龐道士	15 · 175 下	壤馴赤	2 · 507 下
龐　瑜	3 · 245 上		

	4・676 上	**籍**	
	4・757 上	籍少公	9・431 上
	8・615 上		10・244 上
	13・265 上	**覺**	
	16・213 上		
	16・277 下	覺　明	7・403 上
	16・522 上	覺禪師	2・244 下
蘭		覺羅吉興阿	7・39 下
			7・153 下
蘭公和尚	5・528 下	覺羅逢泰	13・72 上
蘭玉堂	11・56 下		19・11 上
蘭可大	7・720 上	**鐵**	
蘭必馨	1・609 上		
蘭　泗	2・660 上	鐵　壁	14・799 下
	3・556 下	**鐔**	
	11・27 下		
蘭　桂	4・471 上	鐔配義	18・369 下
蘭陵公主	4・652 下	**饒**	
蘭孫盛	11・28 下		
蘭國允	7・723 上	饒永成	10・274 下
蘭國徵	7・720 上	饒永祥	10・274 下
蘭　蓉	2・392 下	饒良寬	1・757 上
蘭養直	9・713 下	饒定國	16・671 下
蘭叢璧	1・660 下	饒得勝	13・243 上
	7・724 上	饒澍畛	8・603 下
蘭　犢	9・64 下	饒樹楷	1・740 下
鄪		饒應祺	1・372 上
			20・425 下
鄪　侯	2・507 上	**夒**	
黨			
		夒　昌	13・257 上
黨允福	6・662 上	**灌**	
黨振聲	6・662 上		
黨喬齡	6・662 上	灌　夫	2・703 上
黨　銃	6・662 上	**寶**	
黨觀文	7・59 下		
		寶　峯	11・551 下

竇　善	13・152 上	竇　充	12・613 下
竇　誌	14・413 上	竇汝器	2・652 下
	14・799 上		11・6 下
		竇如适	1・439 上
竇			6・384 上
竇味道	15・169 上	竇孝諶	2・574 上
竇振飛	3・335 上	竇　抗	3・748 上
	3・397 下		4・154 下
竇高第	3・340 下		6・246 上
	3・405 下		6・382 上
竇象鼎	3・404 上	竇希美	1・637 下
竇		竇希韓	11・19 下
		竇　武	2・537 下
竇人龍	1・464 上		3・734 上
	11・22 上		4・461 下
竇士範	1・557 下		4・510 下
竇　川	18・563 上		6・240 上
竇元正	1・586 下		6・586 上
	4・681 下	竇　林	18・520 上
	4・766 下	竇叔向	2・692 上
竇　允	2・543 上		4・467 上
	6・241 下		4・513 上
	6・381 下	竇　明	3・714 下
竇　玉	13・661 下	竇　易	6・248 上
竇　本	8・481 上	竇易直	2・603 上
	8・595 下		6・382 上
	9・402 下	竇　固	3・740 上
竇丙申	13・554 下		4・461 下
	15・702 上		4・511 上
竇邦傑	8・586 下		6・237 上
	8・637 下		6・380 上
竇成璽	6・249 上		13・29 下
	6・391 下		19・297 上
竇光儀	1・516 上		20・480 上
	2・651 下	竇金聲	17・12 下
	3・65 上	竇居仁	1・589 下
竇　后	4・649 下	竇南容	12・2 上

竇　軌	2・565 下		4・156 上
	3・743 上		6・247 下
	6・245 上	竇琳昌	1・604 下
	13・35 上		11・4 下
	13・241 下	竇　琮	3・743 上
	15・252 上		6・245 下
	15・560 下	竇　琛	7・43 下
竇　威	2・565 上		7・512 下
	3・748 上	竇斯在	7・544 下
	4・154 上	竇復初	6・70 上
	6・244 下		6・153 下
竇貞固	8・376 下	竇舜卿	7・24 下
	8・487 下	竇　善	6・382 上
	8・560 上		9・66 下
	8・582 下	竇善世	6・249 上
	9・130 下		6・391 下
	9・720 上	竇　絲	8・359 上
竇　昭	8・375 上	竇　統	6・586 下
竇　庠	8・359 上	竇會宗	6・585 下
竇彥章	6・394 下	竇　誕	2・570 下
竇祖禹	11・12 上		3・748 上
竇起瑚	17・729 上		4・155 上
竇　真	6・586 下		6・246 下
竇真人	12・215 上	竇　滔	3・747 下
竇　振	6・498 下		4・466 上
竇　常	6・249 上		6・242 上
竇崇朴	6・391 下		6・381 下
竇崇真	11・728 上	竇　羣	6・248 下
	11・802 下		6・400 下
竇　章	2・536 下	竇爾長	13・145 上
	4・462 上		14・651 上
	4・511 上	竇鳳輝	11・53 下
	6・239 下	竇廣國	2・510 下
	6・381 上		6・377 下
竇煥昌	6・397 上	竇　端	1・514 下
竇　參	2・596 上	竇　榮	6・244 上
	3・779 下		15・250 上

竇榮定	2・558 下		19・658 下
	4・466 下		20・119 下
	6・382 上	竇樹槐	17・12 上
	13・34 下	竇　融	2・526 上
	15・560 上		3・734 上
竇　琎	3・748 下		4・461 上
	4・155 上		4・510 下
	6・246 下		6・234 上
	6・400 下		6・378 下
竇　鞏	6・249 上		13・28 下
竇　賢	6・382 上		13・134 上
竇　德	15・104 下		14・752 上
竇德元	2・568 下		18・519 下
	3・748 下		19・297 上
	4・155 下	竇　勳	6・379 下
	6・247 上	竇興祖	6・249 上
竇德明	2・566 下		6・391 上
	3・748 下	竇學誦	15・102 下
	4・155 下	竇　熾	2・554 上
竇　衝	13・428 上		6・242 上
	18・289 上		6・381 下
	18・357 下		13・100 下
竇　慶	6・392 上		17・264 下
竇　毅	2・554 下		17・548 下
	6・243 下		17・640 上
	6・381 下		19・444 下
	6・587 上	竇　憲	2・532 上
	9・67 下		3・777 下
	9・758 下		6・237 下
竇　靜	2・567 上		12・10 上
	3・748 上	竇　嬰	2・512 上
	4・155 上	竇　濤	18・534 下
	6・246 上		18・562 下
	7・23 下	竇　鎧	18・185 下
	7・527 下	竇醮存	13・554 下
	13・554 下		15・702 上
	15・702 上	竇　鎧	18・337 上

竇懷貞	2・577 上	權　時	13・563 下
	6・366 下		18・79 下
	6・407 上		18・305 上
竇　璟	6・379 下		18・374 下
竇　鑄	4・683 下	權時昌	8・624 上
	4・767 下		8・646 上
竇鑑明	5・114 上	權　倕	12・168 上
竇　讓	6・249 上		12・641 上
		權　皋	13・302 下

繼

繼　良	19・675 上		16・157 上
		權執中	9・673 下
		權國士	8・655 上

二十一畫

			12・641 下
		權　隆	8・640 下
		權　達	13・406 下

權

權士安	8・617 下		16・122 下
	8・638 上	權萬紀	2・570 上
	9・130 上	權朝卿	10・363 下
權大用	8・618 下	權景宣	13・404 下
權王俊	8・745 上		15・301 上
權文敏妻張氏	8・747 下		15・627 上
權文智	13・613 下		16・120 上
權文誕	16・157 上		16・156 下
權　允	13・406 上	權　皋	12・168 上
	16・122 下		15・307 上
權允清	8・120 下		15・636 下
權可與	8・675 下		16・121 上
權永豐	13・682 下	權　義	3・608 上
權自挹	9・763 下	權　綱	8・617 上
權　武	13・405 上	權　德	15・637 上
	15・304 上	權德輿	12・168 上
	15・631 上		12・641 下
	16・120 下		12・675 上
權併直	8・114 上		13・302 下
權尚絅	13・477 上		14・374 下
權　星	8・644 下		15・307 下
			15・352 下

	16・121 下
	16・157 上
	16・529 上
權　據	13・406 下
權學易	8・664 上
權　璩	12・168 上
	15・308 上
	15・637 下
	16・122 上
	16・157 下
權　濟	8・717 上
權禮輿	8・181 下
權　翼	12・167 下
	13・403 上
	15・295 下
	15・619 上
	16・119 下
	16・154 下
權懷恩	2・584 上
權襲慶	13・544 下
	15・301 下
	16・120 上
	16・156 下

鄘

鄘　商	13・27 上
	15・550 上
鄘　豫	4・342 上

鐵

鐵牛禪師	14・418 下
鐵　珊	13・81 上
鐵　保	13・234 下
	19・471 下
鐵　鼎	3・67 上
鐵　壁	15・175 上

癲

癲　僧	14・415 上
	18・439 下

顧

顧大位	7・764 上
顧方蕭妻趙氏	2・308 下
顧　正	19・227 下
顧生德	1・662 上
顧光旭	13・208 下
	19・671 上
	20・140 下
顧廷安	11・707 下
	11・766 上
顧　佐	13・104 上
	17・331 上
顧良弼	13・193 下
顧其言	3・132 上
顧　忠	13・342 上
	14・768 上
	15・81 下
顧炎武	1・570 下
顧咸正	9・746 上
顧彥朗	7・50 下
	7・159 上
顧彥暉	7・50 下
顧彥廉	13・502 上
	15・112 下
顧祖望	18・339 上
顧耿臣	7・751 上
顧振翮	11・23 上
顧　衷	13・218 上
	19・11 下
顧家相	1・578 下
顧培元	9・418 下
顧竟成	13・113 下

	16・758 上	二十二畫	
顧淳慶	1・365 下		
	10・469 上	龕	
顧　超	18・341 上	龕谷老人	14・600 下
顧　敬	13・269 上	龔	
	14・521 上	龔元麟	3・140 上
	14・768 下	龔自雄	1・754 上
	15・82 上		11・527 上
	16・639 上	龔守道	12・497 下
顧　森	1・573 上	龔佳育	13・172 上
	3・538 下	龔受益	19・209 上
顧　楗	1・355 下	龔定國	11・118 下
顧曾烜	1・385 下		11・692 上
	5・81 下	龔炳奎	13・190 上
顧涫慶	9・654 下	龔振鷺	1・679 下
顧　絳	10・81 上	龔真圖	10・667 下
顧壽椿	1・560 上	龔朝琯	19・693 下
顧壽楨	1・575 上	龔景瀚	1・353 下
	3・415 下		13・91 下
顧鳳來	10・495 上	龔　勝	4・438 上
顧　漢	17・386 下		8・359 上
顧增華	6・136 下		8・450 下
顧　璘	6・483 上	龔　塤	12・144 上
顧聲雷	1・348 下		12・628 上
	6・374 上	龔　蓀	13・205 下
	6・481 上		17・390 下
	11・415 下		18・40 下
顧　駥	1・386 上	龔遜志	8・17 下
鶴		龔榮遇	7・41 上
鶴千和尚	17・67 下		7・190 上
續		龔　輝	17・380 上
續相文	13・173 下	龔德渤	1・447 上
	16・758 下	龔學禮	1・655 上
續　增	18・689 上		11・712 下

欒

龔衡齡　　　　11・756 下
　　　　　　　1・392 上
欒元魁　　　　13・69 上
　　　　　　　5・701 下
　　　　　　　20・625 上
　　　　　　　6・374 上
欒　規　　　　9・58 上
　　　　　　　11・416 上

龔　錞　　　　11・221 下
二十四畫
龔　嶸　　　　13・71 上
龔應祥　　　　13・161 上
觀
　　　　　　　19・458 上
龔　瀚　　　　15・170 下
觀　成　　　　20・482 上

襲
靈

襲　輝　　　　13・58 上
靈之禪師　　　20・230 上
靈芝禪師　　　14・421 下
二十三畫
　　　　　　　19・761 下
靈壽光　　　　3・773 下
顯
靈　寬　　　　19・476 上

顯修和尚　　　7・179 下
二十五畫
顯脩和尚　　　7・119 下

閭
蠻

閭如岳　　　　13・490 上
蠻文彬　　　　5・465 上
閭　鉦　　　　17・272 下
閭　漳　　　　13・634 下
二十九畫
　　　　　　　17・275 下
閭閻誠　　　　17・276 上
驪

麟
驪戎男　　　　2・507 下

麟　書　　　　7・41 下